जो घर फूँके

(व्यंग्य-संग्रह)

जो घर फूँके

ज्ञान चतुर्वेदी

भारतीय ज्ञानपीठ

तीसरा संस्करण : 2015
चौथा संस्करण : 2022

चौथे संस्करण की प्रकाशित प्रतियाँ : 500

भारतीय ज्ञानपीठ
लोकोदय ग्रन्थमाला : ग्रन्थांक 824

समनुदेशिती
वाणी प्रकाशन ग्रुप
4695, 21-ए, दरियागंज, नयी दिल्ली-110 002
फोन : 011-23273167, 23275710
ईमेल : sales@vaniprakashan.in

ISBN : 978-81-263-1517-8

जो घर फूँके
(व्यंग्य संग्रह)
ज्ञान चतुर्वेदी

JO GHAR PHOONKE
(Hindi Satire)
by Gyan Chaturvedi

मुद्रक : आर. टेक ऑफ़सेट प्रिंटर्स, दिल्ली-110 032

आवरण : श्रीकान्त आप्टे

Fourth Edition : 2022

Price : INR. 295

जनकवि नईम को
वे पिता की भाँति मेरी चिन्ता में रहते हैं
और मैं उन्हें नालायक बेटे की भाँति चिन्तित रखता भी हूँ
और
सुल्ताना आपा को

कैफियत

पिछले दिनों मैंने खूब लिखा।

और बढ़िया ही लिखा (मुझे तो कह लेने दें।)

बीच के वर्षों में उपन्यास लिखते हुए तथा व्यंग्य कालमों के लिए निरन्तर सिकुड़ती जा रही जगह—और उस सँकरी-सी जगह में भी प्राय: ट्रेश लिखा जाता देखने के कारण, व्यंग्य कथाएँ या लेख लिखने की तरफ से मन उचट-सा गया था। ऐसे में, प्रभाकर श्रोत्रिय जी ने 'ज्ञानोदय' में नियमित कालम लिखने को दिया। मैं यह मानकर चला था कि मेरे आलस्य तथा अनियमित लेखन की आदत के कारण पाँच-छ: माह में ही यह बन्द करना पड़ेगा। परन्तु स्वयं मेरे लिए आश्चर्य की बात यह रही कि अचानक मैं बेहद नियमित होकर लिखने लग गया और वो सारी बातें करने लग गया जो मेरे चरित्र तथा जन्मपत्री के खिलाफ जाती थीं। जैसे कि मैं खूब लिखने लग गया। इसी बीच 'इण्डिया टुडे' में भी नियमित लिखने का प्रस्ताव मिला। यहाँ दिक्कत निश्चित लम्बाई की रचना लिखने की थी—जबकि यहाँ आदत वर्षों से लम्बी रचनाएँ लिखने की थी और यह पता ही नहीं था कि छोटी रचना में कोई ढंग की बात कर भी पाऊँगा अथवा नहीं। मैंने यह भी करके देखा। ठीक ही रहा। कर गया। इस तरह खुद के बारे में बहुत-सी बातें पता चलीं, जो मैं जानता ही नहीं था।

सो इस तरह पिछले दिनों में जो लिखा, उसमें से कुछ रचनाएँ यहाँ जा रही हैं। इन रचनाओं में मैंने विषयगत तथा शैलीगत निर्वाह के स्तर पर बहुत नया करने की कोशिश की है। पाठकों को यह कोशिश पसन्द आ जाये तो प्रयास सफल कहाएगा। वैसे, स्वयं मुझे लगता

है कि इन रचनाओं में मैं अपने पुराने रचना समय से काफी अलग हूँ। पता नहीं कि आप क्या कहते हैं!

इन नयी रचनाओं के साथ, सात-आठ पुरानी रचनाएँ भी देने का लोभ संवरण नहीं कर सका हूँ। जिन्होंने इन्हें पहले अन्यत्र पढ़ा हो, वे गाली देने को स्वतन्त्र हैं।

—ज्ञान चतुर्वेदी

अनुक्रम

भूगोल को समझना

भूगोल मुझे कभी समझ में नहीं आया।

स्कूल में भूगोल को लेकर मेरा स्पष्ट दृष्टिकोण था कि भाड़ में जाने दो स्साले को। गांव के हमारे स्कूल में नकल की उचित तथा लगभग विधि-सम्मत सुविधा थी तथा भूगोल वाले मास्साब दूर के रिश्ते में हमारे मामा लगते थे, सो भी भूगोल कोई विशेष समस्या रही नहीं कभी। परीक्षा में पास होने लायक भूगोल की चिटें हमने तैयार कर ही ली थीं और वस्त्रों में जिस जगह छिपाकर हम उन्हें रखकर परीक्षा में नकल के महती उद्देश्य के साथ बैठते थे, उस जगह का उल्लेख किसी भूगोल की किताब में नहीं था। सो, जब मास्साब अक्षांश-देशांश रेखाएँ, लाल सागर, भूमध्य रेखा, कर्क रेखा, दक्षिणी गोलार्द्ध, उत्तरी गोलार्द्ध, अमेजन का कछार, सुन्दरवन का डेल्टा, पठार, घाटियाँ, वन आदि के अकादमिक तिलिस्म में भटकते फिरते थे, तब हम होनहार छात्रगण पीछे की टाटपट्टी पर बैठे इस सामाजिक न्याय के लिए संघर्ष करते रहते थे कि प्रार्थना के समय बटोरे गये अधजली बीड़ी के टुकड़ों में से बड़ा टुकड़ा किसको मिलेगा? स्कूल के इण्टरवल में हम वहाँ छुपकर सामूहिक धूम्रपान करते थे, जहाँ का भूगोल हमारे भूगोल के मास्साब को भी ज्ञात नहीं था। मुझे पता नहीं कि भूमध्य रेखा से वह जगह कितनी दूर थी कि जहाँ हमारा सरकारी मिडिल स्कूल स्थित था और मुझे यह भी नहीं पता कि हम अपने हेडमास्टर साहब के हाथों पृथ्वी के उत्तरी गोलार्द्ध में पिट रहे थे अथवा दक्षिणी गोलार्द्ध में—परन्तु यह बात स्पष्ट है कि जब मुझे भूगोल पढ़ना तथा समझना चाहिए था, तब मैं नितान्त अभौगोलिक किस्म की हरकतों में मुब्तिला था।

मैं ही क्यों, मेरे समस्त मित्रों की यही स्थिति थी। दरअसल हमलोगों की दिलचस्पी गाँव के भूगोल में ही इस कदर थी कि शेष पृथ्वी का भूगोल हमें उसी प्रकार अप्रासंगिक प्रतीत होता था कि जिस प्रकार हमारे आलोचक प्रवरों को अपनों की रचनाओं के अलावा अन्य लेखकों की रचनाएँ लगती हैं। किसी को सन्नाकर पत्थर मारने के उत्तरदायित्व से निबटने के तुरन्त बाद गाँव की इस गली से भागकर

किस गली में पहुँचकर अदृश्य हुआ जा सकता है, या गाँव के किस बगीचे में इस समय जुआ चल रहा होगा, या कि हेडमास्साब का छाता या जूता स्कूल के पिछवाड़े किस गड्ढे में फेंकना निरापद रहेगा—ये तथा इसी प्रकार की अन्य भूगोल विषयक मेरी जानकारियाँ जबरदस्त थीं, परन्तु आस्ट्रेलिया में कौन-सी पैदावार सर्वाधिक होती है, या कि मानचित्र में नर्मदा को कहाँ से कहाँ तक खींचा जाए, ये तथा ऐसी बातें मेरी समझ के नितान्त परे थीं। विश्वबन्धुत्व की जो भावना आप मुझमें कूट-कूटकर भरी पाते हैं, उसका एक कारण वास्तव में भूगोल की यह दुष्कर पढ़ाई भी है; मुझे विश्व का मानचित्र एक-सा दीखता था। मुझे तब भी यही लगता था कि यह सारा संसार एक क्यों नहीं हो जाता ताकि विश्व के मानचित्र पर विभिन्न देशों को पहिचानने की इस अर्वाचीन समस्या से छुटकारा प्राप्त हो सके!

मैं आज भी प्राय: विचार करता हूँ कि आखिर क्योंकर मुझे भूगोल कभी समझ ही नहीं आया? कारण क्या थे? वे कौन-सी परिस्थितियाँ थीं जिन्होंने मुझे भूगोल से विमुख किया? भूगोल की किताब देखकर ही उसे फाड़ने-छिपाने या जलाने की तीव्र आकांक्षा मुझे आज भी क्यों उठती है? क्यों भूगोल का मास्टर देखकर मैं आज भी घबरा जाता हूँ और क्यों ऐसा होता है कि किसी भी नक्शे को समझकर चलना शुरू करूँ तो कहीं भी नहीं पहुँच पाता? ये तथा इसी भाँति के भाँति-भाँति प्रश्न उठा करते हैं आजकल मेरे मन में। इन दिनों जब मैं अखबार में पढ़ता हूँ कि फलाने लातिन अमरीकी देश में पुन: किसी ने किसी का तख्ता पलट दिया, या स्केण्डीनेविया (या ऐसी ही किसी-नेविया) का कोई राज्याध्यक्ष आकर राजघाट पर पुष्प चढ़ाकर और हमारे देश को शान्ति का पुजारी बताकर सीधे पाकिस्तान गया (जहाँ वह यही बताएगा), अथवा कहीं तूफान या भूकम्प आया, या कहीं कोई सम्मेलन हुआ जहाँ, जैसा कि होता आया है, हमारा कोई प्रतिनिधिमण्डल पहुँचा, जिसका, जैसा कि होता आया है, बड़ी गर्मजोशी से स्वागत हुआ—ये, तथा ऐसे समाचार पढ़कर दो प्रश्न मेरे पापी मन के भूगोल में भटकने लगते हैं। एक तो यह कि यह स्साला स्केण्डीनेविया है कहाँ, भारत से कितने किलोमीटर पड़ेगा, यहाँ से किस दिशा में कैसे लाना होगा, किराया कित्ता लगेगा, टीए डीए क्या मिलेगा? और वहाँ ऐसा है क्या कि कोई शरीफ मनुष्य अथवा प्रतिनिधिमण्डल वहाँ जाए? स्पष्ट है कि मैं ऐसे अवसरों पर समझ ही नहीं पाता कि किस जगह की चर्चा चल रही है तथा हाट पिपल्या या भाण्डेर या खिलचीपुर से तुर्की अथवा कुवैत किस भाँति भिन्न हैं? और इसी पहले प्रश्न से तब दूसरा प्रश्न जन्म लेता है कि मैं आज तक भूगोल को क्यों नहीं समझ पाया?

सत्य तो यह है प्यारे कि अपुन को यह भूगोल कभी जमा ही नहीं। सही मायनों में कहें तो अपनी रुचि तो कभी पढ़ाई के किसी भी विषय में रही ही नहीं।

गणित तो खैर किसी को भी समझ नहीं आता तथा नागरिकशास्त्र में जो पढ़ाया जाता है, वह नागरिक को अच्छा नागरिक बनने में मदद करता हो, ऐसा देखा नहीं गया है—परन्तु फिर भी इन समस्त विषयों में भूगोल का स्थान सर्वोपरि रहा। मेरी रुचि तो सदैव ही यार की गली के भूगोल में रही। कहाँ से मुड़ना है, यार के बाप को देखते ही किस कचरापेटी के पीछे सुरक्षित छिप सकते हैं, कितने अक्षांश पर उसका छज्जा है और मौके पर कैसे उस गली से किस रास्ते को पकड़कर किस दिशा में छू होना, यह मुझे सदैव ही कण्ठस्थ रहा। मैं नेत्र मूँदकर भी वहाँ जा सकता था।...और जहाँ तक नदियों का प्रश्न है, तो नदियों में हमारी रुचि उसी हद तक रही कि चाँदनी रात में नौका विहार पर सुन्दर-सा निबन्ध, या ओ माँझी रे, हैया रे हैया, अथवा कैसे जाऊँ जमुना के तीर आदि। नदी कहाँ से निकलती है, उसका 'कोर्स' क्या है तथा कैसे वह समुद्र में मिलने से पूर्व डेल्टा बनाती है—ये नीरस तथा शुष्क बातें मेरे रसिक मन को ऐसी पीड़ा देती रही हैं कि मानो कोई ज्ञानीजन प्रेमिका का पोस्टमार्टम करके उसका दिल, जिगर और गुर्दा हाथ में लेकर शृंगार रस की चर्चा करने का प्रयत्न कर रहा हो! हमें ऐसी नदी में कभी दिलचस्पी नहीं हुई कि जो मात्र मानचित्र पर उकेरी गयी एक टेढ़ी-मेढ़ी रेखा भर हो! इसी कारण भूगोल मुझे कभी समझ ही नहीं आया। फसलों, किसानों और मौसम-चक्र आदि का ज़िक्र आते ही मुझे सदैव ही 'दो बीघा जमीन' और प्रेमचन्द याद आते थे, तथा अक्षांश-देशांश रेखाओं के सन्दर्भ में मुझे हमेशा आज भी दूसरी रेखाएँ याद आती हैं, जो मोहल्ले में रहती हैं, या रही हैं या फिल्मों में काम करती है।...मैंने बहुत पहले यह जान लिया था कि मैंने भूगोल समझने के लिए जन्म नहीं लिया है। बल्कि मुझे तो यहाँ तक लगने लगा था कि मैंने भूगोल को न समझने हेतु ही जन्म लिया है।

परन्तु इन दिनों दुनिया और देश की स्थिति देखकर मुझे लगने लगा है कि भूगोल का समुचित ज्ञान लेना अत्यन्त आवश्यक था।

मुझे ज्ञात होना चाहिए था कि हमारा देश जिस देश से कर्ज ले रहा है, वह किधर है? भीख किस दिशा में बँट रही है? बम किस दिशा से गिरेंगे और भूगोल के किस खण्ड को इतिहास बनाने की साजिशें चल रही हैं? वे जो दिव्य मध्यस्थ हैं, वे जो दुनिया के भूगोल को अपनी मुट्ठी की साइज का करना चाहते हैं और वे जो भूगोल बदलने के साथ इतिहास भी बदलना चाहते हैं—वे वस्तुतः किस मिट्टी की पैदाइश हैं और उस मिट्टी में इनके सिवाय भी कोई फसल होती है या नहीं—मुझे यह भी जानना चाहिए था। पता होना था कि कहाँ क्या है? टी.वी. पर नाम सुनते हैं, परन्तु पता ही नही चलता। वे शर्माते क्यों नहीं? वे बम गिराकर बच्चे मार देते हैं और उनके देश को शर्म नहीं आती। या आती हो और हमें खबर न हो? पता होना चाहिए था कि वे हमसे कितनी दूर हैं और उनकी शर्म यदि चलना शुरू करे, तो हम

तक कितने हजार किलोमीटर चलकर पहुँच पाएगी?...भूगोल का पता होता तो हम भी जान पाते कि इस बड़े देश का क्षेत्रफल इतना सँकरा तथा छोटा क्यों है कि हम सब बिना लड़े-झगड़े रह नहीं पाते? फिर हम इतने दूर भी किस भूगोल के कारण हैं कि बिहार, उत्तर प्रदेश या आन्ध्र प्रदेश में यदि कुछ गड़बड़ होता है, तो हमें आन्दोलित नहीं करता? हमारा भूगोल इतना क्षुद्र कैसे हो गया कि वह अपने घर की सीमा पर समाप्त हो जाता है? हमारे छोटे-से भूगोल में यह देश क्यों नहीं आ पाता?...मुझे लगता है कि मैंने गलती की। भूगोल पढ़ना बहुत आवश्यक था।

मैं और बकरी

बकरी को लेकर मेरे कुछ अनुभव हैं।

'आपके कैसे हो सकते हैं?' मेरे एक काँग्रेसी मित्र ने मेरे उपरोक्त कथन पर आपत्ति ली है। उनका कहना है कि गाँधीवादियों को ही हक है कि वे ऐसी बातें करें। मैं गाँधीवादी नहीं हूँ। इस लिहाज से उन्हें यह ठीक नहीं लगा कि मैं दावा करूँ कि बकरी को लेकर मेरे भी कुछ अनुभव हो सकते हैं। पर क्या करूँ कि मेरे हैं। पहले क्यों नहीं बताया? हाँ, आपका यह प्रश्न अपनी जगह जायज मान सकता हूँ। दरअसल, पहले मैं शरमाता था। आप गाँधीवादी हैं, सो नहीं शरमाते। गाँधीवादी आसानी से शरमाता नहीं। मेरे एक मित्र गाँधीवादी थे, जिन्होंने एक दलित की ठुकाई करके उसे जमीन से बेदखल कर दिया था। मैंने कहा कि आपको शर्म आनी चाहिए। वे बोले कि हमें नहीं, आपको शर्म आनी चाहिए कि आप मुझ जैसे गाँधीवादी को गलत बता रहे हैं, जबकि इस देश में आज़ादी के बाद से गाँधीवादी हरदम सही सिद्ध हुआ है। सो मैं तो शरमाता था कि क्या तो बकरी तथा मेरे बीच की अपनी घरेलू-सी बातें जगजाहिर करूँ। परन्तु इधर मैंने एक पत्रिका में बकरी पर एक अन्तर्राष्ट्रीय सम्मेलन की रिपोर्ट पढ़ी, तो चकित रह गया। चार दिनों तक चले इस सेमीनार में अनेक विद्वानों ने बकरी को लेकर अपने विचार प्रकट किये, तब मुझे ज्ञात हुआ कि बकरी विषयक जिन अनुभवों को मैं शर्म से छुपाये घूमता था तथा बताने पर होनेवाली बदनामी से डरता था, वे वास्तव में खासे गौरवपूर्ण अनुभव थे। और वे बकरी के कारण गौरवपूर्ण थे, मेरी वजह से नहीं। सम्मेलन में बकरी के विषय में जब ऐसी बड़ी-बड़ी बातें कही गयीं, तब मैंने जाना कि यहाँ-वहाँ मिमियाती जो अदनी-सी शख्सियत कभी मेरे जीवन में आती-जाती-घूमती फिर रही थी, वह वास्तव में कितनी बुलन्द हस्ती थी (है।) सो, देर आयद, दुरुस्त आयद। कृपया बकरी को लेकर मेरे अनुभवों पर गौर करें।

बकरी से मेरा पहला साक्षात्कार हमारी पहली कक्षा के गुरुजी ने कराया था

और कान मरोड़ते हुए हमें बताया था कि 'ब' बकरी का होता है। उनका सिखाया हुआ मैं, बाद के बहुत वर्षों तक 'ब' को बकरी की ही बपौती मानता रहा। यह तो बाद में जीवन ने मुझे 'ब' बदमाशी का, 'ब' बदहाली का, 'ब' बटमारी का, 'ब' बटवारे का तथा 'ब' से बम आदि सही शब्द सिखाये। गुरुजी ने वैसे स्वयं भी एक बकरी पाल रखी थी, जिसको खिलाने-पिलाने-टहलाने से लगाकर उसका दूध निकालने तक की जिम्मेदारी हम छात्रों की हुआ करती थी। गुरुजी की जिम्मेदारी उसका दूध पीकर हमें ठोकने की थी। इस सेवाटहल के दौरान मैं बकरी के बेहद करीब आया। फिर भी, मैं उस बकरी के इतना करीब कभी नहीं आया, जितना करीब एक दिन मैंने गुरुजी को पाया। गुरुजी ने मेरी बढ़िया पिटाई की तथा सख्त चेतावनी दी कि खबरदार जो कभी, किसी को भी इस बावत कुछ भी बताया। आज जब बकरी पर बोलते हुए किसी विद्वान ने उस सम्मेलन में यह बताते हुए बकरी की तारीफ की कि बकरी एक बेहद उपयोगी जानवर है, तब मुझे अपने गुरुजी बेहद याद आये। उनकी सख्त हिदायत के बावजूद मैं कहना चाहूँगा कि मैंने उन्हें देखकर ही जाना कि बकरी वास्तव में बेहद उपयोगी जानवर है!

बाद के वर्षों में बकरी मेरे जीवन में चोरी-छुपे आयी।

या यूँ कहें कि मैं बकरी के जीवन में चोरी-छुपे घुसा। बकरी वस्तुत: पड़ोसी की थी, परन्तु, उसका दूध पीने की इच्छा हमारे परिवार की थी। हमारी इच्छा के अलावा हमारी इच्छाशक्ति भी बड़ी दृढ़ थी तथा हम कुछ मामलों में समाजवादियों या कहिए कम्युनिस्टों के इस विचार के हिमायती थे कि वस्तुओं पर किसी का एकाधिकार उचित नहीं। बराबर बाँट लें। बकरी आपकी, दूध हमारा। बकरी, जैसी कि उसकी आदत हुआ करती है, दोपहर के समय यत्र-तत्र टहलती थी तथा जहाँ भी सींग समायें, वहाँ घुस जाती थी। हम बकरी की इसी आदत के कायल थे और ताक में रहते थे कि कब वो हमारी तरफ निकले। मैं उन दिनों दोपहर में सोता तक नहीं था। उसकी प्रतीक्षा करता। बाद में, प्रेम में पड़ जाने के दिनों को छोड़कर मैंने ऐसी प्रतीक्षा किसी की भी नहीं की। वह आती। उसे आना ही था। वह आती और गुरुजी द्वारा बचपन में ही ट्रेण्ड कर दिया गया मैं, फटाफट उसका दूध निकाल लेता था। वास्तव में मैं इतनी तेजी से दूध निकालता था कि एक रिकार्ड-सा बन सकता था। परन्तु एक तो तब हमें गिनीज बुक के विषय में ज्ञात ही नहीं था, और दूसरा यह कि यदि ज्ञात होता भी, तो भी इस चोरी का सार्वजनिक प्रदर्शन सम्भव नहीं था। परन्तु तथ्य यही था कि बकरी जब तक मेरे दो छोटे भाईयों के अप्रत्याशित आक्रमण से सँभल पाती थी, जो उसे दबोचकर पकड़ लेते थे, तब तक मैं देखते-देखते, कहिए कि पलक झपकते, लोटा भरकर

दूध दोह लेता था। मेरी तेजी इस सन्दर्भ में ऐसी थी, जैसी कभी चन्दबरदाई ने पृथ्वीराज चौहान की तलवार की तेजी की चर्चा की थी। बाद के दिनों में तो मैंने पाया था कि बकरी तक मुझे इसी कारण आश्चर्य तथा सम्मान की मिली-जुली भावना के साथ देखने लगी थी। स्वयं बकरी के लिए भी यह नितान्त चमत्कारी-सा अनुभव था। उन दिनों हम भाइयों का स्वास्थ्य अचानक ही काफी अच्छा होने लगा था तथा हमें गाँधीजी की इस बात पर भरोसा होने लगा था कि बकरी का दूध सेहत के लिए सर्वोत्तम होता है। उन दिनों मुझे बकरी का एक और गुण बेहद भाने लगा था कि वह साइज में छोटी-सी होती है। छोटा-सा शरीर होने के कारण आप बकरी को चोरी-छुपे उठाकर किसी भी कोने में ले जा सकते हैं तथा पोशीदा तौर पर उसका दूध निकाल सकते हैं। यह सुविधा गाय-भैंस के साथ उपलब्ध नहीं है। इस दयानतदार बकरी के साथ हमारे सम्बन्ध, या कहिए कि अवैध-सम्बन्ध, लगभग दो वर्षों तक कायम रहे। परन्तु जैसा कि अवैध सम्बन्धों के साथ प्रायः हुआ करता है, एक दिन भेद खुल ही गया। नादान पड़ोसी ने इस बात पर सख्त ऐतराज प्रकट किया कि उसकी बकरी का यूँ हमारे घर चोरी-छुपे आना-जाना चलता रहा है। हमारे पिताजी ने उन्हें समझाने की कोशिश भी की कि इस उम्र में प्रायः बकरियों के कदम बहक जाने का खतरा तो ख़ैर रहता ही है, परन्तु उनको सही मार्ग पर रखना तथा सम्भालना स्वयं पड़ोसी की जिम्मेदारी बनती है क्योंकि बकरी भी अन्ततः संस्कार तो अपने घर से ही सीखती है। ख़ैर, इस प्रकार ये सम्बन्ध समाप्त हो गये। यों, बकरी यदा-कदा मौका पाकर बीच-बीच में हमारे घर चोरी छुपे आती-जाती रही, परन्तु सम्बन्धों में वह पुरानी गर्माहट नहीं रही।

बड़ी उम्र में बकरी एक राजनीतिक शक्ति के तौर पर मेरे जीवन में प्रविष्ट हुई। आजादी के तुरन्त बाद के समय में अचानक ही छोटे-छोटे कस्बों तथा गाँवों के स्तर पर बकरी की पूछ-परख बढ़ गयी। शहर के गाँधीवादी जहाँ गाँधीजी के सही इस्तेमाल की दिशा में कूच कर गये थे, कस्बों के स्तर पर गाँधीजी के प्रति एक किस्म की रोमानी भावुकता का माहौल बना रह गया था। बकरी का गाँधीवाद के प्रतीक के रूप में उपलब्ध होना लोगों को सरल लगा, क्योंकि यह चलता-फिरता गाँधीवाद सहज ही गली में मौज़ूद रहता था। सो बकरी को गाँधीवाद से जोड़ने के प्रयास खूब चले। कम-से-कम हमारे कस्बे में तो हुए। और कस्बे का न भी मानें, तो हमारे घर में तो खूब चले। कस्बे ने बाद में गाँधीवाद को ज्यादा सहज तथा रेडीमेड उपलब्ध चीजों से, यथा गाँधीटोपी, खादी की बण्डी तथा चरखे आदि से जोड़ लिया, जो बकरी से कहीं अधिक सुविधाजनक सिद्ध हुआ। परन्तु हमारा परिवार पुराना काँग्रेसी था, जैसा कि उस ज़माने में प्रायः परिवार

हुआ करते थे। क्योंकि वैसा कहने में किसी के बाप का कुछ जाता भी नहीं था और शासन भी काँग्रेस का होने के कारण यह फायदे का सौदा ही था। तब हमारे पिताजी खादी पहिनते थे, गाँधी टोपी बापरते थे। इसी झटके में, स्वयं को दूसरों से ज्यादा खाँटी गाँधीवादी सिद्ध करने के लिए उन्होंने अचानक यह निर्णय ले डाला कि घर में एक अदद बकरी भी पाली जाएगी। मेरी माँ गाँधीवाद के इस चौपाये-पक्ष के सख्त खिलाफ थीं क्योंकि बकरी दिनभर ही घर में गन्दगी मचाती फिरती थी। बड़ी लड़ाइयाँ हुईं। घर में रोज चिकचिक होती। बकरी के चक्कर में घर में गाँधीवाद तक पर हमले होने लगे। माँ ने तो एक दिन यहाँ तक कह डाला कि इससे अच्छा तो यही होता कि तुम कम्युनिस्ट हो जाते—एक लाल झण्डे के अलावा और कोई झंझट तो न होती! ज़मीनी राजनीति तब भी ऐसे ही प्रतीकों पर चलती थी। बकरी के खिलाफ एक हवा बन रही थी। घर में बेवजह तनाव-सा रहता। पिताजी भी बकरी पालकर पछताने-से लगे थे और बकरी की चिकचिक के चलते उनका मन गाँधीवाद तक से उचटने लगा था।

फिर वह बकरी भी अपने किस्म की एक ही थी।

वह नाम की ही बकरी थी। दूध उसने कभी दिया नहीं। उधर उसकी हरकतें दिनोंदिन बड़ी कमीनी तथा ओछी होती जा रही थीं। वह मानो जुलाब लेकर ही इस धरा पर उतरी थी और दिन भर की उसकी प्रमुख गतिविधियों में यही बात काम करती थी। इधर माँ साफ करती कि उधर वह फिर कर देती। वह माँ पर नजर-सी रखती। बाद के दिनों में वह घर के कपड़े चबाने के शौक में पड़ गयी। उसने एक कपड़ा फाड़ो आन्दोलन-सा चला दिया और अपना जीवन मानो इसी महान उद्देश्य हेतु समर्पित कर दिया कि हमारे घर के सदस्य चिथड़े पहिनकर घूमें। उन दिनों हमारे फुलपेण्ट उस तरह के हो गये थे, जैसे कि आजकल फैशन के मारे मॉडल वगैरह पहनते हैं और अधोवस्त्र तो इस प्रकार तार-तार हुए थे कि उनका पहिनना एक औपचारिकता का निर्वाह मात्र कहा जा सकता था—उनसे किसी उद्देश्य की पूर्ति नहीं होती थी। स्कूल की ड्रेस को मैं स्कूल से लौटते ही लोहे के ट्रंक में छुपा देता। परन्तु न जाने किस पॉलिसीवश अथवा चालाकी के तहत वह पिताजी के कपड़ों पर मुँह नहीं मारती थी। या शायद पिताजी के कपड़े खादी के होते थे और बकरी को या तो खादी के प्रति वितृष्णा थी, या फिर कदाचित् आदर का भाव—वह उनके कपड़ों को सूँघती भी नहीं थी। परन्तु एक दिन उसने गाँधीवाद को किनारे करते हुए पिताजी का नया कुरता चबा डाला। तब पिताजी ने अहिंसा के सिद्धान्त को किनारे करते हुए, वहीं किनारे पर पड़े डण्डे को उठाकर बकरी को खूब डण्डे लगाये, उसे नितान्त मौलिक तथा चमत्कारी गालियाँ सुनाईं और गली में दूर तक खदेड़कर ही लौटे।

पिताजी कुछ दिनों तक उदास रहे। वे अब क्या कहते? वे तब तक हर एक से कहा करते थे कि भई, हम तो गाँधीजी के जीवन दर्शन पर चलते हैं—खादी पहिनते हैं, चरखा चलाते हैं और बकरी का दूध पीते हैं। ऐसा कहकर वे गर्दन इस हद तक अकड़ा लेते थे कि उससे कड़कड़ की आवाज-सी आती थी। बकरी मानो उनके व्यक्तित्व का महत्त्वपूर्ण हिस्सा थी। जब उन्हें जीवन में गाँधीवाद चहुँओर छीजता दिख रहा था, तब वे निराशा में बकरी की पूँछ पकड़कर ही गाँधी से जुड़ा महसूस करते थे। उन दिनों कस्बाई राजनीति में एक स्तर था और लोग बुजुर्गों का लिहाज करते थे। यही कारण था कि लोग उनकी ये सब फालतू बातें तथा हरकतें न केवल बरदाश्त कर लेते थे, बल्कि इनके लिए पिताजी की इज्जत भी करते थे। अलबत्ता, बकरी के साथ पिताजी ने जो किया, उससे उनकी इज्जत में जो इजाफ़ा हुआ, वह अतुलनीय था।

समय गुजर गया।

न पिताजी रहे, न खादी। कस्बे में अब न बकरी को कोई पूछता है, न गाँधीजी को। धीरे-धीरे बकरी क्या, गाँधी तक इस देश की राजनीति में अप्रासांगिक हो गये। लोग बकरी तथा गाँधी, दोनों को भूल गये। दूध न बकरी का रहा, न गाय का—वह प्लास्टिक के पैकेट का हो गया। गाँधी न काँग्रेस के रहे, न देश के—वे इतिहास की जिल्द के हो गये। बकरी के नाम से लोगों को बकरा याद आने लगा कि जिसका मांस बड़े चाव से उत्सवपूर्वक खाया जाता है और गाँधी से लोगों को उनके नाम खड़ी की गयी वे हज़ारों संस्थाएँ तथा योजनाएँ याद आने लगीं कि जहाँ गाँधी के आदर्शों का हाल भी बकरे के माँस जैसा हो रहा है। अभी जब मैंने बकरी को लेकर हुए सम्मेलन की खबरें पढ़ीं, तब मेरे कान खड़े हुए, अन्यथा तो मैं बकरी को भूल ही चुका था। मैं चिन्तित हूँ कि लोगों को बकरी की याद क्योंकर आ रही है? चक्कर क्या है? कहीं बकरी के जरिये ग्रामीण मतदाताओं को मूर्ख बनाने का पुराना खेल फिर से तो नहीं चलाएँगे? मैं पुनः बकरी चिन्ता से चिन्तित हूँ। मैं बकरी के लिए चिन्तित हूँ। बकरी से अपने पुराने आत्मीय सम्बन्धों की चर्चा मैंने की ही। इन्हीं के कारण मैं बकरी के लिए चिन्ता कर रहा हूँ। परन्तु किसी ने कहा ही है कि बकरे की माँ कब तक खैर मनाएगी? किसने कहा यह? गाँधीजी ने तो नहीं ही कहा था, यह तय है। गाँधीवादियों ने कहा होगा, ऐसा सन्देह है मेरा।

बहुत दिन बीते...

एलबम पलट रहे थे हम।

पास बैठे परिचित ने पूछा कि और ये कौन? मैंने बताया कि ये मेरी माँ थीं।

एलबम, जैसे कहानियों की कोई किताब। हर तस्वीर की अपनी कहानी। माँ, जैसे इन किताब में बन्द पड़ी वह कहानी कि जो समय के गर्द-ओ-गुबार में धीरे-धीरे गुम हो गयी है। ''बहुत दिन बीते कि जब एक राजा था...'' मेरी माँ की कहानियों में समय बीतने की बात बार-बार कई तरह से आती थी। राजा-रानी की शादी हो गयी और फिर ''बहुत दिने बीते कि एक दिन राजा शिकार पर गया और लौटा ही नहीं।'' या कि यों कि ''राजा के दो पुत्र थे और एक पुत्री। बहुत दिन बीते कि एक बार बड़ा पुत्र ऐसा बीमार पड़ा कि...।''

ऐसे ही अभी माँ की कथा कहूँ तो कुछ यूँ कि बहुत दिन बीते कि मेरी एक माँ थी।

समय बीत जाता है। कहानियाँ सुनानेवाले खत्म हो जाते हैं। स्वयं कहानी बन जाते हैं वे। जैसे कि मेरी माँ। अब सोचूँ तो किस्सा मुख्तसर यूँ कि बहुत दिन बीते कि मेरी माँ थी, जो मुझे ढेरों कहानियाँ सुनाती थी। बहुत दिन बीते। सचमुच ही बहुत दिन बीत गये। माँ कब की मर चुकी। उसकी कहानियाँ, कहानी बन गयीं। समय के रथ की वल्गाएँ थामे, मैं जीवन के रथ को भगाता न जाने किन-किन जाने-अनजाने रास्तों पर भागता यहाँ तक आ गया हूँ कि जहाँ पलटकर देखूँ तो बस धुँधली यादों की धूल उड़ रही है। न रास्ता, न रास्ते में छूट गये लोग। कभी थे वे भी या कि बस कोई सपना देखा था मैंने? पता नहीं। पर यह सच है कि बहुत दिन गुजर गये। दिनों का यही तो है कि वे तो गुजर ही जाते हैं। समय रेत-सा फिसलता गया मुट्ठी से। बचपन में ''बहुत दिन बीते...'' वाला जुमला जब सुनता था तो इसे कहानी कहने का एक ढंग मात्र मानता था। कथा कहने का तरीका मात्र। दो घटनाओं के बीच का तार ''कि बहुत दिन बीते।'' बचपन के दिन थे। दिनों के बीतने के मायने अन्ततः क्या होते हैं,

यह सोचने का वक्त ही किसके पास था! दिन बीतते भी हैं, इसका भान ही नहीं था। सुबह से रात तक छलाँगें मारता था जीवन। समय तब मानो हमारी किसी गणना में ही नहीं था और हमें इसकी परवाह भी नहीं थी। मुट्ठियाँ तब और ही चीजों से भरी होती थीं। तब हमारी मुट्ठी में मूँगफली दाने थे, चिरोंजी थी, सपने थे और पाँच-दस पैसों के सिक्कों की बहुमूल्य दौलत होती थी। मुट्ठियाँ खुलती भी थीं तो बस तितलियों को पकड़ने के लिए, या अमरूद के पेड़ पर चढ़ने के लिए। तब हमारे पास समय ही नहीं था कि समय का रोना रोएँ।

आज उन दिनों की कहानी, माँ की तर्ज में कहना शुरू करूँ तो वह यूँ शुरू होगी कि बहुत दिन बीते कि एक होते थे ज्ञान चतुर्वेदी।

दिन बीतते गये।

दिन बीतने में अजीब बात यह पेश आयी कि ज्यों-ज्यों दिन बीते, त्यों-त्यों रातें लम्बी होती गयीं।

आदमी की उम्र बीतती है, तो यह मजेदार हादसा दरपेश होता है कि दिन छोटे होते चले जाते हैं और रातें लम्बी। काम इतने कि दिन छोटे पड़ जाते हैं। जीवन इतने काम पकड़ा देता है हाथों में कि सपने और तितलियों के लिए जगह ही नहीं रह जाती हथेलियों में। तितलियाँ पीछे आती हैं। सपने मँडराते हैं। पर हाथ जीवनभर खाली ही नहीं कि उन्हें पकड़ें। हजार योजनाएँ। लाख काम। सूर्योदय से देर रात तक चलता है समय के विरुद्ध एक युद्ध। भाँजता फिरता है आदमी तलवार, दिनभर। जय करने से ज्यादा, पराजय टालने के युद्ध। समय भाग रहा है और तेग लिए पीछे भाग रहा है ज्ञान चतुर्वेदी। यहाँ से वहाँ। खाईयों, खंदकों में। भागता है आदमी। चेहरे की मासूमियत गायब। बचपन के बालों के वे रेशमी गुच्छे, जो माँ के पहिनाए कनटोपे के बगल से निकलकर उड़ते थे हवाओं में, वे अब युद्ध में इस्पाती कनटोप के तले दबे-दबे, धीरे-धीरे घास में तब्दील हो गये। समय के साथ भागता आदमी कब तो गंजा हो गया, पता ही नहीं चला। भागते-भागते कभी दर्पण में देख लिया और आश्चर्यचकित हो लिए। बसा फिर दाँत हिल गये। फिर गाल पिचक गये। सूज गये घुटने, भागते-भागते। खूसट निकल आया योद्धा, पर भागता रहा। हाँफते हुए भागता रहा क्योंकि समय रुकने का नाम नहीं ले रहा था और वह समय के पीछे था। दुखते घुटनों के साथ, कराहता, भट्टे पड़ी हथेलियों में नामालूम इरादों के भाले लिए दौड़ता फिर रहा है आदमी। समय के पीछे दौड़ रहा है आदमी या कि फिर समय दौड़ा रहा है उसे? पता नहीं चल रहा उसे। वह तो यही समझता है कि दौड़ रहा है वह समय के साथ, समय के पीछे।...बहुत दिन बीते कि राजा भी यही सोचता

था।...और, उसके भी पहले बहुत दिन बीते कि राजा के पहले भी जो राजा हुए, वे भी यही सोचते थे कि होड़ है समय से। तैयारी थी कि हरा ही देंगे समय को। कोशिश सबकी यही कि दिन बीत न पाये और युद्ध जीत लें। पर बीते करोड़ों दिन ऐसे ही। बहुत दिन बीते।

समय बीत गया। समय बीतता गया। बचपन का वह ज्ञान चतुर्वेदी भागता-हाँफता खड़ा है आपके सामने और सोच रहा है कि यार, ये तो कितने दिन बीत गये और कहीं पहुँचे ही नहीं।

माँ अब नहीं है। एलबम में उसे देखकर याद आ रही हैं वे कहानियाँ, जो सुनाती थी वह, और सुनते थे हम रजाई में दुबके हुए। अब माँ नहीं है। अब मैं कहानियाँ कहता हूँ। अब मैं कहानियाँ लिखता हूँ। अब कहानी कहने की टेकनीक बदल गयी। समय बदल गया। अब कहानियाँ वैसे शुरू नहीं होतीं कि जैसी माँ करती थी। अब मैं यदि कभी 'बहुत दिन बीते...' वाली स्टाइल की कहानी शुरू करूँ तो आलोचक लतिया दे और संपादक भी। समय दूसरा है अब यार। टाइम बदल गया। यह भी सम्भव है कि कभी वही समय फिर लौट आए और कहानी ठीक वैसी कही जाने लगे कि जैसी मेरी माँ कहा करती थी कि बहुत दिन बीते...। माँ की तस्वीर लगी है एलबम में। बुढ़ापे की फोटो। तब की, जब माँ बहुत बूढ़ी हो गयी थी। तब वह लकवे के कारण न चल पाती थी, न बोल पाती थी। वह कहानियाँ सुनाने लायक ही नहीं बची थी। और सुना भी पाती तो उसकी सुनने की फुर्सत ही किसी को नहीं थी। एक समय ऐसा भी आता है कि जब अपनी प्रिय कहानियों को सुनने की भी फुर्सत नहीं निकाल पाता आदमी। जो माँ की कहानियाँ सुन-सुनकर बड़े हुए थे, वे समय के घोड़े पर जीन कसके निषिद्ध दिशाओं में व्यापार करने को निकल गये थे।

जीवन-व्यापार। शादी। बच्चे। नौकरियाँ। पैसे। हैप्पी बर्थ डे। नववर्ष। पदोन्नतियाँ। लड़ाइयाँ। तिकड़में। बचाव। आक्रमण। रुकते। भागते। छुपते। कूदते।...सब व्यस्त हो गये थे और माँ अकेली रह गयी थी। पता नहीं कि कहानियाँ भी बची थीं उसके पास या वे भी बिला गयीं? समय नहीं था किसी के पास कि उसकी कहानियाँ सुनता। कहानी कहते-कहते वह स्वयं ऐसी कहानी बन गयी थी कि जो अकेलेपन के निचाट बियाबान में सुनाई जा रही थी। कि समय की रेत दूर तक, पीछे भी और आगे भी, जहाँ स्मृतियों के अलाव जलाकर बैठी माँ सुनाती रहती थी अपनी कहानियाँ, अपने ही मौन में। जिन दिनों के बीत जाने की बात कह-कहकर उसने हमें हजारों कहानियाँ कभी कहीं थीं, वे ही बीत गये थे। बीते भी और रीते भी। रीत गये थे उसके दिन। खाली-खाली। कोई नहीं। कुछ भी नहीं। बुढ़ापे का अकेलापन और बस वह स्वयं। सभी व्यस्त।

टाइम नहीं था किसी के पास। खटिया पर चुपचाप पड़ी रहती थी माँ और समय उनके आसपास भागता जा रहा था। आदमी व्यस्त थे। भागते समय में तिनके से।

जीवन में यह समय भी आता है कि जब आप ठगे से खड़े रह जाते हैं और रेतीले बवण्डर-सा समय आपके चारों तरफ आँधी उठाता-भागता जाता है। गोल-गोल घूमता। दिशाहीन-सा। स्थिर भी और बला का गतिमान भी। समय की किरचें और धूल आँखों में गड़ती है आपके और आप आँखें मूँदकर घुटनों के बल बैठे रह जाते हैं, यह सोचते, कि कदाचित् निकल ही जाएगा यह समय भी, निकल जाएगी यह आँधी भी। बैठे रह जाते हैं हम और आँधी खत्म ही नहीं होती। समय की रेत ढकती जाती है हमें और फिर गुम हो जाते हैं लोग। बाद में तो, किस रेत के टीले के नीचे कौन दबा रह गया, यह पुरातत्त्व वालों की रुचि का विषय तक नहीं रह जाता। आप जब बुढ़ापे में, अकेलेपन में, बीमारी में टूटकर समय के अन्धड़ में गुम हो रहे होते हैं, तब उसी आँधी पर सवार होकर भागते-उड़ते व्यस्त लोगों के पास इतना भी समय नहीं होता कि आपके दब जाने / गुम जाने का ठीक-ठाक मर्सिया भी पढ़ सकें। तेरहवीं तक रुकना कठिन। छुट्टी मिलना कठिन। फ्लाइट के टिकिट ही उपलब्ध नहीं कि अन्तिम क्रिया कर पाते।

सो, माँ, कुछ इसी तरह, बहुत दिन बीते मित्रो, कि हमारे जीवन में थी और अब नहीं है। अब एलबम में दबे, भूले चित्र हैं, धुँधलाती स्मृतियाँ हैं, उसकी कुछ कहानियाँ हैं और उसका अनिवार्य होने से निरर्थक होते चले जाने का ऐसा इतिहास है, जो दर्ज ही नहीं किया गया। क्योंकि यह इतिहास तो हर बूढ़े में दोहराया जा रहा है। किस-किसका दर्ज करें?

•

पीछे पलटकर देखता हूँ तो मन कहता है कि बहुत भाग लिए ज्ञान बाबू। अब रुक लो। कितने दिन बीते कि तुम आँखें बन्द करके, चिन्तामुक्त हो, ढीले-ढाले होकर कभी बैठे ही नहीं।

पूछता हूँ स्वयं से कि क्या कभी उस खटिया को नजरभर देखने की फुर्सत निकाली तुमने कि जिस पर पड़ी माँ, बाद के वर्षों में लेटी-लेटी, तुम्हें आते-जाते चुपचाप निहारती रहती थी और तुम सर्र से निकल जाते थे? रोज सोचते थे कि एक दिन माँ के पास बैठकर फुर्सत से ढेर-सी बातें करूँगा। बैठे रहते थे समय की पीठ पर, लगाम पकड़े कि कभी रुककर नीचे उतरूँगा और सुस्ताऊँगा माँ के पास। कुछ देर तो। रहूँगा खुद के साथ। पर यह हो न सका।

बहुत दिन बीते अब तो। बहुत-बहुत दिन बीत गये। कब तुम अपनी माँ की कहानियों के उन पात्रों की भाँति बन गये, पता ही नहीं चला। माँ, जिन्दा होती तो तुम्हारी कहानी कुछ यों कहती कि बहुत दिन बीते, एक ज्ञान चतुर्वेदी नाम का लड़का होता था। अपनी माँ का लाड़ला। जीवन से बेहद शिद्दत से प्यार करने वाला। डूबकर जीने वाला।...फिर? फिर, बहुत दिन बीते कि वह लड़का समय के अंधड़ में ऐसा उड़ा और गुम हो गया कि फिर सालों नहीं मिला। किसी को भी। खुद ज्ञान चतुर्वेदी को भी नहीं। पता नहीं कि वह ज्ञान चतुर्वेदी इन दिनों कहाँ है? बचा, कि मर-खप गया। बहुत दिन बीते, उसकी कोई खबर नहीं। कहते हैं कि शायद कहीं लेखन में जिन्दा है। सही-सही पता नहीं। मिले कहीं तो कहिए कि मैं भी उसे बहुत याद करता हूँ और 'मिस' भी करता हूँ।

डरा हुआ आदमी

आजकल मैं डरा-सा रहता हूँ।

वैसे पूछो तो डर का कोई विशेष कारण नहीं। पर डरा रहता हूँ। यूँ ही। खामोखाँ। बाहर निकलते हुए डरता हूँ और घर में भी जी घबराता है...। तो क्या दरवाजे की चौखट पर अच्छा लगता है भैय्या?...नहीं। वहाँ खड़ा रहूँ तो यह भय लगा रहता है कि अचानक कहीं दरवाजे का पल्ला जोर से बन्द होगा और उसमें उँगली पचक जाएगी। या फिर दरवाजा पीछे से अचानक बन्द होगा और मैं बाहर को फिका जाऊँगा। यार, अँधेरे के कारण डर लगता होगा। बहुतों को लगता है। तुम लाइट जलाकर रखा करो।...भैय्या, जलाकर ही रखता हूँ। पर लाइट जलाते हुए भी घबराता रहता हूँ कि कहीं खटके से करण्ट न लग जाए। या कहीं तार आपस में मिल गये हों और खटका दबाते ही चिटचिट करके जलने लगें और फ्यूज उड़ जाए या कहीं दुश्मन ने खटके में बम के तार न जोड़ रखे हों कि जलाओ तो भड़ाम हो जाए।...कौन ऐसा दुश्मन होगा तुम्हारा यार? तुम जैसे को मारकर कौन स्साला अपना समय तथा बारूद खराब करना चाहेगा? जिन्दा रहकर ही तुम किसी का क्या उखाड़ रहे हो? खुद उखड़े रहते हो और बातें तो देखो! हद है!...भैय्या, हमें जो लगता है, सो बता रहे थे। लगता रहता है डर, वही बताते थे। अब हमें दुश्मनों का क्या पता? छुपे हुए दुश्मन। सुना नहीं तुमने वह गाना कि बचके रहना छुपे हुए गद्दारों से। कितना हल्ला रहता है देश के दुश्मनों का। स्पीचों में। स्साले छुपे-छुपे घूमते हैं। मान लो कि वे ही हों? हम भी तो देश के ही ठहरे। देश में बम लगाया या हमारे, बात वही हुई न!

छुपा है कहीं कोई, जो भयभीत करता है।

सामने आए तो हम भी बताएँ। वैसे भय का आलम यह है कि वह सामने आ जाए तो अपनी तो डर के मारे ही जान निकल जाए। सही बात यह है कि अपुन, भैय्या जनम के डरपोक। शरीफ आदमी। न किसी के लेने में, न देने में।

सीधे-सादे लोग, हम। 'गऊ-टाइप' मान लें। सबको नमस्ते करने वाले। सबसे डर के चलने वाले। बताया ही कि हम 'गऊ-टाइप' हैं। और जमाना साँड़ों का। दुनिया बदमाश। शरीफों का आपको पता ही है कि ये सबसे डर के चलते हैं। बात-बात में घबरा के कूद-से जाते हैं और कुछ भी देख-सुन के काँपने लगते हैं। यदि कभी कोई काँपता हुआ आदमी आपको मिले और संयोगवश उसे मलेरिया आदि न हो, तो जानिए कि, वह कोई शरीफ आदमी है। और जो शरीफ आदमी को ही मलेरिया भी हो जाए, तो? यार, आप और न डराओ। शरीफ की वैसे ही मौत है। वह जानता है कि दुनिया ऐसी तटस्थ हो चुकी है कि शरीफ आदमी को दो लातें भी जमा दी जाएँ, तो कोई कुछ नहीं कहेगा। या कहेगा कि ठीक पड़ीं इसे, स्साला बड़ा शरीफ बना घूमता था!...यार, कौन आपको लात मारेगा? फालतू डरे रहते हैं आप। कौन मारेगा?...अब कोई पूछकर मारेगा क्या? अप्लीकेशन लगाएगा कि साहब दिल कर रहा है कि किसी शरीफ को ठोका जाए, सो कृपया अनुमति दें। वह तो ठोक देगा न? दुश्मन कौन है, किधर है, पता थोड़े ही चलता है साहब। डर के चलते हैं अपुन तो। जमाना ठीक नहीं।

यार, शरीफ तो आप शुरू से रहे, पर कह रहे हो कि डरे आजकल रहते हो? तो क्या पहले डरते नहीं थे? या पहले शरीफ नहीं थे?

सही बताएँ? डरे-डरे तो भैय्या हम हमेशा ही रहे हैं। पैदायशी ही समझिए। बचपन में बाप और हेडमास्टर से तो डरते ही रहे, साथ ही इस बात से भी भयभीत रहे कि एक दिन बड़े न हो जाएँ। हमारे बाप बचपन भर हमें डराते रहे कि बेट्टा, जब बड़े हो जाओगे, तब आटे-दाल का भाव पता चलेगा। वे कहते कि बड़े होकर जब चप्पलें चटखाते घूमोगे और कोई तुम्हें टके गज नहीं पूछेगा, तब याद करना हमें कि जो हम पढ़ने को कहते थे, उसका मतलब क्या था। पिताजी आनेवाले दिनों का ऐसा डरावना खाका पेश किया करते कि हम बचपन के दिनों का मजा लेना भूल गये थे। सड़क पार करते टाइम तो वे ऐसा डराते कि सारी दुनिया मानो हमें ही कुचलने का प्लान बनाकर घर से साइकिल, कार या ट्रक लेकर निकली हो। ट्रेन में खिड़की के पास न बैठने देते, टखने तक के पानी में भी न उतरने देते और मिर्चीवाली सब्जी को हाथ न लगाने देते। वे हमें हर चीज में डराते। या शायद वे ही बहुत डरे रहते थे। वे बेचारे भी शरीफ आदमी हुआ करते थे। उसी शरीफ बाप की सन्तान हैं हम। सो डरे रहते हैं। क्या करें।

किस बात का डर यार? क्यों डरते हो? लोकतान्त्रिक देश के नागरिक हो। किससे डरना? सबको बराबर का हक है यहाँ।...इसी का तो डर है भैय्या। सबको बराबर का हक है। डरानेवाले को डराने का हक और डरनेवाले को डरने

का हक़। सबके हक़ तय हैं। डरनेवाला डरा नहीं सकता। वह डरने के लिए पैदा हुआ है। हाँ, उसे इस देश ने डरने का जन्मजात हक दिया है।...यार, हम समझ रहे थे कि तुम सच्ची में डर रहे हो, तो हम तुमसे सहानुभूति में बातें करने लगे। पर तुम तो राजनीति करने पर उतर आये! ये तू डरनेवाले और डरानेवाले की क्या बात कर रहा है बे? नक्सली है क्या स्साले? कौन डरा रहा है किसी को? कौन डरा रहा है तेरे को? तू स्साले खुद बिना बात के डरा घूम रहा है और बदनाम करना चाहता है गवरमिण्ट को? लोकतन्त्र है देश में। जान ले। सब स्वतन्त्र। डरना काहे? भयभीत क्योंकर? सब अभय हों। सब बेखटके। चोर चोरी करें, सुपारीवाले सुपारी लें, दंगे के शौकीन दंगा करें, वोट देने वाले वोट दें, जूता खाने वाले जूता खाएँ—पर डरें क्यों? डरने की कौन-सी बात है इसमें? क्यों डरते हो हमसे? हम तेरे को खा जाएँगे क्या? हमें क्या करना तुमसे? बस, चुपचाप बैठे भर रहो और हमें डिस्टर्ब न करो।

समझा रहे हैं आप। आपकी कृपा। मैं समझ भी रहा हूँ। परन्तु फिर भी मैं भयभीत हूँ।

मेरा मुँह सूखा-सूखा रहता है, जीभ तालू से चिपकती है, हाथ काँपते हैं और बार-बार पेशाब लगती है। न अन्दर चैन, न बाहर। छाती में कुछ फड़फड़ाता-सा रहता है। धक्-धक् होता रहता है। काम में मन नहीं लगता। आँखें खोले पड़ा रहता हूँ रातभर।...नहीं भैय्या, लड़की का चक्कर नहीं है। हम शरीफ आदमी—बड़ी मुश्किल से पत्नी की तरफ नजरें उठा लेते हैं, कभी-कभी। बस!...तो क्या लड़की के बाप या भाई का डर? लड़की का चक्कर ही नहीं तो उसके भाई से बचकर चलना चाहिए अन्यथा ऐसे ही पेशाब लगती है—बल्कि, कई बार तो निकल तक जाती है।...नहीं भैय्या, हमने कहा न कि लड़की का चक्कर नहीं है। जब वह नहीं, तो लड़की के भाई की बात कहाँ उठती है?...चलिए, यह भी ठीक बता दिया आपने। पर यार, कहीं एकदम उल्टा मामला तो नहीं है? यही मामला यार कि लड़की के लिए मरे जा रहे हो और कोई चक्कर न चला पाने के कारण परेशान घूम रहे हो? भयभीत हो रहे हो कि जवानी फालतू फण्ड में निकली जा रही है? एक उम्र में ऐसी समस्याएँ भी व्याकुल करती हैं, जिन्हें आप अनजान भय कह सकते हैं। पर हम तो यही सलाह देंगे कि लड़कियों से दूर ही रहो, तो बेहतर।...नहीं भैया आपको हम बता चुके हैं कि हमारी शादी हो चुकी है।...यार, शादी हो चुकी है, तो काहे का डर? लड़की का चक्कर हो, तो फिर भी डर लगा रहता है कि कहीं यह शादी का न कहने लगे, पर तुमको उसका भी डर नहीं।

...भैय्या, आप हमारे डर को नहीं समझ पा रहे। लाइटली ले रहे हैं। आप

चाहते हो कि हमीं बताएँ कि क्यों डर रहे हैं हम?

ऐसा नहीं कि कोशिश नहीं की। की है। मैंने अपने भय को विश्लेषित करने की कोशिश की है। परन्तु पता नहीं कर सका कि क्यों डरा-सा रहता हूँ मैं? और कैसे-कैसे तो भय कि आप सुनें, तो कहें कि यार तुम भी बस...। अभी उस दिन मैं छत पर खड़ा था कि मुझे डर लगने लगा कि यदि यह छत गिर गयी और मैं मलबे के नीचे जिन्दा दबा रह गया और फायर ब्रिगेडवाले मलबे के नीचे झाँकें ही नहीं यह सोचकर कि अब तो और किसी के ज़िन्दा बच निकलने की कोई गुंजाइश नहीं रही, तब? मैं सोचकर ही उस दिन से आजतक व्याकुल हूँ कि वास्तव में वे मुझे मलबे के नीचे छोड़ गये, तो मैं निकलूँगा कैसे?...यार, कैसी बातें करते हो? क्यों गिरेगी तेरी छत? बेवकूफ है क्या तू? जाने कैसी बातें करता है?...भैया, रोज गिर रही हैं। बिल्डर ने हमारी छत कैसी बनाई है, हमें क्या पता?...चल यार, मान लिया कि तेरी छत गिर गयी। पर बचाव करने आये लोग तुझे क्यों नहीं खोज पाएँगे? तू मलबे के नीचे से कराहेगा-पुकारेगा कि नहीं? यार, बचना है तो तेरे को भी तो कुछ मेहनत करनी होगी कि नहीं? कि तू फायर ब्रिगेडवालों पर ही सब छोड़कर लेटा रहेगा? मलबे के नीचे से रोना-पीटना तो तुझे ही मचाना होगा यार। अब वे क्या एक-एक कंकड़ हटाकर देखेंगे? वे भी नौकरीपेशा आदमी। तेरी तरह। पर तू रोएगा, तो वे सुन लेंगे। हाँ-हाँ यार, वे बड़ी-सी टोपी पहने रहते हैं, जिसमें उनके कान भी दबे हो सकते हैं। पर तुम जरा ज़ोर से रोना। सुन लेंगे वे।...पर भैय्या, मान लो कि हम बेहोश ही हो गये? छत गिरने से सिर ठनक सकता है। या मान लो कि कोई ईंटा-सींठा ही पड़ जाए सिर में? तब कैसे पुकारेंगे भला? तो डर तो रहा न बाबू साहेब?...तो कौन-सी छत गिर रही है तुम्हारी?...चलिए, छत की छोड़िए। हमें तो बाहर मैदान में खड़े होने में भी डर लगा रहता है। एक बार वहीं हमें ऐसी कसके सिर में बॉल लगी थी कि हम वहीं जमीन पे लोट गये थे।...यार खेलोगे तो बॉल भी लग सकती है।...भैया, खेल कौन रहा था? हारने के डर से हम तो कभी कोई खेल खेले ही नहीं। हम तो वहाँ यूँ ही खड़े थे। बल्कि खड़े भी क्या थे, हम तो निकल रहे थे वहाँ से एक्चुअली, शार्ट-कट मारते हुए। अब तो भैय्या मैदान से निकलते डर लगता है हमें। मिठाई खाने पर दस्त लग जाने का डर लगा रहता है। मिलावट का जमाना। दस्त लग गये तो डॉक्टर बोतल लगा देगा, जिसका रिएक्शन हो गया तो मरण हो जाएगी अपनी। दवाइयाँ नकली आने लगी हैं जनाब?...यार, ऐसे डरोगे, तब तो जीना मुश्किल हो जाएगा।...हो गया है भैय्या। हो चुका है। जीना मुश्किल हो गया है। यही डर लगा रहता है कि यह और मुश्किल न हो जाए।

हर दिन डराता है।

सुबह उठते हैं, तो दिन आमन्त्रित नहीं करता बल्कि धमकाता-सा है कि आ बेट्टा, देखते हैं तुझे भी। सूरज उस गेंद टाइप लगता है, जो मैदान में हमारे सिर पर पड़ी थी। न जाने क्यों, हर दिन लगता है कि एक दिन सुबह उठूँगा तो सूरज उगेगा ही नहीं। कोई बहुराष्ट्रीय कम्पनी खरीद लेगी सूरज और बेचेगी धूप मुनाफे पर। तब? तब क्या होगा हम जैसों का? क्या मैं ठण्डा पड़ा-पड़ा अकड़ जाऊँगा?

...यार, गजब बातें कर रहे हैं आप भी। सूरज स्साला कौन ले जा सकता है? बेवकूफी भरी बातें करने में आपकी सानी नहीं।...भैया, आप इन मल्टीनेशनल कम्पनियों को नहीं जानते। ये कुछ भी कर सकती हैं। पानी पर कब्जा कर लिया कि नहीं? मिनरल वॉटर की बोतलों की तरह यदि एक दिन ये धूप की डिब्बियाँ बेचने लग जाएँ, तब?...यार, तू देश के विकास के खिलाफ आदमी है, तभी ऐसे डर की बातें करता है। तू चाहता है कि देश की जनता लँगोट लगाकर धूप सेंकती बैठी रहे।...नहीं भैय्या, हमारा डर है इस लँगोटी को लेकर। न जाने मुझे क्यों डर लगा रहता है कि लोग इस लँगोटी के पीछे हैं।...यार, आपकी कोई दवा नहीं। आपका डर अब तभी खत्म होगा, जब आपकी लँगोटी भी उतरवा कर ले जाएगा कोई । जब आप नंगे हो जाओगे, तभी आपके डर भी खत्म होंगे क्योंकि नंगे को न चोरी का डर, न नंगा कहाने का।

अब मैं क्या तो उत्तर दूँ आपकी बातों का?

मैं तो यही कहूँगा कि डर लगा रहता है। भयभीत रहता हूँ।

...किससे बता रहे हो यार। सही बात तो यह है कि हम स्वयं डरे हुए हैं। सभी भयभीत हैं। पूरा देश भयभीत है। भय अब स्थायी भाव है इस देश में। बल्कि इस सारी दुनिया का। दुनिया डरी-डरी-सी है। यह तथाकथित वैश्विक गाँव घबराया हुआ है—एकदम आपके जैसा ही। शाम होते ही इस गाँव के वासियों का हृदय धक-धक करने लगता है। डाकू आने को हैं। डाकू आ रहे हैं। वे वेश बदल-बदल कर आ रहे हैं। वे नये तरीकों से लूट रहे हैं। भयभीत हैं गाँव के गाँव। सो नहीं पा रहे लोग। भय तारी है सारे संसार पर। और तुम स्साले ऐसे रो रहे हो, मानो कि यह बस तुम्हारा व्यक्तिगत भय और दुःख हो। हद है यार!

शान्ति की तलाश में साड़ी-स्टोर की तरफ

पत्नी ने कहा है कि बंगलौर जा रहे हो, तो वहाँ से साड़ियाँ ज़रूर ले आना।

इस वाक्य से कुँआरे लोगों को यह भ्रम हो सकता है कि आदमी यदि बंगलौर की तरफ जा रहा हो तो उसे वहाँ से साड़ी उसी तरह लाना आवश्यक होता होगा, जिस तरह एक जमाने में इलाहाबाद जानेवाले आदमी के साथ होता था कि उसे वहाँ से गंगाजल भरके लाना होता था ताकि जब कभी भी बाप मरने लगे तो अन्तिम समय में मुँह में डालने के काम आ सके। बेचारे कुँआरे अभी नहीं जानते कि साड़ी का मामला अलग है। बंगलौर का नाम तो संयोगवश आ गया। साड़ी कहीं से भी लाई जा सकती है। लानी पड़ती है। आप किसी भी दिशा में जा रहे हों, लानी पड़ती है। यदि आप पति हैं, तब तो खैर आपको बताना क्या। आप स्वयं समझदार हैं। वैसे इतने समझदार होते हुए भी आप पति बनने के चक्कर में कैसे फँसे, यह हर कुँआरे-समझदार के लिए आश्चर्य का विषय हो सकता है, गोकि आपके लिए यह नहीं भी हो सकता क्योंकि आपके दिल को पता है कि आप कब, कहाँ, कैसे तथा क्यों बने थे। बहरहाल, तथ्य यह है कि पति किसी भी दिशा में यात्रा को निकले, पत्नी कहती है, या नहीं कहते हुए भी कहती-सी है जहाँ भी जा रहे हो, वहाँ से साड़ी अवश्य लाना। बंगलौर में सिल्क अच्छी मिलती है, तो मैसूर में शिफॉन। रायपुर तरफ कोसा सिल्क की साड़ियाँ इतनी अच्छी तथा इतनी सस्ती मिलती हैं, कि पत्नी कहती है कि लूट सके तो लूट जैसा अवसर तुम चूक मत जाना और दो की जगह पर छह ले आना—दो-तीन मायके में दे दी जाएँगी। भारत देश की यह अनोखी विशेषता टूरिज्म वालों ने अभी तक पकड़ी नहीं है, या फिर पकड़ तो ली है, पर टूरिज्म के जनरल मैनेजर ने पत्नी के भय के कारण अभी तक घोषित नहीं की है कि इस देश में हर दिशा में कोई उस तरह की साड़ी मिल रही है, जो आपकी पत्नी के पास नहीं है। और पत्नियों का तो आपको पता ही है कि उन्हें यह बात बरदाश्त नहीं होती कि उस सृष्टि में कहीं कोई ऐसी साड़ी भी किसी बुनकर ने बनाकर लटका

रखी है कि जो उसके पास नहीं है। भारतीय नारी हर साड़ी को ट्राई करना चाहती है तथा देश के प्रत्येक कारीगर के रोजगार को बढ़ावा देने के हक में है। मित्रो, हम तो इलाहाबाद भी कभी गये, तो गंगाजल एक बार भूल भी जाएँ, परन्तु वहाँ से साड़ी लाना कभी नहीं भूले हैं। साड़ी खरीदने का पुण्य गंगा-स्नान के पुण्य के समकक्ष मानिए।

मैं बंगलौर कार्डियोलॉजी की कान्फ्रेन्स में जा रहा हूँ और पत्नी की अपेक्षा है कि वहाँ से साड़ियाँ लेकर लौटूँ। वह बता रही है कि बंगलौर में बड़ी शानदार साड़ियाँ मिलती हैं और वहाँ की मशहूर महात्मा गाँधी रोड पर साड़ियों के बड़े मशहूर शोरूम हैं। बताइए! गाँधीजी जीवनभर अधनंगे घूमते रहे और उनके नाम की रोड पर महँगी साड़ियों की ऐसी दुकानें खुल गयीं कि जिनमें खरीददारी करने में पति अधनंगे हो जाते हैं।

"इत्ती साड़ियाँ तो पड़ी हैं तुम्हारे पास?" मैंने समझाने की कोशिश की।

"कित्ती पड़ी हैं?" पत्नी के स्वर में नाराजगी, आश्चर्य तथा भर्त्सना का समुचित प्रभावी मिश्रण है।

"इत्ती।" मैंने ढीले स्वर में बताया कि कित्ती हैं।

"इत्ती से क्या होता है?"

"तो कित्ती चाहिए?"

"इत्ती तो हों।"

"इत्ती...कित्ती?"

"जित्ती हो जाएँ।"

"जित्ती कित्ती?"

"इत्तीऽऽऽ" पत्नी ने हाथ फैलाकर बताया।

पत्नी को इत्ती साड़ियाँ चाहिए कि क्षितिज साड़ीमय हो जाए। सिल्क के पहाड़, जरी की किरणें, शिफॉन की लहराती हवा और जार्जेट का सूरज। इत्ती तो हो, कम-से-कम।

"इत्ती का करोगी क्या?"

"पहनेंगे।"

"दो-दो पहनोगी एक साथ?"

"दिलाते तो हो नहीं, बातें करते हो।"

"क्यों? अभी नहीं दिलवाई थी?"

"कब? कब?"

"अभी।"

"अभी कभी?"

''तभी जब हम वहाँ गये थे न, तभी...''

''वहाँ गये एक महीना हो चुका।''

''तो?''

''तो अब जहाँ जा रहे हो, वहाँ से लाना।''

दाम्पत्य जीवन का एक अलिखित नियम यह भी है कि आप यहाँ जाओ, या वहाँ, या फिर मान लो कि यहीं रहे आओ—पत्नी को साड़ी दिलाते रहो। अन्यथा कहीं भी जाने का आपका मतलब ही क्या हुआ भैया? हम सबको क्या बताएँगे कि तुम वहाँ गये थे? प्रमाण क्या देंगे? क्या सहेलियों को तुम्हारी यात्रा टिकिट की फोटोकॉपी दिखाएँ? यात्रा का प्रमाण साड़ी है। आप जहाँ जाओ, चाहे भाड़ में ही जाओ, पर वहाँ से साड़ी तो लाओ। वैसे, यह भी सत्य है कि आप कहीं भी जाओ, वहाँ साड़ी की एकाध मशहूर दुकान होती ही है। जहाँ जाओ, होती है। पट्ठों को पता है पत्नी की आदत। खोल भी रखी हैं दुकानें। जब आप जा रहे हों, तब वे मँगाने में व्यस्त हैं। जब आप घर में हैं, तब वे सहेलियों और रिश्तेदारों की साड़ियों की पड़ताल करने में व्यस्त रहती हैं कि उन्होंने वैसी साड़ी आखिर खरीदी कहाँ से? बड़ी सुन्दर साड़ी है। कहाँ से ली? औरंगाबाद से? अरे! ये भी तो औरंगाबाद गये थे, पर ये तो बेकार-सी उठा लाये थे। इनको समझ ही नहीं है। क्या करें? या तो लाते नहीं। लाते हैं, तो गलत उठा लाते हैं।

प्रत्येक पत्नी को विश्वास है कि उसके पति को साड़ी खरीदने की तमीज नहीं। वह लाख हिदायतें देकर भेजती है। परन्तु पतियों का आपको पता ही है। वे हरदम गलत साड़ी उठा लाते हैं, जिसे बाद में ये शौक से पहन भी लेती हैं। क्या करें बेचारी। इत्ता समझाकर भेजा था, परन्तु फिर से नीली उठा आये। नीली इत्ती पड़ी हैं। अभी फूफाजी की बिट्टो की शादी के लिए भी तो नीली ही खरीदकर पहनी थी। हम पहनते हैं, तो देखते ही कहाँ हो! जाने कहाँ ध्यान रहता है! पत्नी की शिकायत है कि नीली इत्ती पड़ी थीं, फिर भी वही उठा लाए! यार, हम से न कहलवाओ। देखो, 'पड़ी का' तो ऐसा है कि लाल, पीली, हरी और वो जो न जाने कौन-कौन से स्साले कलर होते हैं न, वो सब भी इत्ती ही पड़ी हैं। फिर कलर से कुछ होता है क्या? नीले में प्लेन चाहिए कि चैक? जरी का बार्डर, कि कोई और? चौड़ा पल्ला, कि छोटा? बड़े प्रिन्ट कि छोटे? क्या क्या तो माया है यार और तुम रंग को रो रही हो?

•

वैसे, मैंने यह ज्ञान प्राप्त करने की कोशिश की है कि महिलाएँ आखिर अपनी पसन्द की साड़ी कैसे सिलेक्ट करती हैं? तरीका क्या है और फिलॉसफी क्या

काम कर रही है? मेरा तो दृढ़ विचार है कि यदि कोई एजेन्सी देश के पुराने तथा नये-नये बने पतियों के लिए दो-तीन माह का कोई क्रेश-कोर्स इस सन्दर्भ में चलाने लगे, तो वह खूब चले। वैसे, यह कहना कठिन है कि इस विद्या को किसी ट्रेनिंग द्वारा सीखा जा सकता है। मेरा मानना है कि यह जन्मजात गुण होता है। कहते हैं न कि कलाकार जन्मजात होते हैं। वैसा ही है। यह कला नैसर्गिक-सी है, जो हर पत्नी में ऑटोमेटिक ही आ जाती है। यों पति भी कोशिश कर सकते हैं। कुछ पति सीखकर ठीकठाक प्रदर्शन भी करते पाये गये हैं। यह ऐसा ही है कि जैसे आपने सर्कस में कुत्ते को जलती रिंग से कूदते देखा होगा। कुत्ते सीख सकते हैं, तो पति भी थोड़ा सीख ही सकते हैं। सो हर पति को कोशिश करते रहना चाहिए, कि सीखे। जैसे कि मैंने देख-देखकर सीखा तथा समझा है।

पत्नी को साड़ी खरीदते देखना आपकी अग्नि परीक्षा है। जो बेचने की कोशिश कर रहा है, उसकी तो हो ही रही है। मेरा तो मानना है कि साड़ी का दुकानदार तो जलते कोयलों पर बैठा है और फिर भी मुस्कुरा-मुस्कुराकर साड़ियाँ निकाले जा रहा है। कुछ नियम हैं, जो साड़ी खरीदने के समय महिलाएँ फॉलो करती हैं। पहला नियम तो यह है कि वे यह ठानकर ही दुकान में प्रवेश करती हैं कि सम्पूर्ण दुकान के समस्त शोकेसों में धरी हर एक साड़ी को नीचे उतरवाकर बिखेर देना है। सिवाय उन कुछ साड़ियों के जो शोरूम की लड़कियों ने धारण कर रखी हैं तथा कतिपय कानूनी तथा नैतिक अड़चनों के कारण उतरवा के बिखराई नहीं जा सकतीं—शेष सारा माल निकलवा देना है। इसके अलावा दूसरा नियम यह है कि दुकानदार स्साले को शुरू से आखिरी तक यह भनक भी मत लगने दीजिए कि आप आखिर खरीदना क्या चाहती हैं? जो लेने का इरादा हो, उसका ठीक उल्टा बताकर शुरू करें। या बताएँ ही क्यों? आप तो यहाँ से स्टार्ट करें कि 'कोई बढ़िया-सी साड़ी बताइए'। बस। इससे आगे कुछ न बताएँ। कॉटन में, कि सिल्क में? दोनों में दिखा दें। बड़ा प्रिन्ट, कि छोटा? बड़ा बार्डर, कि छोटा? प्लेन में, कि प्रिन्ट में? कहिए तो आप तो सबकुछ ही निकाल दें। इन्कम टैक्सवाले या सेल्स-टैक्सवाले भी छापा मारें, तो शायद दुकान में इतनी उथल-पुथल पैदा न कर सकें।...वो जो ऊपर की तरफ पड़ी हैं, वो क्या है भाई साहब? वो तो कोरा सिल्क है भेनजी। निकालिए न। उतरवाइए। बिखेरिए। खोलिए। लपेटिये। उतरवा दिये सारे बण्डल। इसमें तो खास कुछ जमा नहीं। वही पुराना माल है। आप शिफान-जार्जेट में देखिए भेनजी। कल ही माल उतरा है। दिखाइए। कल उतरा और आज बिखर गया। ये नहीं। भाईसाहब, आप तो मैसूर शिफॉन में कुछ दिखाइए न। कुछ नया बताइए। दुकानदार कुछ समझ नहीं पा रहा। पर लगा है। आप अन्त तक तय नहीं कर पाएँगी कि आपको आखिर करना क्या

है? मन है कि आँधी में उड़ते पत्ते की तरह भटक रहा है। ताँतवाली साड़ी है भाई साहब? है न भेनजी। पर ठीकठाक दिखलाइएगा। पिछली बार आपने जो माहेश्वर साड़ी बड़ी तारीफें करके हमें पकड़ा दी थी, वो तो एक ड्राइक्लीनिंग में ही बीच से कट गयी। अरे! आप वापस ला दें। छोड़िए जी। हमने उसे अपनी बाई को दे दी।...वो उधर क्या रखा है? वो तो सिंथेटिक साड़ियाँ हैं। आपने आते ही मना किया था न, कि आपको सिंथेटिक नहीं चलती। नायलोन से एलर्जी हो जाती है। पर दिखलाइए तो। उसमें कुछ प्रिण्ट अच्छे दिख रहे हैं। वो नीली प्रिण्टवाली...हाँ वही। ऐसा प्रिण्ट आर्गेन्डी में नहीं मिलेगा क्या? क्यों जी, तुम क्या कहते हो? यार, हम क्या कहें! हमें तो सब एक जैसी लग रही हैं। तुम तो बस! एक वो खन्ना के हज़बेण्ड हैं—साड़ियों का ऐसा ज्ञान है उनको कि...। बताइए। और सारा ज्ञान गया भाड़ में। साड़ियों का ज्ञान हो जाए, तो जीवन सार्थक कहाये।...आप तो पोचमपल्ली दिखाइए। हमारी ननद ने ऐसी बढ़िया पोचमपल्ली ली थी मद्रास से कि क्या कहें। आप लोग तो अलग हटके कुछ रखते ही नहीं। वही पुराना।

लेना क्रेप-सिल्क है, पर खुलवा रहे हैं पेपर सिल्क। लेना कुछ भी नहीं, पर उतरवा रहे हैं एक-एक बण्डल। ये देखिए बहिनजी। लेटेस्ट। बार्डर पर काम देखिए। ये हाथ का है या मशीन का? हाथ का नहीं लग रहा। मशीन से घुमा दिया लगता है। ये नहीं चलेगा। जरी का काम बहुत है। ड्रायक्लीनिंग में जरी सब काली पड़ जाती है। ये नहीं। ये भी नहीं। हमें तो आप जार्जेट में, प्लेन साड़ी, जिसका बार्डर न चौड़ा हो, न छोटा—वैसे बड़ा बार्डर भी चलेगा—सो वह दिखा दीजिए। दुकानदार को चक्कर आ रहे हैं, पर गिरेगा भी तो आसपास खुली हुई साड़ियों का इतना ढेर बन गया है कि गिरकर चोट नहीं लगेगी। जार्जेट कि शिफान-जार्जेट बहिनजी? दोनों। बल्कि तीनों। आप तो प्लेन शिफॉन भी दिखा दीजिए। बल्कि चारों। क्योंकि शिफॉन से मैसूर-शिफॉन याद आ गया है। याद आया कि खुलवाया। यह भी और वह भी। अब कुछ बचा नहीं। चारों तरफ खुली साड़ियों के पहाड़। भटकने दीजिए शोरूम वालों को इन पहाड़ों में। आप तो अन्त में अचानक उठ जाइए। कुछ मत खरीदिए। कह दीजिए कि ये तीन साड़ियाँ अलग रख लें। हम अभी आते हैं। फिर क्या तो आपका आना। अब तो फिर कभी यूँ ही आएँगे और फिर से खुलवाएँगे सबकुछ। मुझे हमेशा लगा है कि पत्नियाँ साड़ी खरीदने के बहाने सारी दुनिया से कोई पुराना बदला चुका रही हैं। वे दुनिया को हिला देना चाहती हैं और यह काम साड़ी की दुकान से शुरू भी कर चुकी हैं।

●

आज कान्फ्रेन्स का चौथा तथा आखिरी दिन है। रात की ट्रेन से लौटना है।

पत्नी से फोन पर बात हुई, तो उसने पूछा ही कि साड़ी कौन-सी ली तुमने?

मैंने कहा कि बस निकल ही रहा हूँ लेने के लिए।

"तुम नहीं लानेवाले। मैं जानती थी।"

"यार, ऐसा मत कहो।"

"क्यों, याद नहीं? तुम मद्रास गये थे और..."

"तुम पन्द्रह साल पहले की बात कर रही हो? तब मैं एक नौसिखिया टाइप का पति था। तब मैं मूर्खतावश साड़ी को एक वस्त्र मात्र समझता था..."

"और अब?"

"...अब मैं जानता हूँ कि यह जीवन-मरण तथा अस्तित्व का प्रश्न है।"

वह हँसने लगी। वह मानती हैं कि मैं मजाक ठीकठाक कर लेता हूँ।

सो साड़ी तो लानी है।

परन्तु शाम को ही हार्ट-अटैक पर एक महत्त्वपूर्ण पेपर भी सुनने की इच्छा है। क्या करें? कर्तव्य क्या कहता है? कर्तव्य बता रहा है कि प्यारे, भाड़ में जाने दे पेपर। मैंने अपने साथ बैठे डॉक्टर दोस्त से कहा कि यार, तू सुनकर बता देना बाद में, कि नया क्या बताया? वह बोला कि यार, मैं तो सुन नहीं पाऊँगा क्योंकि मुझे पत्नी के लिए साड़ी खरीदने जाना है। फिर रात की ट्रेन भी है। उसने मुझसे पूछा कि तू क्यों नहीं सुनता? तुझे क्या काम है? यार, मुझे भी यही करना है। तय हुआ कि फिर चले चलते हैं यार। भाड़ में गयी कान्फ्रेन्स। भाड़ में गया इण्टेरेस्टिंग पेपर।...तू हॉल खाली देख रहा है न? सब स्साले साड़ियाँ लेने निकले हैं। जान है तो जहान है।

"ऑटोऽऽ", हमने बाहर निकलकर आवाज दी है।

"किधर को साहब?"

"महात्मा गाँधी रोड..."

"समझ गया साहब...'दीपम' पर ले चलता आपको...वहाँ साड़ियाँ बड़ी अच्छी मिलती हैं।"

ऑटोवाला भी किसी का पति है और स्थिति समझता है।

हम साड़ियाँ लेने निकल पड़े हैं।

हम शान्ति खरीदने जा रहे हैं।

लोकतन्त्र में छापामारी

मुख्यमन्त्री पेशाब करने के लिए गया। लौटा, तो कोई और उसकी कुर्सी पर बैठा मिला।

"आप इस कुर्सी पर कैसे बैठे हैं?" मुख्यमन्त्री ने आश्चर्य तथा गुस्से से पूछा।

"मैं मुख्यमन्त्री हूँ" उसने फाइल निपटाते हुए जवाब दिया।

"पर मुख्यमन्त्री तो मैं हूँ!..." मुख्यमन्त्री ने प्रतिवाद किया।

"आप थे। अब मैं हूँ। आप जब तक पेशाब कर रहे थे, तब तक इन लोगों ने मुझे मुख्यमन्त्री चुन लिया", उसने आसपास खड़े समर्थकों की ओर इशारा करके बताया।

"तो क्या आदमी पेशाब करने भी न जाए..." मुख्यमन्त्री ने कहा।

"खूब जाए। और खूब करे। पर इन साथियों का आरोप भी यही है कि आप इतनी बार टॉयलेट जाते हैं कि राज्य के प्रशासन के लिए आपके पास समय ही नहीं रहता।" उसने बताया। बताकर वह मुस्कुराया। मुस्कुराकर उसने टी वी कैमरों की ओर देखा और पत्रकारों से मुखातिब हुआ, "हमें अपने व्यक्तिगत हितों से ऊपर उठकर प्रदेश के बारे में सोचना होगा। मैंने तय किया है और मैं प्रदेश की जनता से वायदा करता हूँ कि चाहे मुझे पेशाब रोकनी भी क्यों न पड़े, मैं रोकूँगा। जनता का कार्य करते हुए यदि पेशाब कपड़ों में ही छूट गयी, तो मुझे शर्म की जगह गर्व होगा..."

समर्थक नारे लगाने लगे। "देश का नेता कैसा हो..." से शुरू होकर वे "हर जोर-जुल्म के टक्कर में..." तक पहुँचे।

वह अपने समर्थकों को मुस्कराता हुआ देखता रहा।

मुख्यमन्त्री रुआँसा हो उठा। तभी उसकी पार्टी हाईकमान के कुछ लोग कमरे में घुसे, तो उसका ढाँढस बँधा। वे मुख्यमन्त्री को एक कोने में ले जाकर मन्त्रणा करने लगे।

''आप कुर्सी से उठे ही क्यों यार...?''

''मुझे क्या पता था कि इतनी-सी देर में...'' मुख्यमन्त्री अपराधबोध से भरे स्वर में बोला।

''जब आपको पता था कि ऐसी राजनीतिक अस्थिरता का माहौल चल रहा है...''

''मुझे पेशाब लगी थी...''

''रोकते...''

''कब तक रोकता?''

''हमारे पूर्वज तो साँस तक रोक लेते थे। घण्टों प्राणायाम करते थे। भारतीय संस्कृति और परम्परा की बातें तो बहुत करते हैं आप, पर थोड़ी देर पेशाब तक नहीं रोक पाते...'' हाईकमान ने फटकारा।

''मैंने हमेशा पूरी एहतियात बरती है। पाँच मिनिट को भी कुर्सी यों खाली नहीं छोड़ी है। जब जब गया, तो पीछे अपने आदमी लगाकर गया हूँ।''

''फिर इस बार क्या हुआ भैया...?'' हाईकमान वालों ने व्यंग्य से पूछा।

''मैं इस बार भी अपने आदमियों को लगा के ही गया था...पर वे अभी दिख नहीं रहे कहीं...'' मुख्यमन्त्री ने परेशान होकर चारों तरफ देखते हुए कहा...।

''वे दिखेंगे भी नहीं। वे इस समय राज्यपाल के पास बैठे हैं,'' हाईकमान ने बताया।

''अब आदमी किस पर भरोसा करे...बताइए। रामदयालजी खास अपने आदमी थे...'' मुख्यमन्त्री वास्तव में रुआँसा हो आया।

''अपने आदमी, अपने आदमी बके जा रहे हो यार तुम...। इस राजनीति में कौन किसका आदमी है? तुम भूल रहे हो कि तुमने कैसे यह कुर्सी पायी थी? याद करो। याद आया कि नहीं? याद करो कि जब पिछला मुख्यमन्त्री बाल कटाने गया हुआ था, तो रामदयालजी को पुटियाकर कैसे तुम कुर्सी पर बैठ गये थे।''

मुख्यमन्त्री चुप रहा।

हाईकमान बोलता रहा।

''हमने आपसे कहा भी था। हमें लोकतन्त्र की रक्षा करनी है। यही रक्षा की आपने? और चलिए, लोकतन्त्र भी गया भाड़ में। यहाँ स्साला किसे लोकतन्त्र की परवाह है। वह तो हमने एक बात कही थी। पर कुर्सी का ख्याल तो रखते यार...''

''मैं क्या कर सकता था?''

''तुम टॉयलेट का दरवाजा खुला रखते। नजर रखते कुर्सी पर, वहीं से।''

"और जो कोई दरवाजे से अन्दर झाँकता तो?"

"तो क्या?"

"मुझे नंगा देखता तो?"

"तो क्या?"

"शरम की बात होती..."

"शरमा लेते...वैसे भी नंगेपन से शरमाकर कब तक आज की राजनीति में चल पाओगे?"

मुख्यमन्त्री ने समस्या पर इस कोण से गौर नहीं किया था। उसे लगा कि हाईकमान ने सच ही कहा है। उसने उत्साह से कहा—

"ठीक है, अगली बार मैं टॉयलेट में ही कुर्सी लगाकर बैठूँगा।"

"पर अभी तो कुर्सी पर 'वह' बैठ चुका है।"

यह भी सच था। कुर्सी पर तो 'वह' बैठ गया था। मुख्यमन्त्री को समझ में नहीं आ रहा है कि वह क्या करे? वह परामर्श करता रहा साथियों और हाईकमान से। तय हुआ कि प्रतीक्षा की जाए। किसी-न-किसी हाजत के लिए तो यह भी उठेगा। तब पाँच-दस मिनट का समय उन्हें मिलेगा ही। और रामदयालजी का गुट तो इतने समय में दो बार खरीदा-बेचा जा सकता है। सो अन्ततः लोकतन्त्र की जीत होगी। बस, 'उसे' पेशाब लगने की देर है।

लोकतन्त्र का जंगल

जंगल में ख़बर है कि जंगल समझदार हो रहा है।

जंगल के समझदार होने का मतलब? यार, जंगल में शेर, जंगल में पेड़, जंगल में खरगोश तथा किस्म-किस्म के दीगर जानवर। हज़ारों को मिलाओ, तब तो स्साला एक ठो ठीक-ठाक-सा जंगल बने। हमने ठीक कई के नंई?...तो भैया, किसके समझदार होबे की बात चल रही है?

देखिए, मामले को समझिए।

शेर तो पहले से ही समझदार। शेर के पास ताक़त। ताक़तवर तो समझदार होता ही है। या कहें कि ताक़तवर की जो, जैसी-भी समझ हो, समझदारी इसी में कहाएगी कि उसी समझ को हम सच्ची समझदारी मानें। सो शेर तो समझदार। शेर की समझदारी के आगे जंगल की समझदारी पानी भरे। ताक़त की एक समझ होती है, जिसे कमज़ोर लोग ख़ूब जानते हैं। आप ख़ुद समझदार हैं और जानते हैं। तो शेर तो समझदार।...फिर गीदड़ तो यार, ऐसा समझदार कि कहें क्या! उसकी चालाकी के किस्सों से जंगल के इतिहास की फाइलें भरी पड़ी हैं। शेर तक को चकमा देने में प्रवीण। चालाक होना कितना कठिन। चालाक होने के लिए आपका समझदार होना जरूरी। बल्कि जंगल का यह जाना माना नियम भी कि जो यहाँ समझदार है, वह चालाकी का महत्त्व जानता है। सो गीदड़ भी समझदार।...अब रह गये पेड़। उनका क्या? यार, पेड़ तो शुरू से इतने समझदार कि हमेशा चुप। मौन रहने में ही समझदारी है, जानते हैं वे। बीत गयी उम्र पेड़ों की 'जंगल राज' में। 'जंगल के कानून' लागू होते देखकर भी हमेशा ही मौन खड़े बीत गयी। मौन, और अपने स्थान पर, अपनी सीमाओं में रहते हुए चुपचाप खड़े पेड़, जंगल के। कभी हिले भी तो मानो सहमति में मुण्डी हिलाते हुए। या हरहराहट के ध्वनिमत से जंगलराज की हर बात पर 'हाँ-हाँ' कहते-से।...सो, एक तरह से कहें तो पेड़ तो सबसे समझदार कि जानते हैं जंगल में अपनी औक़ात।

तो भैया, जब सभी समझदार हैं, तब जंगल में जे स्साली कौन-सी चर्चा

आप लेके बैठ गये कि जंगल समझदार हो रहा है? वो तो पेलेई से हुआ न? ठीक कई के नंई?

यार, आप एक लिहाज से ठीक कह रहे हैं। सभी समझदार हैं जंगल में। पर नयी बात यह सुन रहे हैं कि पहले तो सब अलग-अलग समझदार थे, अब, अचानक मानो सारा जंगल आपस में मिल गया है और समझदार हो रहा है।

यह नयी बात हुई है और इस बात से वे समझदार चिन्तित हैं कि जिनका अस्तित्व ही उन नासमझों पर टिका है, जो अलग-अलग समझदार बने रहकर जंगल को वैसा जंगल बनने देते हैं कि जिसके लिए जंगल बदनाम है।

•

कैसे पता चला कि जंगल समझदार हो रहा है?

दरअसल, एक फुसफुसाहट-सी सुनाई देती है जंगल में इन दिनों।

शेर सतर्क, भेड़िये परेशान, गीदड़ असमंजस में।

यह फुसफुसाहट कैसी? फुसफुसाहट से तो यार डर लगता है। सो तभी तो डर रहे हैं जंगल के समझदार। आपके आसपास फुसफुसाहट हो रही हो, तो डर लगता ही है आपको कि क्या तो षड्यन्त्र चल रहा है? फुसफुसाहट का मतलब षड्यन्त्र—ऐसा मानना है समझदारों का। जो छुपकर फुसफुसा रहा है और पकड़ में आता नहीं, वह समझदार कहाया। जंगल में समझदार फुसफुसा रहे हैं इन दिनों।

"कौन इत्ता धीरे फुसफुसा रहा है? पकड़ो स्साले को और पेश करो गुफा की अदालत में..." शेर ने कहा है।

"जान की अमानत हो तो बताऊँ कि हजूर, पूरा जंगल ही फुसफुसा रहा है इन दिनों।"

गीदड़ ने बताया है।

"क्योंकर भला?"

"वह यूँ सरकार कि जंगल समझदार हो रहा है। आजकल गुफा की हर बात पर उसका ध्यान है। फुसफुसाकर न जाने क्या तो स्कीम पकाते रहते हैं बदमाश।" गीदड़ ने कहा।

"...वैसे, प्रजा समझदार हो रही हो, तो क्या यह राज्य और राजा के लिए अच्छी बात न कहाएगी?" शेर कभी-कभी मूर्खतापूर्ण बातें कर ही देते हैं।

"राज्य का तो पता नहीं मालिक, परन्तु राजा के लिए तो यह अच्छी बात नहीं कहाएगी।...अब मान लें कि कल के दिन यदि खरगोश ही समझदार हो गये, तब आपके डिनर का क्या बनेगा सरकार?" गीदड़ समझा रहा है शेर को।

शेर लोग गीदड़ को यूँ ही नहीं पालकर रखते। जब-जब शेर, शेर जैसा व्यवहार नहीं करता, तब-तब गीदड़ उसे याद दिलाता रहता है कि शेर होने के प्रोटोकोल क्या हैं और शेर को शेर बने रहने के लिए किस हद तक शेरपना कायम

रखना होगा और कैसे?

गीदड़ों का अस्तित्व टिका है ऐसे शेरों पर कि जो सलाह के लिए उनका मुँह ताकें।

"फिर?" शेर चिन्तित है।

"जंगल को समझदार होने से रोकना होगा मालिक..."

•

तो जंगल को समझदार होने से रोकना होगा।

जंगल को जंगल जैसा रहना चाहिए—ऐसा मानना है शेर का। जंगल, जो शेर को शेर की तरह रहने में मदद करे। निरंकुश शेर। जो मनमानी करे तो जंगल कहे कि भई करते ही हैं आला अफसर तो मनमानी! जो फाड़ खाये सन्तानों को तो जंगल मान ले कि भाग्य ही था कि ऐसे जंगल के जंगली बने। जंगल, जो सलाम करे। जंगल कि जिसके बीच शेर यों निरापद घूमे कि मानो अफसर की गाड़ी निकल गयी हो, या कि मन्त्री की कार। जंगल जो पेट भरे शेर का और काम आए गीदड़ों के। जंगल जो चुप रहे। जंगल, जो नाम भर का जंगल हो। जंगल जो हर जंगलीपन सहने को तत्पर हो। जंगल, जो सदा सन्नाटे में हाथ जोड़े खड़ा रहे। जंगल कि जिसकी अपनी कोई मर्जी ही न हो। जंगल, जो अपने जंगल होने में इस कदर मग्न हो कि जंगल की आग उसे न तो दिखाई दे, न उसे कोई आँच ही महसूस हो।

शेर और गीदड़ को ऐसा जंगल चाहिए—प्रजातन्त्र के पंचतन्त्र का अलिखित नियम है यह। 'रोको यार...कुछ करो। जंगल को समझदार मत होने दो।...कुछ करो।' शेर ने गीदड़ को कहा है। दोनों मन्त्रणा में लगे हैं।

•

पिछले दिनों गीदड़ को शहर में देखा गया है। बार-बार। राजकीय दौरा कह लें।

दरअस्ल जंगल की सरकार तक खबर है, शहर की सरकार की।...और उसी चक्कर में गीदड़ घूम रहा है शहर में। जंगल में शेर तक सूचना पहुँची है कि शहर-गाँवों की सरकारें लोगों को समझदार होने से रोकने में सफल हुई हैं। कहते हैं कि उनने लोगों के पास सोचने का समय ही नहीं छोड़ा है कि वे समझदार बनें। लोगों के पास समझदार होने की फुर्सत ही नहीं छोड़ी। लोग टी.वी., बाजार, मीडिया और फैशन द्वारा बेचे जा रहे सपनों में इतने व्यस्त कर दिये गये हैं कि उनके समझदार होने का ख़तरा ही शेष नहीं रहा।

शेर ने भेजा है गीदड़ को शहर। वह अध्ययन कर रहा है।

जंगल समझदार न होने पाए, इसके लिए वे किसी भी हद तक जाने को तैयार हैं।

वो जो हेयर-स्टाइल्स होती थीं...

ज्ञानीजन जीवन के विषय में कहा करते हैं कि यह हर पल बदल रहा है। ज्ञानी कहीं मिलें तो पूछूँ कि यह बात कहीं उन्हें भी नित्य बदल रही हेयर स्टाइल देखकर तो नहीं सूझी? हमें तो यही देखकर सूझी। हेयर स्टाइल इतनी तेजी से बदल रही है कि ज्ञानीजन तो यही देख-देखकर गंजे हुए जा रहे हैं। पलक झपकते हेयर स्टाइल बदल रही है। आदमियों की भी और महिलाओं की भी।

ऐसा नहीं है कि पहले हेयरस्टाल्स नहीं होती थीं। होती थीं। पहले भी होती थीं। पर वो बात नहीं थी, जो आज है। तब लड़कियाँ दो चोटियाँ रख लेती थीं, या फिर लम्बी-सी एक। बहुत आधुनिका बताना हुआ, तो धर लिया जूड़ा। कहीं खोंस लिया गुलाब का फूल, या डाल दिया गजरा, तो जूड़े की मार और बढ़ गयी। कभी उदास हुईं, तो बाल खोल दिये कन्धों पर। गिरता था बालों का सुनहरा झरना, पीठ से होता हुआ, कमर की ओर, सीधा देखने वालों के दिल पर।...बस, ये ही दो-चार तरीके थे, हेयर-स्टाइल के, जिनको अवसरानुकूल तथा आवश्यकतानुसार अपनाया करती थीं महिलाएँ। लोग इन्हीं हेयरस्टाइलों पर 'हाय हाय' करते छाती कूटते घूमते थे। एक चोटी, दो चोटियाँ, जूड़ा या फिर खुले बाल। इन्हीं में होते रहते थे, यहाँ वहाँ, स्थानीय माँगों, चलन तथा लोकल क्रेज़ के हिसाब से छोटे-मोटे परिवर्तन। जैसे कि एक चोटी डाली, पर साथ ही एक लट भी लायी गयी माथे पर, जतनपूर्वक। लापरवाह-सी, अनायास-सी पड़ी हुई लट कि जिसे दर्पण में देख-देख कर कई बार जमाया जाता कि कम्बख्त यूँ अच्छी जँचेगी, कि यूँ? सहेलियाँ देखतीं थीं तो कहतीं (पीठ पीछे ही कहतीं, जो तब भी लड़कियों के बीच एक-दूसरे के विषय में आधिकारिक राय प्रकट करने का मान्य तरीका था)—बड़ी हीरोइन बन रही है। लड़के लग लेते थे, लट पर लटकने को, पीछे-पीछे। माथे पर लट डाल लेना तब फैशन की उत्कर्षतम क्रिया थी, जो एक लड़की अपने बालों पर आजमा सकती थी। छल्लेदार लट निकालना फैशन से बाहर निकलकर चालूपन की निशानी मान लिया जाता था तथा प्राय: छल्लेवाली

लटधारिणी को उसके माँ-बाप, भाई या टीचर इस बात के लिए फटकार दिया करते थे कि क्या बात है, आजकल पढ़ाई में दीदा नहीं लगता क्या?...

इससे अधिक परिवर्तन हमने तब महिलाओं की हेयर स्टाइल में कभी देखे नहीं। हमने क्या, किसी ने भी नहीं देखे। होते ही नहीं थे। महिलाएँ तब इन्हीं हेयर-स्टाइलों में देखी-सराही गयीं, प्यार की गयीं, चाही गयीं, गले वगैरह लगायी गयीं तथा सम्बन्ध खराब होने पर इन्हीं हेयरस्टाइलों पर आधारित कहावतों का सहारा लेकर प्रताड़ित भी की गयीं कि निकाल तो दारी को चुटिया पकड़ के घर से, या कि हमने तो दिये दो लप्पड़ सुसरी के झोंटा पकड़ के। प्यार से लेकर तकरार तक बस वही हेयर-स्टाइल होती थी।

ऐसा ही किस्सा पुरुषों का भी था।

दो-तीन हेयर-स्टाइलें थीं आदमियों की। सम्पूर्ण पुरुष जगत इन्हीं सीमित हेयर स्टाइलों से काम चला रहा था और बढ़िया ही चला रहा था। प्राय: लोग मशीन की कटिंग कराते थे, जो गुद्दी की खाल को नोचते-कचोटते हुए कुछ ऐसा करती थी कि आदमी की शक्ल खामोखाँ शरीफों टाइप निकल आती थी। छोटे-छोटे बाल। खूब सारा तेल चुपड़े। बगल से काढ़ी गयी माँग। बबुआ जैसे। भोले से लगें। मुँह चूमने का मन करे, ऐसे। माँग काढ़ी और ये चले।...ज्यादा ही फैशन सूझी तो डाल लिये चिरैया जैसे या देवानन्द मार्का फुग्गे, आगे की तरफ। अब बीच-बीच में, कंघे से दबा-दबाकर बिठा रहे हैं फुग्गे क्योंकि बिगड़-बिगड़ जाते हैं फुग्गे। फुग्गेवाले रहते निरन्तर ही दर्पण या काँच की तलाश में। दिखा कि झाँक लिये और सँवार लिये फुग्गे। फुग्गे धरना मेण्टेनेन्स माँगता था, जो हर एक के बस की बात न थी। प्राय: लोग तिरछी माँग में, पीछे की तरफ बाल काढ़कर या बगल में चपटी पट्टी-सी दबाकर ही हेयर स्टाइल की इतिश्री कर लिया करते थे।

कवि तब भी लम्बे बाल रखते थे। कई कवि बालों को पीछे की तरफ छल्लेदार मोड़ दिया करते थे, जिनसे वे कविता बाँचते समय उँगलियों से खेला करते। नचैये तथा कवि ही तब बीच से माँग काढ़ा करते। बीच से माँग निकालना तब नामर्दी की निशानी मानी जाती और बीच से माँग काढ़ने वालों को तब लोग फटकारा करते कि क्यों बे नचैये की औलाद।...फौजी तब भी जीरो-कट कटिंग कराते तथा पहलवानी का शौक रखनेवाले हर तीसरे दिन सिर पर उस्तरा फिरवा देते। बाप मर जाने पर भी उस्तरा फिरवाना होता, जो मजबूरी की हेयर स्टाइल हो जाती।...बस ये ही कुछ हेयर स्टाइलें होती थीं मर्दों की। इनके अलावा, कभी अधिक ही फैशन सूझी तो कभी कलम लम्बी करा लीं, या कलमों को मूँछों तक खींच दिया...बस।

और अब जो देखता हूँ चहुँओर, तो हैरान रह जाता हूँ। जरा-सी खोपड़ी, थोड़े-से बाल—और इसी ज़रा-से में कितना खेल चल रहा है! धन्य हो!

मेरे गाँव के पक्षी-विज्ञानी

पक्षियों के विषय में मेरा ज्ञान कुछ अधिक ही सीमित है। बस, समझिए कि कुछ बुनियादी, प्राथमिक जानकारियाँ हैं मुझे पक्षियों के विषय में। जैसे कि यह कि पक्षी उड़ते हैं, एक डाल से दूसरी डाल पर फुदकते हैं (अब कोई ऐसा बेवकूफ पक्षी तो होगा नहीं कि एक ही डाल पर बैठा रहे, परन्तु फिर भी इस बात पर बड़ा जोर है ज़माने में कि वे एक डाल से दूसरी पर फुदकते हैं), दाना दुनका चुगते हैं, चीं-चीं-चीं तथा ऐसी ही समान्तर आवाजें करते हैं, तिनका-तिनका चुनकर घोंसला बनाते हैं आदि-आदि। इससे अधिक मेरी जानकारी पंचतन्त्र या ईसप की कहानियों के पक्षियों तक ही जाती है, वरना प्राय: तो मैं पक्षी देखकर पहचान नहीं पाता कि यह गोरैया है या बटेर। मेरे गाँव में निकल जाएँ तो भिन्न-भिन्न किस्म के इतने पक्षी चें-चें करते मिल जाएँगे कि पक्षियों के बीच एक नसबन्दी शिविर के आयोजन की तबीयत होने लगेगी। कितने पक्षी हैं इस जगत में! तोता, कबूतर, मैना, बाज, गोरैया, लाल पंखी, कठफोड़वा, मोर, तीतर, बटेर से शुरू करो और कौए, हरियल, चील, गिद्ध आदि तक पहुँचकर 'मोर बप्पा रे' कहने लगो तो बप्पा बुरा भी न माने क्योंकि इस पक्षी मेले की भीड़ में खोकर पिताजी की याद आना स्वाभाविक है। इनमें से किस-किसको पहचानो। मैं तोते और कबूतर को तो पहचान लेता हूँ, शेष सभी पक्षियों को मैं चिड़िया कहकर बुलाता हूँ जैसाकि प्राय: भारतीयों की पॉलिसी रही है। गये वे जमाने जब हिन्दी के प्राचीन कवि भिन्न-भिन्न पक्षियों को अपने काव्य में स्थान देते थे। आज का हिन्दी कवि समस्त पक्षियों को चिड़िया कहकर कविता के गोफने पाठकों को मारता है। ऐसा ही पक्षीज्ञान मेरा भी है यद्यपि मैं व्यंग्य में हूँ। मेरा पक्षी-विज्ञान यहीं तक सीमित है। अभी सलीम अली साहब को राज्यसभा का सदस्य मनोनीत किया गया, तब मुझे अपने गाँव के कुछ महत्त्वपूर्ण पक्षी-विज्ञानी याद आये। पक्षियों के विषय में मेरे ज्ञान की स्थिति चाहे जितनी पतली तथा दारुण हो, परन्तु मेरे गाँव के इन पक्षी-विज्ञानियों के बारे में यह बात नहीं कही जा सकती। पक्षियों

को लेकर उन्होंने ज्ञान-विज्ञान के ऐसे-ऐसे क्षेत्र छुए, जहाँ पहले कोई पर भी नहीं मार पाया था। मैं इनकी गौरव-गाथा लिख रहा हूँ, ताकि रिकॉर्ड रहे और मौके पर राज्यसभा की खाली कुर्सी भरने के काम आए।

मेरे गाँव के सबसे विकट पक्षी-विज्ञानी श्री जियालालजी ग्रामसेवक थे। वे पशु-पक्षी प्रेम के मामले में गाँव के आदिपुरुष-से थे। यद्यपि पशुओं तथा पक्षियों से उनका प्रेम बराबर मात्रा में था, परन्तु वे पशुओं से प्रेम के सन्दर्भ में अधिक जाने जाते थे। गाँव के कुछ दुष्ट प्रकृति व्यक्तियों ने इन्हें एक बार एक पशु के साथ प्रेम प्रकट करते हुए रंगे हाथों पकड़ भी लिया था। वे सारे गाँव के पशुओं को अपना-सा समझते थे और पड़ोसी की बकरी का दूध चोरी-छिपे दोहने, गाँव की गाय को बाहरगाँव बेच आने, आवारागर्दी करते बकरों-मुर्गों आदि को पकाकर खा जाने तथा बैलों को अकेलापन महसूस न हो, इस उद्देश्य से बैलों को भी गायों के पीछे पीछे बाहरगाँव ढील आने में लगे रहते थे। बचे हुए समय में वे कुत्ते-बिल्ली आदि की बोली बोलने की प्रैक्टिस करते थे। इससे भी बचे समय में वे पक्षियों का अध्ययन करते थे।

उनके अध्ययन के निष्कर्ष बड़े मारू किस्म के होते थे। कबूतर उनकी दृष्टि में इसीलिए अच्छा था क्योंकि इसके खाने से नेत्रों की ज्योति बढ़ती थी, चश्मा उतर जाता था, लकवा नहीं होता था और अगर लकवा हो चुका हो तो भी कबूतर खाकर लकवे का मरीज लाठी फेंककर उस कबूतर की तरह भागने लगता था जिसके पीछे बिल्ली या स्वयं जियालालजी आ रहे हों। जियालालजी ने इस ज्ञानवश हजारों कबूतर खाये और उनसे प्राप्त दृष्टि तथा ताकत से और हजारों कबूतरों का पीछा करके उन्हें भी खाया। इसी तरह कठफोड़वे के विषय में उनकी राय तथा यह शक था कि कठफोड़वा वास्तव में एक राजा की इकलौती राजकुमारी है, जिसके सिर पर दुष्ट जादूगर ने एक कील गाड़कर उसे पक्षी बना दिया था। वे न केवल स्वयं कठफोड़वे का पीछा करते रहते, बल्कि हम बच्चों को भी प्रेरणा देते रहते थे कि घात लगाकर कठफोड़वे को पकड़कर हमें उसकी चोंचरूपी कील को खींच देना चाहिए ताकि हमें राजकुमारी मिल सके और जियालालजी राजा का खजाना इनाम में पा सकें। परन्तु दुर्भाग्य से कठफोड़वा इनके हाथ कभी न आया, जबकि इन्होंने एक-दो बार तीन-तीन कबूतर एक साथ खाकर फिर कठफोड़वे का पीछा किया।

जियालालजी ने कभी काम नहीं किया। वे हमारे गाँव के उस बड़े आलसी वर्ग का प्रतिनिधित्व करते थे जो रातों-रात किसी चमत्कार या भाग्योदय जैसी घटना द्वारा लखपति बनने की आशा में ज्योतिषी, मन्त्र-तन्त्र, मसानसिद्धि, प्लेनचेट,

सोना बनाने के गुप्त रसायनोंवाले साधुओं के चक्कर में रहा करते थे। जियालालजी अपना पक्षी-विज्ञान भी उस आकांक्षा पर फिट किया करते थे। उनका विश्वास था कि चील जिस स्थान पर देर तक मँडाराती रहे, वहाँ कोई गुप्त खजाना अवश्य जमीन में गहरा गड़ा होगा। वे हर चील के पीछे लगे रहते और उसके मँडराने की प्रतीक्षा करते। फिर वे उस स्थान पर खुदाई करते। उन दिनों गाँव में जो भी गहरा गड्ढा खुदा मिलता था, लोग जान जाते थे कि यह जियालालजी के सौजन्य से है। वे खूब गहरा खोदते, पर कुछ न निकलता। एक बार पानी अवश्य निकल आया था, जिसमें वे डूबते-डूबते बचे। बाद के दिनों में उन्हें चील की एक और आदत का पता चला और वे खुशी से उछलकर गड्ढे के बाहर आ गये। उन्हें एक गुरखा सिपाही ने बताया कि चील अपना अण्डा हीरे की कनी से फोड़कर बच्चा बाहर निकालती है। तब से वे हम सबको लेकर पेड़ दर पेड़ चील के घोंसले तथा अण्डे की तलाश में बेताल से भटकते रहते थे। जो भी अण्डा अपरिचित-सा लगता, वे उसे चील का मान लेते थे। फिर वे नित्य उस पेड़ के चक्कर काटते, घोंसले में पड़े अण्डे को झाँकते और सूरज भी चमक जाए तो हीरे की कनी मानकर क्षितिज की ओर बगटुक भागते थे। एक बार ऐसे ही अण्डे से साँप निकल आने पर जियालालजी ने उस अभियान को त्यागा था।

जियालालजी का पक्षी-ज्ञान हमारे प्राचीन ग्रन्थों, जैसे किस्सा चारदरवेश, सिंहासनबत्तीसी और किस्सा तोता-मैना पर भी आधारित था। वे खजाने की खोज में चील से भी अधिक विश्वसनीय तोता-मैना को मानते थे। वे यह मानते थे कि तोता-मैना के दाम्पत्य जीवन का बड़ा भाग आपस की इस चर्चा में कटता है कि किस आदमी का भाग्य उदय होनेवाला है और किसको कहाँ से किस तरह धन की अनायास प्राप्ति होनेवाली है। वे जहाँ भी तोता-मैना को बैठा पाते, पीछे से छिपकर बैठ जाते। परन्तु दूरी होने से बात पल्ले न पड़ती। बाद में इसीलिए जियालालजी ने तोता-मैना का एक जोड़ा ही खरीद लिया था ताकि यहाँ-वहाँ भटकना न पड़े। पिंजरे के पास बिछी खटिया के नीचे दम साधकर मुँह के बल वे घण्टों पड़े रहते और उनकी बातें सुनने का प्रयत्न करते। परन्तु उस सबसे इन्हें कोई विशेष उपलब्धि नहीं हुई, सिवाय उसके कि एक बार एक चवन्नी खाट के नीचे मिल गयी जिसे वे खोया मानकर शोक भी मना चुके थे और एक बार एक बिच्छू ने काट खाया जो स्वयं शायद तोता-मैना की बातचीत में दिलचस्पी लेता हुआ वहीं खाट के नीचे बैठा हुआ था।

जीवन की सान्ध्यबेला में जियालालजी चील, तोता, मैना इत्यादि के चंगुल से निकलकर एक बार पुनः कबूतर की तरफ मुड़े थे और ब्रह्ममुहूर्त में ऐसे बरगद की तलाश में घूमा करते थे जिस पर एक काला और एक सफेद कबूतर बैठा

हो। जिस डाल पर ऐसे कबूतर बैठे मिले, उसके पत्तों का दूध निकालकर, शहद में मिलाकर वे अपनी दोनों आँखों में लगाते थे। उनका विश्वास था कि इस तरह उनकी दृष्टि दिव्य हो जाएगी और यत्र तत्र छिपे हुए खजाने एकदम सामने दिखने लगेंगे। इस तरह चील इत्यादि पर उनकी निर्भरता कम हो जाएगी, ऐसा मानते थे वे। इस हरकत से धीरे-धीरे उनके नेत्रों की ज्योति जाती रही और कालान्तर में अन्धे होकर वे एक बार उसी गड्ढे में टपककर मर गये, जिसे उन्होंने चील के इशारे पर खजाने की तलाश में खोदा था।

पक्षी-विज्ञान के ऐसे रहस्य तथा अन्य चमत्कारिक बातें जियालालजी के साथ ही उस गड्ढे में दफन हो गयीं। आज नगरपालिका ने उस गड्ढे के बाजू में ही बिजली का एक खम्भा गाड़ दिया है, जिस पर शाम को कौए बैठते हैं। क्या पता, बिजली के खम्भे पर बैठे कौए का भी गूढ़ मतलब होता हो। परन्तु आज जियालालजी हमारे बीच नहीं हैं, जो इसका रहस्य हमें बताते। कई बार मुझे तो ऐसा लगता है कि ये जियालालजी ही हैं जो कौआ बनकर अपने गड्ढे की रक्षा में बैठे रहते हैं।

जियालालजी के अलावा भी मेरे गाँव में बहुत से पक्षी-प्रेमी हुए हैं। स्थानाभाव के कारण चन्द लोगों का संक्षिप्त विवरण ही दे पा रहा हूँ। परन्तु थोड़े को ही बहुत समझिएगा।

ठाकुर रामायणप्रताप सिंह भी पक्षियों के प्रति घोर प्रेमभाव रखनेवाले थे। वे गाँव में नायब तहसीलदार थे और पक्षी से उनका तात्पर्य हमेशा उस चीज़ से होता था जिसे वे खा सकें। खाने के अलावा भी पक्षी का कोई और रोल इस नश्वर संसार में हो सकता है, ऐसा वे सपने में भी नहीं सोच सकते थे। जो ऐसी बात भी कर दे, वे उसकी जमीन जब्त करा सकते थे। इतने पक्षी यहाँ-वहाँ उड़ते फिरते हैं और लोग उन्हें मारकर नहीं खा रहे, इस बात पर वे आश्चर्यचकित तथा दुखी रहते थे। वे स्वयं ऐसा नहीं करते थे। जो भी मिला, उसे खा जाते थे। कबूतर मिला, उसे खा लिया और रात के लिए तीतर मरवा लिये। कोई उनसे कहता कि देखिए नायब साहब, मोर कितना सुन्दर नाच रहा है, तो वे कहते, कहाँ? चलिए, उसे मार खाएँ। बड़ा स्वादिष्ट होता है मोर, वे बताते। उनका पक्षी-विज्ञान सीधे पेट से निकलता था। वे बड़े वैज्ञानिक ढंग से इस गुत्थी को सुलझाते, विवेचना करते थे कि बटेर का माँस कड़कनाथ के माँस से किन बातों में उन्नीस होता है। उनकी दृष्टि वैज्ञानिक थी और पेट जीवन का लक्ष्य। उनकी सम्पूर्ण जीवनदृष्टि ही यही थी। वे भूमि का हर टुकड़ा हड़पने के लिए ही बना मानते थे, हर आदमी से कुछ-न-कुछ काम निकलने पर ही उसे आदमी मानते

थे और हर औरत को उस कड़ियल मुछाड़िये मर्द की निगाह से देखते थे जिसकी तस्वीरें खानदानी शफाखानावाले छापते हैं। अगर वे कोई वस्तु उस चराचर जगत में ऐसी पाते थे जो उनके लाभ की न हो तो उन्हें आश्चर्य होता था कि यह वस्तु आखिर रचनेवाले ने रची क्यों! पक्षियों के प्रति भी उनकी यही जीवनदृष्टि काम करती थी।

एक थे जो हर पक्षी की पूजा करते थे और हर सरकारी मुलाजिम को नमस्कार करते थे। उनका सन्देह रहता था कि हर पक्षी किसी-न-किसी देवता का वाहन होता है और कभी काम आ सकता है। एक सज्जन थे जो पक्षी को पकड़कर उसे रंगकर वापस छोड़ देते थे और उसे फिर कभी वापस देखकर खुशी में अपने पर नोचने लगते थे। एक शास्त्रीजी थे जो ब्रह्ममुहूर्त में अपने नीम पर बैठे कबूतरों की संख्या में चिड़ियों की संख्या का भाग देकर उसमें से पाँच घटाकर सट्टे का नम्बर निकाला करते थे। नम्बर गलत निकलने पर वे अगले ब्रह्ममुहूर्त में गुलेल लेकर उठते थे और गुस्से में जितने पक्षी घायल कर पाते, उसके आधार पर सट्टे का नम्बर निकालते। फिर फजलू भाई पोस्टमैन थे जो अपने आपको कभी पिछले जन्म की चुंगल चिड़िया मानते थे और कभी सारस। जिस दिन वे सारस होते, उस दिन वे नदी किनारे पत्रों का बण्डल लेकर घण्टों खड़े रहते और देर रात पत्र वहीं नदी में फेंककर घर आ जाते। जिस दिन वे बाज होते, उस दिन वे पत्रों को चिन्दी-चिन्दी कर डालते। उनके रहते पत्र कभी हम तक नहीं पहुँचे।

अब जब मैं यह सब लिख रहा हूँ तो यह प्रश्न स्वतः ही प्रस्तुत होता है कि आज हमारा गाँव पक्षी-विज्ञान के क्षेत्र में कहाँ खड़ा है? दुःख के साथ सूचित करना पड़ता है कि पक्षी-विज्ञानियों की वह गौरवशाली परम्परा अब मृतप्राय है। गाँव के क्षितिज पर श्वेत वस्त्रधारी राजनैतिक बगुले छा गये हैं, गाँव की लाश पर टोपीनुमा गिद्ध मण्डरा रहे हैं और राजनीति ही एकमात्र विज्ञान रह गया है वहाँ। इस विज्ञान के पनपते मनुष्य ही एक कोने में ठेल दिया गया है, फिर पक्षियों की तो औकात ही क्या। नहीं! अब मेरे गाँव में पक्षी-विज्ञान के लिए कोई स्थान नहीं। मैं जियालालजी की आत्मा की शान्ति के लिए प्रार्थना करने के अलावा और क्या कर सकता हूँ, मित्रो?

बॉस का अड्डा

जिन्होंने हिन्दी फिल्में देखी हैं, वे 'बॉस' को जानते हैं।

और जो बॉस को जानते हैं, वे उसके अड्डे से भलीभाँति परिचित हैं। हमारी फिल्मों का बॉस अड्डे पर रहता है। वहीं से वह सारे छलछंदर किया करता है। बिना अड्डे के यहाँ कोई बॉस नहीं बन सकता। फिल्मी दुनिया की अपनी शर्तें। यह नहीं हो सकता कि आप छोटे से मकान या फ्लैट में बैठकर बॉसगिरी छाँटने की कोशिश करें। मार भगाएँगे वे, आपको। बॉस बनने की तमन्ना हो तो पहले बढ़िया-सा अड्डा होना चाहिए, जहाँ न जाने किस नामालूम पदार्थ से भरे पचासों ड्रम धरे हों, यहाँ-वहाँ लोहालंगड़ बिखरा पड़ा हो, बेतरतीब बिखरी खोखे की पेटियाँ हों, ऊपर की दिशा में जा रही घुमावदार सीढ़ियाँ हों, न जाने कौन-से धुँए से भरी गैस की नलियाँ यहाँ से वहाँ जा रही हों और ऐसा ही और ढेर-सा अटाला यहाँ-वहाँ फैला हो।

बॉस के अड्डे पर इतना सारा सामान यहाँ-वहाँ फैला है, कि बॉस स्वयं अपनी उस घूमनेवाली कुर्सी तक कैसे पहुँच पाता है कि जिसमें बहुत से गुप्त बटन बड़े खुले तौर पर उसके हत्थे पर ही लगे होते हैं, यह बात आश्चर्यचकित करती है। फिर बीच में ही उबलते पानी का कुण्ड है, लटकते हुए एक-दूसरे के मुँह पर लात मारने की सुविधा के लिए ऊँची छत से यूँ ही लटकती रस्सियाँ हैं और कोने या फर्श पर ही पड़े बेलचे-फावड़े-गेतियाँ हैं, जो हल्के हैण्डल से युक्त हैं ताकि आसानी से उठाकर इक-दूजे के मुँह या पीठ पर मारी जा सकें। बॉस बनने की इच्छा हो, तो आदमी को बड़ा सामान इकट्ठा करना पड़ता है। लिस्ट लेकर बैठना होता है, अपने, टेढ़ी नाक तथा एक आँख को फैशन के तहत ढके गुर्गों के साथ।...

लिस्ट लम्बी है।

कुछ पोशीदा बटन हों, या धोखेवाले हेण्डल हों, अथवा पीतल या लकड़ी के गुट्टे हों कि जिनको घुमाने-दबाने या मात्र छूने से ही फर्श का पटिया खिसक

जाए और आदमी मुँह के बल जो तहखाने में गिरे तो गुरुत्वाकर्षण के केन्द्र के पास तक गिरता ही चला जाए। वैसे बॉस को स्वयं भी अपने अड्डे पर सँभलकर चलना होगा। गलती से भी किसी खटके पर खुद पाँव धर दिया तो चुरुट पीते हुए वह स्वयं उस पिंजरे में गिर सकता है, जहाँ शेर या घड़ियाल रखने का फैशन बॉस लोगों के बीच रहा आता है।

''शेर नहीं मिल पा रहा, बॉस'', लिस्ट से मिलान करते हुए एक गुर्गे ने कहा।

''यार, मरवाओ मत, शेर का इन्तजाम तो जरूरी है, वरना तहखाना बनाना और फर्श में खिसकनेवाला पटिया लगवाना बेकार गया।'' बॉस ने कहा।

''फॉरेस्टवाले बता रहे थे कि आजकल जंगल में शेर बचे ही नहीं...''

''कुछ करो भाई।''

''साँप धरवा दें?''

''ऊपर से आदमी सीधे साँप पर ही गिरा तो साँप तो कुचलकर ही मर जाएगा।''

''.....''

''फिर क्या मतलब निकला यार?'' बॉस चिड़चिड़ा रहा है।

''फिर आप ही बताएँ बॉस...?''

''सोचते हैं...। और बाकी कोई प्राब्लम तो नहीं?''

''ट्रांसमीटर किधर लगाना है...?'' एक ने पूछा।

''किसी भी फोटू के पीछे ऐसा लगाओ कि खटका दबाने से तस्वीर हट जाए और ट्रांसमीटर बाहर निकल आये...''

''खटके ठीक क्वालिटी के नहीं लगे बॉस...''

''जिसने लगाये हैं, उसे बता दो कि खटका काम नहीं किया तो स्साले को तहखाने में शेर के पास फिंकवा दूँगा।''

''पर शेर तो मिल नहीं रहा?''

''यार...कहने में अपने बाप का क्या जाता है...वैसे खटके में क्या खराबी है?''

बॉस बैठा है लिस्ट लेकर।

अड्डे की तैयारियाँ पूरी हो जाएँ तो आदमी धन्धा शुरू करे। क्या करेगा बॉस? कह नहीं सकते। कुछ भी कर सकता है। अभी तय नहीं। पहले अड्डा तो बन जाए, फिर सोचेंगे। अभी तो अड्डे के सामान के इन्तज़ाम में लगे हैं यार। अभी तो उस पिंजरेनुमा लोहे की गोल जाली का इन्तजाम करना है, जो ठीक टाइम पर ऊपर से नीचे गिरकर दुश्मन को फँसा ले। फिर जरा-सा डण्डा

पड़ जाने पर ही फूट पड़नेवाले डीजल या पेट्रोल के ड्रम भी चाहिए। कोनों-मोखों में लाल-नीली बत्तियाँ भी। लप-झप करें, तो सोने में सुहागा। बड़ा-सा किलेनुमा फाटक। कुछ छोटी मेजें, यहाँ वहाँ, जहाँ बैठकर फालतू समय में (जब अन्दर कहीं किसी गुप्त कमरे में बैठा बॉस न जाने क्या-क्या कर रहा होता है, तब) बॉस के चमचे, धारीदार बनियान धारे तथा हैट या तिरछी टोपी लगाकर ताश आदि खेल सकें। कुछ ट्रक भी चाहिए पड़ेंगे, जिन पर हमेशा ही न जाने कौन-सा-तो-भी माल उतरते-लदते रहना चाहिए। फिर काँच के बड़े-बड़े मर्तबानों में लाल-नीले तथा दीगर रंगों के द्रव्य पदार्थ—कुछ में से धुवाँ उठ रहा हो, तो कहना क्या! फिर कुछ पुरानी टूटी-फूटी मूर्तियाँ, जिन्हें न जाने कौन उल्लू का पट्ठा स्मगलर खरीदने को कभी भी आ सकता है।...यह सब सामान इकट्ठा करने की कूबत हो, तभी बॉस बनने की सोचिए। अन्यथा बैठे रहिए और छोटी-मोटी चोरी-चकारी से काम चलाइए। बॉस बनना आसान नहीं। बहुत कच्चा माल लगता है मित्र। बल्कि पक्का माल कहिए।

मज़ाक नहीं है बॉस बन पाना।

वो जमाने हवा हुए जब खरखराती, भर्राई आवाजवाले लोग, मात्र नकाब लगाकर, काला ओवरकोट डालकर और फैल्ट हेट लगाकर बॉस कहा जाते थे। तब ये लोग अँधेरे कमरे में धरी कुर्सी पर बैठकर या फिर फोन पर खुरदुरी आवाज़ में धमकाते हुए बॉसगिरी छाँटा करते थे। देखी ही होगी आपने पुरानी श्वेत-श्याम फिल्मों में यह धाँधलेबाजी। अब दुनिया बदल गयी है। अब यह सब नहीं चलता भैय्या। नकाब मात्र पहिनकर धन्धा चलानेवाले टटपुँजिये बॉसों के दिन अब लद गये। आजकल के गुर्गे ऐसे बॉस की न केवल नकाब उतार लेंगे, बल्कि उसकी चड्ढी तक उतार लेंगे। अब बॉस बनने के लिए बहुत इन्फ्रा-स्ट्रक्चर की दरकार होती है और एक बड़ी कम्पनी डालने जैसा तामझाम लगता है। तभी तो ऐसी बड़ी लिस्ट लिये बैठे हैं और लिस्ट खत्म ही नहीं हो रही।...

''मिलान करके देखो भाई...हम बोलते हैं, तुम चेक करते जाओ...''

''यस बॉस...''

''करण्ट मारने की मशीन...?''

''यस बॉस''

''कोड़े?''

''यस बॉस''

''रस्सियाँ?''

''वो काहे को बॉस?''

''खम्भे से किसी को बाँधने की नौबत आएगी, तब क्या करोगे उल्लू के

पट्ठो... ?''

''सॉरी बॉस...पर अपने अड्डे पर खम्भे तो हैं नहीं?''

''यार इस अड्डे का आर्किटेक्ट कौन था? स्साले को बॉस का अड्डा बनाने की एबीसी नहीं पता और अड्डा बना दिया।...''

बॉस माथे पर हाथ धरे बैठा है।

बॉस के अड्डे की एक सुपरिचित, सुनियोजित स्कीम होती है और उम्मीद की जाती है कि हर समझदार भवन-निर्माता तथा आर्किटेक्ट उससे परिचित होगा। बताइए, खम्भे ही नहीं बनाये! अब आदमी को कहाँ तो बाँधें और कैसे क्या करें?...फिर अभी वह घूमनेवाली बड़ी कुर्सी भी नहीं आयी है कि जिसके हत्थे पर न जाने कौन-कौन से बटन लगे हैं, जिन्हें दबाने पर न जाने क्या-क्या, न जाने कहाँ-कहाँ हो जाता है। इनमें से एक बटन ऐसा भी होगा कि जिसे दबाने पर पूरा अड्डा, या जिस द्वीप पर अपना अड्डा होनेवाला है, वह सम्पूर्ण द्वीप, या पूरा शहर या पूरा हिन्दुस्तान ही नष्ट हो जाएगा। ठीक बटन दबाने सीखने होंगे बॉस को। उल्टा-सीधा दब-दबा गया, तो सारा बॉसपना निकल जाएगा। याद है उस बॉस की कि जिसने बटन तो दबाया था दीवार खिसकानेवाला और दब गया फर्श फटने का—श्रीमान स्वयं मुँह के बल नीचे बहते सीवेज पाइप में जा गिरे। आसान नहीं ऐसी कुर्सी और इसके बटन। पता नहीं कि कौन बनाता है, एजेंसी कौन-सी है, कहाँ बनती है और कित्ते में बनती है? किसी पुराने बॉस से पूछकर बनवानी होगी। अड्डे का जरूरी आयटम है। यहाँ आखिरी में कौन-सा बटन दबाकर अड्डा उड़ाओगे? कैरियर के अन्त में हर बॉस को यह कुर्सी लगती है।...फिर कुछ मशालें, यहाँ-वहाँ जलतीं। तेल बड़ा खर्च होगा, यार? वह तो होगा। बॉस बन रहे हो कि मजाक? इतने ड्रमों में भरा तेल कब काम आएगा? सो, मशालें। क्लोज सर्किट टीवी। टींटीं-टींटीं करता, लाल-पीली बत्तियों युक्त ट्रांसमीटर। कुछ अँधेरे कोने और चन्द चमकीले डांस फ्लोर। एक रिजर्व-बैंक से भी बड़ी तिजोरी, जो गोल पहिया इधर-उधर कई बार घुमाने से खुलती हो और जिसके अन्दर लाल बत्ती जलती मिले। कुछ तहखाने। किधर को भी जाती बहुत-सी सीढ़ियाँ। चन्द सुरंगें, जो अड्डे से चलें तो शहर के बाहर किसी वीराने में या किसी अस्तबल में जाकर खुलें।...और हाँ, छत पर धरा एक हेलीकॉप्टर। मूड हो तो सुरंग से निकलकर घोड़े की पीठ पर बैठकर भागो या नहीं तो हेलीकाप्टर तो छत पर धरा ही है। जैसा जितना टाइम हो बॉस के पास।

तो मित्र, बस इतनी चीजें एकत्रित कर सकें, तो हमें सूचित कर दें। हम आपको 'यस बॉस' कहते नजर आएँगे। एक बार ऐसा एक अड्डा भर बना लें आप—फिर शहर के समस्त मवाली, बदमाश, एक आँख दबाकर या ढककर

रखनेवाले गिरहकट, तिरछी टोपी पहिनकर घूमते गुण्डे और काला चश्मा धारण करनेवाले चेचक के दागवाले खूनी, सभी आपके हो जाएँगे।

क्या कहा? क्या बैंक से अड्डा बनाने के लिए लोन मिल सकेगा? हमें नहीं पता। कह नहीं सकते। हो सकता है कि देते हों। फिर पता नहीं कि यह हाउसिंग लोन के अन्तर्गत आएगा या कि लघु-उद्योग की श्रेणी में। बैंक जहाँ हर चीज के लिए कर्ज देता है, तो इसके लिए भी देता ही होगा। कोशिश करके देखिए। मैं तब तक काला चश्मा लगाये, तिरछी टोपी डाले आपकी प्रतीक्षा में हूँ।

भूतों से बातें

दोपहर का टाइम रहता है हमारा, इस काम के लिए।

रात में हमें भूतों से डर लगता है। हम दोपहर में प्लेनचेट चलाया करते हैं। हम यानि मैं, चौहान साहब मनगवाँवाले और बढ़ौलियाजी। खिड़की के पर्दे खींच देते हैं। भूतों को अँधेरा चाहिए। वैसे भी, अँधेरा हो, तभी भूत, भूत टाइप दिखते हैं। फिल्मों, सीरियलों में देखा ही होगा आपने। या शायद लाइट रहे तो दिखता न हो, भूतों को। कहना कठिन। अभी उस दिन ही प्लेनचेट पर गंगाबाबू के भूत से बातें चल रही थीं कि अम्मा ने कमरे का दरवाजा खोल डाला। गंगाबाबू तुरन्त प्रेतलोक लौट गये। बाद में बार-बार बुलाने पर भी नहीं आए और एक बार फिर आए भी तो कसके फटकारे हमें कि सरऊ, आगे कभी ऐसी कमरे में बत्ती करी तुमने, तो हम तुम्हारी प्लेनचेट से कढ़के चपट जाएँगे तुमसे। रोते फिरोगे।...तब से हम एहतियातन चिटकनी लगा लेते हैं। भूतों से डील कर रहे हो, तो छोटी-मोटी सावधानियाँ बरतने में बुराई नहीं—कहते हैं बढ़ौलियाजी।

तो क्या बातें करते हैं हम भूतों से?

कुछ भी। कभी तो हम ही कोई बात उठाते हैं, तो कई बार भूत अपने जमाने की बातें शुरू कर देते हैं। प्राय: दोनों तरह की हो जाती हैं। फिर भूत पर भी निर्भर करता है कि कौन साहब पधारे हैं। परसों की ही सुनाते हैं। प्लेनचेट चलाई, तो मूलचन्दजी का भूत आ गया। मूलचन्दजी हमारे कस्बे के सर्वोदयी टाइप नेता रहे थे। जीवन भर पदयात्राएँ कीं, शहद चाटा और भूदान की अपीलें करते रहे। कुछ छुटभैये डाकुओं का आत्मसमर्पण भी कराया था। वे जीवनभर देश और समाज की चिन्ता में दुबले होते रहे और बाद में उसी में मर भी गये। अभी भी कहाँ बाज आते हैं? जैसे कि परसों बोले कि 'सुना है कि आजकल अपराधी और गुण्डे-मवाली राजनीति में घुस आए हैं?'

''आपने कहाँ सुन लिया?'' हमने पूछा।

''एक विधायक पहुँचे हैं प्रेतलोक...किसी दूसरे विधायक ने पार्टी दफ्तर में

चाकू मार दिया बताते थे।''

''है तो कुछ ऐसा ही'', हमें मानना पड़ा, ''अब जिनको आप तब आत्मसमर्पण करा गये थे, वे आखिर कहाँ जाते!''

''यह तो देश और समाज के लिए चिन्ता का विषय हुआ भाई।''

''विषयों की कमी नहीं गुरुजी। आदमी चिन्ता करे तो।''

''हम होते तो इनके विरुद्ध अनशन पर बैठते या पदयात्रा पर निकलते...''

चौहान साहब ने समझाया कि आप होते तब भी पदयात्रा न कर पाते क्योंकि ये लोग आजकल हाथपाँव तोड़ देते हैं और टूटे पाँवों से चलना सरल नहीं। वे कहने लगे कि भाई, हम हृदय-परिवर्तन की कोशिश तो कर ही सकते हैं। हम होते, तो अपील करते कि...। हमने कहा कि आपकी अपीलें तो तब भी कोई नहीं सुनता था, तो अब क्या सुनेगा? प्लेनचेट थोड़ी देर चुप रही और फिर बोली ही नहीं। कदाचित्, विरोध स्वरूप मौनव्रत में चले गये थे वे।

सो जिस माँजने का भूत उस समय प्लेनचेट के पास से गुजर रहा हो, वैसी बातें हो जाती हैं।

पन्द्रह तारीख को शम्भू हलवाई आ गये।

कहने लगे कि कौन-सी मिठाई पसन्द करते हो, बता दो। वही बनाना सिखाते हैं। हमने कहा कि डाक्टर ने मिठाई खाने को मना किया है। वे इस बात पर भड़क गये। कहने लगे कि उस स्साले डाक्टर का नाम-पता तो बताओ—अभी जाकर चपटते हैं उसे। मर चुके हैं, परन्तु हलवाइयों के पेट पर कोई लात मारे, यह बर्दाश्त नहीं। 'रबड़ी-उबड़ी खायी जाती है शहर में, कि नहीं?' हमने इसके उत्तर में बताया कि आजकल नये चलन की मिठाईयाँ चल गयी हैं और रबड़ी चाटना पिछड़ापन मानने लगे हैं लोग। शम्भू दुखी होकर बताने लगे कि हमारी दुकान पे तो ऐन सुबह दूध-जलेबी-रबड़ी का कलेवा खाबे बालन की भीड़ लगी होती थी। मुँह अँधेरे से कारीगर जलेबियन के झार उतारने लगते थे।...अब क्या खाती है जनता कलेवे में? ...हमने बताया कि आधी जनता तो कुछ नहीं खाती क्योंकि उसके पास खाने को कुछ होता ही नहीं, और बाकी लोग नूडल्स, ब्रेड-आमलेट टाइप चीजें खाने लगे हैं। और शुद्ध मावे की मिठाइयाँ कौन बढ़िया बना रहा है? बच्चों को मगद और मोतीचूर के लड़ुवा खिलाते हो कि नहीं?...बढ़ौलिया ने बताया कि बच्चे आजकल यह सब खाना 'ट्रेण्डी' नहीं मानते। जोर आजकल चाकलेट, बर्गर और पिज्जा पर है। शायद आँखें भर आईं होंगी शम्भू हलवाई की क्योंकि प्लेनचेट पर धरी हमारी उँगलियाँ गीली हो गयी थीं। वे जो उस दिन गये, तो लौटे नहीं। कई बार आह्वान किया उनका, पर नहीं आए। एक बार उँगली पर कुछ गरम गरम अवश्य लगा—शायद, उन्होंने उँगली में गरम करछुल

छुलाकर हमें चेताया था कि खबरदार, जो ऐसी दुनिया में उन्हें बुलाया कि जो बुन्दी के लड्डू खाना भूल चुकी हो।

गप्पें ही नहीं मारते हम। कभी-कभी भूतों से सलाहें भी लेते हैं।

अभी घर में चोरी हो गयी, तो हमने सिपाही सलीम मियाँ के भूत से बात करी। अँग्रेजों के जमाने के मशहूर सिपाही थे कस्बे के। मात्र एक डण्डे के बूते तथा गाली-गलौज की अलौकिक प्रतिभा के सहारे उन्होंने लाखों की चोरियाँ पकड़ी थीं। आते ही पूछने लगे कि सेंध गोल थी कि चौखुट्टी, क्योकि गोल तो बनाता है राजू तेली और भग्गन महाराज, जबकि चौखुट्टी की कला आती है जंगी बसोर को। हमने बताया कि ये सब आपके आगे-पीछे मर-मरा गये हैं और सेंध आजकल चोर लगाते नहीं। वे ताला तोड़कर या खिड़की की ग्रिल निकालकर घुसते हैं।...सलीम मियाँ चोरों के बीच पनप आयी इस आराम तलबी की प्रवृत्ति की भर्त्सना करने लगे। फिर दूसरी शर्तिया तरकीब बताते हुए कहने लगे कि आसपास के सभी गरीब-गुरबों की पकड़कर तबीयत से ठुकाई की जाए तो शाम तक चोरी का पता चल जाएगा। यह भी करें कि घर के नौकरों पर निगाह रखें। हमने बताया कि स्वयं हमारी हैसियत चपरासीवाली ही मानें। इस बात पर वे नाराज हो गये कि फिर चोरी भी मामूली ही रही होगी, जबकि दस तोले से कम के सोने की चोरी को लपटेन साहब चोरी ही नहीं मानते और रिपोर्ट लिखने पर फटकारते हैं। हमने बताया कि आजकल लपटेन साहब का जमाना नहीं रहा है और अँग्रेज भारत छोड़ चुके हैं। इस पर वे बुरा मान गये कि हमने उनसे फालतू मजाक करने के लिए उन्हें बुलाकर ठीक काम नहीं किया और उनका ज़माना होता तो वे हमें उल्टा टाँगकर वो ठुकाई करते कि सिपाही से हँसी-ठट्ठा करना भूल जाते। वे तुरन्त चले गये!

आप कहेंगे कि क्या हम पुराने जमाने के भूतों से ही बातें करते हैं?

ऐसा नहीं है। हम तो सभी का आह्वान करते हैं। नयेवाले, न जाने क्यों, आते नहीं। शायद प्लेनचेट पर आना यंग भूतों को आउट ऑफ फैशन लगता हो! कहना कठिन है। उनसे कभी बात हुई, तो बताएँगे आपको।

इच्छा-शक्ति के मेरे प्रयोग

मूलतः मैं कमजोर इच्छाशक्ति वाला व्यक्ति हूँ। वैसे, 'इच्छाशक्ति दृढ़ होनी चाहिए'—ऐसी प्रेरणा देनेवालों की कमी मेरे जीवन में कभी नहीं रही। मेरे पिताजी का ही उदाहरण लें। वे आत्मशक्ति बढ़ाने के बड़े कायल थे और हमेशा शिकायत करते थे कि न जाने क्यों हिन्दुस्तानियों में इच्छाशक्ति होती ही नहीं। वे बताते कि इसी के अभाव में हम ओलम्पिक खेलों में कभी कोई मेडल नहीं जीत पाते हैं। अन्यथा आदमी एक बार मन में ठान भर ले, तो फिर मेडल लाना कौन-सा कठिन काम है? न मिले, तो दो थप्पड़ मार के उसी से छुड़ा लें कि जिसने जीता है! बस! पर इच्छाशक्ति ही नहीं है स्सालों में। वे कहते कि हम जाते, तो चाहे ओलम्पिक के स्टोर-रूम से चुराकर उठा लाते, पर बिना मेडल लाए मातृभूमि पर वापस कदम न धरते। वे मुझे प्रेरित करते कि तुम भी एक दिन नेहरू-गाँधी बन सकते हो, बशर्ते कि तुम्हारी आत्मशक्ति मजबूत हो। अगर मामला ऐसा ही सरल था तो वे खुद क्यों नहीं बन पाये—यह सीधा प्रश्न पूछने लायक आत्मबल मुझमें नहीं था। पर वे पूछते रहते। हमेशा पूछते कि तुम अपनी इच्छाशक्ति का क्या कर रहे हो? मैं क्या जवाब देता, सिवाय इसके कि मैं इसे दृढ़ बना रहा हूँ पिताजी! मेरा उत्तर सुनकर वे प्रसन्न हो जाते। हमारे तरफ यही तो अच्छा है। कोई कन्फ़र्म नहीं करता। मान लेते हैं।

ऐसे ही मेरे हेडमास्साब थे।

बल्कि आत्मशक्ति बढ़वाने के मामले में वे मेरे पिताजी के भी पिता थे। फिजिक्स से लेकर नागरिक शास्त्र तक की हर समस्या का उत्तर उनके पास यही था कि यदि आदमी की इच्छाशक्ति मजबूत हो, तब हर प्रश्न वह चुटकियों में हल कर सकता है। वे हर प्रश्न के उत्तर में यही कहते थे कि यहाँ-वहाँ प्रश्न पूछने में समय खराब करने से बेहतर है कि तुम लोग इच्छाशक्ति को मजबूत करो, तो उत्तर ऑटोमेटिकली मिल जाएँगे। सुबह की प्रार्थना के पश्चात वे हम बच्चों से यही कहते थे कि तुम लोगों को अपनी इच्छाशक्ति बढ़ानी चाहिए और

जो नहीं बढ़ाएगा, वे उसके हड्डे तोड़ देंगे! एक बार तो उन्होंने बाकायदा चेतावनी दी थी कि जो छात्र इस पच्चीस अक्टूबर तक अपनी इच्छाशक्ति दृढ़ करके नहीं दिखाएगा, उसे मुर्गा बनाकर वे ऐसी ठुकाई करेंगे कि उसकी जीने की इच्छा नहीं बचेगी। पच्चीस अक्टूबर को जिला शिक्षाधिकारी आनेवाले थे, जिनको हेडमास्साब ने कह रखा था कि वे हमारे स्कूल के बच्चों की इच्छाशक्ति सारे जिले में सबसे दृढ़ करके दिखाएँगे। शिक्षाधिकारी उन्हीं की जाति के थे। उन्होंने हेडमास्साब की तारीफ करते हुए चेताया था कि ऐसा करते हुए उन्हें इस बात का ख्याल रखना होगा कि अपनी जातवालों की इच्छाशक्ति सबसे बढ़िया निकले। मैं भी उन्हीं की जाति का था। सो हेडमास्साब विशेष रूप से मेरे पीछे पड़ गये थे। आते, जाते, जब भी, जहाँ भी मैं उनके सामने पड़ जाता, तो वे मेरी इच्छाशक्ति के विषय में दरयाफ्त करने लगते। 'कैसा चल रहा है तुम्हारी इच्छाशक्ति का?' — वे पूछते। मैं सिर झुकाये चुपचाप खड़ा रह जाता। वे कान उमेंठकर प्रेरणा देने में माहिर थे। मेरे कान जो ऊपर की तरफ से टेढ़े हैं और जिन्हें मैं बालों से ढककर रखा करता हूँ, ये उन्हीं प्रेरणास्पद दिनों के पीछे छूट गये निशान हैं।

इतनी प्रेरणाओं के बावजूद मेरी इच्छाशक्ति क्यों नहीं बढ़ पा रही थी, यह बात मुझे चिन्तित करने लगी। मैंने आत्मशक्ति बढ़ाने की कोशिश में उन दिनों इतने तथा ऐसे प्रयोग किये कि जितने एडीशन तथा न्यूटन ने मिलकर नहीं किये होंगे। मैंने आसपास देखना शुरू किया कि किसकी इच्छाशक्ति दृढ़ है और क्यों? मेरी कक्षा में ही मुझे राधागोविन्द मिल गया। वह यूँ भी मेरा परम मित्र था। उसकी इच्छाशक्ति ऐसी मजबूत थी कि क्या कहिए। जो ठान ले, कर डालता था। अँधेरे में हेडमास्साब पर पत्थर फेंकना, उनकी कमीज पर पीछे से फाउण्टेनपेन से स्याही छिड़कना, उनके दफ्तर में बकरी बाँध आना, स्कूल का घण्टा चुराकर कुँए में फेंक देना, कक्षा में बकरे की बोली बोलना आदि उसके बायें हाथ के खेल थे। मेरा मानना था कि ऐसे चुनौतीपूर्ण कार्य अंजाम देने के लिए बहुत आत्मबल की आवश्यकता होती है। मैंने राधागोविन्द से पूछा तो उसने बताया कि तू बहुत कमजोर है। शरीर बना। मजबूत तन में ही मजबूत मन निवास करता है। सही कहा था उसने। उसका शरीर पहलवानी था। इधर मेरे बदन की स्थिति बमखटाखट थी। माँसपेशियाँ थी नहीं, गाल पिचके-से थे और चलने पर जोड़ों से खटखट की आवाज आती थी। राधागोविन्द ने बताया कि लोग शर्त बदने को तैयार रहते हैं कि ज्ञान या तो नियमित जुलाब लेता है, या फिर मसान सिद्ध करने की कोई क्रिया करने के चक्कर में ऐसा हो गया है, वर्ना तो कोई कोशिश करके भी ऐसी नर्म हड्डी का नहीं बन सकता। मैं शरीर मज़बूत करने की कोशिश करने लगा। इधर शरीर दृढ़ हुआ कि उधर इच्छाशक्ति स्वत: ही बढ़ जाएगी।

सुबह उठकर रात के भिगोये चने खाना उन दिनों शरीर मजबूत करने का शर्तिया उपाय माना जाता था। मैंने चार दिनों तक खाये। पाँचवें दिन मुझे दस्त लग गये। आठ दिनों तक मैं बिस्तर पर पड़ा रहा। मैं जान गया कि चना पचाने के लिए आपका घोड़ा होना आवश्यक है और यदि आप घोड़ा नहीं हैं, तो चने खाना गधापन होगा। मैंने निराश होकर मजबूत शरीर द्वारा मन को मजबूत करने का यह घोड़ावादी प्रयोग छोड़ दिया।

मुझसे सीनियर एक अन्य मित्र भी अपनी दृढ़ इच्छाशक्ति के लिए मशहूर थे। बाद में सरकार द्वारा जेल भेज दिये जाने के बाद भी वे चोरी-चकारी के अपने संकल्प से कभी पीछे हटते नहीं देखे गये। उन्होंने मार्गदर्शन देते हुए मुझे बताया कि ब्रह्ममुहूर्त में मुँहअँधेरे उठ जाओ तो आत्मिक शक्ति को बड़ा बल मिलता है। 'उठकर क्या करो?'—इसके विषय में कुछ स्पष्ट नहीं किया उन्होंने। सारा जोर ब्रह्ममुहूर्त में जागकर उठ जाने पर था। फिर जो करो। आपकी मर्जी। पर तय था कि जो भी करोगे, उसी से आत्मशक्ति को बल मिलेगा।

''आप उठकर क्या करते हैं?''—मैंने पूछा था। ''हम तो कई बार चोरी करने निकल जाते हैं। सुबह-सुबह इच्छाशक्ति मजबूत रहती है, तो दीवार फाँदने में मदद मिलती है।'' उन्होंने अपना बताते हुए सलाह दी थी कि तुम्हें जो करना हो, किया करो—बस, सुबह अँधेरे में उठ जाया करो। मैं उठने लगा। घर में जब सब सो रहे होते, तब मैं उठकर खटिया पर बैठा रहता, या अँधेरे में ही घर में यहाँ-वहाँ घूमता। पिताजी ने एक दिन अँधेरे में ही आश्चर्यजनक रूप से सटीक निशाना साधते हुए मेरे गाल पर जोरदार थप्पड़ मारते हुए कहा कि स्साले, यह क्या नया चक्कर निकाला है कि रोज आधी रात में उठकर खटपट करके घर-भर की नींद खराब करता है? एक थप्पड़ में ही इस एक्सपेरीमेण्ट के उपकरण बिखर गये। वैसे मैं स्वयं भी सुबह उठ-उठकर परेशान हो चुका था।

बाद में अपनी इच्छाशक्ति के बावत मैंने अपने मामाजी से सलाह ली। मामाजी के दो ही शौक थे—आयुर्वेद तथा भारतीय संस्कृति। वे हर प्रश्न का उत्तर इन्हीं दो झोलों में हाथ डालकर निकालते थे। 'इच्छाशक्ति को दृढ़ करने में क्या धरा है'—वे बोले। 'बस, हर्र, बहेरा, आँवला—दो-दो तोला लेके कूट लो, उसमें चुटकी भर दाल-चीनी, चार बड़ी इलायची, इत्ता-सा काला नमक डालकर सबको शहद में मिला दो। फिर इसी शहद को सुबह-शाम दो-दो चम्मच चाटो, इसी की एक बत्ती लेकर आँखों में लगाओ और एक बाल्टी पानी में दो बड़े चम्मच मिलाकर उसीसे नहा लो।' बस, हो गया। 'आप कहें तो इसे सिर पर भी चुपड़ लूँ, ताकि सीधे दिमाग पर असर कर दे?—मैंने पूछा था। 'ऐसा न कर बैठना। गरम कर जाएगा तो इच्छाशक्ति इतनी प्रबल भी हो सकती है, कि पगला ही

जाओगे क्योंकि सबसे तगड़ी इच्छाशक्ति पागलों में ही देखी गयी है।' मैंने सामग्री नोट कर ली। जाते-जाते वे बोले कि यदि उसमें नीम की दस निबोली, दो कागजी नीबुओं का रस तथा दो रत्ती पारे की भस्म भी मिला देते, तो मन की शक्ति ऐसी तेजी से बढ़ती कि तुम्हारे होश उड़ जाते। घर पहुँचा ही था कि उनका छोटा बेटा भागते हुए आया और एक चिट पकड़ा गया, जिसमें रेखांकित हिदायत लिखी थी कि इस सारी सामग्री में शंखपुष्पी तथा शतावरी मिलाना न भूल जाना, वर्ना यह जहर का काम करेगी। फिर रोज ही किसी नयी सामग्री, चेतावनी तथा तरीके की चिट आने लगीं। इतनी सामग्री एकत्रित करने लायक इच्छाशक्ति मुझमें नहीं थी। प्रयोग रह गया।

धीरे-धीरे मुझे पता चला कि दुनिया में आत्मिक शक्ति बढ़ाने के इतने तथा ऐसे-ऐसे तरीके इजाद किये गये हैं, कि सारा खेल एक बड़े धन्धे में तब्दील हो गया है। धन्धेवाले आपकी कमजोर इच्छाशक्ति का लाभ उठाने की दृढ़ इच्छा रखते हैं। योग, ध्यान, 'आगे बढ़ो' नुमा किताबें, धर्म, सेमीनार, प्रवचन, भजन से लगाकर एक्यूपंक्चर तक की दुकानें सजी हैं। मैंने हर दुकान में जाकर देख लिया है। परन्तु आज भी स्थिति यह है कि यदि पिताजी या हेडमास्साब की आत्मा आकर खड़ी हो जाए और पूछे कि तुम्हारी इच्छाशक्ति दृढ़ हुई या नहीं, तो मैं नजरें चुराता हुआ यही कहूँगा कि लगा तो हूँ। सही बात तो यह है कि उम्र गुजर गयी, पर आत्मिक शक्ति ज्यों-की-त्यों रही। वैसे जैसी रही, उसने भी ठीक-ठाक ही काम दे दिया। क्या कहते हैं आप?

पीछे के दरवाजों वाली इमारत

आदमी की फितरत होती है कि वह सहूलियत तलाशता है। आदमी मूलत: आरामतलब प्राणी है और उसकी हार्दिक इच्छा रहती है कि लेटे-लेटे ही यदि काम निबट जाए, तो खड़े होने का परिश्रम क्यों किया जाए? टिकिट खिड़की पर कतार में खड़े होने से अच्छा होगा कि देख लें कि काउण्टर पर अपने प्यारे मियाँ की ड्यूटी है अथवा नहीं? अन्दर से जाकर टिकिट लेने का जुगाड़ बन पाएगा या नहीं? इसी सहूलियत के फेर में आदमी दूर न जाकर पड़ोस की लड़की से प्यार करता है, किताबों में आँखें फोड़ने की जगह पेपर आउट करवाने के प्रयास करता है, दुबले होने की चाहत में तर माल खाते हुए भी चमत्कारी गोलियों की तलाश में रहता है, पेट छोटा या कम करने के लिए व्यायाम-आहार इत्यादि की बेवकूफियों में न पड़कर ढीला पेण्ट सिलवाकर बेल्ट में तीन और छेद करवा लेता है या महिलाओं के सामने पड़ जाने पर साँस अन्दर खींचकर पेट दबाकर खड़ा रहता है (चाहे इस चक्कर में मुँह नीला हो जाए), स्वयं पैसा कमाने के चक्कर में पसीना बहाने की जगह ससुराल से पैसे झटकने के प्रयास करता है, घर में खाना पकाने के स्थान पर बाजार में पिज्जा चबाता है, गैस-पेपर तथा कुंजियाँ खरीदता है और कापियों की जँचाई के दौरान नम्बर बढ़वाने के लिए परीक्षक के साढ़ूभाई को पकड़कर उनके शहर पहुँचता है। वास्तव में आदमी जायज तरीके से कोई काम नहीं करना चाहता क्योंकि उसमें मेहनत लगती है। आदमी बैठे-बैठे या गादी पर पाँव फैलाकर ही सारे काम करना चाहता है। आदमी को ज्ञात है कि वह अन्य जानवरों से भिन्न है और गधे (या घोड़े या कहिए कि कुत्ते आदि) की भाँति यत्र-तत्र भाग-दौड़ करके जीवनयापन करना उसकी अस्मिता के विरुद्ध है। यदि हमें काम या पढ़ाई का बोझ ही ढोना था, तो हम गधे ही क्यों न पैदा हुए? यदि ईश्वर की इच्छा हमसे काम करवाने की ही होती, तो वह खटिया ही क्योंकर बनाता? जैसे ईश्वर ने भैंस के लिए तालाब तथा सुअर के लिए नाली बनाई, वैसे ही वह चाहता था कि आदमी आराम करे और इसी

चक्कर में ईश्वर ने खटिया, आराम-कुर्सी, एयरकण्डीशनर, कार इत्यादि बनाये। सो आदमी ईश्वर की इच्छा का मान करता हुआ आरामतलब हो गया है।

आदमी की इसी फितरत के चलते पिछले दरवाजे का जन्म हुआ है।

●

एक होता है मुख्य दरवाजा। मेन-गेट।

इस पर या तो ताला पड़ा रहता है, या यहाँ दरबान खड़ा होता है, या फिर मुख्य दरवाजे से प्रवेश की आकांक्षा तथा कोशिश में व्यस्त भारी भीड़ यहाँ जमा रहती है। तात्पर्य यह कि घुसना कठिन। खड़े रहिए। कीजिए प्रतीक्षा। नम्बर आ जाए, तो भाग्य आपका। वरना टापते रहिए उनको कि जिनको येन-केन-प्रकारेण अन्दर जाने को मिल गया। या फिर कल आइए। आते रहिए। बाद में तो दरबान तक आपको पहिचानने लगेगा और दूर से ही दुत्कार देगा। इस देश में हर जायज कार्य तथा मुख्य दरवाजा बड़ा धैर्य, परिश्रम तथा फालतू समय माँगता है, जो आपके पास है नहीं। सो, समझदार आदमी पीछे के दरवाजे से अन्दर चला जाता है, काम करवाके फटाफट निकल आता है और फिर घर जाकर उस खटिया पर सो जाता है, जो ईश्वर ने आपके लिए भी बनाई थी, पर आप पिछले दरवाजे का महत्त्व न जानने के अज्ञानवश खटिया से दूर बने मुख्य दरवाजे पर खड़े रह गये। इधर हर चलता-पुर्जा, जिसे आजकल समझदार कहकर आदरपूर्वक सम्बोधित किया जाता है, नियमों की इमारत के पिछले चोर-दरवाजों का पता जानता है या उन्हें खोज लेता है, या फिर बना लेता है। माना कि कानून-कायदे, नियम, आचार-संहिताओं आदि की हमारी पुरानी संवैधानिक इमारत का प्रमुख द्वार बड़ा भव्य, रौबदार, आकर्षक तथा भारी-भरकम है और ऐसा भ्रम भी पैदा करता है कि इस इमारत में समस्त स्थापित नियमों का पालन करते हुए मुख्यद्वार से ही घुसा जा सकेगा, परन्तु हर समझदार को पता है कि इसी इमारत में चोर दरवाजे हैं, सुरंगें हैं, चोर-रास्ते हैं, शार्ट-कट्स हैं—और वे सभी पिछवाड़े से शुरू होते हैं।

अब आप यह भोला तथा मूर्खतापूर्ण प्रश्न कर सकते हैं कि फिर यार, यह मुख्य द्वार का झंझट ही क्यों रख छोड़ा है—सभी को पीछे की तरफ से आने दो। प्रश्न की भाँति आप भी भोले हैं। पर जो भोले नहीं हैं और सत्ता के तन्त्र की इमारत के वास्तुशास्त्र तथा नक्शानवीसी से परिचित हैं, वे जानते हैं कि मुख्यद्वार की भयावह भव्यता, दुरूहता, रौब तथा डर पर ही तो यह ध्वस्तप्राय महल टिका है। मुख्यद्वार तो रहेगा ही। बल्कि, ज्यों-ज्यों इमारत दरकेगी, त्यों-त्यों मुख्य दरवाजा और भी भव्य होता जाएगा। और होगा यह कि कुछ लाइलाज बेवकूफ तब भी उससे ही आते-जाते रहेंगे तथा हमेशा इस परमआशा में खड़े प्राप्त होंगे

कि कब यह द्वार खुलेगा और कब हम इसमें घुसेंगे। इधर, दूसरी ओर जो समझदार हैं, (या कहिए जो बेवकूफ नहीं हैं, या कि जो थे परन्तु इलाज कराके ठीक हो गये हैं) वे पीछे की तरफ जाएँगे, वहाँ कोई ईंट खिसकाकर, या झरते पलस्तर को उखाड़कर चोर-रास्ता बनाएँगे और इमारत में घुसकर अपना कार्य साधकर वापस भी आ जाएँगे। वैसे, इस तरह इमारत के पिछवाड़े इतने रास्ते बन गये हैं कि अब मुख्यद्वार की वास्तव में कहीं कोई अहमियत रह नहीं गयी है। मुख्य द्वार का अब आलंकारिक महत्त्व भर है। बहुत प्रयोग में आता नहीं यह। रख-रखाव भी नहीं होता। नियम-कायदों-कानून आदि का यह मेन-गेट चींचीं करके शोर खूब करता है, जंगशुदा हो गया है, पूरी तरह खुल भी नहीं पाता और इसके ताले की चाबी तो अब इसके मालिकों के पास भी नहीं है। वे खिड़की से झाँकते हैं और मुख्यद्वार पर खड़ी जनता को इशारों में समझाते रहते हैं कि द्वार के खुलने के चक्कर में रहे, तो तुम्हारा जीवन ही बीत जाएगा—तुम तो पिछवाड़े के रास्ते से आ जाओ, रास्ता हम बताते हैं।

•

सो इस देश में शनैः-शनैः यह हुआ है कि सभी संवैधानिक संस्थाओं के मुख्यद्वार संकरे होते गये हैं और पीछे की तरफ के द्वार बड़े, सुविधाजनक, आरामदायक तथा सुगम हो गये हैं। मुख्य दरवाजे संकरे भी हुए हैं और नीचे (तथा ओछे) भी। कोई सिर उठाकर इन छोटे दरवाजों से गुजर नहीं सकता। झुकें, साष्टांग हो जाएँ, रेंगकर आएँ, हें-हें करें, चरणों में घिसटते हुए पहुँचे—तो कदाचित् घुस भी सकें। अन्यथा तो आज अस्पताल से लेकर अदालत तक, एक नितान्त जायज काम करवाने के लिए भी जाइए, तो आप मन में यूँ काँपते रहेंगे, मानो कि कोई घोर नाजायज काम कराने को पहुँचे हों। आप अतिरिक्त विनम्रता बरतेंगे, शर्माये-से फिरेंगे, माफी-सी माँगती शक्ल लिए हें-हें करते घूमेंगे और एकदम अधिकार तथा कानून-सम्मत काम के लिए भी दस जगह बीस आदमियों द्वारा लतियाये जाने का बुरा भी नहीं मानेंगे क्योंकि आपको ज्ञात ही है कि मुख्यद्वार से प्रवेश करने में यह सब तो होता ही है। यदि चोर द्वारों को तजकर कोई सीधे ही मुख्यद्वार से एकदम नियमानुकूल काम कराने किसी दफ्तर में पहुँच भी जाए, तो लोग आ-आकर ऐसे अजूबे को देखते हैं और हँसते हैं। वे पहले संकेतों से, और बाद में बाकायदा नक्शा खींचकर समझाते हैं, कि यार, इधर पिछवाड़े की तरफ से आओ।

•

अभी उस दिन मेरे एक दोस्त मुझसे पूछने लगे कि यार पोस्ट ऑफिस में

कोई पहिचान का आदमी हो, तो बताओ।

''क्यों?'' मैंने पूछा।

वे बोले, ''यार, कभी कुछ पैसे जमा कराये थे, सो आज निकालने की सोच रहा हूँ।'' उनके मुँह पर उड़ती हवाईयों को देखकर आश्चर्यचकित हो मैंने पूछा, ''पैसे तो आपके ही हैं न? फिर क्यों घबरा रहे हो?''

मित्र ने कहा, ''तुम्हें पता नहीं है क्या? वे टरका सकते हैं। वे कह सकते हैं कि तुम्हारे दस्तखत तो मेल नहीं खा रहे और फोटूवाले के तो बाल घने हैं, जबकि तुम्हारी थोड़ी गंज निकल रही है। या हो सकता है कि कहें कि डीलिंग क्लर्क तो लम्बी छुट्टी पर है, या गबन करके भाग गया है और उसकी जगह किसी और को अभी रखा नहीं है—सो काम रुके हैं। या रजिस्टर ही न मिले। या कह दें कि अभी हेडऑफिस से कैश ही नहीं आया है, या आ तो रहा था परन्तु बीच में ही डकैतों ने लूट लिया। या कह दें कि आपका पैसा तो निकाला जा चुका है, या जो गबन में गया, वह तुम्हारा ही पैसा था, या कि जो लुटी, उसमें तुम्हारी रकम भी शामिल थी—वे कुछ भी कह सकते हैं।''

''ऐसा कैसे हो सकता है यार...पैसे तुम्हारे...'' मैंने समझाने की कोशिश की।

''तुम्हारा पैसा, हमारा पैसा क्या रट रहे हो यार...,'' दोस्त चिड़चिड़ा उठा, ''भैया पैसा अपना है, तो क्या हुआ? वो फिर भी मना कर सकते हैं। सौ बहाने हैं उनके पास।''

''यार कानून भी तो कोई चीज है?'' मेरी आवाज़ न जाने क्यों दबी-दबी-सी निकली।

दोस्त उखड़ गया। बोला, ''तू मुझे अदालतों का चक्कर कटवाना चाहता है? पाँच हजार की लड़ाई में दस हजार लगवाएगा मेरे? देख, पहिचानवाला कोई हो, तो सीधे बता—वर्ना छोड़।''

मैंने पुनः उसे सान्त्वना देते हुए कहा कि, ''यार, अब देश में ऐसी धाँधलेबाजी भी नहीं मची है और कानून का राज भी कोई चीज होती है।''

कानून के राज की बात सुनकर वह हँसने लगा और फिर हँसते-हँसते दोहरा होते हुए बोला कि, ''यार, यदि वहाँ तेरी कोई पहिचान न हो तो कोई बात नहीं, परन्तुं कानून, नियम-कायदे का रास्ता बताकर अपने दोस्त से कम-से-कम दुश्मनी तो मत भँजा।''

मैं जान गया। उसे मुख्यद्वार पर कोई ऐतबार नहीं रहा था और मैं उसे मूर्खतावश उसी में घुसेड़ रहा था।

क्या वास्तव में देश में अब चोर रास्ते ही मुख्य मार्ग हैं और पिछला दरवाजा

ही आने-जाने का मुख्य जरिया रह गया है? जायज़ तथा कानून-सम्मत काम कराने की कोशिश क्या आज सबसे बड़ी लानत है? लगता तो यही है। अब तो नाजायज़ काम करवाने पधारे बन्धुओं का स्वागत है। उन्हें सादर पिछवाड़े की दिशा में ले जाया जा रहा है। मुख्यद्वार पर उनकी अगवानी तथा आरती होती है, क्योंकि वे पिछले दरवाजे से जाने के लिए आये हैं। इधर जायज काम को, जायज तरीकों से करवाने की बालहठ में मुब्तिला लोग, कतारबद्ध होकर, फार्म की एक-एक पंक्ति सभी से पूछ सही-सही भरकर, अपनी बारी की प्रतीक्षा करते हुए खड़े हैं। इन कतारों में हर व्यक्ति का मुँह सूख रहा है, टाँगें काँप रही हैं, मुख पर हवाईयाँ उड़ रही हैं, हृदय धक-धक कर रहा है और कुल मिलाकर ये कतारें दयनीय पात्रों की कतारें होकर रह गयी हैं। ये जायज काम कराने के लिए नियम-सम्मत कतारें अस्पताल, स्कूल, नगरपालिका, तहसील, कलेक्टरेट, सचिवालय, इन्कमटैक्स, रेलवे ऑफिस, थाने तथा अदालतों में घबराई-सी खड़ी हैं। इनमें लगे लोग आसपासवाले को 'तनिक हमारी जगह देखिएगा' कहकर जाते हैं और बार-बार पेशाब करके आते हैं, अन्यथा घबराहट ऐसी विकट है कि कपड़ों में भी छूट सकती है। इस देश ने कानून तथा नियमों पर चलनेवाले नागरिक की ऐसी दुर्दशा कर डाली है कि उसे कानून पर अपना यह भरोसा ही नाजायज़ लगने लगा है। डरावनी बात यह है कि ये तक अब पिछले दरवाजे तलाशने में विश्वास करने लगे हैं। वे देख रहे हैं कि रोज ही इमारत के पिछवाड़े खड़े लोग नियम की कोई ईंट उखाड़ लेते हैं और नये चोर रास्तों से वहाँ घुस जाते हैं, जहाँ कायदे से हमें होना चाहिए था।

मुझे दो बातें डरा रही हैं।

एक तो यह कि यह इमारत पीछे से इतनी पोली न हो जाए कि ढह ही जाए। और दूसरी यह कि नाजायज़ तथा तिरस्कृत महसूस करते देश के सामान्य नागरिक का इस इमारत पर से ही न विश्वास उठ जाए और वह सारी इमारत को ही नाजायज़ न मानने लगे। मुझे उस दिन का सोचकर भी डर लगता है। पता नहीं कि इमारत के मालिकों को लगता है या नहीं?

सर्दी के दिन

सर्दी के दिन आ गये।

दम उखड़ गया और बलगम खूब निकलने लगा। बूढ़े खाँसने लगे और नवयौवनाएँ छींक-छींककर सहस्त्रों बार आसपास के लोगों से 'सॉरी-सॉरी' कर उठीं। रातें लम्बी हो गयीं और विरहिणियों का कष्ट कई कारणों से दोगुना हो गया। कनटोपे निकल आये और सूरज छिप गया। काकी ने आवाज देकर कक्का को आँगन में बुलाया और फटकारकर कहा कि अन्दर भी एक स्टेवर डालकर जाना, वरना रातभर खों-खों करोगे। कक्का हँस दिये और जाते-जाते बोल गये कि लौटकर आएँ तब बढ़िया, अदरक की चाय पिलाना। कक्की न जाने किस सन्दर्भ को याद करके शरमा गयीं। कक्का घूमने निकल गये, लाठी लेकर, सदरी पर मोटा शाल डालकर, सिर पर मंकी टोपी लगाये। अजीब उजबक से। पर सर्दी की सुबह। कोहरे में डूबी। कौन किसे देखता है? और देखनेवाला तो स्वयं भी यही ठाठ सजाये है। लम्बे-लम्बे ओवरकोट। कोहरे में रहस्यपूर्ण छायाएँ चली जा रही हैं। किसी ने गली के कोने में कचरे के ढेर में आग लगा दी है। बैठे हैं लोग, आग के चारों तरफ। गरम हथेली करके मुँह से लगाओ तो कैसा अच्छा लगता है। गठिया का दर्द बढ़ गया है—आग तापते हुए किसी ने बताया। गठिया का शर्तिया इलाज करनेवाले शम्भूनाथजी जतारा में रहते हैं और आप कहोगे तो हम ही आपके साथ जतारा चले चलेंगे क्योंकि शम्भूनाथजी हमें अपने बड़े भाई जैसा मानते हैं और फिर वहाँ हमारा ममियारा भी है। चलेंगे। जरा सर्दी कम हो जाएगी, तब। अभी तो बाहर निकलने का धरम नहीं। ऐसी सर्दी पिछले दस सालों में नहीं पड़ी। कक्का घूमते हुए वहाँ आ गये हैं और कह रहे हैं यह बात, आग तापते हुए। इन दिनों, पिछले साल भी वे यही कह रहे थे कि ऐसी सर्दी पिछले दस...। हर सर्दी में ऐसा लगता है। ''चिल्ला जाड़ा है भैया''—कोई और बताता है। आठ बज रहे हैं और सूरज का कहीं नामो-निशान नहीं। स्कूल में होता तो हेड मास्साब से पिटता। पर सूरज को क्या डर। बच्चे स्कूल में ग्राउण्ड पर काँपते

खड़े हैं। प्रार्थना चल रही है। ''हमको मन की शक्ति देना।'' बड़ी सर्दी है। हाफ पैण्ट के नीचे नंगी टाँगें। बच्चों की टाँगों के रोयें खड़े हैं। अजीब चींटी-सी चल रही है पैरों पर। घुटने के घाव पर खुजली हो रही है। पर हेड मास्साब के भय से टाँगें बिना हिलाये खड़े हैं बच्चे। सर्दी जबर है और नाक बह रही है। सर्दी कड़क है, पर स्कूल तो समय पर ही चलना है। हेड मास्साब बड़े कड़क तथा अनुशासन के हामी हैं। नाम है उनका पूरे कस्बे में। सर्दी के दिन हों या बरसात के, पंक्तियों में बच्चे खड़े हों और वे उन्हें घूम-घूमकर धुनक सकें—जब तक यह न हो, उन्हें संसार अपूर्ण तथा निस्सार लगता है। इतवार को वे बच्चों को मार नहीं पाते, तो उन्हें बड़ी सर्दी लगती है। कसरत नहीं हो पाती। पर अभी वे सर्दी से परेशान नहीं हैं। बन्द गले का पुराना कोट पहने वे, अभी चौथी कक्षा के बद्री को मार-मारकर हलकान किये दे रहे हैं कि प्रार्थना के टेम पर तैने पीछू को काहे को मुड़कर देखा? दो थप्पड़ पीछेवाले को भी। पसीने में नहा गये हैं हेड मास्टर साहब। सर्दी कहाँ है? बल्कि गर्मी लग उठी, तो उन्होंने कोट के दो बटन खोल लिये। पर, सर्दी तो है। स्कूल के सामने की गली से ढोरों को हाँकता निकल गया है ग्यारसी। फटी धोती पर, पतली झीनी सदरी डाले। काँपता। दाँत किटकिटाता। रमायन की चौपाई बाँचकर सर्दी भगाता। सर्दी तो है भैया। 'चलो रे तेज-तेज'—ग्यारसी ने भैंस की पीठ पर हाथ मारा तो ठण्डा हाथ झनझनाकर रह गया है।

सर्दी के दिन आ गये।

सर्दी की सुबह।

कुत्ते हलवाई की भट्ठी की गर्म राख में धँसे बैठे हैं। रातभर से राख का लिहाफ ओढ़े। सुबह घूमनेवाले निकले, तो किसी मनचले ने पत्थर सन्ना दिया। भाग चले हैं कुत्ते। कुछ दूर जाकर रुक गये और शरीर हिलाकर माहौल का जायजा ले रहे हैं कुत्ते। शरीर हिलने से राख का एक छोटा-सा पिद्दी बादल उठा है। और कोहरे में धीमे-धीमे बैठ रहा है। थोड़ी दूर पर बैठी कुतिया बिना वजह गुर्रा रही है। सर्दी पर नाराज है या कुत्ते पर, पता नहीं चल रहा। कालीचरण मम्मा ने अपना पुराना बन्द गले का काला कोट निकाल लिया है। पेट पर से तंग हो गया है बरसों से, और भदरंग भी। पिछले वर्ष चूहों ने काट लिया, पीछे से। परन्तु नीचे की तरफ काटा है, सो देखने में पता ही नहीं चलता—ऐसा कहते हैं मम्मा। नया कोट बनवाने के न तो दिन हैं, न पैसे। बेटा बेरोजगार बैठा है और बिटिया ससुराल में रोज कुट रही है—न मालूम, कब घर आकर बैठ जाए। सूखी पेंशन में होता क्या है? सब सोचकर ही कालीचरण

मम्मा को उस पुराने कोट में फुरहरी-सी हो आयी। ठण्ड तेज है या चिन्ता? पता नहीं। सर्दी की सुबहें ऐसी सर्द तो जीवन में कभी न थीं। या जीवन में ही ऊष्मा नहीं रही? मम्मा एक कचरानुमा पार्क के पास ठहकर हाँफने लगे हैं। मुँह से धकाधक धुआँ निकलकर आसपास तिर रहे कोहरे में मिल रहा है। अन्दर कुछ जल रहा है क्या? सब तो जल गया। ओस से भीगी पत्तियों पर से पानी टपका और पेड़ के नीचे खड़े कालीचरण मम्मा के कालर से घुसकर पीठ को भिंगो गया। वे चौंककर आगे बढ़ लिए। कुत्ते अब एक-दूसरे के पीछे भाग रहे हैं, गोल-गोल चक्कर काटते, एक-दूसरे पर भौंकते। सर्दी भगाने के लिए वे और करें भी क्या? कुत्तों की शक्ल ध्यान से देखिए तो ठीक कालीचरण मम्मा जैसे ही दीखते हैं—निराश, ठिठुरते और मजबूर। कोई और दिन होता तो मम्मा पत्थर फेंककर मारते। पर आज नहीं। सर्दी बहुत है। हाथ कोट की जेब के अन्दर ही ठिठुर रहे हैं। आज नहीं।

सर्दी के दिन आ गये।

सर्दी की सुबह।

गुमटी पर चाय बन रही है और पाँच-छः लोग मफलर लपेटे, हथेलियाँ रगड़ते प्रतीक्षा कर रहे हैं चाय की। पुराना स्टोव। बीच-बीच में फक-फक कर रहा है। भजियों के लिए बेसन तैयार कर रहा है लौण्डा। निक्कर और बनियान में। दाँत किटकिटाता। 'जल्दी हाथ नहीं चलाता हरामी'—गुमटी मालिक सोच रहा है। पहला छार जल्दी निकाल दे, तो तीन-चार ग्राहक चाय के साथ भजिये भी ले लेंगे। सर्दी की सुबह अच्छी बिक्री निकल आये, तभी इतनी सुबह-सुबह गुमटी खोलकर माँ चु...का फायदा है। वरना क्या मतलब? पाँच मील से दूध का डोल लादकर घसीटता आया है वह। कोहरा घना है अभी भी। एक जीप आकर रुकी है। ड्राइवर उतरकर गुमटी पर आया है। डाक बंगले जा रहा है, साहब को लेने। दौरे पर आये हैं। "मादर..., इस नौकरी में तो न सर्दी देखनी है, न गर्मी..." अपना रोना रो रहा है ड्राइवर। किसी को भी उसकी सुनने में रुचि नहीं। फिर भी एक बूढ़ा पूछ लेता है, "किस डिपार्ट में हैं बाबूजी?" "आबकारी में" बताता है ड्राइवर। "फिर क्या है। मजा है। पैसा पीटते हुए काहे की सर्दी और काहे की गरमी।" ड्राइवर बात सुनकर भुनभुना जाता है, "हमें क्या मिलना है, दादा। सब बड़े लोगों के बीच...। थोड़ा बहुत दे-दवा दिया, तो जयरामजी की।" गुमटी की फुरसतिया भीड़ में देश में व्याप्त भ्रष्टाचार तथा अफसरशाही पर बहस चल पड़ी है। गुमटीवाला खुश है। सभी बातों में लगे थे कि भजिये उतर गये। लौंडा चाय-भजिये बाँटकर बैठ गया, तो गुमटीवाले से उसका फालतू बैठना बर्दाश्त

नहीं हुआ। "चल बे, उठकर पम्प मार स्टोव में।" लौण्डा अब पम्प मार रहा है, बीच-बीच में स्टोव पर हाथ सेंकते हुए।

सर्दी के दिन आ गये।

कड़क सर्दी की सुबह।

मन्नू की नानीजी सोते-सोते ही गुजर गयीं। रात ठीक-ठाक सोई थीं और सुबह जगाया तो...। बरामदे में सोती थीं। कहते हैं कि बाहर ही सोने की जिद करती थीं। वास्तव में घर छोटा था और घर की आबादी अधिक। बूढ़ी नानी को मिला था बरामदा। पड़ी रहती थीं वहीं। गठरी बनी पड़ी मिलीं, पतली, गुठलीदार रजाई में, आज सुबह। पुण्यात्मा थीं। पहले से ही मौत का आभास हो गया था उन्हें। कह रही थीं कि यह सर्दी नहीं निकाल पाएँगी। कितना कहा था कि हमने कि हमारे साथ चलो, पर वे यही कहती रहीं कि ये सर्दियाँ निकल जाएँ, तो तेरे घर आएँगे। नहीं निकलीं। अभी भी बहुत सर्दी बकाया है। लोग मरेंगे। सड़कों पर, बरामदों में, कमरों में, पेड़ों के नीचे, बस स्टॉप के टूटे शेड के नीचे। भिखारी, गरीब, बेघर, बेसहारा, घर के बूढ़े बेकार लोग। सर्दी निजात देती है उन्हें इस ठण्डी, संवेदनहीन दुनिया से।

मन्नू की नानी भी गुजर गयीं। छोटे बच्चे, नाक बहाते, आँखें खुजाते हुए उस कमरे के चारों ओर मँडरा रहे हैं, जहाँ नानीजी का शरीर रखा है। भागो रे, भागो यहाँ से। बच्चे तब तक भागने को तत्पर नहीं, जब तक एकाध लात-घूँसा न हो जाए। वह हो गया है। इधर पूरे मोहल्ले में खबर हो गयी है। तैयारी शुरू हो गयी है। दोपहर तक फूँकना है। देवी थीं। ऐसी मौत किसे नसीब होती है। शान्त। बिना दर्द के। न खुद परेशान हुईं, न किसी को किया। मफलर लपेटे, हाथ रगड़ते, चाय पीते हुए चल रही हैं बातें नानी के विषय में। किस्से। झूठे-सच्चे संस्मरण। सभी का यही निष्कर्ष कि एकदम देवी थीं। कि किसी ने याद दिलाया कि थोड़ी धूप खुले तो किसी को तार-घर भेजो। सबको तार कर दें कि ग्राण्ड मदर इज एक्सपायर या जैसा भी सुसरा अँग्रेजी में बनता हो। टाइम पर कर दें, तो लोग चौथे पर आ सकेंगे। पाँच-सात हजार का खर्चा यकायक सिर पर आ गया—बहुएँ आँगन के कोने में इसी मुद्दे पर बतिया रही हैं। मन्नूजी की धर्मपत्नी ने साफ-साफ खबरदार कर दिया है कि सभी भाइयों को आने दो। सभी से बराबर खर्च की माँग करना। हमीं ने ठेका नहीं लिया था। "चुप हो जा मुरदार"—मन्नूजी ने फटकारा है। "चाय बनाकर भेजो, बैठक में दस कप।" मोहल्ले के लोग गमी पर आये हैं। सबको चाय लगेगी। सर्दी की सुबह की मौत में बड़ी चाय लगती है। मौत की खबर धीमे-धीमे कोहरे-सी फैल रही

है। लोग आ रहे हैं। लोग धीरे-धीरे आएँगे। कोहरा घना है। याद आया। ऐसी ही सर्दी की रात तो दादाजी भी मरे थे। पर बड़ी तकलीफ में। तिल-तिल कर गलते। रोते रहते थे रातभर। सर्दी ने उन्हें कष्ट से मुक्ति दिलाई थी।

सर्दी के दिन आ गये।

कुनकुनी सर्दी से तीखी ठण्ड तक वे कितना बदलीं।

रंग-बिरंगे स्वेटर। छरहरे बदन पर फूले-फूले स्वेटर। खूब फबते। जब भी देखा तो दिल से एक आह निकल गयी, जो गहरे कोहरे में गुम होकर रह गयी। एक निगाह इधर भी जालिम। दो वर्षों से पीछे लगे हैं। पर वे हैं कि पता ही नहीं चलता कि बन्दे के बारे में उनके क्या विचार हैं? कभी लगता है कि वे भी मरती हैं, परन्तु फिर लगता है कि नहीं। इस दफे सोचा था कि कह ही देंगे साफ-साफ, फिर चाहे जूते ही खा जाएँ कि तभी यह जालिम सर्दी आ गयी। रोज-रोज नये, भाँति-भाँति की डिजाइनों के स्वेटर, पुलओवर, कार्डीगन या शॉल डाले वे ऐसी दिव्य तथा भव्य लगने लगीं कि हिम्मत ही न पड़े कि कुछ कहें। पुराने भूरे कोट तथा माँ के बुने बहुरंगी स्वेटर में उसके सामने चपरासी लगते हैं, या लगते न भी हों, पर महसूस ऐसा ही करते हैं। सुबह का कॉलेज है उनका। नुक्कड़ पर खड़े हो जाते हैं, आधे घण्टे पहले से ही। फिर वे कोहरे के बादलों को चीरती हुई प्रकट होती हैं। किसी परी जैसी।...और कड़ाके की सर्दी में भी ऐसी गर्मी पूरे शरीर में दौड़ जाती है कि अपना पुराना कोट, वहीं पास बह रहे नाले में फेंक देने की इच्छा होती है।

इन सर्दियों में गाल कैसे लाल-लाल हो गये हैं उनके। एक स्वर्गिक चमक। दोनों हाथों से किताबों को छाती से लगाये, वे। सर्दी में ठिठुरती-सी या ठिठुरने से ज्यादा उसका आभास देती सी। नाजुक। खूबसूरत। बरफ के मुलायम गोले-सी गदबद तथा साफ-शफ्फाक। सर्द हवा बहती हुई उनकी तीखी नाक से टकराती है और सर्द वातावरण में मदहोश-सी गुम हो जाती है। सूरज कोहरे की ओट से ताक रहा है उनको। बदमाश कहीं का। मजा ले रहा है कि सर्दी में कैसा ठिठुराया जालिम को। कल सुबह तो उन्होंने छोटे-छोटे पैरों में गुलाबी मोजे डाल रखे थे। दिल धक्क से रुक गया और वहीं नुक्कड़ पर खड़े-खड़े ऐसे चक्कर आये कि पुराने बदरंग स्वेटर में लिपटे शरीर के साथ नाले में गिरते-गिरते बचे। ऊँची एड़ियों की चप्पलों में उगे मानो दो गुलाब। हम तो उनके पैर ही देखते रह गये और वे निकल भी गयीं। कोहरे के धुँधलके में दो गुलाबी लपटें उठीं। तलवारों-सी लपकीं और कोहरा कट गया। क्या ये सर्दियाँ भी यूँ ही निकल जाएँगी? कह दे मूरख। कह दे उनसे। कह तो ले। फिर खाते रहना जूते। उससे

गर्मी आएगी, जो सर्दी से बचाव करेगी।

सर्दी के दिन आ गये।

बूढ़ों, जवानों, प्रेमियों, गरीबों, अमीरों, यहाँ-वहाँ सब तरफ और सबके लिए सर्दी के दिन आ गये। अपनी समस्त अच्छाइयों और कमियों के साथ बड़े भाते हैं मुझे ये दिन।

चरखे की खोज

अक्टूबर आता है, तो देश में चरखे निकल आते हैं।

अक्टूबर के महीने में राजनीतिज्ञों को चरखा लगता है, जैसे नवम्बर-दिसम्बर में आदमी को शाल या स्वेटर लगता है। गाँधी जयन्ती पर इस बार भी यही हुआ। मैंने टी.वी. पर स्वयं देखा। चन्द खुर्राट लोग बैठकर गाँधीजी की समाधि के सामने रामधुन गा रहे थे और गोदी में धरा चरखा चलाने की कोशिश कर रहे थे।

चरखे को लेकर एक अजीब ऊहापोह की स्थिति बनी हुई है हमारे राजनीतिक मित्रों के बीच। हर पार्टी में, परन्तु विशेष तौर पर काँग्रेस में क्योंकि काँग्रेसियों को अभी भी यह भ्रम है, या वे ऐसा भ्रम खड़ा करना चाहते हैं कि गाँधीजी इसी काँग्रेस के चवन्निया मेम्बर थे और इसी रिश्ते से चरखे के प्रति उनके कुछ कर्त्तव्य भी बनते हैं; मसलन यह कि वे चरखे को घूरे पर नहीं फेंक सकते, चाहे दिल में ऐसा करने की कैसी भी तीव्र इच्छा हो। मन है कि कहता है और मानता भी है कि चरखा आज के युग में अप्रासांगिक हो गया है और जमाना सफारी सूट पहिनकर बहुराष्ट्रीय कम्पनियों, विश्व बैंक से कर्जे तथा विदेशी तकनीक आदि की राजनीति करने का है। परन्तु एक डर है जो सतत बना रहता है। डर की बात यह है कि इस देश में गाँधी अभी भी प्रासंगिक बना हुआ है, जनता के बीच। गाँधी से लोग अभी भी जुड़ाव महसूस करते हैं। गाँधी का नाम अभी भी वोट दिलवा सकता है। इन्हीं कारणों से गाँधी को एकदम लपेटकर नहीं फेंक सकते। बीच-बीच में निकालना पड़ता है तथा झाड़-पोंछकर, गाँधी जयन्ती या ऐसे ही अन्य राष्ट्रीय पर्वों पर जनता को 'गाँधी-गाँधी' जपकर दिखाना पड़ता है। बताना पड़ता है कि हम चाहे विदेशी पूँजी प्राप्त करने के पागल लालच में स्वदेशी शब्द को अश्लील घोषित कर चुके हों; चाहे हमारी सरकार की सरकारी मशीनरी की हिंसा देखकर अच्छे-अच्छे गाँधीवादी की रूह काँप जाती हो; और चाहे हम अभी भी आरक्षण की राजनीति के जाल डालकर पिछड़ों का शिकार

करते हों, पर हम गाँधी को नहीं भूले हैं। और इसी पॉलिसी के तहत, गाँधीजी के साथ ही झाड़ा-पोंछा जाता है चरखा और इसी काइयाँ भावना तथा चालाकी के साथ गाँधी-जयन्ती आदि पर जनता के सामने पेश किया है।

एक दृश्य देखिए।

पार्टी दफ्तर।

गाँधी-जयन्ती की पूर्वसन्ध्या पर प्रस्तुत होनेवाला रूटीन दृश्य। पार्टी दफ्तर में उपस्थित दो-तीन जन कुछ तलाश कर रहे हैं। खट-पट। उठा-पटक। पर चीज मिल नहीं रही। खोजनेवालों में एक वयोवृद्ध व्यक्ति, पार्टी दफ्तर के प्रभारी, चरखा-टाइप व्यक्तित्व, जिसे पार्टी के युवा लोग घूरे पर फेंक देना चाहते हैं परन्तु कतिपय व्यावहारिक मजबूरियाँ हैं। उनके साथ एक अधेड़ साथी तथा शेष युवा कार्यकर्ता। सभी लोग कुछ खोज रहे हैं।

''अन्दर देख लो भैया, वहाँ धरा होगा।''

''देख लिया; नहीं है।''

''वहीं तो धर दिया था, पिछली 'जेंती' के बाद, दरी के नीचे।'

''दरी के नीचे तो तिरंगा पड़ा है।''

''उसे भी सँभालकर धर लेना भैया। छब्बीस जनवरी को तिरंगा लगेगा। फिर मौके पर न मिलेगा तो क्या फहराओगे?''

''यार, आपको छब्बीस जनवरी की पड़ी है। अभी कल की तो सोचो। चरखा न मिला, तो गाँधी जेंती पर क्या...घण्टा...''

''हमने खुद ही धरा था दरी के नीचे, पिछली जेंती के बाद।''

''यार, आप वही-वही बात पेले जा रहे हैं। कौन ले जाएगा यार चरखा? क्या करेगा ले जाकर? आपने ही कहीं और रख दिया होगा।''

''हाँ, इन्होंने ही कहीं और रख दिया होगा। आजकल भूल जाते हैं।''

''बुढ़ापा आ गया, पर कुर्सी नहीं छोड़ते।''

''याद कुछ रहता नहीं, पर दफ्तर इंचार्ज बने रहना...''

''चरखे के बहाने अपनी युवा राजनीति करने का प्रयास न करें कृपया।''

''फिर बताइए न कि कहाँ धरा है चरखा? कल क्या चलाइएगा?''

''आप तो न ही बोलिए। चलाना भी आता है चरखा?''

''आपको ही कौन-सा आता है! आधे घण्टे चलाते हैं, तो बीस मिनट तो सूत में उलझे रहते हैं।''

''देखिए, लड़िए मत। खोजिए।''

तभी एक और युवा कार्यकर्ता सिगरेट पीकर, या शायद गाँजे की चिलम

खींचकर अन्दर आता है। वह भी खोजने में सहायता करने लगता है।

"क्या हो गया तिवारीजी?"

"यार, चरखा नहीं मिल रहा।"

"चरखा? यह क्या होता है?"

"यार, होती है एक चीज। लकड़ी की, लम्बी-सी। पहिया-सा लगा होता है। गाँधी जेंती के दिन लगता है।"

"हम खोजें?"

"वह हम तलाश लेंगे। आप तो गाँधीजी की वह बड़ी तस्वीर पीछे गोदाम से निकाल लाइए। पोस्टरों के नीचे दबी पड़ी होगी। उठा लाइए।"

"गाँधीजी??"

"हाँ भाई।"

"ये कौन हैं? हम उनकी तस्वीर कैसे पहचानेंगे? कैसे दिखते हैं?"

"यार, गाँधीजी का ऐसा है कि सर गंजा, हाथ में लाठी..."

तो मित्रों, पार्टी दफ्तर में चरखा तलाशा जा रहा है। वहाँ गाँधीजी को भी खोजा जा रहा है। इस एक अर्थ में दफ्तर तथा देश की स्थिति एक-सी है। यहाँ भी गाँधी को खोजने का नाटक चल रहा है, वर्षों से।

'प' पहाड़ का

हिन्दी के गुरुजी ने बताया था कि 'प' पहाड़ का। तब न 'प' समझ में आता था, न पहाड़। गाँवों में पहाड़ के नाम पर एक छोटी-सी पहाड़ी थी, जिसे हम 'हनुमान टोरिया' कहते थे। ऊपर, पहाड़ी पर जैसा कि हर गाँव की हर पहाड़ी पर होता है, एक छोटा-सा हनुमानजी का मन्दिर था, जहाँ लोग दोपहर में जुआ खेलते तथा रात में बाबाजी के सत्संग में चिलम खींचते थे। गाँव में जिसको भी छुपकर कुछ करना होता, वह हनुमान टोरिया की तरफ निकल जाता। साथ ही, जिनको खुलकर भी कुछ काम करना होता, उनके लिए भी यही पहाड़ी उपलब्ध थी। सोहिनी भागती और पहाड़ी पर महिवाल किसी चट्टान पर, या किसी खोह में, या किसी झाड़ी के पीछे उकड़ूँ बैठे उसे मिलते। सोहनी के बापू लट्ठ लेकर निकलते तो भी पहाड़ी की तरफ ही निकलते। नित्य कर्म से निवृत्त होने को तो लगभग पूरा गाँव ही समय-समय पर पहाड़ी की विभिन्न ऊँचाइयों पर मौजूद होता। वैद्य जड़ी-बूटियाँ खोदने के बहाने पहाड़ी पर घूमते और डाकू हमेशा पहाड़ी की तरफ से आते या लगता कि आ रहे हैं। शेर हमेशा इसी पहाड़ पर देखा गया था। जिस नाईन का गला मसक के लाश हनुमान टोरिया पर कभी फेंक दी गयी थी, उसका भूत प्राय: औरतों-आदमियों को वहीं दिखाई देता था। गाँव में हर गप इसी पहाड़ी की पृष्ठभूमि पर तैयार की जाती थी। ग्रामीण जीवन में पहाड़ी का अपना एक महत्त्वपूर्ण स्थान था। हर गाँव में ऐसी दो-एक पहाड़ी, टोरिया, पहाड़-चोटी आदि हुआ करते थे। अभी भी होते हैं। नयी बहू के साथ, कमर में कटार तथा अजीब सी नाप का सूट पहनकर, गाँव के हर दूल्हे को इस पहाड़ी पर हनुमानजी के दर्शन तथा आशीर्वाद के लिए जाना होता था। पीछे-पीछे गाँव की औरतें। 'भिन-भिन' करके ऊँची-पूरी आवाज में कुछ गातीं तथा ढपला बजानेवाला अपनी ही ताल में कुछ भड़ाभड़ बजाता-सा। फिर इसी पहाड़ी पर ताश खेले जाते, चौपड़ होती, भाँग पी जाती, मर्डर होते, सर फोड़े जाते, जादू-टोने होते, अनुष्ठान किये जाते, चाँदनी रात में गाने गाये जाते, डकैती का माल छुपाया जाता

और बाप से पिटने के भय से भागकर आया जाता। आत्महत्या के लिए भी यही जगह सबसे लोकप्रिय थी। फिसलकर टाँग या सर तुड़वाने तो प्राय: लोग यहीं जाया करते। तब मैं छोटा था तथा गाँव के टपरा स्कूल में 'प' पहाड़ का पढ़ता था, तो 'प' का मतलब इसी हनुमान टोरिया से लगाया करता था।

फिर मैं थोड़ा बड़ा हुआ और कस्बे के एक स्कूल में आ गया। मैं उस उम्र में आ गया था जहाँ आदमी के जीवन में पुन: पहाड़ का प्रवेश होता है। पर अब पहाड़ का मतलब वह हनुमान टोरिया नहीं थी जिसे मैं गाँव में पीछे छोड़ आया था। अब मेरे मन में, रोमाण्टिक घटिया उपन्यास पढ़-पढ़कर पहाड़ों के विषय में एक नयी छवि का निर्माण हुआ था। इन उपन्यासों में पहाड़ का अत्यन्त महत्त्वपूर्ण स्थान था। नायक को प्यार में टीबी हो जाती थी और वह पहाड़ पर बने किसी एकान्त सेनेटोरियम में पड़ा-पड़ा उपन्यास के दो-ढाई सौ पेजों तक नायिका की यादों में खोया रहता था। या फिर कभी नायिका ही उपन्यास के प्रारम्भ से ही सेनेटोरियम में होती। उदास पहाड़। सूने पहाड़। खाँसी और बलगम से सने पहाड़। असफल प्रेमियों से खचाखच भरे पहाड़। 'बेदर्दी बालमा', 'बेवफा सनम' तथा ऐसे ही दर्द-भरे गीतों के शोर से परेशान पहाड़। दाढ़ी बढ़ाये नायक तथा बाल बिखराये नायिकाओं से बोर हो गये पहाड़। भारतीय प्रेमी के जीवन में पहाड़ का स्थान प्रेमिका से कम नहीं था। लोग प्रेम शुरू करने से पूर्व ही अपना पहाड़ भी चुन लेते। एडवांस बुकिंग लगती। लगती होगी, ऐसा मुझे लगने लगा था। हिन्दी के रोमानी उपन्यासों को पढ़-पढ़कर पहाड़ों के विषय में मेरी धारणा कुछ यूँ बन गयी थी कि वह स्थान जहाँ बाल बिखराये, कपड़े फाड़ते हुए, खाँसते-कूलते, असफल प्रेम में बौराये प्रेमी-प्रेमिका यूँ ही यत्र-तत्र घूम रहे हों।

कितने वर्ष गुजर गये तब से। अब, जब मैं एक टाँग बुढ़ापे की तरफ बढ़ा चुका हूँ, जो अभी हवा में है, तो अभी पहाड़ों पर गया, तब पहाड़ की असलियत समझ में आयी। पता नहीं, लोग पहाड़ों पर जाकर क्या देखते हैं। मैंने तो जो देखा उससे पहाड़ का मतलब यही समझा कि पहाड़ के मायने ऊँचे-नीचे रास्ते, बहुत-सी गरीबी, ऊपर से गिरता झरना, ढेर-सी बेरोजगारी, लूट-खसोट पर उतारू होटल, उदास चेहरोंवाले पहाड़ी लोग, ठण्डी हवा, ढेर-सी हरियाली, बहुत-सा पिछड़ापन, सरकारी गाड़ियाँ, ढोर चराते बच्चे, अंग्रेजियत में डूबे क्लब और ठेठ हिन्दुस्तानी झोंपड़ियाँ। अन्तत: मैंने यही पाया कि 'प' पहाड़ का कहिए या 'भ' भारत का—सब जगह एक ही बात तो है। दरअसल 'प' और 'भ' की क्या बात, अपनी तो पूरी बारहखड़ी ही बिगड़ गयी है।

एक और अधूरी प्रेमकथा

मैं इन दिनों एक प्रेमकथा लिखने की कोशिश कर रहा हूँ।

प्रेमकथा वास्तव में हम जैसों का क्षेत्र नहीं। व्यंग्यकार से किसी को यह आशा या आशंका भी नहीं होती कि वह प्रेमकथा रचेगा। दरअसल प्रेमकथा लिखनेवाले की तासीर बादलों पर तैरने की होती है, जबकि व्यंग्यकार के पाँव जमीन पर ठीक से टिके न रहें, तो वह व्यंग्य ही नहीं लिख सकता। इसी चक्कर में व्यंग्यकार या तो प्रेमकथा लिखता ही नहीं, या कभी लिखे भी तो वह पारम्परिक प्रेमकथा जैसी नहीं बन पाती। व्यंग्यकार चाँद देखते हुए भी यह कभी नहीं भूल पाता कि चाँद का मुँह टेढ़ा है।

ठीक है यार व्यंग्यकार, हम जान गये कि तू प्रेमकथा क्यों नहीं लिखता या लिख पाता! मत लिख। कौन कह रहा है। किसने हाथ जोड़े तेरे? बता।

बताऊँगा। क्यों नहीं बताऊँगा। धीरे-धीरे बात खुलेगी। आज हम कोई व्यंग्य लिखने थोड़े ही बैठे हैं यार कि लट्ठ-सा मारते हुए सीधे ही मुद्दे पर आ जाएँ। प्रेमकथा कहने का एक सलीका होता है। उनके रुख से नकाब आहिस्ता-आहिस्ता सरकती है। यह कोई डकैत की नकाब नहीं है यार। खोलेंगे, हौले-हौले। धीरे-धीरे पहुँचेंगे असली प्रेमकथा पर। प्रेमकथा में पहले माहौल खड़ा करना होता है भैय्या। नाजुक मामला होता है। नयन लड़ने से लगाकर नायिका की कलाई पकड़ने तक टाइम देना होता है। कब कलाई पकड़ना और कब जाकर उसकी कमर में हाथ डालने का टाइम बन रहा है--यदि यह बुनियादी समझ आपमें नहीं है तो, न तो आप प्रेम कर सकते हैं, न ही प्रेमकथा लिख सकते हैं। प्रेम धीमी आँच पर चढ़ी देगची है। यह ईंधन भी माँगता है और धैर्य भी। और इस सारे ठनगन के बाद, हो सकता है कि देगची का ढक्कन खोलें तो उसमें भाप के अलावा कुछ न निकले। कितनी ही सम्भावनापूर्ण देगचियाँ अन्ततः खाली निकलती हैं, जिन्हें लोग जीवन भर माँजते-चढ़ाते रह जाते हैं (और आँच रह नहीं जाती)।

फिर आप क्यों प्रेमकथा के चक्कर में पड़ रहे हो व्यंग्यकार महोदय?

ठीक कहा आपने। ये ही सारी बातें मैंने अपनी कथा के नायक को भी बताई थीं, जो मेरे पास यह कहता आया था कि आप इतना सारा उल्टा-सीधा गोदते रहते हो, कभी प्रेमकथा क्यों नहीं लिखते? फिर उसने मुझे प्रेमकथा की मार्केट के विषय में बताते हुए उसके अन्य लाभों की चर्चा भी की, जिन्हें हम विस्तार तथा अश्लीलता के भय से यहाँ नहीं बता पा रहे। मैंने नायक से निवेदन किया कि एक तो व्यंग्यकार से प्रेमकथा की उम्मीद करना प्रेमकथा और व्यंग्य दोनों के साथ ज्यादती कहाएगी, फिर प्रेमकथा के लिए एक अदद नायक तथा नायिका की आवश्यकता होती है, सो मैं उनको कहाँ खोजता फिरूँगा? उसने बताया कि नायक के लिए तो वह स्वयं प्रस्तुत है और प्रेम में पड़ने के लिए पूरी तरह तत्पर है—बल्कि सही-सही कहें तो मरा जा रहा है—परन्तु नायिका का इन्तजाम लेखक को करवाकर देना पड़ेगा। बताइए! ये हैं उत्तर-आधुनिक प्रेमकथा के नायक कि जो चाहते हैं कि यदि हम उनकी कथा लिखना चाहें तो नायिका का भी इन्तजाम करके दें। हद हो गयी! यार, यदि हम ही प्रेम को तत्पर नायिका खोज पाते, तो क्या तेरे को निमन्त्रण देते? खुद न करते?

परन्तु बुद्धिजीवियों के 'कोड ऑफ कण्डक्ट' के तहत मैंने उससे यह सब नहीं कहा क्योंकि लेखक को अपनी एक झूठी-सच्ची छवि बनाए रखनी होती है, अन्यथा नायक यह सोच बैठता कि यार, यह तो मेरे जैसा ही सड़क-छाप निकला। लेखक सतर्क होता है। वह जानता है कि क्या नहीं बोलना। बहुत से बुद्धिजीवियों का इसी कारण वर्षों तक पता नहीं चल पाता कि वे कितने सड़क-छाप हैं!

मैंने नायक के समक्ष समस्या प्रस्तुत की।

मैंने बताया कि पारम्परिक किस्म की प्रेमकथा शुरू करने के लिए तुम नायकनुमा लोगों को जैसी पारम्परिक नायिका की दरकार होती है, वैसी मिल पाना कठिन है।

"क्यों?" नायक ने पूछा।

"तूने प्रेमकथाएँ और कविताएँ तो पढ़ ही रखी होंगी?"

"ढेर सारी...कालिदास तक पढ़ चुका।"

"तब तो नायिका भी तुझे वैसी ही सुन्दर चाहिए होगी?" मैंने पूछा।

"सो तो है। वैसे, बदसूरत नायिका की भी कोई प्रेमकथा हो सकती है क्या?" नायक ने पूछा।

"क्यों नहीं हो सकती? उसे भी तो प्रेम करने का हक है।" मैंने लड़खड़ाती आवाज में कमजोर-सा उत्तर दिया।

"क्यों नहींवह चाहे, तो ईश्वर से प्रेम कर सकती है।" नायक इतना कन्सेशन देने को तैयार है। नायक को तो पारम्परिक नायिका चाहिए।

क्षीण कटि, वक्र नयन, भारी नितम्ब, उन्नत वक्ष तथा केले के तने समान

जंघाओं वाली नायिका मिले, तो नायक प्रेमकथा की नींव डालने की अनुमति देगा। अब यह तो आप भी अपने व्यक्तिगत अनुभवों से जानते ही हैं कि ऐसी नायिका आसानी से मिलती नहीं। कालीदास के समय से ही ऐसी नायिकाओं का टोटा चल रहा है। एकाध ही होती है, और उसके लिए भी खासी छीना-झपटी-सी चलती रहती है। पर नायक समझता नहीं। वह लिस्ट-सी लिए मिलान करता घूमता रहता है। मुसीबत है। एक नायिका में सारी चीजें मिल नहीं पातीं। पतली कमर है, तो नयन कटीले नहीं। वक्ष उन्नत है, तो कमर भी खासी उन्नत चल रही है। अलग-अलग जगह पर अलग-अलग चीजें मिल रही हैं। एक नायिका में एक जगह सब मिल नहीं रहा। हमारा नायक किंकर्तव्यविमूढ़ है। क्या करे? प्रेमकथा में हरम सजाने का रिवाज है नहीं। फिर अपने नायक की माली हालत भी ठीक नहीं। हरम पालने लायक औकात नहीं उसकी। वास्तव में तो एक नायिका के ठनगन उठाने में ही उसकी ऐसी-तैसी हो जाने वाली है।

नायक परेशान है। लेखक भी। मैं उसकी प्रेमकथा कहाँ से शुरू करूँ?

''आप ही कोई नायिका सजेस्ट कीजिए न!'' नायक ने कहा।

''यार, तुम खुद खोजो। इस मामले में हम स्वयं अपने भरोसे कभी नहीं रहे।''

''देखिए, केवल पतली कमरवाली भी मिल जाएगी तो चल जाएगा।...अब इतना तो आपको पता ही होगा?''

''यार, तेरे को यह विश्वास क्यों है कि शहर की सारी पतली कमरवाली नायिकाओं पर मेरी नजर होगी?''

''लोग बताते हैं कि लेखकों को पता रहता है।''

बताइए! हिन्दी लेखक की स्त्री-विमर्श क्षमता पर ऐसा विश्वास! अभी पत्नी को खबर हो जाए तो स्साले का लिखना बन्द करा दे।

वैसे, सच कहूँ तो इस मामले में नायक कुछ हद तक सही भी निकला। मुझे वास्तव में ऐसी एक नायिका का पता था। उसकी कमर पतली थी। वैसे शेष मापदण्डों पर वह बहुत खरी नहीं उतर रही थी। पर अब जैसी थी, सो थी। थोड़े बहुत एडजस्टमेण्ट के साथ वह नायिका के पद पर रखी जा सकती थी। नायक को उसका पता देते हुए मैंने यह भी सचेत किया कि नायिका का बाप इस मायने में गाँधीवादी था कि वह उनकी लाठी भर से सहमत था और लोगों की खोपड़ी खोलने के लिए वह लोगों, पुलिस तथा अस्पतालवालों के बीच समान रूप से जाना जाता था। नायक घबराने लगा। प्रेम की एकदम शुरुआत में ही मारपीट की इस प्राचीन दकियानूसी प्रकृति तथा रवायत के वह सख्त खिलाफ था। मैंने इसका तोड़ बताते हुए उसे समझाया कि यदि तुम दोपहर के दो से लेकर तीन बजे के बीच उस तरफ जाओ तो बिना ठुके भी नायिका के दर्शन कर सकते हो, क्योंकि नायिका का बाप

इस दौरान भोजन के बाद सोता रहता है और नायिका बाल सुलझाती, दाल बीनती, 'मनोरमा' का बुनाई विशेषांक पढ़ती या बड़ियाँ बनाती छज्जे पर मिल सकती है। मैंने नायक से निवेदन किया कि तुम उसे एक बार देखकर पसन्द कर लो तो मैं तुम्हारी प्रेमकथा पर काम शुरू कर सकता हूँ।

नायक अगले दिन ही लौटकर मिला।

वह बहुत प्रसन्न तो खैर नहीं था, परन्तु सन्तुष्ट-सा दिखा।

"कैसी लगी ?" मैंने पूछा।

"आप प्रेमकथा शुरू कर सकते हैं। " नायक के स्वर में वह उत्साह नहीं था, जो कम-से-कम प्रेमकथा की शुरुआत में तो चाहिए ही।

"यार, तुझे वह लगी कैसी?" मैंने पूछा।

"ठीक ही है। वैसे उसकी कमर उतनी पतली नहीं है।"

"कितनी पतली चाहिए तुझे? साड़ी बाँधने की जगह देगा उसे कि नहीं?"

"पर मैंने तो सुन रखा था कि कहते हैं कि लैला के कमर ही नहीं?"

"यार कौन ऐसी फालतू की बातें उड़ाता रहता है?"

"शायर बताते हैं..."

बताइए।

शायरों और कवियों ने ऐसा घपला मचा रखा है कि क्या कहें। वास्तव में नायिका के सौन्दर्य के मापदण्ड निर्धारित करने का नापतोल विभाग सदियों से कवियों के हत्थे चढ़ा हुआ है। ये वर्षों से पतली कमर तथा तिरछी नजर का ऐसा हल्ला मचाये हुए हैं कि नियमों की किताब में और कुछ डालने ही नहीं देते। भलापन, उदारता, सच्चरित्रता आदि की बात भी करने की इजाजत नहीं है। फिर नायिका मात्र का होना ही पर्याप्त नहीं है। पतली कमर भी होना। साथ में विम्बफल-से स्तन भी होना। फिर मोरनी, हिरणी या हस्तिनी-सी चाल भी चाहिए। गर्दन सुराहीदार होना। कवियों ने कौल लिया है कि नायिका को चैन से बैठने नहीं देंगे और नायक को दिग्भ्रमित करके छोड़ेंगे। हजारों प्रेमकथाएँ लिखी जाने की प्रतीक्षा कर रही हैं कि नायिका की कमर से तनिक चर्बी छँट जाए, तो प्रेमकथा का पहला पैराग्राफ शुरू हो।

"फिर?" मैंने पूछा।

"आप जैसा कहें।" नायक ने कहा।

"यार, प्यार तुझे तुझे करना है। मुझे तो बस कथा गोदनी है। तू प्यार करना शुरू करेगा तो मैं प्रेमकथा पर काम शुरू करूँगा।"

"मुझे लगता है कि नायिका कामचलाऊ तो है और मैं प्रेम कर सकता हूँ।"

"तू समझदार है। अन्यथा यदि तू इन शायरों के कहे में आ गया, तो तेरी

प्रेमकथा के पन्ने कोरे रह जाएँगे और तू मात्र व्यंग्य-हास्य का विषय बनकर रह जाएगा। फिर तेरी उम्र भी निकली जा रही है। तीनेक साल में तू किसी नायिका के पीछे भी जाएगा तो वह पूछने लगेगी कि अंकल चार नम्बर वाली बस यहीं से मिलेगी न?''

''बस तो आप मेरी प्रेमकथा लिखनी शुरू कर दें। नायिका ठीक-ठाक है। और सबसे बढ़िया बात यह है कि उसका बाप गाँव गया हुआ है। उसके आने तक प्रेमकथा के जितने पन्ने लिख लिए जाएँ, उतना बेहतर।''

•

मैंने उसकी प्रेमकथा लिखनी शुरू कर दी।

प्रेमकथा में वही सब था, जो प्रेमकथा को प्रेमकथा बनाता है।

प्रेमकथा लिखने का मजा ही यह है कि आप वही कहानी बार-बार लिखते हैं और हर बार वह नयी-सी कहानी का मजा देती है। वास्तव में तो नायिका की गली बड़ी गलीज थी। नाली टूटकर बह रही थी और नायिका के घर के ऐन सामने तो दो-तीन नालियों का संगम-सा था। नायक यहीं उसके चक्कर काटने पर मजबूर था। परन्तु प्रेमकथा में नायिका की गली चौड़ी थी, उसमें यहाँ-वहाँ पेड़ थे, पंछी थे, प्यार के तराने थे, वादेसबा थी और एक इन्द्रधनुष गली के इस सिरे से उस सिरे तक चौबीसों घण्टे ड्यूटी पर तैनात था। नायिका के बाप को मैंने गाँव के काम में ऐसा उलझाया था कि वह लौट नहीं पा रहा था। नायिका की माँ को लेखक ने अचानक ही मन्दिर जाने का ऐसा शौक लगाया कि वह बस वहीं पड़ी रहती। फलस्वरूप नायक-नायिका को वे अन्तरंग क्षण भरपूर मात्रा में उपलब्ध करा दिये गये, जिनके चलते कहानी में वह भी पर्याप्त मात्रा में आ गया, जिसे दकियानूसी आलोचक अश्लीलता तथा समझदार स्त्री-विमर्शी-सम्पादक प्रेमकथा का अनिवार्य तत्त्व मानते हैं।

प्रेमकथा तेजी से आगे बढ़ने लगी।

लगभग पाँच-छः पेजों तक प्रेम परवान चढ़ता चला गया। इसी बीच नायिका का बाप लौट आया। नायक की कुटाई भी हो गयी। पाँच पेजों में ही प्रेम के तीन साल निकाल दिये लेखक ने। प्यार तेजी से बढ़ता गया। बाप ने गाँधीवादी रवैया नहीं छोड़ा, परन्तु नायक भी लगा रहा। जालिम जमाना भी एकाध पेज चला। फिर नायिका ने विद्रोह कर डाला--समाज से, बाप से। अब छः पेज होते-होते कथा वहाँ आ गयी थी कि जहाँ इस बात का खतरा था कि नायक को नायिका से शादी करनी पड़ सकती थी। वैसे भी व्यंग्य-कॉलमों में पाँच-सात सौ शब्दों की व्यंग्य रचनाएँ लिखते-लिखते छोटी रचना लिखने की ऐसी कुटेव मुझे लगी है कि मेरे मापदण्डों पर प्रेमकथा कुछ ज्यादा ही खिंच गयी थी।

मैं प्रेमकथा समेटने की सोचने लगा।

तभी कहानी का नायक मेरे पास आया।

नायक के मुख पर ऐसे शिकायती भाव थे, जो गारण्टीशुदा माल के खराब निकल जाने पर उस ग्राहक के मुख पर देखे जाते हैं, जो उपभोक्ता फोरम में शिकायत दर्ज कराने पहुँचा हो।

मैंने उसे बताया कि मैंने उनकी बढ़िया-सी प्रेमकहानी लिख ली है और शीघ्र ही मैं इस प्रेमकथा का अन्तिम पन्ना लिखने वाला हूँ।

''मैं भी...'' नायक ने कहा।

''क्या शादी कर रहे हो नायिका से?'' मैंने उत्सुकता से पूछा।

''नहीं...''

''क्या मतलब ?'' मैंने नायक से पूछा।

''अब अपुन से यह प्रेमकहानी आगे नहीं खिंच रही।'' नायक ने कहा।

''क्यों? क्या हुआ?'' मेरी लिखी प्रेमकथा का यह अन्त होगा, ऐसा मैंने सोचा भी नहीं था।

''आपने इसी बीच उसको कभी देखा है?'' नायक ने बड़े शिकायती लहजे में मुझसे पूछा।

''किसे यार?''

''उसी को...आपकी प्रेमकथा की नायिका को?''

''क्यों, क्या हुआ उसको?''

''उसकी कमर देखी?''

''क्या हुआ उसकी कमर को?''

''ऐसी फैल गयी है कि...''

''तो इसमें मैं क्या कर सकता हूँ यार? प्यार जताने के लिए नित्य ही तू उसे चाट की दुकान पर ले जाता रहा कि नहीं?''

''मुझे क्या खबर थी कि...''

''क्यों? तुझे नहीं पता कि जो नायिका एक बार में चार-चार आलू की टिकियाँ भकोस रही है और फिर जिसे तू प्यार से आइसक्रीम भी खिला रहा है, अन्ततः उसका क्या बनेगा?''

''आपने पूरी कहानी में मुझे कहीं चेताया ही नहीं।''

''अब यह भी हमीं बताएँगे? लेखक से क्या-क्या उम्मीदें लगाए रहता है समाज! हद है यार।''

''फिर भी आप मुझे बता सकते थे।''

''क्या बताता? यही कि इत्ता खाएगी तो मुटाएगी भी? अजीब बातें करते हो

तुम यार।''

''पर ऐसी मुटल्ली नायिका से अब मैं प्यार नहीं कर सकता। कैसे करूँ? चाहूँ, तो भी नहीं कर सकता। मुझे पक्का विश्वास है कि मेरा प्यार खत्म हो गया है और मैं एक झूठी प्रेमकथा को ढो रहा हूँ।''

''तो क्या तेरा प्यार बस पतली कमर पर टिका था?''

''मैं नहीं जानता। पर मैं क्या करूँ?''

''जब तू ऐसे असमंजस में है तो मैं यह प्रेमकथा कैसे पूरी करूँ?''

•

प्रेमकथा अधूरी पड़ी है।

नायक और लेखक दोनों ही किंकर्तव्यविमूढ़ बैठे हैं।

नायक पतली कमर पर अड़ा है। मैंने उसे समझाया भी कि यार, तू स्वयं अपने को देख। तेरा पेट निकल आया है, तू बीच से गंजा हो रहा है और कलमों के बाल सफेद हो गये हैं तेरे। इसके बावजूद तुझे पता तथा उम्मीद है कि नायिका तेरे से प्यार करती है। फिर तू उसकी कमर मुटा जाने के बावजूद उसे प्यार क्यों नहीं कर सकता? वो तो तेरे पेट को लेकर नहीं रो रही? फिर याद रख कि अभी जब और उम्र गुजरेगी तो झुर्रियाँ आएँगी, कमर टेढ़ी होगी और दाँत गिरने लगेंगे। तब तेरे प्यार का क्या होगा? उसने चुपचाप सुन लिया। पर वह तैयार नहीं। वह इस प्रेमकथा को आगे खींचने को राजी नहीं। उसका प्यार पतली कमर से था, नायिका से नहीं। सो उसकी प्रेमकथा कहीं नहीं पहुँची है।

प्राय: प्रेमकथाएँ ऐसी ही अपूर्ण रह जाती हैं।

भटक जाती हैं प्रेमकथाएँ। पतली कमर मोटी हो जाती है, बाँकी चितवन पर चश्मा लग जाता है, रेशमी जुल्फें श्वेत होने लगती हैं और चाल में आर्थराइटिस का तत्त्व आ जाता है। ऐसा प्यार, जो इन्हीं उपादानों के कारण था, वह तिरोहित हो जाता है। लेखक अपने नायक-नायिका को समझाना चाहता है कि प्यार इन उपादानों के कारण शुरू भले ही हुआ हो, परन्तु अन्तत: प्यार पतली कमर और तिरछी नजर से परे कुछ और ही भाव है। जब तक प्यार की इस गहराई और उदात्तता को नहीं छुओगे, तुम्हारी प्रेमकथाओं का हश्र यही होगा।

पर नायक-नायिका सुनने को तत्पर नहीं।

और लेखक की मेहनत फालतू ही बेकार चली जाती है। वह प्रेमकथा लिखने बैठे, तो प्राय: ऐसी कथा अधूरी रह जाती है।

तभी तो मैंने शुरू में बताया कि मैं प्रेमकथाएँ लिखता ही नहीं। अपुन तो व्यंग्य में ही भले!

संवाद और चुप्पियाँ

''कुर्सी बड़ी कि आदमी?''

उसने पूछा और मुस्काने लगा।

कुर्सी के पैर चार और आदमी के बस दो। दोनों की पीठ एक-एक, पर कुर्सी की पीठ आदमी के सिर से भी ऊँची। कुर्सी के हाथ आदमी के हाथ से भी लम्बे। कुर्सी के पीछे सिर टिकाने का टेका, जबकि आदमी का सिर हवा में। कुर्सी की टाँगें जमीन पर और आदमी की प्राय: जमीन से कटी।

वह कुर्सी की विशेषताएँ गिनाने लगा।

मैंने कहा, ''यार, तू नऊवे की कुर्सी की बात करता लग रहा है।''

''कुर्सी तो कुर्सी। सभी कुर्सियाँ एक-सी,'' वह बोला।

''यार, यहाँ आदमी तक एक से नहीं और तू कुर्सी की बात करता है।''

''पर कुर्सी तो सब एक-सी...''

''अच्छा तो बता कि नऊवे की कुर्सी बड़ी कि राजा की?'' मैंने पूछा। फिर मैंने ही उसे राजा की कुर्सी की विशेषताएँ गिनाईं।

राजा की कुर्सी गद्देदार। राजा की कुर्सी सनील से मढ़ी, रेशम से ढकी। राजा की कुर्सी पर हीरे-मोती जड़े। राजा की कुर्सी पर चँवर डुल रहे। राजा की कुर्सी इत्ती ऊँची कि प्रजा बौनी। राजा की कुर्सी की पीठ राजा के मुकुट से भी ऊपर।

''...और राजा की कुर्सी पर खून के छींटे,'' मैंने आखिरी विशेषता बताकर उसकी ओर देखा।

''खून के छींटे तो नऊवे की कुर्सी पर भी हो सकते हैं।'

''यार, तू नऊवे की कुर्सी पर गिरे खून की तुलना राजा की कुर्सी पर पड़े खून से करता है?'' मैंने आश्चर्य तथा दया से उसे देखते हुए पूछा।

''खून तो खून है...,'' उसने कहा।

''यार, राजा की कुर्सी पर पूरी कौम का खून और नऊवे की कुर्सी पर टुच्चों-फुच्चों का...''

''पर टुच्चे का खून भी तो उतना ही लाल....''

''लाल-पीले की किसने पूछी?''

''फिर?''

''फिर यह कि तू अन्तर ही नहीं समझ पा रहा। देख, नऊवे की कुर्सी पर गाल का खून और राजा की कुर्सी पर गर्दन का...''

''तो?''

''तो यह कि नऊवा खून बहाने की माफी माँगता फिरता है और खून बहाने के लिए पिट-पिटा जाता है, जबकि राजा खून बहाये तो जय-जयकार....''

''यह तो है...,'' उसने भी माना।

''फिर नऊवे के हाथ में उस्तरा और राजा के हाथ तलवार,'' मैंने आगे बताया।

यहाँ बात उसने पकड़ ली और पूछा, ''अच्छा, तो यह बताइए कि तलवार बड़ी कि कुर्सी?''

''यह कौन-सा प्रश्न बना भाई?'' मैंने कहा।

''बिल्कुल बना। कुर्सी की बात चलेगी तो हजारों ऊल-जलूल प्रश्न उठेंगे ही।...तुम तो बताओ कि तलवार बड़ी कि...''

''कुर्सी बड़ी,'' मैंने कहा।

''...और हम कहते हैं कि तलवार,'' उसने कहा।

''कैसे?''

''तलवार जिसके पास, उसी की कुर्सी।''

''कैसे, कैसे?''

''ऐसे कि तलवार न होती तो कुर्सी कैसे हथियाता राजा?''

''कुर्सी राजा ने हथियाई कहाँ? वह तो प्रजा ने बिठाया है उसे कुर्सी पर।'' मैंने लोकतन्त्र की शक्ति का शिगूफा छोड़ते हुए जनता के मत की ताकत की बात करनी चाही।

''कुर्सी क्या प्रजा के बाप की है?'' उसने पूछा।

''इस प्रश्न का उत्तर कठिन है। प्रजा समझती है कि कुर्सी उसके बाप की है। जबकि वास्तविकता प्राय: यह होती है कि कुर्सी पर बैठा व्यक्ति ही प्रजा का बाप बन जाता है।''

''तो बाप की ही कहलाई न?''

''देखिए, प्रजा तो केवल कुर्सी पर बैठनेवाला कौन होगा, यह तय करती है—बाप तो वह बाद में बन जाता है।''

''पर कुर्सी तो प्रजा के बाप की ही हुई न?''

''ऐसे बाप की, जो बच्चों की ठुकाई करने में ही बापत्व की सार्थकता मानता है।''

''आपका मतलब यह कि प्रजा तय करती है कि किस बाप से जूते खाने हैं?''

''जो कुर्सी पर है, उसके जूतों में दाल बटे या आपके सर पर वे बजें—क्या कर लेंगे आप?''

''तो कुर्सी बड़ी कि जूता?''

''कुर्सी बड़ी, क्योंकि कुर्सी पर बैठने मिले, तभी तो जूता चलाने का अधिकार मिल पाता है।''

''पर मान लो कि कुर्सी पर बिराज गये और जूता है ही नहीं आपके पास, तब?''

''यार, बिवाईवाले, नंगे पैरोंवाले नंगे, कुर्सियों पर नहीं बैठ सकते।''

''पर लोग तो कहते हैं कि आज के समय में मात्र नंगे ही कुर्सी पर बैठ सकते हैं?''

''यार, इन नंगों और उन नंगों में बड़ा फर्क है।''

''हम नहीं समझे।''

''ये मजबूरी में नंगे और वे शौक में। वे कपड़ों में नंगे और ये लंगोटीवाले नंगे।''

''अच्छा तो यह बताइए कि ये नंगे बड़े कि वे नंगे?''

''नंगा वही बड़ा जो कुर्सी पर।''

''परन्तु कुर्सी पर बैठे राजा को नंगा कौन कहे?''

''सही कहा। जो कहे सो राजा उसी को नंगा कर दे।''

''तो फिर बताओ कि कुर्सी बड़ी कि नंगे?''

''कुर्सी।''

''क्यों भला?''

''क्योंकि कुर्सी से ही नंगे के नंगापन को संवैधानिक आड़ मिलती है।''

''आड़ ही चाहिए थी तो नंगई का शौक क्यों?''

''भैय्या, संविधान के तिनके की आड़ बनी रहे तो नंगेपन की एकरसता टूटती है। परिदृश्य में सभी तरफ नंगापन हो, परन्तु बीच में एक तिनका बना दिया जाए, तो लोग चित्रकार की तारीफ करने लगते हैं कि साहब कैसी 'सिमेट्री ब्रेक' करी है।''

''तो फिर बताइए कि नंगा बड़ा कि संविधान?''

''संविधान।''

''सो क्योंकर?''

''क्योंकि यह उनके नंगेपन को एक औचित्य दे सकता है।''

''तो संविधान क्या इन नंगों के फायदे के लिए बना था?''

''नहीं, यह बना तो देश की नंगी-भूखी प्रजा के नाम पर था।''

''फिर?''

''पर यह रख दिया गया राजा की कस्टडी में। और आपको पता ही है कि राजा तो नंगे भी बन सकते हैं और राजा कभी भी नंगा हो सकता है।''

''फिर प्रजा?''

''वह इस पुस्तक की सिर्फ पूजा कर सकती है—बस! इसमें उकेरे श्लोकों को ठीक करने, नये श्लोक जोड़ने और इन श्लोकों की टीका करने का अधिकार या तो राजा को है, या उसके पण्डितों को, या फिर दरबारी विदूषकों को।''

''और कोई कुछ कहे तो?''

''और कोई कुछ नहीं बोल सकता।''

''तो संविधान क्या कोई धर्मग्रन्थ है?''

''नहीं-नहीं, धर्मग्रन्थ तो एक अलग ही तरह की किताब होती है यार।''

''तो बताइए कि धर्मग्रन्थ बड़े कि संविधान?''

''यार, आप हमें मरवाएँगे।''

''क्यों?''

''इस देश में धर्म से सम्बन्धित प्रश्न उठाना पाप माना जाता है और हर धर्म को अपनी संहिताएँ लागू करने की छूट है।''

''क्यों?''

''क्योंकि यह धर्मनिरपेक्ष देश है यार।''

''फिर हर धर्म के अपने कानून?''

''इसका उत्तर देने में हमारी धर्मनिरपेक्षता आड़े आती है।''

''यह कैसी धर्मनिरपेक्षता?''

''अब जैसी भी है, है।''

''पर कुछ तो बोलिए कि धर्मग्रन्थ बड़ा कि संविधान?''

''ये यक्षप्रश्न हैं मित्र। इनका उत्तर हमारे पास नहीं।''

•

यहीं आकर हमारे सारे संवाद समाप्त हो जाते हैं।

मैं चुप हूँ और वह भी। दरअसल, उत्तर हम जानते हैं। परन्तु कुछ प्रश्न हमें डराते हैं और उनके उत्तर भी। इसीलिए संवादों के बीच की चुप्पियाँ भी डरावनी हैं। वैसे, सुनो तो सबसे ज्यादा वे चुप्पियाँ ही बोल रही हैं।

भक्तिमार्ग पर सनसनी

घनघोर वफादार कहाते हैं, 'वे', 'उनके'। माँग कर रहे हैं कि 'उन्हें' वापस मुख्यमन्त्री बनाया जाए।

उधर 'ये', 'इनके' जबरदस्त भक्त ठहरे। 'इन्हें' हटाकर 'उन्हें' मुख्यमन्त्री बनाने की माँग पर 'ये' कह रहे हैं कि 'उसको' पार्टी से हकाल दिया जाए कि जो ऐसी माँग करता है।

अब यहाँ तक तो दृश्य बड़ा स्पष्ट प्रतीत होता है कि जिसे दो बड़े नेताओं के दो भक्तों के बीच भक्ति-भाव प्रदर्शन की होड़ के तौर पर देखा जाना चाहिए। भक्तों की मजबूरी होती है। देवता कम हैं। एक देवता और भक्तों की गचागच। बल्कि किचकिच कह लें। गचागच में जब भगदड़ का तत्त्व भी शामिल हो जाए, तब इसे जो नाम दें। हम किचकिच कह रहे हैं। किचकिच है और झिकझिक मची है। देवता के पास वरदान सीमित हैं। मारामारी है वरदान के लिए। देवता इस भक्त को दे रहा होता है कि पीछेवाला भक्त उनका पीताम्बर खेंचने लगता है। बताता है कि स्वामी, हम तो इससे भी पुराने आपके भक्त। पूजापाठ, प्राणप्रतिष्ठा कार्यक्रम में, हर चुनाव में वार्ड-वार्ड घूमकर भजन गाये हैं आपके—सो वरदान पर पहला अधिकार हमारा! वैसे, माना जाता है कि देवता तो सर्वज्ञाता। उसे पता ही है कि कौन सच्चा भक्त? पर भक्त रिस्क नहीं लेता। वह देवता का पीताम्बर खींचता रहता है। बार बार उनकी धोती पकड़ता है। भक्त को भय है कि कहीं कन्फ्यूजन में टापता न रह जाए। धार्मिक फिल्मोंवाला धुआँ-सा तैर रहा है। पता नहीं चलता कि देवता की नजर में आये कि नहीं? सो चाँस नहीं लेता है भक्त। एक्टिव रहता है। मन्दिर पर खड़ा मिलता है, भण्डारे में पत्तलें बिछाता है और जगराता में देवता के भजन गाता है। उक्त दोनों बयानों को यदि फल पर श्वान की भाँति नजर गड़ाये दो भक्तों द्वारा गाये गये जंगी-कव्वाली-टाइप भजन मान लें, तो पहली नजर में यह राजनीति-धर्म का धार्मिक मसला प्रतीत होता है।

परन्तु बात इतनी ही सरल होती, तो क्या बात थी।

बात वहाँ से जटिल होती है कि जहाँ 'वे' भक्त, जो 'उनके' भक्त थे, वे ही रात में, 'इनके' मन्दिर में पीछे से घुसकर प्रसाद चढ़ाते, बुदबुदाकर भजन गाते और परिक्रमा लगाते देखे गये। इधर दूसरे भक्त भी 'उनके' देवता पर फूल चढ़ाकर जल ढार आये हैं। गिचपिच का फायदा उठाकर समझदार भक्त एक देवता के भजन गा रहे हैं, दूसरे की परिक्रमा कर रहे हैं, तीसरे का शंख बजा रहे हैं और चौथे को साध रहे हैं। इष्ट, देवता नहीं, वरदान है; जो दे जाए। भक्तों की नजर फल पर है। देवता जाए भाड़ में। अभी याद किसी राक्षस से ही वरदान की आशा जम जाए, तो ये खंजड़ी बजाते हुए उसे देवता बना दें। भक्त इन दिनों एक देवता पर नहीं टिक रहे। वे एक नाव में यात्रा कर रहे हैं, पर विपरीत जा रही नाव पर भी बैठे दिख जाते हैं। इनके बंगले पर सुबह, तो उनके मन्दिर में दोपहर और किसी और की टेकरी पर रात बिताते हैं। वे इनके बारे में बयान देते हैं, उनसे चर्चा चलाते हैं, इनका गुटका पढ़ते हैं और उनसे कोशिश कर रहे हैं कि कुछ मिल जाए, तो उनकी आरती भी गाएँ। 'जय लक्ष्मी देवा' से शुरू होकर सारी आरतियाँ कण्ठस्थ, पर खत्म 'जय लक्ष्मी देवा' पर ही करते हैं। वैसे हाईकमान आज्ञा दे तो कोई-सी भी सुना सकते हैं—यहाँ तक कि गाली-गलौज वाली आरतियाँ भी तैयार हैं। अध्यक्ष बना दें, कमेटी में डाल दें, कुछ दे दें, कहीं पहुँचा दें, तब एकदम नयी आरती भी तैयार कर सकते हैं। धरा क्या है उसमें। 'जय गणेश' में गणेशजी की जगह आपका नाम। बाकी बयान वही। शेष आरती ज्यों की त्यों। खंजड़ी पास है, गला सुरीला है, शर्म आती नहीं, नाच बढ़िया लेते हैं, और ढोलक गले में लटकाकर चलते हैं—क्या कर लेंगे आप ऐसे भगत का? ये ऐसे भक्त हैं जो देवता को चरका देकर फल हथिया सकते हैं और देवता के नाम की पंजीरी खुद चाट सकते हैं। धन्य हैं, यही कह सकते हैं।

●

हमने कहा कि आपके इस बयान से वर्तमान मुख्यमन्त्री नाराज हो जाएँगे, तब? वे हँसे। बोले, 'उन्हीं के बंगले से आ रहा हूँ। देखिए, कह तो रहे हैं कि कहीं फिट करेंगे।'

भक्त आस में है। देवता हिसाब लगा रहा है भक्त की औकात का। उसी हिसाब से वरदान देगा। देवता साथ में खड्ग पर धार भी कर रहा है। लुढ़का भी सकता है। भक्त भी, आश्वस्त है और चौकन्ना भी। भक्तों और देवताओं के बीच वह नया भक्तिमार्ग खुला है। कल उस गुट के भक्तों ने इस गुटवालों को पीटा और सिर पर मजीरा फोड़ दिया। फिलहाल भक्तिमार्ग पर सनसनी है।

सुदामा क्या करे

आपको कृष्ण-सुदामा वाली कथा तो पता ही है। यदि आप कृष्ण हैं, तो शायद भूल भी गये हों, परन्तु यदि आप सुदामाओं के वर्ग से हैं, तब तो आपको यह कथा खूब याद होगी। सुदामा लोग ऐसी घटनाएँ भूलते नहीं। ऐसी कथाएँ वे पीढ़ी-दर-पीढ़ी सहेज कर रखते हैं। असफल व्यक्तियों के पास ऐसी ही कहानियाँ तो रहा करती हैं, जो उन्हें जीने तथा जीते रहने का एक कारण देती हैं। कृष्ण ने उस सुदामा का जीवन बदल दिया था, तो ऐसा कुछ अपने साथ भी तो घट सकता है? हर असफल, दीन, निर्धन, धक्के खाते तथा साधनहीन व्यक्ति के स्वप्नों में कहीं, कोई एक कृष्ण बसता है। दूर का कोई अफसर-रिश्तेदार, मोहल्ले का नेता, कहीं कोई चमत्कारी सन्त, कहीं कोई 'बड़ी मान्यता' वाला कोई मन्दिर-मजार, देश का नेता, जुए की फड़ या सट्टे की पर्ची का अड्डा...। या ऐसी ही कोई आशा का ठीया कि जहाँ बैठे कृष्ण उसका जीवन बदल देंगे।...वह स्वयं ही कृष्ण बन जाने के सपने कभी नहीं पालता। वह खूब जानता है कि इस दुनिया में सुदामा के कृष्ण बन जाने के अवसर नहीं हैं। कृष्ण बनने वाली मिट्टी ही दूसरी होती है। सुदामा को अपनी मिट्टी की 'क्वालिटी' का पता है। उसे अपनी सीमाएँ पता हैं। वह अपनी औकात जानता है। सुदामा को अपनी नियति का ज्ञान है। सुदामा जानता है कि वह इस धरा पर रेंगते करोड़ों सुदामाओं में से एक है। उसे पता है कि सुदामा कभी कृष्ण नहीं बना करते। वह स्वप्न में भी सुदामा को कृष्ण बनते नहीं देख पाता। उसने बस यह छोटा-सा सपना लगातार देखा है कि जिसमें कृष्ण उसे सखा-भाव से देख रहे हैं और उसे ऐसे स्वप्नों के बल पर भ्रम रहा करता है कि कृष्ण-सुदामा वाली कथा के सुदामा की भाँति उसका जीवन भी कभी बदल जाएगा। ऐसे सपने ही सुदामा को मरने नहीं देते, अन्यथा उसके जीने का कोई कारण नहीं छोड़ा गया है इस दुनिया में।

मैंने कई बार सोचा है कि इस तेज सन्नान भागती, सफल व्यक्ति के पीछे जय-जयकार करती दुनिया में एक तथाकथित असफल व्यक्ति का स्थान कहाँ है? वह कहाँ जाए? वह कहाँ बैठे? उसका ठीया कहाँ है? हर सफल व्यक्ति के पीछे जो हजार असफल व्यक्ति छूट जाते हैं, वे क्या करें? हर शहर या गाँव से एकाध कृष्ण

कभी-कभार निकल जाता है, जिसकी कहानियाँ पीछे छूट गये सुदामाओं के बीच रह जाती हैं और लगभग किंवदन्तियों-सी सुनाई जाती हैं। ये सुदामा किधर जाएँ? वह जो रह गया, वह क्या करे—सिवाय कृष्ण की गाथा सुनने-गुनने के? वह जो परीक्षा में सेकण्ड डिवीजन से पास हुआ, वह जो किसी पी.एम.टी.-पी.ई.टी. में पास नहीं हुआ या बैठ ही नहीं पाया, वह जिसे कोई रोजगार नहीं मिल पाया, वह जो स्कूल ही न जा सका, वह जो चलना सीखते ही बाप के साथ मजदूरी की खोज में जाने लगा और वह कि जिसके हाथ तथा पेट पैदा होते ही खाली थे—वह कहाँ जाए, क्या करे? क्या इस दुनिया को खबर भी है कि ये नाकुछ, महत्त्वहीन, असफल जन भी उसी में कहीं रहा करते हैं? क्या उसे पता है कि इस असफल व्यक्ति के पैरों तले की ज़मीन दिनोंदिन छोटी होती जा रही है और अब तो इस वैश्वीकरण के फैलाव में वह इतनी सिकुड़ गयी है कि उसका खड़ा रह पाना भी कठिन होता जा रहा है। सुदामा एक टांग के बल कैसे-तो-भी खड़ा है और इस टांग पर भी निष्ठर बाजार की नजर है। इस टाँग के नीचे की ज़मीन पर फ्लैट, शो-रूम, फैक्टरियाँ, शॉपिंग प्लाज़ा आदि ताने जा सकते हैं। फिर इस विडम्बना से सुदामा कैसे लड़े कि उसकी टाँग पर कृष्णजी की ही नज़र है—वह तो फिर उखड़ेगी ही।

●

अपने कस्बे के बहुत से पुराने दोस्त मुझे अक्सर मिल जाया करते हैं और कहा करते हैं कि यार, तुम बढ़िया निकल लिए! वे मेरे दोस्त थे। वे वहीं कस्बे में दुकानदारी करते, क्लर्की-मास्टरी-टेलरिंग रेडियो रिपेयरिंग आदि में मुब्तिला रह गये और मैं डॉक्टर बनकर उनकी नज़रों में एक छोटा-मोटा 'कृष्ण' बन गया कि जिसके विषय में वे सुदामा की भाँति गर्वपूर्वक चर्चाएँ किया करते हैं। वे सोचते हैं कि ज्ञान बड़ा आदमी बन गया है। वे यह बात अपने बच्चों को बताते हैं। वे किंवदन्ती की भाँति मेरे विषय में अपने रिश्तेदारों को बताया करते हैं। वे सुदामा होने की विडम्बना को विस्मृत करने के दयनीय प्रयास करते हैं। वे सबको बताते हैं कि उधर भोपाल में बैठा हुआ है अपना ज्ञान—कोई भी अटका काम सटाक से करा सकता है। वे कहते हैं कि 'तुम चिन्ता मत करो, अपने ज्ञानू उतें ही बैठे हैं।' वैसे मैं अपनी औकात तथा अपने कृष्णपने की सीमाओं से परिचित हूँ। मेरे जैसे कृष्ण किस हद तक स्वयं सुदामा होते हैं और कृष्ण के नाम या कृष्ण की पोस्ट के लिए कलंक होते हैं, यह बताने की आवश्यकता आपको नहीं। प्रसन्नता की बात यही है कि मेरे समान नालायक कृष्णों को उनके सुदामा भी खूब पहिचानते हैं और वे यत्र-तत्र चाहे जो कहते रहे हों, परन्तु यदि उनका भी कोई काम भोपाल में अटक जाए, तो वे अपने कस्बे के असली, चौबीस कैरेट तथा छत्तीस गुणों वाले कृष्ण को ही पकड़ते हैं।...

मैं प्रायः अपने इन मित्रों से मिलकर घण्टों विचलित रहता हूँ। ये वे साथी थे कि जिनके साथ मैंने साझे स्वप्न देखे थे। छोटे-बड़े कारणों से वे पीछे रह गये। वे सफल हो सकते थे, परन्तु ऐन मौके पर बाप ने कह दिया कि भैया, अब पढ़ाई बन्द करके कुछ काम-धाम करो क्योंकि अब हम आगे का खर्चा न उठा पाएँगे। ऐसे ही बातें। कैसे भी कारण... बहिन की शादी आ गयी, दो नम्बर से रह गये, पिताजी मर गये, मर्डर के केस में किसी ने झूठ-मूठ नाम डलवा दिया, हॉकी खेलने के चक्कर में न इधर के रहे, न उधर के, ग़ज़ल लिखने में लुट गये, प्रेम में पड़ गये, बी.ए. करके निकले तो चपरासी तक की नौकरी के लिए सिफारिश न जुटा सके, नकल की पुर्जी लँगोट से निकालते टाइम पकड़े गये और जैन साहब ने लिहाज न करते हुए नंगा कराके लँगोट तक जब्त करा ली, लड़की के डुकर ने हाथ-पाँव तुड़वा डाले, आन्दोलन में बस 'जलाबे वालन में' पुलिस ने एफ आई आर में नाम का इंद्राज कर लिया, प्रिन्सिपल साहब से फालतू फण्ड में भिड़ लिये, सही मुद्दों पर सभी से भिड़कर इस दुनिया को बदल डालने का भ्रम पाले रहे, ही-ही-ठी-ठी करते रह गये, बाप गबन में फंस गये....। कुछ ऐसा हुआ कि जीवन की अन्धी दौड़ में जो एक बार झटका खाकर धड़ाम गिरे, तो फिर उठ ही नहीं सके, पीछे आती तेज भागती भीड़ के कदम उन्हें कुचलते ही चले गये। अब लंगड़ाते हुए ये सुदामा इस रेसिंग-ट्रेक के बाहर खड़े होकर तेज भागते जाते लोगों को देख रहे हैं और चिल्ला-चिल्ला कर बताने की कोशिश कर रहे हैं कि सफलता की इस रेसिंग ट्रेक पर आगे 'फिनिशिंग लाइन' पर जो कृष्ण खड़े हैं, वे हमें खूब जानते हैं—तुम उनसे कभी पूछना कि छतरपुर वाले पृथ्वीपाल को वे जानते हैं, कि नहीं? अच्छी बात यह है कि कृष्ण से कोई नहीं पूछता। कौन पूछे उनसे। फिजूल की बातों के लिए कृष्ण के पास वक्त ही कहाँ। और आपने बेवकूफी में पूछ ही डाला, तो कृष्ण कह सकते हैं कि 'यार, आप किसकी बात कर रहे हैं? सुदामा कौन? सुदामा परसाद? भई, याद तो नहीं आता अब। यू नो कि ...।' हम समझते हैं कृष्णजी। कृष्ण का हमें पता है। किस-किस सुदामा की याद रखें? फिर कृष्ण भी तो सफलता की इस अन्तहीन दौड़ में भागते-भागते क्लान्त हो चुके हैं और आजकल बात-बात में चिड़चिड़ा उठते हैं। सुदामा को याद रखें कि निरन्तर खिसकती फिनिशिंग लाइन पर नजर रखें।

●

तो हम पुनः अपने यक्ष प्रश्न पर लौटते हैं कि ऐसे में सुदामा क्या करे?

कई सुझाव हैं मेरे सुदामा के लिए।

मेरा एक तो कहना यह है कि अब सुदामा न तो कृष्ण की राह देखे और न उनका भरोसा करे। कलियुग में उस कृष्ण-सुदामा की प्रसिद्ध कथा का नया पाठ यही है कि अब कृष्ण उसी हद तक सुदामा की मदद करने को तैयार हैं, जिस हद

तक सुदामा उनके कृष्ण बने रहने में काम आ सकता है। बस! वोट के लिए, ब्रजभूमि में फालतू पड़ी जायदाद की देखभाल के लिए या ब्रज में बेनामी सम्पत्ति खरीदने के लिए, गोपियों या ब्रजवासियों के बीच इमेज बनाने के लिए तथा ऐसे ही कामों के लिए वे सुदामा को पहिचानने को तत्पर हैं। बेहतर है कि सुदामा जान ले कि कृष्ण आजकल बेहद व्यस्त हैं और उनके पास सखा-वखा के लिए फालतू टाइम नहीं है। सो कृपया कृष्णजी की प्रतीक्षा न करे सुदामा। फिर सुदामा यह भी जान ले कि स्वयं कृष्ण की हालत खराब चल रही है। कृष्ण को अपनी पोजीशन मेनटेन करने में ही पसीने छूट रहे हैं। कलियुग में सफलता की परिभाषा तथा पैमाने बदल जाने के साथ ही कृष्ण बनने के रास्ते भी बदल गये हैं। अब आप सुदामा की मदद के फेर में रहे तो कब कृष्ण पद से लुंठित हो जाएँगे, यह कहना सरल नहीं। असफलता तथा सुदामागिरी के पैमाने भी अब वे कहाँ रहे। हो सकता है कि आप कृष्ण कहाते हों, पर सुदामा जैसी परेशानियों से गुजर रहे हों। हो सकता है कि आप डॉक्टर होकर मरीज को न लूटते हों या पुलिस में रहकर भी आम आदमी की सहायता करते हों—तब आप कृष्ण के भेस में सुदामा का जीवन जीने को अभिशप्त हैं। सो भैया सुदामा परसादजी, बड़ा कन्फ्यूजन का माहौल है। कृष्ण समझकर आप जिनके द्वार पर चक्कर मार रहे हैं, वे स्वयं सुदामा से भी निर्बल निकल सकते हैं या ऐसे कृष्ण हो सकते हैं कि जिनकी नज़र आपकी चावल की पुटलिया के अलावा आपकी लँगोट पर भी हो! सो हर सुदामा से मेरी विनती है कि वह कृष्ण के चक्कर में न ही पड़े, तो बेहतर है।

फिर, इस कलियुग में बेचारा सुदामा कहाँ जाए?

हम नहीं कह सकते। सुदामा जहाँ खड़ा है, वहाँ से तो कोई राह फूटती हमें दीखती नहीं। हमारा कहना मात्र यह है कि अब तो अपना एक नया रास्ता स्वयं ही बनाना होगा सुदामा को।...और उसके लिए सबसे पहली शर्त यह रहेगी कि सुदामा को 'बेचारा' बने रहना छोड़ना होगा।

निबट गया स्वतन्त्रता दिवस...

कमेटियाँ बना दी हैं साहब ने।

दफ्तर में स्वतन्त्रता दिवस 'प्रॉपरली' मन सके, बीच में कहीं से भी कोई 'अनफोरसीन हिच' न आये और सारा कुछ 'स्मूद्ली' हो जाए, ताकि स्वतन्त्रता दिवस बिना किसी 'हैसल' के 'टाइमली' निबट जाए—इस पावन उद्देश्य से बड़े साहब ने आयोजन हेतु कुछ समितियाँ बना दी हैं। दफ्तरों का तो आपको पता ही है मित्र। यहाँ कुछ-न-कुछ चलता ही रहता है। कभी पन्द्रह अगस्त, तो कभी गाँधी जयन्ती, तो कभी,वो स्साला क्या कहते हैं, बड़ा कठिन-सा नाम है यार...वही, गणतन्त्र दिवस। करना पड़ता है आयोजन। निबटाने होते हैं दिन। भेजनी पड़ती है रिपोर्टें। रखनी पड़ती हैं फाइलें।

हमारे देश में स्वतन्त्रता दिवस को निबटाना पड़ता है। गणतन्त्र दिवस के चक्कर में एक 'गजटेड होली डे' की सुबह 'स्पोयल' होती है और गाँधी जयन्ती के लिए चार आदमी जुटाने कठिन हो जाते हैं। आदमी छुट्टी के दिन दफ्तर के इन 'रिचुअल्स' में समय नहीं खराब करना चाहता। आप झण्डा फहराने का कोई 'ओवरटाइम' भी तो देते नहीं। एकाध बार की बात हो, तो साहब हम सोच भी लें कि चलो यार देशभक्ति के नाम पर स्साली यह भी एक कुरबानी सही; पर यह तो प्यारे हर साल का पचड़ा है। अब हर पन्द्रह अगस्त की छुट्टी को कोई कैसे खराब कर सकता है?...सो लोग मिलते नहीं। इसी चक्कर में यह परम्परा चली है कि आप तो कुछ कमेटियाँ बना दो, आयोजन की। इससे यह हो जाता है कि कम-से-कम कमेटीवाले तो झण्डावन्दन के टेम पर पहुँच जाते हैं। काम निबट जाता है।

सो, बन गयी हैं कमेटियाँ स्वतन्त्रता दिवस के आयोजन हेतु। अध्यक्ष या 'ओवर ऑल कोअर्डिनेटर' तो खैर साहब के अलावा और कौन होता। वे ही हैं। साहब चिन्तित हैं इस बार। नहीं, नहीं, देश को लेकर नहीं। वह शौक साहब को नहीं। वे जानते हैं कि देश की चिन्ता का शौक पालने की औकात अभी उनकी नहीं। देश के नेताओं का अधिकार क्षेत्र है वह। साहब की चिन्ता दूसरी है। इस बार

का स्वतन्त्रता दिवस 'इम्पोर्टेण्ट' है। दिल्ली से बड़ा साहब आनेवाला है। इन साहब से भी बड़ा? हाँ मित्र, इस देश में हर बड़े साहब का भी कोई बड़ा साहब है। जैसे हर बाप का कोई बाप हुआ करता है, जिसे आप ग्राण्डफादर कहते हैं। सामान्य ज्ञान की बात है। बिना बाप के यह बाप कैसे पैदा होता?... दिल्ली से इनका भी बाप आनेवाला है। विशेष तौर पर इस 'फंक्शन' को 'अटेण्ड' करने। दिल्ली का साहब चाहता है कि इसी बहाने 'पैरीफेरी' में स्थित 'ब्रांचेज' के कर्मचारियों से 'इण्टरएक्ट' करे। बेवकूफ किसे बना रहा है। सभी को पता है कि लड़की को बच्चा हुआ है और लड़की की ससुराल इसी शहर में है। सरकारी दौरा बनाकर आ रहा है। पन्द्रह अगस्त का बहाना है।...अब जैसे भी आ रहा हो। पर पचड़ा तो हो गया न, पन्द्रह अगस्त का।

सो समितियाँ बना दी गयी हैं दफ्तर में।

एक स्वागत समिति, एक 'वेन्यू' कमेटी, एक जलपान समिति, एक इन्वीटेशन कमेटी आदि, आदि। दफ्तर में कोई भी फंक्शन हो, ऐसी ही समितियाँ बन जाती हैं। इस बार नयी बात यह हुई है कि पुष्पहार समिति अलग से बनायी गयी है। पिछली बार 'वेन्यू कमेटी' को ही फूलों का दायित्व भी दे दिया गया था और ऐन मौके पर जब झण्डे में बाँधने के लिए फूलों की आवश्यकता हुई, तो सभी पहले एक-दूसरे की ओर देखने लगे और फिर वही झण्डावन्दन के स्थान पर एक-दूसरे की गलती बताते हुए उठाकर दचक देने का संकल्प भी व्यक्त करने लगे। बड़ी किचकिच हुई और गणतन्त्र दिवस की जो हुई सो हुई, साहब की भी किरकिरी हुई। वह ठीक नहीं हुआ। बाद में जल्दी-जल्दी में कोई कहीं से गुड़हल के फूल ले आया था, तब जाकर झण्डा फहराने का काम निबट सका। सो इस बार अलग से यह काम गन्धे साहब को दिया गया है। दो आदमियों की पुष्पहार-कमेटी। गन्धेजी बागवानी के शौकीन हैं और घर जाओ तो खुरपी लिए मिलते हैं। स्वयं को गुलाबों का विशेषज्ञ समझते हैं। ...देखते हैं कि दिल्लीवाले बड़े साहब के लिए कैसा बुके लाता है।...और झण्डे के लिए फूल?...अरे यार, तुमने भी एक ही कही। हम उसकी चिन्ता नहीं कर रहे। हमें साहब के बुके की चिन्ता है। अन्यथा कैसे भी फूल ला दो और बाँध दो तिरंगे में। भारतमाता कौन-सी आपको सस्पेण्ड कर देगी, जबकि साहब यह कर सकता है। इधर 'वेन्यू कमेटी' से इस बार जैन साहब की छुट्टी हो गयी है, जैसा कि सबको पिछली छब्बीस जनवरी के बाद से ही पता था कि ऐसा होगा। छब्बीस जनवरी का तो आपको पता है ही कि इस दिन भी सुबह-सुबह झण्डा-वण्डा फहराना पड़ता है। झण्डा था जैन साहब के जिम्मे। फूल बाँध के श्रीमान ने उसमें ऐसी गाँठ बाँध दी कि साहब ऐन मौके पर खींचते रहे रस्सी, परन्तु गाँठ खुली ही नहीं। शुरू में तो साहब तुनकी-सी देते रहे। उससे क्या

होना था। अलबत्ता उपस्थित क्लर्क आदि मुस्काने लगे। जैन साहब दौड़कर पहुँचे और साहब की सहायता करने लगे। उन्होंने साहब से जोर से रस्सी खिंचवा दी, तो पुष्पों का बण्डल बना झण्डा टूटकर सीधे साहब के सिर पर गिरा। लोग मुँह दबाकर हँसते रहे। जैन साहब 'सर, सर' करते फिरें। साहब का मुँह लाल। छब्बीस जनवरी का दिन;' वरना ऐसी गालियाँ सुनाते कि...। साहब ने अवसर की गरिमा को पहिचाना और दोबारा सारा ताम-झाम करवाया। पर तभी तय हो गया था कि अगली बार जैन साहब नहीं रहेंगे। सो इस बार वे किसी कमेटी में नहीं हैं। सभी खुश भी हैं।...स्साला, साहब का बड़ा सगा बनता फिरता था और हर कमेटी के फटे में अपनी टाँग अड़ाता था। अब चुपचाप खड़ा है, पीछे।

वैसे भी कोई 'वेन्यू कमेटी' में नहीं होना चाहता। बीस पचड़े। जमीन पर चूने की धारियाँ डलवाओ, दरी बिछवाओ, माइक फिट कराओ, झण्डियाँ-डण्डियाँ, कुर्सी-टेबल, बिसलेरी की बोतल, गिलास, गमले, 'स्वतन्त्रता दिवस अमर रहे' का बैनर, गाँधी-नेहरू की एकाध तस्वीर। एक अफसर को तो इस अवसर पर कबूतर उड़ाने का शौक था और ऐसे मौके पर वे स्वयं को नेहरूजी ही मानते थे। तब कबूतर लाने की भी ज़िम्मेदारी वेन्यू कमेटीवाले की होती। सौ झंझटें। वो तो जैन साहब थे, सो करते रहते थे। इस बार ओंकार बाबू कर रहे हैं, तब समझ में आ रहा है। जैन साहब पीछे खड़े बता रहे हैं कि बड़ीवाली दरी तो ओंकार साहब ने बिछवाई ही नहीं है। कोई सुन नहीं रहा। 'झण्डियाँ भी एक ही रंग की लटका दी हैं' और 'माइक खर खर कर रहा है' जैन साहब बता रहे हैं। सुननेवाले सुन रहे हैं। उन्हें जैन से सहानुभूति हो, ऐसा नहीं है। जिसे हटाया गया है, वह तो रोएगा ही—वे जानते हैं। सो सुनते हुए भी नहीं सुन रहे। जैसे कि ये गाने बज रहे हैं...'इस देश को रखना मेरे बच्चों सँभाल के...'। इनको भी तो लोग सुन ही रहे हैं। पर ऐसा तो नहीं है कि कोई देश को सँभालने के लिए चल पड़े। सब जानते हैं। गाना है। आवाजें हैं। सुनते रहो। गुनना किसे है। फिर जैन साहब की कौन गुने!

इस मामले में खान-पान समिति का मामला सबसे तर है। आदमी ठीकठाक 'सेट' कर ले तो चार-पाँच सौ तो पीट ही सकता है, खाने-पीने का जुगाड़ अलग से। और क्या चाहिए स्वतन्त्रता दिवस पर यार। पिछली बार एक किलो की काजू की थैली ले जाकर वाइफ को पकड़ा दी चौबे जी ने तो दाम्पत्य में कुछ दिनों तक एक ऊर्जा रही, जो मेवे खाने पर यूँ भी आती ही है। स्वतन्त्रता दिवस से लेकर शहीद दिवस तक आदमी कुछ-न-कुछ पीटकर बता सकता है, बशर्ते 'टेक्टफुल' हो और साहब को पटाकर रखे, तो। चौबे साहब ऐसे ही हैं। सो वे ही इस समिति के परमानेण्ट अध्यक्ष रहे आते हैं। इस बार भी वही हैं।...वैसे, इस बार मारामारी स्वागत-समिति में घुसने के लिए थी। दिल्ली के बड़े साहब के सामने कौन नहीं

पड़ना चाहता? सबसे ज्यादा मौका स्वागत समिति वालों के पास रहेगा। बड़े साहब को गुलदस्ता देने का अवसर मिल जाए, तभी स्वतन्त्रता दिवस की सार्थकता है। अन्यथा ऐसी-तैसी में जाए यह दिन और ऐसे सारे दिन। इधर लोकल साहब ने राजनीति खेली। स्वागत समिति में सारे चमचे भर लिये हैं। हमारा इस साल का प्रमोशन वाला इण्टरव्यू दिल्ली हैड-ऑफिस में होना है। तब भी हमें जानबूझकर 'इन्वीटेशन कमेटी' में पटक दिया। घूमते रहो, निमन्त्रण पत्र बाँटते बुद्धुओं की तरह। हद है यार, पॉलिटिक्स की भी। आदमी स्वतन्त्रता दिवस पर भी ओछेपन से बाज नहीं आता।

•

अन्ततः स्वतन्त्रता दिवस आ गया।

कार्यक्रम बढ़िया रहा। कमेटियों का काम रंग लाया। बड़े साहब के चक्कर में भीड़ भी खासी जुट गयी। सभी पहुँच गये। अपने चौधरी बाबू तक पौने सात बजे ऊँघते-ऊँघते पहुँच गये, जो कभी किसी जगह नहीं पहुँचते हैं। उनका कहना यही रहता है कि यार कौन-सा हमारे न पहुँचने से झण्डा लहराने से मना कर देगा! वैसे तो सभी लोग पन्द्रह मिनट पहले पहुँच गये हैं। कुछ तो साढ़े छः बजे ही आ गये थे और बार-बार साहब को सुनाकर यह बताते भी रहे कि भई, हम तो टाइम से पहले ही आ गये थे और तब तक दफ्तर का दरवाजा भी गयादीन ने नहीं खोला था। फिलहाल, साहब बड़े साहब को लेने गेस्ट हाउस गये हैं। पीछे रामराज्य है। लोग जैन साहब को छेड़ रहे हैं। चर्चाएँ, धौल धप्पा। बात जैन साहब द्वारा पिछली दफा बाँधी गयी झण्डे की गाँठ से शुरू होकर पाजामे तथा सलवार इत्यादि की गाँठ तक पहुँच गयी है और महिला कर्मचारियों को सुना-सुनाकर फूहड़ मजाक चल निकले हैं। स्वतन्त्रता दिवस पर इतनी स्वतन्त्रता का अधिकार तो पुरुषों का बनता ही है यार! झण्डा तक शर्मिन्दा है, पर रतनजी बता रहे हैं कि ऐन मौके पर यदि पाजामे की गाँठ न खुले तो कैसी परेशानियों का सामना करना पड़ता है। ही ही, हा, हा चल रहा है। नाश्ते की प्लेट पर मक्खियाँ। चौबेजी ने गयादीन को हड़काया है। वह बीच-बीच में अँगोछे से मक्खियों को भगा रहा है। अग्रवाल ने दो गुलाब जामुन खा लिए। 'यार अभी से मत खाओ'—चौबेजी ने बरजा है। 'यार, स्वतन्त्रता दिवस पर भी रोकते हो—हद है।'

लोग साहब की प्रतीक्षा में गुटों में बँटकर गप्पें लगा रहे हैं। राष्ट्रध्वज को भी प्रतीक्षा करनी होगी। बातें चल पड़ी हैं।...यहाँ के बाद का क्या प्रोग्राम है?...हम तो फैमिली के साथ पिकनिक को जाएँगे, भदभदा। और तुम?...अरे यार, हमारा तो स्वतन्त्रता दिवस ही मटियामेट हो गया। क्यों, क्यों...? वाइफ के ताऊजी पधार गये हैं भैया। लड़का देखने। सो उन्हें लेकर घूमना है।...अरे, अरे...। हम तो तेरे

को श्रीवास्तोजी की 'बैठक' में बुलाने की बोलनेवाले थे।...यार, यह कहकर दिल और न दुखाओ। श्रीवास्तोजी के घर फड़ जमेगी। तीन पत्ती। बीयर-सियर। दो की ब्लाइण्ड से बढ़कर चाल नहीं रखने दी जाएगी। छब्बीस जनवरी वाली फड़ में इसी चक्कर में मयंक बाबू और जालमसिंह में जूतमपैजार होते-होते रह गयी थी।...कौन कहता था कि शहीदों की चिताओं पर लगेंगे हर बरस मेले? भोला था वह। बल्कि मूर्ख कहिए। उसे पता ही नहीं था कि हर बरस फड़ जमेगी उन पर या लगेंगे ऐसे ही झण्डावन्दन के मजमे, जिनमें न झण्डे के प्रति आदर, न देश के प्रति सम्मान।...छोड़ो, छोड़ो। बेकार की बातें मत करो यार। मनोज कुमार टाइप बातें। बड़े देशभक्त बनते हैं स्साले। छुट्टी के दिन भी बीयर न पिएँ? रोएँ शहीदों के नाम? हद है।... कम से कम स्वतन्त्रता दिवस पर तो बेकार की बातें छोड़ो यार!... यह बताओ कि रात में कवि सम्मेलन पहुँच रहे हो कि नहीं? स्वतन्त्रता दिवस पर नगर-निगम यह मजमा लगवाता है। उसमें भी कम मजा नहीं आता। सुना है कि पाजामाजी और दिगम्बरजी की बढ़िया भिड़न्त होगी इस बार।...बातें और बातें। साहब जब तक नहीं पहुँचते, यही चलेगा। इनकी बातों में कहीं शहीदों की बातें भी हैं क्या? भली कही आपने भी। यार, आजाद या भगतसिंह आज कैलेण्डर या पोस्टर के सिवाय और किस काम के हैं? और फिर कविता बनाने के, या वोट माँगने के। बस्स ! सो बेकार की बातें मत करो।

लो, अफसर भी पहुँच गये।

बड़े अफसर। स्वतन्त्र भारत के भरतार। झण्डे पर अहसान करेंगे अभी, उसे फहराकर। बड़े अफसर की बड़ी बातें। अभी उनको सनक आये और वे झण्डे को बँधा ही छोड़ दें, ऐसा एक ऑर्डर निकाल दें, तो? इस देश का अफसर झंण्डे सहित किसी की भी मुश्कें बँधवा सकता है। पर अफसर अभी देशभक्ति की रौ में है। बन्द गले का शेरवानीनुमा कोट पहने है वह। हवा का रुख भाँपनेवाला और अवसर के अनुकूल तिकड़म में प्रवीण। खादी का शेरवानीनुमा कोट इसी तिकड़म का हिस्सा है। दिल्ली में वह यूँ ही नहीं जमा बैठा है।...सारे कर्मचारी पंक्तिबद्ध होकर परिचय दे रहे हैं। हें हें हें हें। यस सर, यस सर। माई सेल्फ शर्मा।...माई सेल्फ विश्वकर्मा।...थैंक्यू सर।...आब्लाइज्ड सर...! आई एम फाइन सर...। और कैसे हैं आप मिस्टर जैन?...अफसर ने नाम लेकर जैन से पूछ लिया है। अभी तक उदास खड़े जैन साहब अचानक खिल गये हैं। देखा? अफसर ने खुद पूछा। नाम लिया। लोग सनाके में...। ...स्साला साइलेण्ट वर्कर है। दिल्ली तक जुगाड़ है और ऐसा भुनगा टाइप बना घूमता है।...साहब को पुष्पहार...। हें हें हें हें। साहब ने झण्डावन्दन किया। गाँठ ठीक खुली। ओंकार साहब प्रसन्न। साहब का भाषण चल रहा है। 'देश इस समय कठिन समय से गुजर रहा है' से शुरू होकर वे गाँधी-

नेहरू तक पहुँचे हैं और फिर वॉया भगतसिंह इस रपटीले मार्ग पर आ गये हैं कि यदि हम सभी देश के प्रति अपना कर्तव्य निभाने का संकल्प ले लें तो देश न जाने कहाँ का कहाँ पहुँच जाए। गाँधी-नेहरू के अलावा उन्होंने लोकल ऑफिस के साहब का भी नाम लिया है और मुस्कुराकर उनकी ओर देखकर अच्छे कार्यों के लिए बधाई भी दी है।...फिर धन्यवाद। फिर स्वल्पाहार। हँसी-मजाक। साहब को चारों ओर से घेरकर खड़े स्वतन्त्र देश के जागरूक नागरिक।

●

बड़े साहब को लेकर अभी-अभी बड़ी गाड़ी निकली है। लोकल साहब ने स्वयं कार का दरवाजा खोलकर उन्हें बिठाया। पीछे की सीट पर पुष्पहारों का ढेर। टाटा, बाई बाई।

अब भीड़ लोकल साहब के चारों तरफ।

लोकल साहब भी अब अपनी कार में बैठ गये हैं। बैठते-बैठते साहब ने चौबेजी से सन्तोषपूर्वक कहा—

'सब बढ़िया निबट गया चौबेजी...'

'जी सर...अच्छे से निबट गया पन्द्रह अगस्त...'

'शाम को झण्डा टाइम पर लपेटवा लीजिएगा...'

'जी सर...आप चिन्ता न करें...'

'थैंक्यू ऑल'

ये साहब भी रवाना हुए।

सभी अपने स्कूटरों की तरफ लपके। बहुत टाइम खराब हो गया यार। जल्दी निकलो। चौबेजी को बचा हुआ माल स्कूटर की डिक्की में रखना है, सो वे अभी रुकेंगे।...झण्डा फहरा रहा है या शायद फड़फड़ा रहा है, कहना कठिन है।

कुछ पानीदार व्यंग्य-कथाएँ

॥ एक ॥

यहाँ पानी रुका हुआ था और नीचे वहाँ पानी के लिए हाहाकार था।

"पानी छुड़वाइए साहब..."

"क्यों जनाब?"

"लोग प्यासे मर रहे हैं, इसीलिए..."

"छोड़ दिया, तो बाढ़ से मर जाएँगे।"

"इतना तो ख़ैर आप क्या छोड़ेंगे...परन्तु तनिक तो छोड़िए। सबको पानी तो बराबर मिल जाए..."

"...तू कम्युनिस्ट है क्या?"

"...इसमें क्या कम्युनिस्ट, क्या समाजवादी। हमारे धर्मों में स्पष्ट उपदेश हैं कि जल, वायु, धूप आदि पर सभी प्राणियों का बराबर का अधिकार..."

"...यार, तुम धर्म को बीच में मत लाओ। तुम्हें पता है कि हम धर्मनिरपेक्ष हैं।"

"परन्तु नीचे वालों के लिए पानी?"

"देखते नहीं यार तुम कि यहाँ हमने पानी रोककर कैसा बढ़िया टूरिस्ट-रिसॉर्ट बनाया है। बोटें तैर रही हैं, वाटर-गेम्स हो रहे हैं, नंगी लड़कियाँ झील किनारे धूप में लेटी हैं, विदेशी टूरिस्ट चले आ रहे हैं। देखो तो प्यारे कि कितनी विदेशी मुद्रा आ रही है। चार आदमी प्यासे मर भी गये तो क्या?...यार, हमें आप स्वदेशियों की यही हरकत ठीक नहीं लगती कि हम तो मरे जा रहे हैं कि कैसे इस देश को आगे ले जाएँ, पर आप जो हैं सो प्यासों का रोना लेकर बैठ जाते हैं।"

"तो आपका कहना है कि लोग प्यासे मरें, तो मरें, पर..."

"हमने यह कब कहा यार?...मिनरल वाटर पियें न! मरें क्यों?"

''देखिए, लाखों लोगों की प्यास...''

''यार तुम तबसे प्यास-प्यास का रोना रोये जा रहे हो। याद रखो कि कहीं भी पानी रोका जाएगा, तो बहुत से लोगों को प्यासा तो रहना ही पड़ेगा। धन और पानी इस मामले में एक हैं। कल तुम मुँह उठाये आ जाओगे कि यह जो पैसा इकट्ठा किया है, यह भी बाँट दो।...विकास के सिद्धान्त को समझो, यार। तुम दुनिया का रोना मत लेकर बैठ जाओ। अपनी सोचो।''

''मतलब?''

''मतलब यह जनाब कि तुम प्यासों की वकालत करने में क्यों अपना जीवन तथा समय खराब कर रहे हो? आओ। हमारे साथ आकर तो देखो। इस झील के किनारे घूमकर तो देखो। बोट में बैठो। तैरो इन लहरों पर। किलोल करो। मिल जाओ हमारे साथ। भूल जाओ उन मूर्ख प्यासों को। तुम तो झील को देखो...''

पानी रुका हुआ है।

नीचे प्यासों के बीच एक-एक बूँद के लिए हाहाकार मचा हुआ है। प्यासे समझ ही नहीं पाते हैं कि जिसको भी वे चुनकर अपने लिए लड़ने भेजते हैं, वह शख्स झील से लौटकर क्यों नहीं आता?

॥ दो ॥

पानी गिलास में था।

पानी लोटे में था।

पानी सुराही में था। पानी घड़े में था। पानी बोतल में था। पानी मश्क में था। पानी बाल्टी में था। टब में भी पानी था। पानी छागल में था। पानी केन में था। पानी हण्डे में था। पानी कटोरे में था।

...और पानी के बीच झगड़े थे।

पानी वही। बर्तन अलग-अलग।

...बर्तनों के बीच झगड़े।

कौन-सा पानी बढ़िया? किस बर्तन का पानी श्रेष्ठ?

लड़ाईयाँ। बज रहे हैं बर्तन। लुढ़क रहे हैं। फूट रहे हैं। फेंके जा रहे हैं। टकरा रहे हैं। बहकर फालतू जा रहा है पानी। बह रहा है खून।

''क्यों रे, किसका पानी अच्छा?''

पूछा है बर्तनों ने, प्यासे से।

''जिससे भी मेरी प्यास बुझ सके, वही बढ़िया...'', प्यासे ने कहा।

''प्यास तो सभी से बुझेगी रे मूरख...परन्तु...'' बर्तनों ने कहा।

''फिर काहे का झगड़ा?'' प्यासे को आश्चर्य है। भोला कह लें, या कहें मूर्ख।

''पहले तो तू यह बता कि तू किस तरफ है? घड़े की तरफ, कि फ्रिज में धरी बोतल की तरफ?''

''मुझे तो प्यास बुझानी है, जो मिल जाए।''

''तू अपनी पक्षधरता तय कर ले, वरना हम सारे बर्तन मिलकर तुझे प्यासा मार देंगे।''

''जो पिला दे, पी लेंगे।''

''बड़ा विधर्मी है रे तू! बाप जिन्दगी भर घड़े का पानी पीता रहा और तू...'' घड़े ने धिक्कारा।

''आप उसे यूँ अपनी तरफ नहीं घसीट सकते। बाप की गलती के लिए बेटा...'' बाल्टी ने घड़े का गला दबाते हुए कहा।

''देखिए, मेरी तो प्यास बुझनी चाहिए...मुझे जिस बर्तन के पानी...''

''पानी क्या केवल प्यास बुझाने के लिए मान बैठा है तू?''

''तो... ?''

''तेरे में कुछ पानी बचा है कि नहीं?''

''तो और क्या करना है पानी से?''

''यह पानी की लड़ाई है मूरख प्राणी,'' बर्तनों ने प्यासे को समझाया, ''पानी के मामले को क्या तूने इतना सरल मान लिया है कि प्यास बुझा ली, और बस्स?...पानी अब बड़े प्रश्नों का केन्द्र है। पानी अब बड़ी राजनीति का हिस्सा है। पानी अब धर्मयुद्ध है। पानी अब सत्ता की लड़ाई है।...''

''पर मुझे कुछ पानी कहीं से भी मिल जाता तो मेरी जान बच जाती...'' प्यासा रिरिया रहा है।

''तुझे अपनी टुच्ची-सी जान की पड़ी है। देख, जब तक यह तय न हो जाए कि कौन-सा पानी ही असली पानी है और किस बर्तन का पानी श्रेष्ठ है, तब तक तुझे प्यासा ही रहना होगा।''

''और जो मैं मर गया प्यास से तो?''

''धर्मयुद्धों में जान की कोई कीमत नहीं होती। मरोगे तो स्वर्ग ही मिलेगा।'' और जब तक तू यह न तय कर ले कि किस बर्तन के पानी को तू असली पानी मानता है, तब तक तू स्साले, प्यासा ही मर!''

सो बर्तन झगड़ रहे हैं।

पानी छलककर, लुढ़ककर नाली में बहता जा रहा है।

प्यासे आतुर खड़े हैं कि झगड़ा खत्म हो, तो पानी मिले।

प्यासों को यह डर भी है कि बर्तन फूट गये और सारा पानी बह गया, तब?

॥ तीन ॥

नाले का सड़ता, बजबजाता, गन्दा पानी।

जमाने भर की गन्दगी और पाप में सराबोर पानी।

और पट्ठा आकर मिल गया गंगा नदी में। बहने लगा ठाठ से। पवित्रता के ठसके से। नाला शहर के किसी अनाम से छोर से चला था। उसकी जीवनयात्रा में बीसियों गन्दली नालियाँ आकर उसमें मिलीं। यहाँ-वहाँ का कचरा उसने शौक से समेटा। सुअरों को अपने दामन में प्यार से जगह दी उसने। जहरीले कीड़े-मकोड़े पैदा हुए उसमें। कीचड़त्व में ही जीवन की सार्थकता मानी उसने। शहर की हर गन्दगी में उसका हिस्सा। दुष्कर्मों के बुलबुले उसमें सर्वत्र। उसकी बदबू, किसी बदनामी-सी सर्वत्र व्याप्त। वह जहाँ से भी निकलता है, शहर के लोग बचकर निकलते हैं या उस रास्ते को छोड़कर ही चलते हैं। 'उधर गन्दा नाला है, इधर से चलो'। नाले से दूरी भली। नाले पर भी पुलिया बनी हैं यत्र-तत्र, परन्तु नागरिक बैठते-बतियाते नहीं उन पर। गन्दगी तैरती रहती है नाले के जल में। यह सब, परन्तु नाला अपने सम्पूर्ण गलीज के साथ सिर उठाये गुजरता है सारे शहर के बीच से।

और शहर से ही गुजरती है गंगा भी।

अब गंगाजल का तो बखान ही क्या!

पावन स्वच्छ जल। हिमालय की उज्ज्वल परम्परा। गंगोत्री से जन्मा, तीर्थों के भजन-कीर्तन-सत्संग में दीक्षित होता, कलकल करता निर्मल पवित्र जल। अपनी पवित्रता पर गर्वित, गौरवान्वित, गंगाजल। और क्यों न गर्व करे वह? सारा विश्व उसमें डुबकी मारकर पवित्र होता है। सो गर्व से कलकल-कलकल बहता गंगाजल। आसपास 'हर हर गंगे' के निनाद। लहरों का गर्वोन्नत मस्तक उठाये गंगाजल।

कि इस शहर का यह बदनाम, गन्दला नाला आकर मिल गया गंगानदी में और गंगाजल जैसी ही गर्वोन्नत मुद्रा में बह निकला, ठाठ से। साथ बह रहे गंगाजल ने यह अनर्थ होते देखा, तो वह चकित भी हुआ और क्रोधित भी। गंगाजल ने आश्चर्य के साथ यह भी देखा कि लोग गंगा में मिल गये नाले के जल में भी उसी श्रद्धा तथा भक्ति भाव से डुबकियाँ मार रहे हैं। गंगा का हिस्सा बनकर नाला भी वही सम्मान पाने का अधिकारी हो गया है।

''यह भी खूब धाँधली है...'' गंगाजल ने कहा।

''कैसी धाँधली?'' नाले के जल ने अकड़कर कहा।

''लोग तुमको भी वही सम्मान दे रहे हैं, जो मुझे मिलता है...''

''जल तो हम भी हैं, तुम भी!''

''कहाँ मैं और कहाँ तुम...छी:।''

''यह सत्य है कि मैं गलत संगत तथा गन्दी आदतों के चलते गन्दगी में बहकर नाला बन गया, परन्तु...फिर भी...''

''फिर भी क्या?''

''फिर भी यह गंगाजल महाशय, कि इस देश में यदि नाला समझदार हो, तो वह जीवन-पर्यन्त भी गन्दगी से उफनता बहता रहे, तब भी धर्मप्राण जनता से अपनी जय-जयकार और पूजा-अर्चना करवा सकता है बशर्ते...''

''बशर्ते क्या?''

''बशर्ते कि जुगाड़ करके, वह येन-केन-प्रकारेण अन्ततः गंगा में मिल जाए।''

''मैं समझा नहीं?'' गंगाजल को राजनीति नहीं आती न, सो उसने पूछ लिया।

''तुम दिल्ली से होकर नहीं गुजरते न, इसीलिए। कभी अपनी जमुना बहन से पूछना कि दिल्ली में कैसे-कैसे गन्दे नाले वहाँ बह रही सत्ता की गंगा में मिलकर इस देश में सम्माननीय तथा स्वीकार्य हो जाते हैं।...प्रिय मित्र, इस देश में हर गलीज नाला पूजनीय हो सकता है, बशर्ते वह उचित अवसर पाकर गंगानदी में घुसने का जुगाड़ कर ले।''

संसद तथा विधान सभा से बहुत दूर बह रही गंगा में हजारों गन्दे नाले आकर मिल रहे हैं। इस देश के भोले मतदाता तथा आमजन को पता ही नहीं है कि जिस जल में श्रद्धा से डुबकी लगाकर वह सुखी जीवन की कामना तथा याचना कर रहा है, उसका पानी जहरीला होता जा रहा है।

इसीलिए न गंगा से उसकी उम्मीदें पूरी हो रही हैं, न संसद से।

॥ चार ॥

भीषण गर्मी के दिन।

लू के थपेड़े। पसीना। प्यास।

'धर्मार्थ प्याऊ' बड़ी व्यस्त रहती है इन दिनों।

सुबह से प्याऊ बहुत व्यस्त है, आज भी। मजदूरों, बच्चों, यात्रियों की भीड़।

दोपहर हो गयी। तेज धूप और लू के कारण दोपहर में लोगों की आवाजाही कम हुई, तो प्याऊ ने चैन की साँस ली और फुरसत पाकर अपने आसपास छिटकती

नजर डाली। उसने चौंककर देखा कि प्याऊ के पास ही कोई 'मिनरल-वाटर' की खाली बोतल फेंक गया था।

प्याऊ ने वितृष्णा से मुँह बिचकाते हुए बोतल को देखा और तिरस्कारपूर्वक कहा, ''क्यों री, पैसे की ऐसी हाय मची है तेरे को कि तूने पानी तक बेचना शुरू कर दिया?''

''अर्थशास्त्र की तनिक भी समझ तुझे होती तो तू ऐसे मुफ्त में पानी पिलाती न बैठी होती सड़क पर...'' बोतल ने मुँह बिचकाते हुए उत्तर दिया।

''इस देश में कोई चीज ऐसी छोड़ोगे भी तुम कि जिसको बाजार में न बेचो?''

''जो ऐसी होगी, उसे हम वैसे ही छोड़ देंगे!...जिस चीज को बाज़ार में बेचा न जा सके, उस चीज की अहमियत ही क्या?''

''अच्छा!''

''जी हाँ...जैसे तुम्हारी यह धर्मार्थ प्याऊ! क्या मतलब है इसका? क्या महत्त्व है इसका? देश के अर्थशास्त्र में क्या रोल है इसका? बाजार में क्या पूछ-परख है इसकी? तुम्हारी प्याऊ से यदि पैसे न पैदा हों, तो यह है किस मर्ज की दवा?''

''यह धर्मार्थ है भैय्या...सद्कार्य है यह।''

''प्याऊ मात्र हरामखोरी सिखाती है, मुफ्तखोरी, बस्स!''

''तुम नहीं समझोगे। हम प्यासे को पानी पिला रहे हैं और तुम...''

''बहिनजी, प्यासे को पानी तो हम भी दे रहे हैं—पैसा अण्टी से निकालो और ठाठ से मशीन का शुद्ध बोतलवाला पानी पियो।''

''और जिनके पास पैसा न हो?''

''उनसे कहो कि बैठे-बैठे हरामखोरी करने में समय खराब न करें—पैसा कमाएँ और प्यास बुझाएँ।''

''पैसा कमाना क्या ऐसा सरल है? रोजगार न मिलने तक प्यास से मर न जाएँगे वे?''

''जिनके पास पैसा नहीं है, बाज़ार के लिए उनका क्या तो जीना और क्या ही मरना!''

''देखिए...प्याऊ का विचार तो बाजार से अलग है।''

''आज की दुनिया में हर विचार अन्ततः बाज़ार द्वारा या बाजार के लिए है—उससे अलग कुछ नहीं है बहिनजी।''

''प्याऊ तो धर्मार्थ...''

''बहिनजी, धर्म और बाज़ार को आपस में गड्ड-मड्ड मत करो। धर्म के हामी तो हम भी हैं। धार्मिक गानों के कैसेट, धार्मिक-सीरियल, धार्मिक-प्रवचनों

आदि का इत्ता बड़ा बाजार हमने ही खड़ा किया है। धर्म के बृहद बाजार पर हमारी नज़र है। जब तक धर्म बाज़ार को बढ़ाने में मदद करता है, हम हर धर्मार्थ कार्य का स्वागत करते हैं...''

''...फिर तो धर्मार्थ प्याऊ...''

''देखिए, यह प्याऊ-फ्याऊ का सोच ही बाजार के विरुद्ध है। और यह ठीक चीज नहीं।''

''फिर हम क्या करें? क्या ऐसा सद्कार्य बन्द कर दें?''

''बन्द मत करो बहिन...चालू रखो। परन्तु चुपके से इसे धर्मार्थ से बदलकर एक लाभदायक 'वेंचर' में बदलने की कोशिश करो। धर्म में यदि पैसा नहीं पीट पा रहे हो, तो वह अधर्म कहाया। पैसा लेकर पानी पिलाओ। कहो कि धर्म में सस्ते में पिला रहे हैं। कहो कि पानी ढोनेवाले मजदूर का पैसा तो निकालना होगा न। कहो कि नये घड़े खरीदने का पैसा कहाँ से आएगा? कहो कि जमीन का किराया भी तो निकालना है। कहो कि...'

प्याऊ और मिनरल वाटर की बोतल में बहस जारी है।

बहस भी क्या कहें, यह कहें कि मिनरल वाटर की बोतल प्याऊ को उसकी गलतियाँ समझा रही है।

प्याऊ अब चुप होकर उसके तर्क-वितर्क-कुतर्क सुन रही है।

प्याऊ अब चुपचाप बैठी कुछ सोच रही है। प्याऊ की खिड़की उसने बन्द कर दी है और अभी-अभी एक प्यासे को लौटा भी दिया है कि भैया, बाद में आना। मिनरल वाटर की बोतल उसे आशा की निगाहों से देख रही है।

क्या बाजार द्वारा संचालित इस नये विश्व में प्याऊ अपनी सोच बदल देगी? डर है कि ऐसा होगा। प्याऊ के चारों तरफ इस देश में पहले ही ऐसा हो रहा है।

श्रद्धांजलि के शौकीन

श्रद्धांजलि सभा का आयोजन है।

इतने कम लोग आये हैं कि यदि मरनेवाला किसी प्रकार देख पाता, तो ग्लानि से दोबारा मर जाता। मरनेवाला अपनी किस्म का बड़ा लेखक हुआ करता था। जिन्दगीभर लिखता रहा। उम्मीद की जाती है कि उसकी मृत्यु पर श्रद्धांजलि के लिए शहर के वे साहित्यजीवी तो एकत्र होंगे ही कि जो साहित्य के रिश्ते से मरहूम के कज़िन-ब्रदर वग़ैरह होते थे। पर हुआ यह कि आज ही शहर में नयी फ़िल्म लग गयी, एक बम्पर सेल में मिट्टीमोल 'इम्पोर्टेड आयटम' मिलने का आखिरी दिन हो गया और पास में ही मशहूर तोता-सर्कस लग गया-सो वे भी नहीं पहुँच पाये हैं, जो अन्य और कोई 'इंटेरेस्टिंग' काम न होने पर ऐसे कामों में शिरकत करने आ ही जाते हैं।

धीरे-धीरे आठ-दस इकट्ठे हो गये हैं। ये प्रोफेशनल किस्म के श्रद्धांजलि देनेवाले लोग हैं। ये तो आते ही। हर श्रद्धांजलि सभा में रहते ही हैं। आगे भी रहेंगे। खुद की श्रद्धांजलि भी जब होगी, तो इनकी आत्मा यहीं मँडराएगी। ये श्रद्धांजलि देने के शौकीन लोग हैं। कुछ दिनों तक कोई न मरे तो कुलबुलाने लगते हैं। मुझे तो लगता है कि कुछ दिनों तक यदि कोई न मरे तो ये किसी का मर्डर भी कर सकते हैं ताकि अगले दिन उसे श्रद्धांजलि दे सकें। ये अपरिचित को भी ऐसे मनोयोग से श्रद्धांजलि दे आते हैं कि आपको भनक भी नहीं लग सकती कि यहाँ पधारने के दो मिनट पूर्व तक इन्हें दिवंगत के विषय में कुछ भी पता नहीं था, सिवाय इस बात के कि वह मर गया है; और वह वैसा लगता रहा होगा कि जैसा कोने में धरे उस फ़ोटो में लग रहा है कि जिस पर मालाएँ चढ़ी हैं और जिसके फ्रेम में खोंसकर तीन अगरबत्तियाँ जल रही हैं।

ख़ैर, सभा प्रारम्भ हो गयी है। जो आ गये थे, वे भी कहीं बहाना मारकर वापस जाना शुरू न कर दें, इस एहतियात को बरतते हुए श्रद्धांजलि सभा शुरू कर दी गयी है। कहा गया कि सभी अपने-अपने विचार रखेंगे। सभी को ढाँढस

बँधा कि हमें भी मौक़ा मिलेगा। जो अभी तक कसमसा-से रहे थे, ढीले होकर बैठ गये हैं जाजम पर। आश्वस्त हुए कि पिछली दफा जैसी धाँधली नहीं मचेगी—सबको चांस मिलेगा। बड़े आदमी कोई बार-बार तो मरते नहीं साहब। एक बार मौक़ा चूक जाओ, तो अगले का कहा नहीं जा सकता कि कब मरेगा। लोग आजकल ठीक-ठाक जीते हैं। फिर कई बार मरने का पता नहीं चलता या श्रद्धांजलि सभा हो जाती है और बुलाना भूल जाते हैं स्साले। या घरवाले ही फ़ोन रिसीव करके बताना भूल जाते हैं। या देर हो रही हो, तो ये लोग बदमाशी कर जाते हैं साहब। अभी पिछली बार वो कौन-तो-स्साले-अच्छे-से-लेखक मरे थे, तो उनकी वाली में यही किया कि चालाकी से बस अपने एक-दो चहेतों से श्रद्धांजलि बुलवाकर गुप्ताजी ने एकदम से दो मिनट का मौन धरवा दिया। हरामखोरी की हद है साहब। 'अब ऐसे में आदमी मौन रहकर मरनेवाले की आत्मा की शान्ति के लाने काहे की प्रार्थना करे सुसरा कि जब ख़ुद उसकी आत्मा दारी कचोट रही हो कि इस स्साले गुप्ता ने हमें बोलबे का मौका ही नहीं दिया।'...पर इस बार माहौल ठीक दिख रहा है। गुप्ताजी हैं नहीं। जायसवाल साहब इस मामले में लोगों की भावनाओं की कद्र करते हैं। वे सबसे बुलवाएँगे। अगरबत्ती का पूरा एक पुड़ा एक्सट्रा लेकर आये हैं। और लगा देंगे। पर बोलने देंगे, सबको।

•

मिश्राजी श्रद्धांजलि दे रहे हैं फिलहाल।

मिश्राजी मूलतः कवि हैं, और मौक़ा मौत का हो, अथवा प्रेम का, वे सीधे भावुक हो जाते हैं। भावुक हो जाने का सीधा फायदा यह होता है कि उनको कुछ भी अललटप्पू बोलने की छूट मिल जाती है क्योंकि आदमी भावुक व्यक्ति की अनर्गल बातों को भी नज़रंदाज़ कर देता है। मिश्राजी की आँखें लाल हैं, जो श्रद्धांजलि देने की उनकी पात्रता बढ़ा रही हैं। रात में ज़्यादा पी लें, तो उनकी आँखें अगले दिनभर लाल बनी रहती हैं, और लगे हाथों ऐसे मौकों पर काम आ जाती हैं। श्रद्धांजलि देते हुए वे कुछ ऐसा सन्दर्भ ले आते हैं कि किसी बहाने अपनी कोई कविता या मुक्तक पेश कर सकें। जैसे कि अभी-अभी मौत के विषय में बात करते हुए उन्होंने अपनी वे दो काव्य पंक्तियाँ प्रस्तुत की हैं, जो हर श्रद्धांजलि में बोल-बोलकर वे लोगों को रटवा चुके हैं। इनमें मिश्राजी कहते हैं कि रे मौत, तू मेरा क्या कर लेगी, जबकि आत्मा अमर है और जिसे तू मौत का नाम दे रही है रे नादान, वह तो मेरा परमात्मा से मिलने का टाइम पहले ही फिक्स था! कुछ इसी भाव की कविता। वे आगे बोले कि वस्तुतः दिवंगत

मरे नहीं हैं, हालाँकि डॉक्टर भी ग़लत नहीं कह रहे होंगे क्योंकि हमारे जिला अस्पताल के डॉक्टर इत्ती भी ग़लती नहीं करते हैं; और सबसे बड़ी बात यह कि यदि वे जिन्दा होते तो जलाते टाइम तो कम-से-कम, गरम-गरम लगने के कारण उठ खड़े होते। पर वे मरे नहीं हैं। वे मर कर भी अमर हैं, हमारे हृदय में सदैव जीवित हैं तथा अपनी रचनाओं के माध्यम से वे समाज को रास्ता दिखलाते रहेंगे गोकि समाज ने उनकी तब एक न सुनी कि जब वे जिन्दा थे। 'वैसे, वे ज़िन्दा हैं, ज़िन्दा थे और ज़िन्दा रहेंगे'—ऐसा कहते-कहते मिश्राजी उत्तेजित हो उठे और माइक भींचकर कहने लगे कि जो भी हरामी यह कहता है कि मरहूम मर गये हैं, हम उसे ज़मीन में ज़िन्दा गाड़ देंगे। लोगों ने समझा-बुझाकर बिठाया।

फिर रसालजी आए।

कुछ देर तक इधर-उधर देखते रहे। फिर काफ़ी देर तक कोने में धरी दिवंगत की तस्वीर को यूँ घूरते रहे कि मानो गुमशुदा की तस्वीर को पहिचानने, मिलान करने की कोशिश कर रहे हों। अन्ततः वे आसमान (छत) की तरफ़ देखने लगे और देखते ही रहे। जायसवालजी बेचैन हो रहे हैं। यह रसाल का बच्चा हर बार यही ठनगन करता है। पर श्रद्धांजलि देने का यह उनका अपना तरीका है। '...बोलो, यार'...किसी ने कहा है। वे अब बोल रहे हैं। श्रद्धांजलि देने के उनके तरीके में यह भी है कि वे सीधे ही बताने लगते हैं कि वे दिवंगत के इतने करीब थे कि पट्ठा हर चीज के लिए सलाह लेने इनके पास ही भागा-भागा आता था और हर रचना दिखाकर पूछता था कि दादा, कैसा क्या लिखना चाहिए। वे बताते हैं कि दिवंगत को कभी भी बड़ा लेखक होने का घमण्ड नहीं था। हमेशा मेरे घर आता और कहता कि रसाल दादा, चाय पिलवाओ और यह रचना सुनो। चाय भी हमीं से पीता। बदमाश था। प्यारा बदमाश। पर जो भी लिखता, तुरन्त हमें दिखाता। डिस्कस करता। जो हम ठीक करने को कहते, तुरन्त करता। कहता कि दादा, आपकी समझ के सामने नतमस्तक हूँ। बदमाश। प्यारा बदमाश।...बाद में तो बड़ा आदमी होकर दिल्ली में बैठ गया, तब भी वहीं से फोन पर पूरी रचना सुनाता। एस.टी.डी. बिल की परवाह न करता। सरकारी फोन। खूब डिस्कस करते हम लोग। रात में फोन की घण्टी बजती और हम जान जाते कि कौन होगा।...पर अब रात में क्यों बजेगी फोन की घण्टी और बजी भी तो हम कैसे जान पाएँगे कि किसकी होगी?...ऐसा बोलते-बोलते वे फूट-फूटकर रोने लग गये।...सबी को इसी पल का इन्तजार था। वे हर श्रद्धांजलि में ऐसा करते हैं। ऐसा करके वे दूसरों को नीचा दिखाने की कोशिश करते हैं कि स्सालो, मेरे जितना दुखी होकर बतलाओ, तो मानें।

वे सिसकियाँ लेते हुए बड़ी मुश्किल से हटे। शम्भुनाथजी क्रान्तिकारी साहित्यकार

हैं। आजतक लोग पता नहीं कर पाये हैं कि वे हैं क्या? कुछ उन्हें कवि बताते हैं, तो कुछ का शक है कि वे कथाकार हैं, तो कुछ के बीच उनके आलोचक होने की अफवाह रही आती है। वे जो भी हों और मूलतः जिस भी विधा में रहें, वहीं क्रान्ति के फेवर में रहते हैं। किसी भी साहित्यकार की मौत हो, वे इसके लिए सरकार तथा समाज को दोषी मानते हैं। सौ वर्ष की उम्रवाला भी यदि मरे तो घोषित कर देते हैं कि भ्रष्ट सरकार तथा निष्ठुर समाज ने उसकी असमय हत्या कर दी। एक बार हमने उन्हें समझाने की कोशिश भी की, कि यदि मरहूम इससे ज्यादा जीते, तो घरवाले ही उनकी हत्या कर डालते। शम्भुजी ने बुरा मानते हुए कहा कि घरवालों को हत्या का हक है, सरकार को नहीं।...आज भी वे इसी मूल थीम से शुरू हुए हैं और छोड़ नहीं रहे। वे कह रहे हैं कि इत्ता बड़ा साहित्यकार मर गया, क्या सरकार में एक पत्ता भी खड़का है? क्या किया सरकार ने? कोई बड़ा पुरस्कार मरहूम को नहीं दिया गया यह बताते हुए वे सरकारी पुरस्कारों की राजनीति में घुस गये, जो उनका प्रिय विषय है। फिर फासीवाद, साम्प्रदायिकता तथा दक्षिणपन्थी साजिशों का ज़िक्र न जाने किस कौशल से बीच में लाते हुए उन्होंने यह कहकर श्रद्धांजलि खत्म की, कि दिवंगत हस्ती को हमारी सच्ची श्रद्धांजलि यही होगी कि हम क्रान्ति करें तथा फासीवादी ताकतों के पाँव उखाड़ दें। उन्होंने आह्वान किया कि हम, यदि डेली थोड़ी-थोड़ी क्रान्ति भी करते चलें तो साल के अन्त में पाएँगे कि काफी मिकदार में क्रान्ति हो गयी है। यह करके ही दिवंगत की आत्मा को शान्ति मिलेगी। बात खत्म करते-करते उन्होंने धीरे से यह निमन्त्रण तथा आह्वान भी दिया कि सभी से निवेदन है कि टाउन ऑफिस के सामनेवाले शादी-हॉल में कल आयोजित पावस कवि-गोष्ठी में अवश्य पधारें।

इनके बाद सलोनेजी हैं। कोई मरे, ये सबसे यही कहते हैं कि हम सबको उनके छोड़े गये कामों को पूरा करना होगा और उनके रास्ते पर चलकर ही हम उन्हें सच्ची श्रद्धांजलि अर्पित कर सकते हैं। मान लीजिए कि आप किसी और रास्ते पर जा रहे हों, तो सलोनेजी का आग्रह रहेगा कि अब आप इस वाले पर आ जाएँ कि जो इनके मरने से ख़ाली तथा सूना हो गया है। अभी भी वे यही कह रहे हैं।...लोगों के बीच दबी आवाज़ में बातें शुरू हो गयी हैं। दफ्तर की। राजनीति की। गर्मी की।...इधर सलोनेजी बता रहे हैं कि मरनेवाला बहुत से काम अधूरे छोड़ गया है, जिन्हें हम सभी को पूरा करना है। सलोनेजी के बताने से ऐसा प्रतीत हो रहा है कि मरनेवाला काम तो हज़ारों चालू कर बैठता था, परन्तु उन्हें पूरा करते हुए उसकी नानी मरती थी।...सलोनेजी मरहूम की तेरहवीं तक भी रुकने को राजी नहीं तथा चाहते हैं कि इस सभा के तुरन्त बाद ही हम दिवंगत

द्वारा छोड़े गये कामों में हाथ डाल दें।

•

खुस-पुस बढ़ गयी है।

सभा चल रही है।

लोग बातों में लग गये हैं। एकाध ने मज़ाक-सा भी कुछ किया है। कुछ खी-खी, ही-ही, ठी-ठी भी।

सभी अपने मौके की प्रतीक्षा में बैठे हैं। सभी को बोलना है।

अभी देर लगनेवाली है। दिवंगत आत्मा को अपनी शान्ति के लिए थोड़ी और प्रतीक्षा करनी होगी। जल्दी निबटाने की कोशिश उचित नहीं होगी अन्यथा न बोल पाने वालों की आत्मा अतृप्त तथा अशान्त रह जाएगी।

राजनीति में रतजगे के दिन

नींद नहीं आती है रातभर, उनको।

ज़माना खराब आ गया है। आप मुख्यमन्त्री के तौर पर सोयें, और जागें तो भूतपूर्व मुख्यमन्त्री कहाएँ। 'सोये सो खोये'—चिन्तक सदियों पूर्व कह गये हैं। ज़माना तभी से ठीक नहीं चल रहा, शायद। तब क्षेत्र विशेष के क्षत्रप का हृदय सोते हुए धकधक करता होगा कि पता नहीं, हस्तिनापुर से कहीं कोई घुड़सवार पदविस्थापन का रुक्का लेकर निकल न पड़ा हो! परन्तु एक तथ्य यह भी है कि ये ही चिन्तक यह भी फरमा गये हैं कि 'जागे सो रोये।' बड़ी कठिनाई है। सोते हो, तो खोते हो और जागे रहो तो रुलाई आती है। जागे रहो तो साफ दिखता है कि अपने ही साथ छोड़ने को बेचैन हैं। अपने ही पर तौल रहे हैं। अपने ही मुँडेर पर यूँ बैठे हैं कि किसी भी तरफ कूदने को तत्पर। देखकर रोना आता है। तो क्या करे आदमी? न जाग सके, न सो सके। बदलता रहे करवटें, रातभर। सत्ता के बिस्तर पर नींद ऐसी ही होती है।

सो आधी रात हो जाने पर भी सो नहीं पा रहे हैं वे।

आधी रात का वक्त। सन्नाटा पसरा है बंगले में। टेलीफोन शान्त। प्रहरी तक ऊँघ रहे हैं। हल्की-हल्की रोशनी। बहुत-सा अँधेरा। झींगुरों की आवाज़। बंगले में लाख प्रहरी लगे हों, झींगुर घुस ही जाते हैं। आप करोड़ों अच्छे कार्य कर लें, झींगुर शोर मचाते ही हैं, क्योंकि शोर मचाने से ही तो उनकी उपस्थिति दर्ज होती है।...बड़ा-सा पलंग है। नर्म गद्दे। पर गड़ रहा है कुछ। सत्ता की शैय्या लाख कोमल हो, पर कुछ गड़ता ही रहता है। पलट गये वे, पर गड़ता ही रहा। क्या है? क्या है, जो गड़ रहा है? क्या है, जो खटक रहा है? क्या है, जो सध नहीं रहा? सधे, तो नींद आए। गड़ना कम हो। पर होता नहीं। यहाँ की सलवट ठीक करो, तो वहाँ आ जाती है। यहाँ झाड़ो, तो वहाँ गड़ने लगता है। सत्ता की शैय्या। राजनीति की चादर। तिकड़मों के कंकर। षड्यन्त्रों की फाँसें। जोड़तोड़ के खटमल। सोना कठिन। उठकर बैठ गये वे। सेवक को बुलाकर कहा

कि देखो, चादर ठीक करो। झाड़ो। सेवक सर्वज्ञाता, पर चुपचाप चादर झाड़कर चला गया। क्या कहे सिवाय सान्त्वना के कि कुछ नहीं सरकार, नाहक परेशान न हों। चादर ठीक है और कंकड़ बस अफवाह मात्र। पर हर चादर में कंकड़ एक डरावनी सम्भावना भी तो है। क्या पता, हो। सो झड़वाते रहना ही ठीक। पुलिस के जासूस लगाकर पता करना ही समझदारी। मूवमेण्ट पर कड़ी नजर आवश्यक। फिलहाल कहाँ? दिल्ली में, भोपाल में, गाँव में, मन्दिर में? सलवटों पर निगाह। कंकड़ों को निरन्तर झाड़ना। खटमलों को रातभर मारना। बार-बार झाड़ना, बिछाना। रात इसी में निकल जाती है आजकल। सो नहीं पाते वे।

पर सोने की कोशिश में लगे तो हैं।

करवट करके लेटें, तो शायद नींद आ जाए। वे थोड़ी देर तक करवट से लेटे रहे। अचानक ख्याल आया कि ऐसी पोजीशन में, पीठ तो असुरक्षित! पीठ तरफ दिख नहीं रहा और पीठ में छुरे या पिछवाड़े पर लात की सम्भावना सबसे अधिक इसी दिशा से। जमाना करवट लेकर लेटने का नहीं। आप न दायीं करवट लें, न बायीं। वामपन्थी भी खुश और दक्षिणपन्थी भी—सम्भावना यह कि आप किसी भी तरफ पलट सकते हैं। कभी बायें हिलें, कभी दायें। लगता रहे कि यह हमारी करवट आ सकता है। पर लेटे चित्त ही। सोयें, पीठ बचाते हुए। रखें नजर, आसमान पर। जमाना यही है। सो वे करवट से तुरन्त सीधे लेट गये। पर ऐसा लगा कि कोई पीछे था। लगा तो। अँधेरे में कुछ भी स्पष्ट नहीं दीख रहा। हर चीज पर सन्देह हो रहा है। अँधेरे में ऐसा होता ही है। अनिश्चय का अँधेरा। भ्रम का अन्धकार। अफवाहों का धुँधलका। वैसे, हाईकमान की टिमटिमाती लाइट जल रही है, पर यह जीरो वॉट की रोशनी दिखाती कम है, छुपाती ज्यादा है। दुश्मन पीछे हैं। अभी था तो कोई। छुप गया। या दिख गया तो करने लगा 'हें हें' कि हम हैं तो आपके साथ ही, पर क्या करें कि दबाव के कारण करने पड़े ज्ञापन पर हस्ताक्षर। साथ हैं, पर दुश्मन हैं। दूर हैं, पर दोस्ती का दावा है। स्पष्ट टिपता नहीं। दोस्ती की कसमें खा रहे हैं, पर भ्रम है। अँधेरा है। रात है। करवट लेकर सोते तो शायद नींद आ जाती। पर करवट लेना खतरनाक।

वे चित्त पड़े सोने की कोशिश कर रहे हैं।

पर नींद आ भी जाए, तो सपनों का डर। बुरे-बुरे सपने। डरावने सपने। कल ही, मुश्किल से आँख लगी थी कि सपने में पानी ही पानी दिखा। देखा कि कुर्सी बह रही है और वे कुर्सी का हत्था, टाँग, पैंदा—जो हाथ लग जाए, उसी को पकड़ने की कोशिश में तैरते-डूबते-उतराते जा रहे हैं। कुर्सी हाथ आती भी है और छूट-छूट रही है। भँवर, लहरें, हरहराहट, छटपटाहट, छपछपाहट, कचरा। घबराकर उठ बैठे थे वे! और अभी उस रात स्वप्न में दिखा कि कुर्सी में कोई

आग लगाकर चला गया है और वे पानी तलाशते भाग रहे हैं। पानी मिल नहीं रहा। नलों में पानी नहीं। कुएँ रीते या बाल्टी ही नहीं। बाल्टी है तो रस्सी नहीं। फायरबिग्रेड वाले फोन नहीं उठा रहे हैं। मन्त्री बाल्टी छुपाये बैठे। विधायकों के हेण्डपम्प का जल स्तर नीचे चला गया। हाईकमान का फोन इंगेज। करें क्या? कैसे बचायें कुर्सी? आँच ऐसी तेज कि पसीने से लथपथ। वे सपने से जो जागे, तो रातभर सो ही नहीं पाये।

वे आज भी रातभर करवटें बदलते रह गये।

कि अचानक मुर्गा बोला। कि नयी सुबह सामने। जोड़तोड़, तिकड़मों और कोशिशों का सूरज। आशा, आशंका और आश्वासनों की धूप-छाँव। रात सोये नहीं, पर दिन में ऊँघने की हिम्मत भी नहीं। सुबह उठते ही एक युद्ध में उतर गये हैं वे। ऊँघ नहीं सकते। खड्गवाले हाथ आसपास। जिनमें बहुत से हाथ दोस्तों के। ऊँघे कि खड्ग चले। रतजगा दिन में भी चल रहा है। खड्ग गर्दन पर हो, तो नींद किसे आती है और ऊँघ कौन सकता है?

गिनीज बुक वाले कृपया ध्यान दें

बलवती तमन्ना है कि गिनीज बुक में नाम आ जाए।

गिनीज बुक में आना हो, तो तमन्ना भर से काम नहीं चलता। बलवती तमन्ना चाहिए। हमारी है। पहले नहीं थी। पर अब है। हमने पाया है कि हमारी कई हरकतें ऐसी हैं, या रही हैं कि उन पर यदि थोड़ा-सा ध्यान तथा समय और लगा दें, तो गिनीज बुक के लायक मामला बनता है। उदाहरण के लिए आप सबसे अधिक दिन तक न नहाने के रिकार्ड को ही ले लें। पता नहीं कि उनकी किताब में यह किसके नाम दर्ज है, पर होना इसे हमारे नाम चाहिए था। अब तो ख़ैर शादीशुदा होने के बाद वो बात तथा ताब नहीं रही, परन्तु एक वह भी गन्दला-सा-सुनहरा समय था कि जब हम महीनों तक नहीं नहाते थे। तब का कोई ऑफिसियल रिकार्ड तो खैर हमने नहीं रखा, परन्तु हमारे मित्र इस बात की ठोस गवाही दे सकते हैं, गोकि उनकी बात कोई मानने से रहा और वे स्वयं भी इस मामले में अपना दावा प्रस्तुत कर सकते हैं। फिर हमारा जिक्र तो इस किताब में इस चमत्कारी पहलू के लिए भी किया जाना चाहिए कि सबसे लम्बे समय तक न नहाने के बावजूद कोई शख़्स अपने को कैसे सबसे चमकीला बनाकर रख सकता है। हम रगड़कर मुँह धोते, आँखों में कीचड़ न जमने देते और गर्दन तथा उसके नीचे से शुरू होनेवाले शरीर के क्षेत्रफल को इस्तरी किये कलफदार कपड़ों से यूँ सलीके से ढाँकते थे कि लगे कि माल सीधे हम्माम से निकलकर ताजा-ताजा आ रहा है। परन्तु तब हमें गिनीज बुक का पता नहीं था और अब दावा करें तो कोई मानेगा नहीं। तब पता होता तो वे हमारी गर्दन पर चढ़ी मैल की परतों की मोटाई नापकर ही हमें सादर दर्ज कर लेते। पर वे दिन व्यर्थ ही निकल गये। राष्ट्रीय गौरव में, यूँ बिना कुछ किये-कराये ही अपना महती योगदान देने का आसान-सा अवसर जाता रहा। और, अब तो ख़ैर मैं नियमित नहाने लगा हूँ तथा पत्नी के कड़क रुख को देखते हुए अब इस दिशा से गिनीज बुक में प्रवेश सम्भव भी नहीं रहा।

मैंने शुरुआत में ही अपनी बलवती तमन्ना का जिक्र अभी किया। मेरा मन मचल रहा है कि गिनीज में घुसूँ और बैठूँ उनकी उस जाजम पर, कि जिस पर बैठे हैं सबसे टेढ़े, सबसे मेड़ें, सबसे ऊँचे, और सबसे ठिगने आदि।...आइए, आइए। आप भी यहाँ? कैसे आना हुआ?जी बस, यूँ ही। सबसे काले हैं न! इसी के लिए सम्मानित। और आप? हमारी मत पूछिए। हम तो संसार की सबसे ऊँची सड़क पर खड़े होकर बीड़ी पीने के कारण। वाह, क्या बात है। एक से एक इकट्ठे हैं यहाँ। शंकरजी की बारात-सी सजी है, इस पन्ने से उस पन्ने तक। न जाने क्या-क्या, न जाने क्या करने के लिए। पर धाँधली मची है सा'ब। असली रिकार्ड वालों को कोई पूछ नहीं रहा। उनके नाम तक नहीं। हमने अपना ही उदाहरण ऊपर दिया है। हमारे दक्षिण भारतीय मित्र हजारों टन मिर्ची भसक गये, परन्तु सबसे ज्यादा मिर्चियाँ खाने का रिकार्ड किसी और के नाम दर्ज है। बताइए! परन्तु हम भारतीयों में यह भी तो एक बुरी आदत है कि हम स्वयं अपनी उपलब्धियों का ढिंढोरा नहीं पीटते। ओछापन मानते हैं इसे। वर्षों से हरी-लाल-काली मिर्चें, अलग-अलग, या मिलाकर खा रहे हैं, परन्तु कभी दावा पेश नहीं किया। फालतू कामों के लिए फुर्सत नहीं। भारतीय चाह लें, तो घुस सकते हैं।

परन्तु भारतीय लोग कोशिश नहीं करते। बल्कि जितना समय वे इधर खराब करेंगे, उतने में वे अपनी अन्य महत्त्वपूर्ण जिम्मेदारियाँ, यथा पत्नी को पीटना या बच्चों को थप्पड़ लगाना इत्यादि निभाते हैं। हम तो कहते हैं कि वे इन्हीं कर्तव्यों का रिकार्ड रख लें, तो घुस जाएँ। पत्नी को सबसे लम्बे समय तक लगातार पीटने का रिकार्ड भी किसी भारतीय पति के नाम दर्ज हो सकता है। वैसे इस क्षेत्र में प्रतिस्पर्धा बड़ी है, परन्तु भारतीय पति मेहनत और प्रतिस्पर्धा से नहीं डरते। रिकार्ड की बात आयी तो वे दो थप्पड़ और लगाने को तैयार हैं। इसके अलावा अधिकतम शिलाजीत की खपत होने, मुफ्त की दारू पीने के लिए सबसे अधिक दूरी को सबसे कम समय में पूरी करने, महत्त्वपूर्ण सरकारी फाइलों के सर्वाधिक ज्वलनशील होने, गुप्त रोगों के शर्तिया इलाज में अधिकतम बिजली बापरने आदि के लिए भी हमें गिनीज बुक में आदरणीय स्थान मिल सकता है। भारत किस बात में पीछे है यार! ठान भर लें, तो पूरी गिनीज बुक पर छा जाएँ। अभी उस दिन देख रहा था कि सर्वाधिक दूरी तक पान की पीक थूकने का रिकार्ड हमारे किसी भोपाली के नाम दर्ज न करके, किसी और को यह आदर दे दिया गया है। हद होती है घपलेबाजी तथा लापरवाही की। भोपाली आदमी यहाँ बुधवारे से पीक मारे तो वहाँ गिनीज बुक के सम्पादक के सिर पर जाकर गिरे। वह बेचारा यहाँ दिन-रात, यत्र-तत्र थूककर, पीकें उचकाकर और उचकाने के बाद तुरंत मुँह में पान डालकर पुनः पीक भरकर यहाँ-वहाँ, पीक भरे मुँह से आयँ-बायँ बोलता

घूम रहा है और बताइए कि पीक थूकने के रिकार्ड में उसका नाम ही नहीं! रिकार्डों में इतनी बदमाशी तो यार हमारी तरफ के पटवारी भी नहीं करते हैं।

फिर एक दिन में सर्वाधिक वायदे करने और उनमें से एक भी न निभाने के लिए क्यों नहीं हमारे राष्ट्रनेता का नाम डालते अपनी किताब में? लगातार खराब खेलकर भी जोड़तोड़ से सबसे लम्बे समय तक टीम में बने रहनेवाले अपने यहाँ कितने हैं--पर किसी का नाम गिनीज बुक में नहीं। सबसे कम दूरी तक गोला-भाला—डिस्कस इत्यादि फेंकनेवाले भारतीय एथलीटों का रिकार्ड क्या हम रखेंगे? क्या जब तक वे गोला अपने पाँव पर न गिराएँगे, तब तक सबसे कम दूरी न मानोगे? गिनीज बुक वालो, तुम हो कहाँ? तुम सबसे कम समय में सबसे ज्यादा गालियाँ और डण्डे फटकारनेवाले हमारे थानेदारों पर कब नजर डालोगे? क्या जब तक थानेदार एकाध दिन वहीं पहुँचकर तुम्हारी ठुकाई न करेगा, तब तक उसकी आमद दर्ज नहीं करोगे? उसे देखो तो! माँ की गाली से शुरू करके बहिन के साथ क्या-क्या किया जा सकता है—यह बताते हुए हमारा थानेदार, दो मिनट में ऐसी ऐसी सम्भावनापूर्ण मौलिक गालियाँ आपको सुना सकता है कि गिनीज़ बुक के अनुवादक चकरा जाएँ कि इस गाली को अँग्रेजी में कैसे तथा क्या कहकर बोलें और लिखें?

बहुत रिकार्ड बन सकते हैं। बड़े नाम जा सकते हैं गिनीज बुक में इस देश से।

मैं स्वयं को ही प्रस्तुत करता हूँ। वे चाहें तो मैं अपने रिकार्ड अटैच कर सकता हूँ। हिन्दी व्यंग्य में वर्षों कलम घसीटने के बाद भी 'इत्यादि' में शुमार रहने, हिन्दी का लेखक होते हुए भी किसी भी गुट में न होने, हिन्दी लेखक होते हुए भी एक ही पत्नी से काम चलाने आदि के अनेक रिकार्ड मेरे नाम किये जा सकते हैं। ओ गिनीज़ बुक वालो, कहाँ छुपे हो कठोर! कभी हमारे देश तरफ भी निकलो न। एकदम नयी किताब न लिखनी पड़े तो कहिएगा।

आस्तिकता की कीमत वसूलनेवाले

गहन आस्तिक हैं वे।

ईश्वर पर अगाध विश्वास रखनेवाले।

कल ही अभिभूत होकर बता रहे थे कि ईश्वर ने उन पर सदैव ही कृपा की है। 'अभी लड़की की शादी निबटाई हमने लास्ट ईयर ही—और परमपिता की अनुकम्पा देखिए कि शादी से ऐन एक साल पहले उसने हमें तीन-तीन एरिया का चार्ज दिला दिया! एक की जगह, दो शादियों का खर्चा निकलवा दिया कृपालु ने।'...वे बता रहे हैं कि ईश्वर मानो व्यक्तिगत तौर पर ध्यान दिये रहता है उन पर। उसी ने पी.डब्लू.डी. में फिट कराया, उसी ने सदैव तरबतर पोस्टिंग करीं और उसी ने खूब माल कटवाया। वे तो निमित्त मात्र रहे। मानो ईश्वर ही रिश्वत लेता रहा। देनेवालों में भी तो उसी ईश्वर का अंश और प्रेरणा। सो ईश्वर ने ही रिश्वत दी, ईश्वर ने ही ली। ऐसा लगा कि छापा पड़ता तो वे तो ईश्वर को गिरफ्तार करा देते कि जो किया-धरा है, सो सब उसी का। पर उसी ईश्वर की कृपा से वे अभी तक न तो छापे में फँसे, न इन्क्वायरी में—हमेशा ही, पहले से खबर हो गयी और उसी के आशीर्वाद से पहले ही सब सेटिंग भी जम गयी।

बता रहे हैं कि अभी विन्ध्यवासिनी के दर्शन करके लौटे हैं। चार माह पूर्व वैष्णो देवी होकर आये। पिछली जनवरी को तिरुपति में थे। अजमेरवाले ख्वाजा की दरगाह पर जाते ही रहते हैं। सबकी कृपा चाहिए। एकाध देवता के बस का नहीं है उनका केस। कैसा दिव्य लगता रहा विन्ध्यवासिनी में, बता रहे हैं वे। अपनी गाड़ी से गये थे। अभी खरीदी न, वो, यार, बड़ीवाली—हाँ, इनोवा, वही लेके। बढ़िया गाड़ी है साब! ईश्वर की कृपा से अपने साढ़ू भाई उसी एरिया के एसीपी—सो इन्तज़ाम भी शानदार रहा। देवी के सामने ऐसा लगता रहा, मानो माँ की गोद में बिराजे हों। कृपा बरसती है वहाँ महाराज। कभी जाके देखो। सच्ची! हम तो हर साल जाते हैं। नर्मदा घाटी परियोजना की पोस्टिंग के लिए

चौदह दिन की अखण्ड पूजा भी हमने वहीं कराई थी। फल भी तुरतै मिला। ऐसी पोस्टिंग करी माँ ने, कि पैसे सँभाले नहीं सँभले। पुरखे तर गये हमारे। सब उसकी मर्जी भाई साहब। बड़ी शक्ति। वो न चाहे, तो सूखी पोस्टों पर धक्के खाते आपका जीवन बीत जाए—एक धेले की इनकम न होने पाये।...वे ईश्वर की उस अपरम्पार महिमा का जिक्र कर रहे हैं कि जो तय करती है कि किस भक्त को ऊपरी कमाई से नवाज़ा जाएगा और कौन अधम चवन्नी की रिश्वत को भी तरस जाएगा। वही तय करता है कि जाँच में कौन दोषी सिद्ध होगा और किसे साफ बचा लिया जाएगा। ईश्वर की माया को कौन जान सका है? अर्थात् कोई नहीं। पर वे जान गये हैं। ईश्वर में परम आस्था। उसकी कृपा पाने के लिए तपती जून में नंगे पाँवों सीढ़ियाँ चढ़े हैं मैहर की देवी की। पर फल भी तुरन्त मिला था। जिस अफसर ने परेशान कर रखा था, देवी ने उस स्साले का तबादला ही करा डाला। सुनती है देवी, भाई साहब। बस, हृदय से पुकारो उसे। फिर देखो। कभी करके देखो भाई साहब। सच्ची।

वे गले में रुद्राक्ष की माला डाले हैं। असली रुद्राक्ष। एक पहुँचे हुए हिमालयवासी महात्माजी ने दिया। महात्माओं की सेवा, धर्मस्थलों की परिक्रमा तथा भण्डारे करवाने के बाद बचे समय को वे पोस्टिंग, उगाही, वसूली और मामलों की सेटिंग में लगाते हैं। ईश्वर प्रदत्त इस जीवन का एक-एक पल अमूल्य है और उसे सार्थक कामों में लगाने का कौल उठाया है उन्होंने। जिसने, जहाँ, जिस बाबा को भी चमत्कारी बताया, अथवा जिस छोटी मंड़िया की मान्यता की चर्चा जिससे भी सुनी—वहीं, दौरा बनाकर, सरकारी गाड़ी से गये, डाक बँगले में ठहरे और पूजा-अर्चना साष्टांग प्रणाम आदि करके आये। बोल आये कि कृपा करोगे परवरदिगार तो अगला भण्डारा हमारी तरफ से। कृपा करी भी। अभी वहाँ होकर आये, तो जो बदमाश अफसर उनकी फाइल पर अड़ंगा लगाकर बैठा था और स्साला ऐसा हरामी था कि रिश्वत लेने को तैयार नहीं था, ईश्वर ने उसको ऐसा तगड़ा हार्ट-अटैक कराया कि जनाब फँसे फिर रहे हैं बाईपास सर्जरी के चक्कर में और आज तक नहीं लौट पाये ड्यूटी पे। उसी ईश्वर की प्रेरणा से दूसरे ने पैसा लेकर तुरन्त फाइल निकाल दी। हम तो पक्का कहते हैं भाई साहब कि ईश्वर है और सच्चे भक्तों की सुनता है।

मेरा मन करता है कि कभी पूछूँ कि आपका ईश्वर कभी यह नहीं कहता आपसे कि ये कुकर्म, जो आप ईश्वर से कराना चाहते हो, उन्हें कर-करके ईश्वर बदनाम हो जाएगा? तुम परम भक्त हो, उस पर पूरा विश्वास करते हो, हृदय से उसकी पूजा-अर्जना करते हो—यह सब तो उचित है, परन्तु इसकी एवज में क्योंकर ईश्वर तुम्हारी रिश्वत और ऊपरी कमाई का इन्तजाम करे? क्यों सोचते

हो कि ईश्वर अपनी पूजा करवाने के लिए मरा जा रहा है? कभी ईश्वर मिले तो तुमसे अवश्य पूछे कि पाँच-सात रुपये के नारियल, एक रुपये के चिरौंजीदाने, चवन्नी की माला, हजारों रुपये के भण्डारे या लाखों के गुप्तदान—क्या इन सस्ती हरकतों से ईश्वर अन्यायी, असामाजिक और भ्रष्ट लोगों के गिरोह में शामिल हो जाएगा? ईश्वर व्यापक परिप्रेक्ष्य में समस्त चराचर जगत की सोचे, कि वह राघवेन्द्रजी या लालाराम की पोस्टिंग की चिन्ता करे?

पर वे घनघोर आस्तिक हैं और इस मामले में ईश्वर की भी सुनने को तत्पर नहीं। ईश्वर यदि चाहे भी तो वे ईश्वर की महिमा को कम नहीं होने देंगे।

राष्ट्र के हलकटों के नाम सन्देश

('भाई' ने मुझे पन्ने देते हुए कहा कि इसे देखकर तनिक ठीक-ठाक, सही-साट कर दो। देखा, तो वह राष्ट्र के नाम सन्देशनुमा कुछ था। राजनीति जिस गति से अपराधियों के हाथों जा रही है, उससे भाई को आशा बँध रही है कि एक दिन वह भी वहाँ जाकर बैठेगा कि जहाँ से महत्त्वपूर्ण अवसरों पर राष्ट्र के नाम सन्देश देने का अधिकार उसे होगा। भाई रिहर्सल-सी कर रहा है। इन पन्नों में भाई ने राष्ट्र को अपनी तरह से सम्बोधित करते हुए अपनी तरह का ही आह्वान किया है। मजे का है। आप भी देखें।)

प्यारे देशवासियो,

हम दिल्ली से भाई बोलता है। अख्खा देश को पता है कि आज स्साला, वो क्या तो बोलता है उसकू, वो कोई बढ़िया-सा दिवस है। सब बाजू झण्डा फैराता फिरता है लोगबाग। सब्बी केता फिरता है कि देश को आगे ले जाने का। हमारी तमन्ना भी भोत टेम से येइच् रई है कि यार, कैसे-तो-बी स्साला अपनी कण्ट्री को आगे कू ले जाना है। कैसे-तो-बीं। सुपारी ली है कि भारत को आगे भेजना-ई-भेजना। इसके वास्ते किसी का स्साला मर्डर भी करना पड़ा, तो अपुन पीछू नहीं हटेंगा। इत्ता सारा लोगों को अपुन धन्धे के वास्ते टपकाया, तो चार-छ: को देश के लिए लुढ़का दिया तो जास्ती बात हो गया क्या? देश को बढ़ाना भी तो धन्धे की बात है आजकल। ठीक बोला के नईं? हम बढ़ाएँगा देश को। पन अपुन को ये बताने का कि ये देश को आगे कहाँ कू, किदर कू ले जाना और किदर तो बी रखना। बाद में कोई झंझट नहीं होना कि ये इदर नईं, इदर ले जाने को था। बाद की उठा धरी का लफड़ा नहीं होना। हम तो केता है कि हम अपने देश को इत्ता आगे ले जाएँगा कि तुम स्साला कहेगा कि क्या बात है! स्मगलिंग वाला माल हम ऐसाइच ले जाते थे। पोलिस के बैरियर के नीचू से निकाल ले जाते थे के नईं? हम देश को भी ऐसेई ले जाएँगा। देश का बढ़िया-

सा पैकिट बनाके देंगा अपुन के लड़का लोक को कि ले जाओ रे और धर के तो आओ सबके आगे। कोई रोके तो टपका देने का हरामी को। जां पईसा फेंकने का, वां फेंकने का, पन काम होना। हम कन्ट्री को सबसे आगे देखने को माँगता। कन्ट्री अगर आनाकानी करेगा, तो उसकी गुद्दी में तमंचा अड़ा के जबरन आगे ले जाएँगा कि चल भई आगे, नईं तो देता है हम मिलाके। भाग के जाएँगा। कैसे नईं जाएँगा? सब डरता है पिस्टल से। हम आगे लेके जाएँगा देश को। नहीं गया तो दो लात मार के ले जाएँगा या स्साले को हात-पाँव बाँध के लॉरी में पटक के ले जाएँगा।

प्यारे भाईयो और बहनों, एक बात और केना है हमें।

पेलेवाले, भोत सारे शरीफ लोक राष्ट्र के नाम सन्देश में कुच-तो-भी गरीबी हटाने का बात केता था, पन कबी हटाया नईं। ये शरीफ न, स्साला हलकट लोक और हलकट बातें इनकी। मगजमारी करता और फोकट का चा-पानी पी-पीकर प्लान बनाता के ऐसे हटाएँगे गरीबी, तो वैसे हटाएँगे। भंकस मारता सब्ब। बोम मारने से क्या स्साला गरीबी हटता है? क्या बोलता तुम लोक? नईं हटता न! गरीबी हटाने का, तो हमसे पूछो। हमने हटाया है। गाँव से स्साला हलकट लौंडा लोक लोटा-डोरी ले के नंगा-भूखा हमारे पास आता था और हम उन्हें काम पे लगा के लाखों का माल कटवाया। आदमी हलकट की तरह रिक्सा खींच के अमीर नहीं हो सकता। तुम स्साला गरीब को रिक्सा डोनेट करके बंकस मारता कि हम गरीबी हटा दिया। तुम हलकट चौबीसों घण्टे रिक्सा चलाओ, पन कभी रगड़ा-पाव से ऊपर कुछ खा पाने का चान्स नहीं मिलने का। शरीफ लोक गरीब लोगों का खाली-पीली फोटू निकाला। देखो, गरीबी हटाने का, तो पहले मामला सेट करने का। नईं तो फिन रोने का। स्साला फ्रीडम के बाद अखखा साल रोता ही रहा है तुम। हम केता है कि रोने का नको। जिन्दगी में बिन्दास खेलने का। फते करनी दुनिया तो मुरव्वत में नईं बैठने का। कसम से। मेरी अड्वाइस पे चलने का, यदि कुछ नोट पानी बनाने का, तो। बोलो? अक्खा देसवासी सट्टा में पर्ची कटाने का। खेलने का मटका। अपना आदमी लोक सब तरफ बुकिंग वास्ते पर्ची लेके डोलता। बिन्दास लगाने का। कोई सिपाही कुछ करने का, तो हम सीधा कमिश्नर को सस्पेण्ड करेंगा कि ये स्साला पुलिस का लोक गरीब मानुष को सताने का नको!

भोत टेम नहीं अपुन के पास।

अभी वो स्साला भोत सारे मुलुक का बॉस लोक बैठा है कांग्रेचुलेट करने के वास्ते। देश आज़ाद हुआ था न, उसी के वास्ते। स्साला खुद ही हमें गुलाम बनाया, पन खुद ही हरामी लोक अब बधाई देता है कि तुम बढ़िया आजाद हुआ।

ये स्साला, गोरी चमड़ीवाला हलकट, भोत डेंजर बाबा! इनका भरोसा नहीं करने का। हम तो हर डील का पेले ही अडवान्स में केश धरवा लेता हैं। पेले पैसा दो, फिन डिलीवरी लेने का। हम तो गोरा लोक को किलियर बोला कि यही हमारे देश की उज्ज्वल परम्परा है कि पेले केश रोकड़ा खीसे से निकालो, फिन कोई काम बोलो। जब हम झण्डावन्दन के टेम पे उज्ज्वल परम्परा की बात कर रहे थे, तो हम इसी की तो के रहे थे। बाकी अपने देश की भोत सारी, जास्ती परम्पराएँ रही हैं, जिन्हें नेहरू जी और गाँधी बब्बा ने चमकाया। रगड़ के चमकाया। भगतसिंह भी चमकाया, पन पूरा नईं चमका पाया। ये गोरे स्साले मार डाले उसको। लटका दिये हरामी लोक। नईं तो वो तो भोत चमकाता। कसम से।...पन फिर भी खूब चमकती है अपुन के देश की उज्ज्वल परम्पराएँ। हमें आज के दिन ये कसम खाने का कि परम्पराओं की सेफ्टी करेंगा। आपको अपनी परम्परा की रक्षा करने का। छाती ठोक के करने का। चाहो तो हमसे छे: राउण्डवाला पिस्टल ले के करो। पन करो। और हमें इस देश की, क्या तो अच्छा-सा बोलते वो, हाँ, संस्कृति की भी रक्षा करनी है। मुश्किल काम नहीं है। पिस्टल ले के घूमने का और इन दोनों को बंगले के अन्दर ही ठहरने को बोलने का। बस्स! तो कसम खाओ अख्खा हलकट लोक तुम, कि देश की रक्षा करेंगा, परम्परा की रक्षा करेंगा और संस्कृति की भी रक्षा करेंगा। करेंगा के नईं? करेंगा। शाबास! जहाँ प्रॉब्लम लगे, तो हमें बोलने का। लड़का लोक स्टिक, चेन और तमंचा लेके भेज देंगा। चिन्ता नको।

तो बोलो इसी बात पे, जै हिन्द। तीन बार बोलने का। जो तीन तक जै हिन्द नईं गिनेगा उसको हमारा लड़का लोक पीछू की तरफ तीन से दफा किक करेंगा।

तो बोलो, जै हिन्द! जै हिन्द! कित्ता हुआ? दो? तो एक दफा और—जै हिन्द!

शबास!

और वे जो आ भी गये तो क्या!

क्यों भैय्या, साहब आज आएँगे तो न?

दो घण्टे से बरामदे में पड़ी डगमग बेंच, दीवार की टेक, बरामदे के इस सिरे से उस सिरे तक टहलकर, अनगिनत कमरों में अनगिनत बार झाँककर—अर्थात् सौ तरह से समय काटकर वह पुनः वापस लौटा है और उसने कदाचित् दसवीं बार फिर से यही प्रश्न पूछा है। वैसे, अब तो उसे पूछने की भी आवश्यकता नहीं है। उसका सूखा और पिचका चेहरा ही इस कदर प्रश्नवाचक-सा निकल आया है और माथे, चेहरे और गले की झुर्रियों के बीच मानो यही इबारत पसीने से दर्ज है कि साहब, आज भी आएँगे कि नहीं? चपरासी के समक्ष खड़े होते ही वह टालने, खीजने, मजा लेने और सूचित करने की मिलीजुली टोन में बता देता है कि दद्दा, अभी नहीं पधारे हैं बड़े साब—आएँगे तो तुम खुद ही देख लोगे। बैठो अभी। पर वह बैठ-बैठकर, घूम-घूमकर, पूछ-पूछकर थक भी गया है और घबरा भी रहा है। आज भी नहीं आये तो? परन्तु अब तो वह चपरासी से पूछने में भी डर रहा है। दस मिनट पहले ही चपरासी ने उसे फटकारा था कि ''यार पीछे से घुसने का तो कोई रास्ता है नहीं और सामने से किसी को अन्दर जाते देखा नहीं तूने। फिर? फिर काहे को बार-बार आकर मगज खाता है? साहब आ गये, साहब आ गये...यार, क्या पीछे की नाली से घुस जाएँगे,या कि चोर की तरह खिड़की काट के अन्दर कूद जाएँगे? आएँगे तो तेरे को भी दिखेंगे। है कि नहीं? बोल?'' वह झेंपकर बोला था कि ''बाबूजी हम ठहरे मूरख जन, गाँव के गरीब-गुरबा और ये दफ्तर इत्ता बड़ा। कौन किधर से घुस के किधर से निकला जा रहा है, यह हमें समझ ही नहीं पड़ता मालिक। अकबका गये हैं सरकार, सो बार-बार पूछ लेते हैं। बड़े लोगन की बड़ी बातें। हम छोटे लोग। क्या तो समझें। सो क्षमा करना भैया।'' उसके बाद वह देर तक पूछ नहीं पाया था। तब से वह यहाँ-वहाँ घूमकर, बैठकर, टिककर, आँखें मूँदकर, जमहाइयाँ लेकर, उँगलियाँ चटखाकर, सुन्न पाँवों को झटककर, यत्र-तत्र खुजाकर, धोती की काँछ को ढीली-कसती करते समय काटता हुआ साहब के

कमरे पर निगाह धरे था, इसी में इतना टेम निकल गया था कि वह बहुत सारी हिम्मत जुटाकर, एक बार फिर से कमरे के सामने स्टूल पर बिराजे चपरासी के पास आया था और उसने फिर से पूछा था कि "क्यों भैय्या, साहब आज आएँगे तो न?"

प्रति-उत्तर में थोड़ी देर तक तो चपरासी उसे ध्यान से घूरता भर रहा।

फिर उसने प्रतिप्रश्न किया, "क्यों न आएँगे?"

आदमी झेंप गया।

गाँव का आदमी। पहले तो इत्ते बड़े शहर में आकर ही घबरा गया था। फटी धोती। फटा कुर्ता, नंगे पाँव। अधपकी दाढ़ी। बिखरे, उलझे बाल। कण्ठी। ताबीज। काला डोरा। लोहे का छल्ला। कान में पीतल का छल्ला। गाल पिचके। माथा बाहर को। दाँत हिलगे। आँखें निस्तेज। छाती पिचकी हुई। और सारे व्यक्तित्व के नाकुछपन पर मानो नजर न लग जाए, इसके लिए ठुड्डी पर एक बड़ा-सा तिल। ईश्वर भी मजाक करता है तो पूरे मजे लेकर करता है।

"न आएँगे, तो कहाँ जाएँगे?" चपरासी ने पुनः कहा।

आदमी खिसियाकर 'हें हें' करने लगा।

"नहीं, हमें लगा कि पता नहीं, सरकार आएँ कि न आएँ.." आदमी ने अपने मूर्खतापूर्ण प्रश्न का औचित्य बताने की कोशिश की।

"वैसे मान लो कि वे न भी आएँ, तो कोई कुछ कर लेगा क्या?" चपरासी ने पूछा।

"हम क्या कर लेंगे सरकार...हमारी न तो औकात, न हिम्मत।"

"वही तो...इसीलिए चुपचाप देखते रहो बैठ के...वैसे तो मान लो कि सरकार आज आएँगे ही आएँगे। तुम बैठे रहो।" चपरासी ने बड़प्पन भरा आश्वासन दिया है।

चपरासी के अप्रत्याशित मानवीय व्यवहार से उसे हिम्मत मिली।

और हिम्मत मिल जाए तो आदमी को मूर्खता प्रकट करते देर नहीं लगती।

आदमी ने मूर्खतापूर्ण प्रश्न किया, "आएँगे, तो रुकेंगे न भैय्या?"

स्टूल पर बैठे-बैठे भर्त्सना का पोज बनाना किंचित् कठिन हो सकता है, परन्तु चपरासी इस कोशिश में सफल हुआ। उसने आदमी को इसी निगाह से घूरा और घूरता ही चला गया। आदमी घबरा उठा। मूर्ख प्राणी। छोटे लोग। छोटी सोच। जानते ही नहीं कि क्या है बड़े साहबों की दुनिया और बड़े आदमियों की बातें। अरे, कहीं बड़े साहब पर कोई रोक, कि कोई टोक कि कब तो दफ्तर आओ और कित्ती देर तक रुको। हद्द है कि नहीं कि मूर्ख जन ऐसी-ऐसी बातें पूछा करते हैं। अंग्रेजों का जमाना होता तो बेटा, इसी बात पे तुम्हें पेड़ से लटका के लगवाते पचास हण्टर—स्साले आजाद क्या हो गये कि खुपड़िया पे चढ़के मूतने की कोशिश कर रहे हैं।!

चपरासी घूरता ही जा रहा है। यही उसका जवाब है। यही चेतावनी भी कि बेट्टा, अब आगे कुछ भी पूछने की हिमाकत को बरदाश्त नहीं किया जाएगा और अंग्रेजों की दुःखद अनुपस्थिति के बावजूद ठुकाई तो की ही जा सकती है। बड़े साहब का चपरासी भी कौन-सा छोटा आदमी भैय्या...उसकी भी अपनी सत्ता, अपना ओहदा और अपना मकाम।

आदमी सटपटाकर कोने में बैठ गया है।

सटपटाने के अलावा थक भी गया है वह। या थका न भी हो, परन्तु चिन्तित अवश्य है। चिन्ता ने शिथिल कर डाला है उसे। चिन्ता यह कि मान लो आज भी न मिल पाये बड़े साब तो फिर रात कहाँ कटेगी? कल तो बस अड्डे पे लेट गये थे। रात में सिपाही ने पाँच की नोट लेकर ही छोड़ा था। अब तो खाना और किराया छोड़के एक्को पैसा नहीं बचा है कि किसी को दें, लें। आज भी साहब से मिलना न हुआ तब?...मिल जाएँ भगवान...किरपा करो टेकरी वाले बाबा कि आज मिल ही जाएँ बड़े साब। मर जाएँगे वरना। आदमी सोच-सोच कर क्लान्त हो गया। फिर टिक गया दीवार से।

बरामदे में गहमागहमी है। चहलपहल। भागमभाग। फाइलें, झोला, पन्ने उठाए लोग। चिरोरी करते लोग। हँसते, ठहाके लगाते कर्मचारी। चिन्तित खड़े लोग। व्यथित व्यक्ति। चुपचाप इन्तजार करते लोग कि उनकी टेबल वाला क्लर्क या उनके कमरे वाला साहब भी कभी तो आएगा। घड़ी देखते, पूछते, पछियाते, हें-हें करते, हाथ जोड़ते, पता करते नामालूम लोगों के झुण्ड। मानो भटक गये हों काफिले। मानो भटक रही हो कायनात।

और वो चुपचाप बैठा रह गया है। चुपचाप, कोने में, दीवार से टिका, साहब के कमरे पर निगाहें जमाए। भयभीत कि कहीं साहब निकल न जाएँ, हवा के झोंके की तरह। साहब का क्या?... बड़े आदमी। भूत-प्रेतन के भी स्वामी समझ लीजिए। वैसी ही शक्ति और वैसी ही लीला। तभी तो गाँव के मास्साब ने चुपके से उसकी अर्जी लिखके उसे दी थी कि बस, एक बार राजधानी में बैठे बड़े साहब तक तेरी अर्जी लग जाए तो जे तेहसीलदार-फेहसीलदार, जो अभी तेरे जैसे दलित-गरीब को जमीन से बेदखल किये दे रहे हैं न, वे भगे-भगे फिरेंगे। हाथ जोड़ेंगे तुम्हारे। सच्ची। बड़े साहब के कलम की बड़ी ताकत। बस मिल भर लें तुमसे और एक बार समझ जाएँ मामला—फिर देखना।

वो साहब से मिलकर एक बार रोना चाहता है कि बचा लो मालिक, कि बड़ा अन्याय हुआ जा रहा है उसके साथ।

●

वह टिका हुआ बैठा रहा।

दोपहर गुजर चुकी।

शाम उतर आयी। बरामदे में शाम की पीली धूप आ गयी। पर साहब नहीं आए।

आदमी इसी बीच पेशाब करने उठा था, बस्स। वो भी ऐसा तेज भागकर वापस लौटा था कि वहीं घूम रहे सिपाहीजी ने लाठी कोंच कर कहा था कि सरऊ, देख के भागो। उसने बताया था कि कहीं साहब आकर निकल न जाएँ। इसी डर से भाग रहा था वह। सिपाही न जाने क्यों मुस्काकर रह गया था।

लौटकर आदमी ने एक बार और हिम्मत की और पूछ ही लिया जाकर।

''कछू पता चला महाराज, साहब का?'' डरते-डरते पूछा उसने।

चपरासी ने कुछ भी नहीं कहा। यह भी एक तरह से उत्तर ही था।

•

कोने में टिके-टिके आदमी कब तो ऊँघने लगा और कब गहरी नींद में चला गया, कहना कठिन। परन्तु सो तो गया वह। आसपास से बेखबर।

सोते हुए उसने सपना देखा। सुहाना सपना।

सपने में उसे दिखा कि न केवल बड़े साहब आ गये हैं, बल्कि उससे तुरन्त मिल भी लिए हैं। उसकी अर्जी पढ़के तुरन्त के तुरन्त रुक्का भी लिख दिये हैं कि रुक्के को जा के तहसीलदार को देना और ताकीद कर देना कि अगर आगे से तुम्हें परेशान किया तो तहसीलदारी छुड़ाकर चपरासगिरी में डाल दिया जाएगा। सच्ची!

सोता हुआ आदमी मुस्करा रहा है। नींद में हँसता आदमी देखा है कभी? मजा आ गया। बड़ी तहसीलदारी झाड़ते थे। अब देखा?

वह सोता हुआ मुस्करा रहा है। मीठा सपना। पर अभी हमारी चिन्ता यह है कि मान लो कि इसी बीच कहीं साहब आ न चुके हों और इधर वह आदमी सोता हुआ ही रह जाए, तब? इसे जगा दिया जाए क्या? यार, इसे सो लेने दो। साहब आ भी गये, तो क्या सोचते हो कि इसका काम हो जाने वाला है क्या? जगाकर उसका सपना तो मत तोड़ो। कहीं तो इसका काम हो जाने दो।

भूत और पुलिस

कालिका प्रसादजी रात की गश्त पर हैं।

फुटपाथियों से बसूली करते, दो-चार गरीबों को बेंत से कोंचते, पानवाले से देर रात तक दुकान खुली रखने का जुर्माना बसूलते और उसी से चार मघई पान के बीड़े बँधवाकर वे मौज में यूँ ही हवा में बेंत फटकारते जा रहे थे कि तभी उन्हें भूत मिल गया।

गली के अँधेरे में खड़ा हुआ था भूत।

''क्यों बे?'' कालिका प्रसाद ने पुलिसिया रुआब में बेंत कोंचने की कोशिश की, तो बेंत भूत के आर-पार निकल गया। उन्हें लगा कि स्साला जानबूझकर बेंत के रास्ते से खिसक गया है। वे नाराज हो गये। पुलिस के बेंत का समुचित सम्मान न करनेवालों से वे नाराज़ हो जाते हैं।

''क्यों बे...कौन है रे तू? क्या कर रहा रे गली में छुपकर?'' कालिका प्रसाद ने गली के मुहाने पर खड़े-खड़े पूछा। वे अन्दर नहीं घुसे। वे अँधेरे में रिस्क नहीं लेते। ये आजकल के चोर-मवाली पुलिस का भी लिहाज नहीं करते; चक्कू-सक्कू भी लिये रहते हैं हरामी!

''भूत हूँ सरकार...'' भूत ने बताया।

गरीब आदमी का भूत था। जब जिन्दा था, तब मजदूरी-पल्लेदारी करता था। किसी जुलूस पर गोली चली थी, तब वहीं खड़ा होकर तमाशा देख रहा था वो। मारा गया था। पुलिस से वह तब भी डरता था और भूत बनने के बाद भी डरता है। ''अबे! भूत है, तो अँधेरे में छुपकर क्या कर रहा है?'' हवलदार को विश्वास हो गया कि अवश्य ही कोई दारू पीकर खड़ा है। ऐसे लोगों की जेबें खंगालो, तो कई बार ठीकठाक मालमत्ता निकल आता है। न भी निकले तो स्साले को बढ़ियावाले पाँच-दस बेंत फटकार के मन की मौज पूरी की जा सकती है—और गश्त को निकलते हुए यदि आज की भाँति इंगलिश दारू का पौवा मिल गया हो, तो ऐसी मौज आती है कि तब तो जो सामने पड़ जाए; आदमी, औरत, गरीब-

गुरबा, कुत्ता, या भूत-परेत भी।

"भूत तो अँधेरे में ही रहते हैं हजूर..." भूत ने गली से ही उत्तर दिया।

"अबे, तू बाहर आ रहा है कि मैं उतारूँ तेरा भूत, अन्दर आके?" कालिकाप्रसाद ने धमकीवाले स्वर में कहा।

"उजियारे से डर लगता है मालिक...भूत-पिशाचन को अँधेरे में रहबे की ताक़ीद रहती है सरकार...हम बाहर न आ सकेंगे, बाहर लाइटें जल रही हैं।..." भूत ने विवशता प्रकट की। दरअसल, भूतों को अँधेरे में मज़ा आता है। जहाँ तक बस चलता है, वे रोशनी से दूर ही रहते हैं।

"बाहर तो निकल स्साले..इस डण्डे से एक से एक भूत ठीक हो जाते हैं।" कालिका प्रसाद को अब पक्का भरोसा हो चला है कि कुछ लगी में है यह शख़्स। निकलेगा तो ऐसी ठुकाई की जाएगी कि पीना भूल जाएगा।

पर वो निकल नहीं रहा।

गली में अँधेरा कुछ ज्यादा ही है, और वह भी कुछ अन्दर की तरफ ही सरक गया है हरामी! दिल तो कर रहा है कि अभी गली में घुसकर, घसीटकर लाया जाए कमीने को, परन्तु हिम्मत नहीं हो रही कालिका प्रसाद की। हाँ भाई, मान लो कि हाथ में कुछ लिये-विये खड़ा हो अँधेरे में। मान लो कि दारू की बोतल ही हाथ में हो। घबराहट में मार-वार बैठे।...नहीं, बाहर खड़े होकर ही उसे निकालने की तरकीब करनी होगी।

"इत्ती रात में इधर गली में क्या कर रहा है रे?" हवलदार ने बाहर से ही पड़ताल की।

"सरकार, भूत तो इत्ती रात में ही निकलते हैं।...दिन के टेम पे तो हम लोग पीपल पर लटका करते हैं मालिक।...आपकी कुतवाली के पीछे जो बड़ावाला पीपल है न, दिन भर वहीं रहता हूँ सरकार..." भूत ने बताया।

भूतों की बातें करके पुलिस को डराने की कोशिश कर रहा है बदमाश। सोच रहा है कि भूतों की बात सुनकर हम डर जाएँगे। हम जो रोज ही आदमी को कुतवाली में उल्टा टाँगकर भूत बनाया करते हैं—उसे ही डराने की कोशिश कर रहा है! हद है कि नहीं? ज़रा-ज़्यादा ही खेंच गया लगता है।

"भूत की औलाद, स्साले हवलदार से मज़ाक करता है?"

"नहीं मालिक, हम सच्ची-मुच्ची में भूत हैं। निकले हैं, किसी से चपटने के लिए। एक-दो दिन चिपटे रहेंगे, आदमीवाले मज़े लेंगे और फिर वापिस अपने पीपल पे। सच्ची कह रहे हैं..." भूत ने अन्दर से ही कहा।

अब कालिका प्रसाद सतर्क हो गये।

यह आदमी यदि ज़्यादा पिये बैठा है, तो इसकी जुबान क्यों नहीं लड़खड़ा

रही? कोई चोर-वोर टाइप ज़रायमपेशा शख्स लग रहा है यह तो। तो क्या अकेली लाठी लेकर अँधेरे में इससे भिड़ना ठीक कहाएगा? अन्दर, इसके और गेंग मेम्बर भी न छुपे बैठे हों, अँधेरे में।

"या कहीं यह भूत ही तो नहीं?!" सोचकर ही कालिका प्रसाद की गुद्दी के बाल खड़े हो गये।

"तू बाहर तो निकल..." हिम्मत करके वे बोले।

"सड़क की बत्तियाँ जल रही हैं सरकार...ऐसे में हम तो न निकलेंगे।" भूत ने कहा।

कुछ देर तक दोनों चुप रहे।

"क्या किया जाए?"—शायद दोनों ही यह सोच रहे हैं।

"मैं बैठकर दोनों टाँगें बाहर निकाल देता हूँ। लाइट में आप खुद देख लो मालिक कि पाँव पीछे की तरफ मुड़े हैं कि नहीं ? भूतन के पंजे पीछे होते हैं। देख लो। हम निकाल रहे हैं..." भूत आगे बढ़ता दिखा।

बातें सुनकर घबरा गये हवलदार साहब!

कि इसी पल लाइट चली गयी शहर की। जाती ही रहती है बिजली शहर की।

छा गया घुप्प अन्धकार, चहुँओर। स्ट्रीट लाइटें बन्द। निचाट अँधियारा। हर तरफ।

"अब तो बाहर भी अँधेरा हो गया महाराज...अब बोलें तो हम बाहर आ जाते हैं।" भूत की उत्साहभरी आवाज आयी, परन्तु कालिका प्रसाद सुन न सके। अँधेरा होते ही वे भाग निकले थे और दूर तक भागते ही चले गये थे।

●

उसी गली में, उसी रात दो चोरियाँ हो गयीं।

अगले दिन, कोतवाली में बैठे कालिकप्रसाद विचार करते रहे कि वे फालतू में ही भूत के नाम से घबरा गये, नहीं तो वह बदमाश चोर हाथ आ ही गया था। चोरी के माल के साथ पकड़ा जाता।

और भूत?

उधर वो भूत, जो चोरी करके लौट रहे चोर से चिपट गया था, फिलहाल ढाबे में बैठकर, चोरी के पैसों से बटर चिकन खाता हुआ विचार कर रहा है कि एक तरह से देखा जाए तो चोरी का धन्धा भी ऐसा बुरा नहीं है, जैसा कि मजदूरी करते टाइम पे वो सोचा करता था।

एक क्रान्ति थ्रू एनजीओ

वे क्रान्ति करना चाहते हैं।

तैयारी पूरी है। संस्था खड़ी कर ली है। क्रान्ति कभी भी शुरू हो सकती है। एन. जी. ओ. बना ली है। ज्यों ही सरकार से ग्राण्ट रिलीज हुई, त्यों ही क्रान्ति चालू कर देंगे वे। फार्म-वार्म भर दिये हैं। मामाजी आई.ए.एस. हैं। उन्हीं ने सुझाया कि एन.जी.ओ. खड़ी करो। उम्मीद है कि दो-एक माह में ग्राण्ट मिल जाएगी। बस, उसके बाद क्रान्ति! देखिए, बिना प्रॉपर तैयारी के क्रान्ति करने के विरुद्ध हैं हम। सन सत्तावन की क्रान्ति इसी झमेले में डूबी थी। सो, पहले पूरी तैयारी! जितना बजट खींच सकें। सरकार को अर्जी चली गयी है कि महोदय, हम क्रान्ति करने के इच्छुक हैं, जिसके लिए एस्टीमेट प्रस्तुत है, कृपया क्रान्ति की अनुमति देकर अनुग्रहीत करें, योर्स फेथफुली ईटीसी। यू नो। क्रान्ति का डीटेल प्रोजेक्ट सब्मिट करा है। सरकारी फार्मेलिटीज। संस्था रजिस्टर करा दी है। अप्लीकेशन-फार्म में, उद्देश्यवाले कॉलम में 'आमूल क्रान्ति' पढ़कर फार्म जमा करनेवाला क्लर्क मुस्कुराया था। मूरख प्राणी। वो क्या जाने! या शायद, जानने की वजह से ही मुस्काया हो? क्या पता!

तय किया है कि क्रान्ति गाँव से शुरू की जाएगी। गाँव के नाम पर सरकारी पैसा खींचना सरल होता है और वहाँ जाकर कोई चेक भी नहीं कर पाता कि क्रान्ति करी गयी कि नहीं? फिर क्रान्ति का रिवाज़ चला आता है कि यह गाँव से शुरू होती है और बाद में शहर की ओर बढ़ती है। एकदम, हैजा टाइप। वैसे भी, शहरवाले हरामी हो गये हैं। क्रान्ति की बात करो तो हँसने लगते हैं और पूछते हैं कि प्यारे, तुम तो असली किस्सा बयान करो। जबकि गाँवों तरफ अभी भी क्रान्ति-फ्रान्ति की बातें खप जाया करती हैं। क्रान्ति की बात पर वे बीसों दफे बेवकूफ बन चुके हैं, परन्तु इक्कीसवीं बार भी यदि आप क्रान्ति की बातें करते हुए गाँव में जाएँ तो वे उसी उत्साह से पुनः बनने को तत्पर मिलते हैं। कदाचित् उन्हें बेवकूफ बनने में आनन्द आने लगा है या शायद टाइम काटने के

लिए ऐसा करते हैं। या शायद चमत्कारों की सम्भावना पर अभी भी अन्धविश्वास है उन्हें। आशा की डोर पर वे आज भी मच्छर की भाँति बैठे रहते हैं। जो हो, पर क्रान्ति गाँव से शुरू करने का परपोज़ल है।

क्रान्ति में किया क्या जाएगा?

ठीक प्रश्न पूछा है आपने। वैसे अभी कुछ भी साफ कहना कठिन है। सब निर्भर करेगा कि हमारी एनजीओ कितना पैसा सरकार से खींच पाती है। कम पैसा मिला तो छोटी क्रान्ति की जाएगी और ठीकठाक मिल गया तो बड़ी भी कर सकते हैं। डिपेन्ड्स। यू नो। मामाजी के ऊपर है सब। वैसे, हम तो बड़ी क्रान्ति ही करना चाहते हैं। इस देश को झझकोरना हो, तो क्रान्ति तो बड़ीवाली ही लगेगी। पैसे से क्या गोला-बारूद खरीदा जाएगा? बम-फम? अच्छा, एक बारूदी सुरंग बिछाने में कित्ता खर्चा आता होगा भाई साहब? क्यों सा'ब, हमने तो कभी क्रान्ति करी नहीं। पढ़ा ही पढ़ा है।...यार, तो इधर किसने कभी करी है। जिन्होंने कभी करी थी, वे फाँसी चढ़ गये या मर-खप गये। बारूद की वे बता पाते। हमारी क्रान्ति अहिंसक रहेगी। फार्म में भी हमने अहिंसकवाले बाक्स में ही टिक मारा है।...फिर पैसे काहे को चाहिए?...वाह यार! क्या-क्या प्रश्न पूछते हो! भैया, पैसे तो अहिंसक क्रान्ति में भी लगेंगे। देखो, दरअसल, पैसा ही क्रान्ति है। मिल गया, तो वही मिलना ही क्रान्ति कहाएगा। तो क्या पैसे से क्रान्ति के बड़े-बड़े हरावल दस्तों का गठन करेंगे? दस्ता कह सकते हो। पर हमारा दस्ता छोटा होगा। जितने कम लोग होंगे, उतना अच्छा। ज्यादा हों, तो सब स्साले हिस्सा भी तो माँगेंगे। एनजीओवाली क्रान्ति इस मायने में डकैती के निकट हैं कि गिरोह जितना छोटा होगा, माल उतना कम में बाँटना पड़ेगा। हमारे दस्ते में तो बस हम, पिताजी, मामाजी और हमारे दो छोटे भाई होंगे। छोटावाला भाई पाँचवीं कक्षा में पढ़ता है, परन्तु गर्मी की छुट्टियों में वह भी क्रान्ति किया करेगा; पढ़ाई का हर्जा भी नहीं हुआ और क्रान्ति की क्रान्ति हो गयी।

क्या इस क्रान्ति का इतिहास भी लिखा जाएगा?

बिल्कुल लिखा जाएगा। बल्कि इतिहास ही लिखा जाएगा। क्रान्ति का डिटेल रिकॉर्ड रखा जाएगा। क्रान्ति में कम, रिकॉर्ड-कीपिंग में ज्यादा टाइम लगाया जाएगा। पुरानी क्रान्तियों का पढ़ो तो कई स्थानों पर दर्ज है कि इस घटना के डिटेल्स का पता नहीं। अजीब लोग थे। क्रान्ति करते थे और हिसाब रखने की परवाह ही नहीं करते थे। इधर हमारी क्रान्ति इतिहास लिखने के लिए की जा रही है। हम बेवकूफी नहीं करेंगे। हम तो क्रान्ति से पहले ही इतिहास लिख रखेंगे। क्रान्ति बाद में होती रहेगी। या न भी हो। पर क्रान्ति का हिसाब-किताब हम ऐसा रखेंगे कि बाद में सी.बी.आई. या पुलिस हम पर हाथ भी न धर सके।

हमारे इतिहास की लिखा-पढ़ी चार्टर्ड एकाउण्टेण्ट करेंगे। आजकल सरकार इतनी कमीनी हो गयी है कि क्रान्तिकारियों तक से हिसाब माँग लेती है और एनजीओ पर भी जाँच बिठा देती है। सो इतिहास तो ऐसा दर्ज करेंगे कि जैसा कभी हुआ नहीं होगा। दरअसल, हमारे इतिहासकार ने झूठे बिल, मास्टर-चार्ट वगैरह तैयार करा लिये हैं, ताकि बाद में टाइम पर इतिहास लिखा जा सके और प्रॉपरली सॅबमिट किया जा सके।

और जो कहीं असफल हो गयी यह क्रान्ति, तो?

क्रान्तियों का इतिहास बताता है कि जो बड़े उत्साह तथा तामझाम से शुरू की गयी थीं, वे तक असफल हो गयीं। पर हमारीवाली नहीं होगी। देखिए, असफल वो क्रान्ति हो सकती है, जो की गयी हो। एनजीओ के ज़रिये जो क्रान्तियाँ की जाती हैं, वे इस मायने में भिन्न होती हैं कि वे की तो जाती हैं, पर की नहीं जातीं। वे होती तो हैं, पर नहीं होतीं। वे कागज पर होती हैं, पर ज़मीन पर नहीं होतीं। भूत या ईश्वर की भाँति, कि जो होता तो है, पर देखा नहीं जा सकता। हमारी क्रान्ति भी हो जाएगी, पर नहीं होगी। कागज भरे जाएँगे। पैसे बँट जाएँगे। क्रान्ति की मशाल की फोटू खिंच जाएगी। इतिहास तैयार हो जाएगा। यही क्रान्ति की सफलता होगी।...असल में, आपने कभी एनजीओ बनाकर ही नहीं देखी न! तभी तो! अन्यथा ऐसे निरर्थक प्रश्न न पूछते। समझिए, फिर से। देखिए, हमारा जोर एनजीओ बनाने पर है। हमारा ध्यान फण्ड खींचने में है। क्रान्ति यहाँ इन्सीडेण्टल है। खामोखाँ। न भी हो, चाहे भाड़ में जाए। वैसे भी, किसे क्रान्ति की परवाह है? इस क्रान्ति की असलियत सभी को पता है। वो फार्म जमा करनेवाला क्लर्क यों ही नहीं मुस्कुरा रहा था।

कलाई पर नील और बलमा पर प्यार

अपनी तरफ एक शख्स होता है 'बालम।' देखे ही होंगे आपने ऐसे शख्स। फिल्मी गीतों में इन्हें बलमा कहकर भी पुकारा जाता है। बलमा या बालम के साथ एक यह बात भी देखी गयी है कि वे कभी भी सामान्य या कहें कि 'प्लेन-बलमा' नहीं होते—वे प्रायः 'जुल्मी-बलमा' होते हैं। बलमाओं के सर्कल में यह मान्यता-सी है कि बलमा अगर जुल्मी न हुए, तो फिर उनके ठीकठाक बलमा होने पर सन्देह किया जाना चाहिए। बलमा जुल्मी न हों, तो उन्हें कोई टके गज भी न पूछे। अब प्रश्न उठता है कि बलमा किस पर जुल्म ढाते हैं? इसको समझने के लिए यह जानना आवश्यक है कि बलमा की बलमाई के लिए सजनी का होना अनिवार्य है। अन्यथा ऐसे बलमा तो हजार! सजनी की विशेषता यह कि इसकी कलाई नाजुक-सी होती है। बलमा की नज़र प्रायः इस कलाई पर होती है। वे इस कलाई को जब-तब मरोड़कर अपना ज़ुल्मीपन प्रदर्शित किया करते हैं। प्यार आया, तो कलाई मरोड़ दी; छेड़ने पर उतारू हुए, तो कलाई मरोड़कर निकल गये; और जो सजनी की ठुकाई-पिटाई पर उतरे, तब तो फिर वो बलमा ही क्या हुए कि जिनने कलाई न मरोड़ी हो! बलमा के रहते सजनी की कलाई व्यस्त रही आती है। फिर, बलमा तो एक बार रगड़ के, कलाई मरोड़ के निकल जाते हैं, बाद में बेचारी सजनी कलाई की सिंकाई इत्यादि में लगी रहती है।

अभी उस दिन हाई कमान में बैठे बलमा ने गोरी की कलाई मरोड़ दी। पढ़ा ही होगा आपने समाचारपत्रों में। सजनी बेचारी बयान देती फिरी कि साँवरे, हमने तो कभी भी जसोदा से न तो तेरी माखनचोरी की शिकायत करी और न ही कभी तेरे इस्तीफे की माँग करी। कहती रही गोरी कि हमारे बयान को तोड़मरोड़ कर छापा गया है, परन्तु राजनीतिक सत्ता की कुंजगलिन में मस्ताते श्याम ने एक न सुनी। सीधे कलाई मरोड़ दी जुल्मी ने और समूची सखियों के बीच 'उई दैय्या' कहलवाकर लाज हर डाली। मरोड़ी कलाई को सहलाती सजनी सखियों के बीच कहती ही रह गयी कि न तो हमने श्याम का इस्तीफा माँगा था और न ही हम गये कभी बलदाऊ या जसोदा को बताने, कि क्या गड़बड़

चल रही है जमुनातीरे, कुंजगलिन में। श्याम को कन्फ्यूजन हुआ है। सच्ची सखी। सखियाँ मुस्कुरा रही हैं। जानती हैं सजनी की फितरत को। सजनी का ऐसा है कि जिठानी के सामने कुछ और, देवरानी के सामने कुछ और, और जो बलमा ने पास बुलाकर कलाई मरोड़ डाली तो पलट गयीं तुरन्त कि हमने तो वैसा कहा ही नहीं था!

देखिए, राजनीति में बालम, सजनी और कलाई के रिश्ते किंचित् घुमावदार हैं। समझिए पहले। राजनीति में कौन तो बलमा है और कौन सजनी, ये रिश्ते बदलते रहते हैं। औकात तथा सत्ता पर आपकी पकड़ के हिसाब से आपकी बलमाई चला करती है। यदि सत्ता आपके हाथ में है और कुछ ले-दे सकते हैं, तब तो आप बलमा हैं। सत्ता आपको जुल्मी बलमा बनने की बपौती सी देती है। पर यह भी है कि आप आज भले ही बलमा हों, कल सजनी भी हो सकते हैं। आज आपके पास सत्ता है और आप कलाईयाँ मरोड़ते हुए स्वयं के जुल्मी साँवरिया होने पर फिदा हुए मंच-मंच घूम रहे हैं कि अचानक कुर्सी खिसकी और आप देखते-देखते बलमा से सजनी बन गये। ऐसा त्वरित तथा चमत्कारिक सेक्स-परिवर्तन बस राजनीति में ही सम्भव है। कल को जों कलाईयाँ मरोड़ते घूमते रहे, वे आज अपनी ही नंगी कलाई लिये बचे-बचे घूम रहे हैं। फिर, राजनीति में ऐसी सजनियाँ भी कम नहीं कि जो बालम का वेश धरके नाहक रौब डालती घूमती हैं। पहिचानना पड़ता है। हमारी सलाह है कि पहिचान के लिए आप तो उनकी कलाई पर नज़र डालो।

जैसे कि अभी वे मिले हमें।

वे बालमवाले रौब से मुख्यमन्त्री से इस्तीफा तथा अध्यक्षजी का निलम्बन माँगते फिरते थे। कि अचानक सजनी-सा व्यवहार करने लगे। हमने पूछा कि आपकी माँग का क्या बना? बोले कि जैसा बलमजी कहें! हमने कहा कि पब्लिक तो आपको ही बलम समझ रही थी। पार्टी में आपके गुटवाली सजनीवृन्द आपको ही बालम मानकर सधवावाले कर्मकाण्ड किया करती थीं। वे बोले कि झूठ फैला रखा है सौतनों ने। हमारा कोई गुट नहीं। हम सबके बलम बस एक ही हैं और उनसे हमें कोई शिकायत नहीं। वे कलाई मरोड़ सकते हैं और नथ उतार सकते हैं। सुहाग हैं वे हमारे। हम सजनी हैं। हमारी कोई महत्त्वाकांक्षा नहीं कि बलम बनें। हमारे बलम वही हैं और हमें तो उन पर प्यार आ रहा है।...

...वे कहते रहे। हम सुनते रहे।

पर सुनते हुए हमारी नज़र लगातार उनकी कलाईयों पर थी।

गोरी कलाईयों पर बहुत गहरे और लम्बे नीले दाग बने दिख रहे हैं।

लगता है कि बलम ने, इस बार कलाई कुछ ज्यादा ही तगड़ी मरोड़ दी है। तभी न, इतना प्यार आ रहा है सजनी को।

अपने एरिया और दूसरों के...

हम भारत के नागरिक अवश्य हैं, परन्तु भारत में नहीं रहते।

वास्तव में, कोई भी नागरिक भारत में नहीं रहता। हमारा देश खाली पड़ा रहता है क्या? आप पूछेंगे। हम यही कहेंगे कि हमारे देश में लोग रहते तो हैं, परन्तु कोई भी हिन्दुस्तान में नहीं रहता। भारत में मानो वह ऐसा किरायेदार बनकर रहता है, जो बिना किराया चुकाये रह रहा हो। वह भारत का नहीं है। वह तो किसी एरिये से आया होता है, उसका अपना एक क्षेत्र होता है और वह किसी इलाके से 'बिलोंग' करता है। भारत के फर्स पर जब तक अपने एरिया की चटाई न बिछी हो, बैठते हुए वह बड़ा परायापन महसूस करता है। उसका एरिया ही उसका सबकुछ है। वह भारत में कहीं भी जाए, अपने एरिया से नालबद्ध रहता है और इसी नाल को सबकुछ समझता है। अपने एरिया के अलावा इस देश में जो भी है, वह व्यर्थ है, निकृष्ट है और है ही क्यों, यह बात वह समझ नहीं पाता। वह विश्व-नागरिक बनने के सपने देखता है, परन्तु अपने एरिया से बाहर भी कोई विश्व है, यह मानने को तत्पर नहीं।

''आप किस एरिया से हैं?''—हमारी रोजमर्रा की बातचीत का यह सबसे लोकप्रिय वाक्य है। इसी प्रश्न पर जीवन के सारे उत्तर टिके हैं। इस यक्षप्रश्न का जैसा उत्तर आप देंगे, तदनुसार ही आपके साथ व्यवहार-प्यार-दुलार-चूमाचाटी या जूतमपैजार की जाएगी। ''अच्छा-अच्छा, आप भी उसी इलाके के हैं?'', ''क्यों?'', ''हम भी उसी एरिया से 'बिलोंग' करते हैं''—उसी इलाके का आदमी मिल जाए, तो फिर मजा रहता है। फिर तो दोनों मिलकर, अपने इलाके से इतर अन्य सभी इलाकों की बुराई करने में समय काट सकते हैं कि जब तक अपना स्टेशन न आ जाए।

कभी आएँ, तो मिलिएगा। आप भी इधर निकलें, तो अवश्य मिलें। जरूर, जरूर। अपने इलाकेवाले इस तरफ कम ही हैं। इस एरिया में अपने एरियावाले अकेले पड़ जाते हैं। मिलते रहा करें। अपने इलाकेवालों से मिलकर तसल्ली होती

है। क्यों नहीं। बिल्कुल। स्वाभाविक है कि अपने एरियावाले से मिलो, तो मजा आ जाए। इस एरिया में तो फँस गये हैं भैय्या। क्या करें। सेण्ट्रल गवर्नमेण्ट की स्साली नौकरी ही ऐसी। कहाँ अपना एरिया और कहाँ यह। गँवार लोग। उजड्ड। कमीने। हरामी हैं सब के सब। चिढ़ते हैं अपने उधर के एरियावालों से। पर, स्साले डरते भी हैं। सामने पड़ जाएँ, तो चुप रहते हैं। जानते हैं कि अपने उधरवाले सीधे सिर खोल देते हैं। सच्ची कही आपने। इधर के लोग पीठ पीछे चाहे जो कहें, पर मुँह पर 'हें हें' ही करते हैं। हिजड़े हैं ससुरे। सच्ची बात।...तो चलें साहब। गाड़ी 'आउटर' क्रॉस कर चुकी है। चलिए, चलिए। अपना स्टेशन आने में तो अभी घण्टा भर बचा है।

अपने-अपने एरिया को लेकर हर भारतीय परम संवेदनशील है। उसके पिछवाड़े पर लात मार दें, तो भी शायद वह आपको एक बार क्षमा कर दे, परन्तु उसके एरिया के खिलाफ कृपया कभी कुछ न कह दें। बचकर चलें। सब तरफ बचकर चलें क्योंकि सभी तरफ अपने-अपने एरिया हैं। देश में कुछ हिस्से हैं, जो 'ट्राइबल' एरिया हैं, तो कुछ डकैतीवाले इलाके हैं। कुछ हैं जो पिछड़े एरिया हैं, जिन्हें दूसरे मुँह लगाने को तत्पर नहीं। कुछ 'हिली' एरिया हैं। कुछ लाठी लेकर चलनेवालों के एरिया हैं, तो कुछ इलाकेवालों के साथ मुँह न लगा जाए तो ही बेहतर। 'ट्राइबल' एरिया में फेंक दिया है सरकार ने। ट्रान्सफर की जुगाड़ में अपने एरिया के ऐमेले से बात चल रही है। बीस माँग रहे हैं। डकैतीवाला इलाका है और थाने में पोस्टिंग का रेट पचास हजार तो 'सिपट्टे' का चल रहा है। हम तो भैय्या पिछड़े एरिया के हैं। हमें कोई पूछ ही नहीं रहा। ऐसा ही कह-कहकर तुम स्सालों ने खूब ग्राण्ट खींची है गवर्नमेण्ट से। इत्ते दिन से पिछड़े हो, तो कुछ दिन और रह जाओगे, तो मर न जाओगे। बहस छोड़ो। तुम तो असली किस्सा खोलो। क्या स्कीम निकलवा रहे हो हमारे इलाके के लिए? सूखा मामला तो नहीं? पिछड़ा इलाका चाहे सूखा रह जाए, पर वहाँ की स्कीमें तर होनी चाहिए। सम्भावनाएँ तर-ब-तर हैं पिछड़े इलाकों में। फिर देश में कुछ एरिया ठाकुरों के हैं, तो कुछ 'बाम्हनों', तो कुछ 'बनिया-बक्कालों के'—हरिजनों की समुचित ठुकाई-पिटाई की उत्तम व्यवस्था सभी इलाकों में है। फिर शहरी एरिया तथा ग्रामीण एरिया का पुराना किस्सा तो चलता ही रहता है। जैसा कि साहित्य सेवी तक जानते हैं कि शहरी इलाकेवाले ग्रामीणों का शोषण करते रहते हैं। वे ऐसे बदनाम हैं, मानो रोज शाम को बाकायदा इसी काम के लिए निकलते हों, और जब तक एकाध ग्रामीण का ठीक ठाक शोषण न कर लें, घर ही न लौटते हों। पत्नी जान जाती है कि श्रीमान आज लेट हो रहे हैं घर लौटने में—ज़रूर शोषण करने के लिए कुछ लम्बा निकल गये होंगे! एक दिन भी बिना शोषण के नहीं रहते बनता

इनसे। सो ऐसे कुख्यात शहरवाले। इधर शहरी इलाकेवालों का विश्वास है कि ग्रामीण एरियावाले बड़े चालाक तथा हरामी हो गये हैं। अजीब तमाशा चल रहा है देश में। इस एरिया में काँग्रेस मजबूत है, तो उधर भाजपा का गढ़ है—ओछी राजनीति दोनों में है। यह एरिया दाउद भाई का है, तो वहाँ का पत्ता यादवजी के इशारे के बिना नहीं खड़कता—शरीफ लोग दोनों एरिया में पिट रहे हैं और पुलिस को हफ्ता हर एरिया में मिल रहा है। फिर इलाकों के अन्दर इलाके हैं। हर एरिया में कुछ एरिया किसी का है, तो कुछ किसी का। छीना-झपटी-सी मची है। किसी गली में जिझौतिया ब्राह्मणों के मकान हैं, तो कोई गली कनवजियों की है, तो कोई बनियों का मोहल्ला है, तो कोई यादवों को। कनवाजिया झिझौतियों की गली में ठुक सकता है, तो ठाकुरों के मोहल्ले में कोई भी पिट सकता है। तराईवाला मैदानी एरिया में धक्के खाएगा, तो उस एरियावाले ठानकर बैठे हैं कि एक बार इस एरियावाला कोई उनके हत्थे चढ़भर जाए, तो वे बतायें। यह एरिया उस एरिया से, यह क्षेत्र उस क्षेत्र से, यह इलाका उस इलाके से लड़ने को तत्पर है, मुँहतोड़ जवाब देने को तड़प रहा है तथा एक-दूसरे की अक्ल ठिकाने लगाने को बेचैन है।

किस एरिया से खड़े हो रहे हैं आप? आपके एरिया में किस 'कास्ट' का परसन्टेज ज्यादा है? बताते हैं कि आपके एरिया में 'मुसल्टों' का जोर है? आपके एरिया में इस बार बाढ़ का कित्ता पैसा निकाली सरकार? हमारे एरिया में तो स्साला इस साल न बाढ़, न सूखा—पोस्टिंग बेकार जा रही है। अपने एरिया तक ट्रेन बढ़वा दी नेताजी ने। इस एरिया में लगनेवाला कारखाना अपने एरिया में फिट करवा दिया मंत्रीजी ने। वे देश के मन्त्री हैं, पर काम सब अपने एरिया का करने को कटिबद्ध हैं। वोट वहीं से मिलने हैं। देश की सोचें कि एरिया की? इस एरियावालों ने पथराव कर दिया उनकी कार पर। इलाकेवाले जूता लेकर खोज रहे हैं। मिलें, तो नेतागिरी उतारें! अपने एरिया का और अपनी जात का ही पीए चाहिए मन्त्रीजी को। शादी अपने एरिया में करनी है। पोस्टिंग अपने इलाके में करानी है। डकैती अपने एरिया में करनी है। जूते यहीं चलने हैं।

आप भारतीय हैं, वह तो ठीक कह गये आप, परन्तु हैं आप किस एरिया से—तनिक यह भी बताइएगा कि नहीं?

पशु-प्रेम प्रोजेक्ट

अब समय आ गया है कि हम जानवरों, ढोर-डंगरों की ओर ध्यान दें। उनकी समस्याओं की ओर ध्यान देना होगा। आप दें या न दें—मैं तो दूँगा ही। सरकार से पैसा खींचने का और कोई सीधा तरीका मुझे फिलहाल नजर नहीं आता। आदमियों की समस्याओं के नाम पर लोगों ने बहुत पैसा सरकार से खींचा है और अब वह सतर्क हो गयी है। आदमी के नाम पर अब वह पैसा नहीं निकालती। पिछले दिनों मेरे क्षेत्र के कुछ घाघ लोग सूखे का रोना रोते सरकार के पास पैसा खींचने पहुँचे, तो चपरासी ने ही बाहर से भगा दिया कि सूखे का यहाँ आसपास भी नाम लिया तो ठीक नहीं होगा। कुछ दिनों पहले बिहार में जो भूकम्प आया था, तब भी प्रधानमन्त्री ने यही कहा न कि बिना कारण के बात बढ़ा-चढ़ाकर की जा रही है, वरना ऐसा कुछ विशेष नुकसान नहीं हुआ है। अब सरकार आदमी के लिए अण्टी ढीली करने को तत्पर नहीं। पर आदमी की, विशेषतौर पर भारतीय जन की यह आदत है कि वह सरकार से पैसे झटके बिना नहीं मानता। मैं अपनी ही कहूँ, तो महीने-भर भी यदि सरकार को चूना न लगाऊँ, तो दिल न जाने कैसा-कैसा करने लगता है। अब, जब कि सरकार इस हठधर्मी पर उतर ही आयी है और यदि मैं सरकार से पैसे खींचना चाहता हूँ तो मुझे ही कुछ नया सोचना होगा। इसी सन्दर्भ में मैंने ऊपर चर्चा की कि अब मैं जानवरों पर ध्यान दूँगा। इसके अलावा और कोई चारा भी नहीं। आदमी का बहाना नहीं चलेगा, अत: पशु-प्रेम उमड़ाना पड़ेगा। अभी उस दिन जो मैंने एक गन्दे-से पिल्ले को पुचकारा था, या नाली में लोटते सुअर को चाहते हुए भी पत्थर नहीं मारा था, या हाथ में डण्डा तथा सामने गधा होते हुए भी कुछ नहीं किया था—तो इसके पीछे मेरा यह सद्य: जाग्रत पशु-प्रेम ही है।

•

मैं एक 'पशु-प्रेम प्रोजेक्ट' सरकार के सामने रख रहा हूँ।

सरकार जैसे ही प्रोजेक्ट के नाम कुछ लाख रुपये मुझे दे देगी, वैसे ही सरकारी तरीके तथा स्तर पर पशुओं से प्रेम प्रारम्भ हो जाएगा। पशुओं से कोई प्यार नहीं करता। कितने ही कुत्ते, कुत्तों की तरह, मुँह उठाये घूमते रहते हैं। कोई पूछता नहीं। बच्चे सुअरों को खदेड़ते हैं। इधर गधों तथा धोबियों के बीच, घर से घाट तक सतत तनाव जारी है। लोग डण्डों से इनको मारते हैं। पशु बेचारे प्रेम के भूखे हैं। वे यदि वोट नहीं देते, तो इसका मतलब यह कदापि नहीं कि पशु पर सरकार ध्यान ही न दे। सरकार का कर्तव्य बनता है कि उन पर ध्यान दे। पशु कपड़े नहीं माँगते। वे नंगे घूमते रहते हैं और लँगोटी तक नहीं माँगते। जमीन का पट्टा नहीं माँगते। थोड़ा-सा प्रेम चाहिए उन्हें, जो भारतीय नागरिक उन्हें देता नहीं। इसका कारण भी है। प्राय: नागरिकों के पास प्रेम करने की फुर्सत नहीं। जिसके पास थोड़ा-बहुत है भी, वह इसे पड़ोसी की पत्नी, सड़क पर चलायमान सौन्दर्य तथा यहाँ-वहाँ उपलब्ध महिलाओं पर लुटाता है और जो बच जाता है, उसे वह घर पर निजी पत्नी पर किफायत से खर्च करता रहता है। इस प्रकार पशु से प्यार करने का समय किसी के पास नहीं है। तो फिर पशुओं से कौन प्यार करे? सरकार को ही कुछ करना होगा। सरकार ही कुछ कर सकती है। सरकार मेरे इस 'पशु-प्रेम प्रोजेक्ट' के लिए भारी ग्राण्ट दे सकती है, ताकि, जैसा कि आगे विस्तार से बताया गया है, पशुओं के साथ सुनियोजित तरीके से प्रेम चालू हो सके। हमें हर पशु को चूमना है। हमें हर ढोर को पुचकारना है। हमें हर डंगर को पुच-पुच करना है। हर कुत्ते को प्यार चाहिए—सरकार को यह बात समझनी होगी। मैंने सोच लिया है कि मैं सरकार को समझाऊँगा, क्योंकि, जैसाकि मैंने बताया कि सरकार से पैसे झटकने का फिलहाल और कोई उपाय दिखता नहीं। मेरा 'पशु-प्रेम प्रोजेक्ट' इसी बात को लेकर है।

'पशु से प्रेम करो'—यह थीम रहेगी मेरे प्रोजेक्ट की। मैं पशुओं से मार-तमाम प्यार करना चाहता हूँ, बशर्ते कि सरकार इस मद में कुछ पैसा फूँकने को तैयार हो। अब सबकुछ सरकार पर है। मेरी तरफ से कोई कमी नहीं है : प्रोजेक्ट तैयार है। पशु बेचारे पूँछ हिलाते कब से तैयार खड़े हैं। पशुओं की कहीं कोई कमी नहीं। चारों ओर कुत्ते, बिल्ली, गायें, बकरियाँ, सुअर, गधे, घोड़े तथा ऐसे ही अन्य ढोर-डंगर घूम रहे हैं। इनको कोई प्रेम नहीं करता। यहाँ-वहाँ लातें खाते ये पशु जीवन की त्रासदी भोग रहे हैं और एक कविता भी नहीं कहते जवाब में। पैसा मिलते ही इन वंचितों पर प्यार की वह सरकारी बौछार मारी जाएगी कि भागते जगह नहीं मिलेगी इनको। सरकार का पैसा मिलते ही पशुओं से, 'पशु-प्रेम प्रोजेक्ट' में दिये गये दिशा-निर्देशों के अनुसार नियमित प्यार शुरू हो जाएगा। इतवार की छुट्टी रहेगी, क्योंकि प्यार करनेवाले की उस दिन छुट्टी रहेगी। लगातार

प्यार यूँ भी उचित नहीं होता। जो दाम्पत्य जीवन में गहरे उतरे हैं, वे मेरी बात से सहमत होंगे।

'पशु-प्रेम प्रोजेक्ट' की मोटी-मोटी बातें कुछ यूँ हैं :

पशुओं से नियमानुसार प्रेम करने के लिए आवश्यक होगा कि एक दफ्तर की बाकायदा स्थापना की जाए, जो पशु-प्रेम के लिए उत्तरदायी होगा। 'पशु प्रेम विभाग' अथवा 'चौपाया प्यार तथा सौहार्द डिपार्टमेण्ट' या 'ढोर-डंगर प्रेम विकास कार्यालय' या ऐसे ही किसी नामवाला एक दफ्तर खोला जाएगा। एक पशु-प्रेम-निदेशक तथा तीन उप पशु-प्रेम-निदेशक। इनके नीचे सात-आठ सहायक पशु-प्रेम-निदेशक फिर बहुत से पशु-प्रेम-अधिकारी, पशु-प्रेम-सहायक, पशु-प्रेम-अधीक्षक तथा पशु-प्रेम वरिष्ठ लिपिक। फिर अनगिनत पशु-प्रेम-लिपिक, जो विगत सप्ताह कितने पशुओं को प्यार किया गया, इसकी फाइलें तैयार करेंगे तथा विधानसभा में पूछे गये ऐसे प्रश्नों के जवाब में आँकड़े तैयार करेंगे, जैसे कि क्या पशुओं से सच्चा प्रेम किया जा रहा है? तथा क्या यह सच नहीं है कि सरकार गधों को अधिक प्यार कर रही है तथा पशु प्रेम अधिकारी गधों के प्यार में कुत्तों के साथ सौतेला व्यवहार कर रहे हैं? आदि। यह ताम-झाम दफ्तर का। अब आइए असली प्रेम करनेवालों पर। पशुओं के साथ एक बुरी बात यह है कि वे स्वयं चलकर 'पशु-प्रेम-दफ्तर' नहीं आएँगे। आदमी होता तो लाइन लगाकर दफ्तर के सामने खड़ा हो जाता और धक्का-मुक्की करता काउण्टर पर पहुँचकर, अपने हिस्से का प्यार-चुम्बन-चुम्मी या पुच्ची पाकर अँगूठा पावती लगाकर निकल जाता। पशु इस मामले में ढोर है। उनसे प्यार करना है, तो गली-गली जाकर करना होगा। अतः बहुत से पशु-प्रेम-फील्ड अधिकारी, सहायक फील्ड अधिकारी, पशु-प्रेम-कार्यकर्ता तथा पशु-प्रेम-ग्रामसेवक नियुक्त करने होंगे। वे गली-गली घूमकर ढोर-डंगरों से प्रेम-प्रदर्शन करेंगे। फिर कुछ 'पशु-प्रेम प्रदर्शक फोटोग्राफर', जो प्यार किये जाते पशुओं के चित्र खीचेंगे, जो समय-समय पर विभाग तथा सरकार के विकास विज्ञापनों, समाचारों तथा प्रदर्शनी में दिखाने में काम आएँगे ताकि आम जन को पता चलता रहे कि देश के पशुओं से विकट प्रेम जारी है। इन सबके ऊपर एक 'पशु-प्रेम-प्रदर्शन संचालक मण्डल', जिसमें वही लोग रहेंगे, जो ऐसे मण्डलों में रहते आए हैं। और सबसे ऊपर एक मन्त्री, जिसको स्वतन्त्र प्रभार दिया जाए पशु-प्रेम का। हरियाणा से यह मन्त्री रहे, तो उचित होगा। पशु भी घरोबा तथा अपनापन महसूस करेंगे। वह दौरे करेगा, ढोर-डंगरों के बीच घूमेगा तथा यहाँ-वहाँ प्यार लुटाएगा। उसकी कार के पीछे खाली भूसे की गाड़ी चलेगी, जो मन्त्रीजी के आदेशानुसार पशुओं में बाँटा जाएगा। इस गाड़ी के बहाने मन्त्री के पीछे पशु वोटरों की तरह आएँगे। मन्त्री को अपने अन्य साथियों की अपेक्षा

यह फायदा रहेगा कि वह कुछ भी आयँ-बायँ बके या घोषणाएँ करे, वह किसी पशु के प्रति जवाबदेह नहीं होगा। यूँ भी हमारे नेता आम मतदाता को पशु ही मानते रहे हैं।

'पशु-प्रेम-दफ्तर' में काम कुछ इस प्रकार होगा :

सुबह दफ्तर खुलने के काफी देर बाद, जब धीरे-धीरे गाय-बैल तथा साँड़ से टहलते दफ़्तर के कर्मचारी यथास्थान पहुँचकर स्थान ले लेंगे, तब यह तय पाया जाएगा कि एक मीटिंग कर ली जाए। सभी की मीटिंग होगी। चाय आदि के पश्चात् यह निर्णय होगा कि आज अग्रसेन मुहल्ले के पशुओं से प्यार किया जाएगा। अग्रसेन मुहल्ले के जागरूक नागरिकों ने प्रार्थना-पत्र तो कई माह पूर्व ही दिया था, अभी कुछ दिनों पूर्व बदमाशों ने सम्पादक के नाम पत्र तक लिखकर कहा है कि उनके कुत्ते, बिल्लियों को आज तक प्रेम नहीं किया गया है, जिससे कि स्थानीय कुत्तों तथा बिल्लियों आदि में रोष है। तो मीटिंग में तय रहा कि आज वहीं के पशुओं से प्रेम किया जाए। चार कार्यकर्त्ताओं को टी.ए., डी.ए. देकर पास के गाँवों के पशुओं को प्यार करने भेजा जाएगा। यह बीस सूत्री कार्यक्रमवालों का मुँह बन्द करने के लिए है। ग्रामीण पशुओं पर ध्यान देने से प्रधानमन्त्री के भी हाथ मजबूत होंगे। कैसे? यह पता नहीं; पर यही कहने का रिवाज है। एक सील सभी फील्ड पशु-प्रेम-कार्यकर्ताओं को पहले ही दी हुई है, जिसे उचित मात्रा में प्यार के पश्चात् पशु की पीठ पर ठोक दिया जाएगा, ताकि कर्मचारी को यह पता रहेगा कि इस पशु से एक बार सरकारी प्रेम किया जा चुका है। पशु सब एक-जैसी शक्ल के होते हैं। हो सकता है कि गलती से दो-दो बार वही पिल्ला चूमा जाए। सील ऐसी फिजूलखर्ची को बचाएगी तथा ऑडिट के समय ऐसी आपत्तियों को नहीं उठने देगी कि सरकार कुछ चुने हुए गधों को ही पुचकारती रही। इसके अलावा, वे बदमाश पशु जो बार-बार प्यार पाने की फिराक में सामने आएँगे, इस सील के रहते पकड़े जाएँगे। यदि कोई पशु जान-बूझकर इस प्रकार उल्लू बनाने का प्रयास करेगा, तो फील्ड अधिकारी की उचित अनुमति प्राप्त करके तथा सील का उचित सत्यापन करवाकर, ऐसे बदमाश पशु की हड्डी-पसली बराबर की जाएगी। इसके लिए पशु-प्रेम फील्ड कार्यकर्ताओं को उचित साइज के मजबूत डण्डे उपलब्ध कराए जाएँगे।

मीटिंग के तुरन्त बाद निर्धारित मोहल्ले के पशुओं के पीछे फील्ड पशु-प्रेम अधिकारी तथा कार्यकर्ता छोड़े जाएँगे। पशु के साथ दिक्कत यह है कि आप उसे प्रेम करने के लिए भी उसकी ओर बढ़ो, तो वह भागता है या गुर्राता है। पशु आसानी से हाथ आनेवाला नहीं। उस पर प्यार लुटाना आसान नहीं। किया यह जाएगा कि कुत्तों इत्यादि को पहले तो पुचकारा जाएगा। यदि वे भागने की कोशिश

करेंगे, तो पीछा करके पकड़ा जाएगा; डण्डे मारकर जमीन पर पटका जाएगा और फिर प्यार किया जाएगा, निर्धारित मात्रा में प्यार करके दो लातें मारकर कुत्तों को भगा दिया जाएगा। गधों की पीठ पर भी हाथ रखा जाएगा, जो यूँ भी हमारी सरकार की नीति रही है। शाम तक इसी प्रकार निरन्तर पशु-प्रेम चलेगा। बीच में लंच का अवकाश रहेगा, इस दौरान पशु यदि चाहें तो यहाँ-वहाँ स्वतन्त्रतापूर्वक टहल सकता है, क्योंकि लंच के बाद उसके साथ पुनः प्रेम व्यापार होना है। एक फार्म रहेगा, जिसमें किये गये पशु-प्रेम की कार्यवाही को विस्तार से रिकॉर्ड किया जाएगा—पशु का नाम, उम्र, पशु के पिता का नाम (जैसे कि कुत्ते के पिताजी का नाम श्री कुत्ताजी) पशु के मालिक का नाम, जाति तथा गोत्र, पशु का पहचान चिह्न (यथा पूँछकटा/कनकटा/लंगड़ा/टूटे खुरवाला/पीठ पर डण्डे की चोट का निशान आदि), पशु-प्रेम-अधिकारी का नाम, कितनी देर तक प्रेम किया गया? किस तरह का प्रेम किया गया? (यथा पुचकारा गया/खरहरा किया/पीठ पर हाथ रखा/चूमा/पुचपुच की आदि), पशु द्वारा प्रेम करने पर क्या प्रतिक्रिया रही (ढोर-सा खड़ा रहा/पूँछ हिलाने लगा/पैर फटकारे/पैर चाटने लगा आदि), लगाई गयी सील का नम्बर आदि। एक बार फार्म में यह सब भर दिया गया, तो पशु को लात मारकर भगा दिया जाएगा क्योंकि सरकारी प्रेम की यही स्वाभाविक परिणति है। जो आदमी के साथ होता रहा है, वही पशुओं के साथ होगा। पाँच बजे से पहले सारा प्रेम-वेम बन्द। अब सारे फार्म दफ्तर से ले जाकर जमा करने हैं; तो ऐसे चलेगा पशु-प्रेम का फील्ड वर्क।

●

पशु-प्रेम को लेकर बड़ी योजनाएँ हैं मेरी।

जनता को भी पशु-प्रेम के लिए प्रेरित करना होगा, यह भी मेरे प्रोजेक्ट का हिस्सा है। आम जन को पशु-प्रेम की आवश्यकता तथा पशु-प्रेम की कला के प्रति जाग्रत करना होगा। इस प्रोजेक्ट के अन्तर्गत आम जनता के लिए पशु-प्रेम पर कक्षाएँ, वर्कशॉप तथा विचारगोष्ठियां रखी जा सकती हैं, जिनमें पशु-प्रेम के विभिन्न पक्षों के विषय में ज्ञान दिया जाएगा। कुत्ते को लुरलुर करके प्यारपूर्वक कैसे पास बुलाना, कैसे उसे छू करना, भोंकते कुत्ते से सुरक्षित प्रेम के तरीके, पड़ोस की बकरी को पुचकारना तथा प्यार से फुसलाकर उसका दूध बेआवाज निकालना, घोड़े की पीठ पर खरहरा करना, गधे को खूब लादकर फिर उसे प्यार करना, बॉस के कुत्ते तथा आम कुत्ते को दिये जानेवाले प्रेम के बीच अन्तर, कुत्ते की कुत्तागिरी से बचते हुए उसे प्रेम करना, धोबी के कुत्ते तथा धोबी के गधे के बीच प्रेम उत्पन्न करने के उपाय, बकरी से प्रेम के गाँधीवादी तरीके, खादी पहनकर बकरी से प्रेम, कुत्तों के स्वादिष्ट बिस्कुट घर में ही कैसे बनाएँ, अच्छी खली

को पहचानना, उम्दा सानी तैयार करना, बिना पाँव के नीचे आये हाथी से प्यार आदि न जाने कितने पहलू हैं, जिनके बारे में आम जन को जानना आवश्यक है। आम जन को पशु-प्रेम के लिए सामने आना होगा। दस-बारह पशु-प्रेम-अधिकारी कहाँ तक पशुओं से प्यार करते फिरेंगे? इसीलिए 'पशु-प्रेम-कार्यालय' जनता में पशु-प्रेम की भावना भी जगाएगा। लोगों में पशु-प्रेम की ऐसी ज्वाला धधकानी होगी कि वे पशु को देखते ही उस पर प्रेम के लिए झपट पड़ें। ऐसा पशु-प्रेम नारों तथा आकर्षक पोस्टरों द्वारा पैदा किया जाएगा। 'मोर हो या ढोर, उसे पुचकारो', या 'ढोर खुश तो हम खुश', या 'ढोर खुश, देश खुश', या 'गली गली में है यह शोर, प्रेम-प्यार पाएगा ढोर', या 'आदमियों की सरकार, फिर भी पशु से प्यार', या 'पशु आपके, सरकार आपकी—दोनों को करो प्यार,' या 'कुत्तों, घोड़ों, गधों को प्यार, प्रजातन्त्र का यह आधार' आदि कितने ही अर्थपूर्ण नारे तैयार किये जा सकते हैं, जो पशुओं के प्रति प्रेम की सरकारी नीति को तो स्पष्ट करेंगे ही, जनता को भी पशु-प्रेम के लिए प्रेरित करेंगे। इसके अलावा लोकगीतों की तर्ज पर गाने बनाये जा सकते हैं, जिन्हें ग्रामसेवकों की पार्टियाँ गा-गाकर गाँवों में सुनाएँगी। इन गानों में हमेशा की तरह पहले तो इस बात पर जोर दिया जाएगा कि 'जाग उठा है हिन्दुस्तान' तथा उसके बाद चौपायों का महत्त्व प्रतिपादित करते हुए ग्रामीण जनता का आह्वान किया जाएगा कि आओ, इन चौपायों को डटकर प्यार करें। 'प्रेम करो घनघोर भैया, घर में आये ढोर' अथवा 'नाच उठा मनमोर भैया, घर-घर में है शोर कि भैया, बच न पाये ढोर कोई भी...प्यार करो चहुँओर, कि भैया प्यारा है हर ढोर' अथवा 'अहा ढोर को देखो, रे, देखो रे, हैया रे (हैया रे हैया, हैया रे हैया), अहा ढोर को चूमो रे (हैया रे हैया, हैया रे हैया), अहा ढोर को लाओ रे...'' तथा ऐसे आगे भी अहा तथा हैया से तरबतर पंक्तियाँ। ऐसे कई गीत बनाकर ढोलक तथा सरकारी मँजीरे पर लयपूर्वक गाये जा सकते हैं। मुझे नहीं पता कि जनता में इन पोस्टरों तथा लोकगीतों के जरिये कितना ढोर-प्रेम पैदा होगा, परन्तु प्रचार का यही सरकारी तरीका है। हमने इतने वर्षों में इसी तरह से गाँव-गाँव में हिन्दू-मुस्लिम एकता, भाईचारा, देशप्रेम तथा एकता की भावना के गीत गाकर देश को एक बनाया है।

•

अन्त में यह प्रश्न, कि पशु-प्रेम आखिर क्यों?

पशुओं से प्रेम क्यों करें—सरकार पूछ सकती है। सही कारण आप जानते ही हैं। मैंने बताया ही कि यही तरीका रह गया है सरकार से पैसे ऐंठने का। पर नीति की बात यह है कि (सरकार यद्यपि यह बात जानती है, पर) उससे ऐसा नहीं कहा जा सकता। सरकार को पशु-प्रेम के लाभ गिनाने होंगे। वैसे सोचो

तो पशु-प्रेम के अनगिनत लाभ हैं या हो सकते हैं, यदि पशु-प्रेम इस स्तर तथा गति पर चले, जैसा मेरे प्रोजेक्ट में तय किया गया है। मसलन गाय, बकरी, भैंस आदि पशुओं को प्रेम में फँसाकर अधिक दूध देने के लिए कहा जा सकता है; जो दो किलो देती थी, वह प्रेम में एक पाव दूध तो और दे ही देगी। यहाँ आदमियोंवाला तरीका ही चलेगा। आदमियों को हम वर्षों से प्रेम में इसी प्रकार बेवकूफ बनाते आये हैं। कुत्ते को उचित प्यार दो तो वह भौंकना भूल जाता है—यह बात सरकार को पहले से ही पता है। प्रेमपूर्वक रोटी फेंक दो तो कुत्ता काटना भूल जाता है। हड्डी फेंक दो तो जमीन पर लोट जाता है। यह सब तो कुत्तों की कुत्तागिरी में पहले से ही निहित है। यदि ऐसे भव्य स्तर पर कुत्ते को प्रेम किया गया तो सरकार के पीछे पूँछ हिलाने के ऐसे जंगी प्रदर्शन कुत्ता करेगा कि क्या कहिए। सरकार को और क्या चाहिये यार! सरकार को पूँछ हिलानेवाले कुत्ते चाहिए। वे उसे मिलेंगे। मेरा प्रोजेक्ट दिलवाएगा। पशुओं से प्रेम करो और उसकी खाल खींच लो। एकदम आदमियोंवाला मामला। फिर गधों से प्रेम करने के लाभ बताने की आवश्यकता नहीं। सरकार जानती है। सरकार ने बड़े गधे पाले हैं। सरकार तथा गधों के बीच पहले से ही विकट प्रेम जारी है। गधों को प्यार करो क्योंकि वे गधे हैं। गधा-संस्कृति का विकास हो, इसमें सरकार का ही फायदा है। गधे हैं, तभी तक यह सरकार है। 'पशु-प्रेम प्रोजेक्ट' में गधों से प्रेम की अलग ही शाखा खोली जाएगी। इसी प्रकार घोड़ों, ऊँटों तथा हाथी आदि को प्यार में फुसलाकर उनसे अनेक लाभ लिये जा सकते हैं। ऊँट चुनाव में अपनी करवट बैठे, घोड़ा बेलगाम रहते हुए भी सरकारी लगाम की सम्भावना मात्र से आक्रान्त होकर सरकार द्वारा निर्धारित पथ पर दौड़े तथा हाथी चुनावचिह्न की तरह वफादार हो—इस सबके लिए प्रेम का चक्कर चलाना होगा। मैं चलाऊँगा। मैंने स्कीम तैयार कर ली हैं।

मैंने अपनी प्रोजेक्ट-रिपोर्ट संक्षेप में आपके समक्ष प्रस्तुत की। अब तक आप तथा सरकार को पता चल ही गया होगा कि मैं पशु-प्रेम में किस कदर मुब्तिला होने को घूम रहा है। मैं पशु-प्रेम को प्रस्तुत हूँ। मैं पशु-प्रेम में तड़पने को उद्यत हूँ। सरकार से भी प्रार्थना है कि प्रेम भरी एक नजर पशुओं पर भी मारे, बल्कि उससे पहले मुझ पर। मैं प्रतीक्षा में हूँ।

मानुष गन्ध सूँघता राक्षस

"बदबू आ रही है तुमसे।"

सभी ने कहा। सभी कहने लगे हैं आजकल। जहाँ जाता हूँ, लोग छिटककर दूर खड़े हो जाते हैं, या अचानक ही किसी-न-किसी बहाने से वहाँ से चल देते हैं। कुछ लोगों ने तो बड़ी हिकारत की नजरों से भी देखा है। एकाध ने 'आक थू' करके थूक भी दिया। मैंने परेशान आकर अन्ततः एक भले से प्रतीत होते सज्जन से पूछा कि बात क्या है साहब, तब उन्होंने उपरोक्त वाक्य बोला।

उन्होंने खबर दी कि बदबू आ रही है तुमसे।

मैं हैरान हो गया।

क्या कारण है इस बदबू का? क्यों आ रही है सबको बदबू मुझमें? और यदि बदबू है, तो फिर मुझे महसूस क्यों नहीं हो रही? कहाँ से आ रही है? पत्नी से पूछना ठीक नहीं था। वह तो वर्षों से नित्य ही कहती रही है कि तुम ठीक से नहाते नहीं हो। उसका दावा है कि मैं दो लोटे पानी यहाँ-वहाँ लुढ़काकर बाथरूम से निकल आता हूँ। मेरे मोजे, मेरे कॉलर आदि कितने बदबू मारते हैं, इसका पूरा 'डाटा' उसके पास रहा आता है। सो उससे क्या पूछता?

पर यह बदबू मेरे सामाजिक जीवन को समाप्त कर रही थी।

मैं लोगों से बच-बच कर चलने लगा था शहर में। मैं प्रायः अकेला रहने लगा था। सड़क खाली देख लेता, तभी बाहर निकलता था मैं। शर्म से सर झुकाकर चलता मैं और एक अहर्निश क्षमाप्रार्थी मुद्रा में सर्वत्र झुका-झुका घूमता। दूर से कोई परिचित आ रहा हो, तो मैं रास्ता बदलकर गली में घुस जाता और गली में किसी को पेशाब करता पाकर मैं किसी और पतली गली में भागने की कोशिश करता। एकाध बार तो पुलिस के सिपाही को मेरी ये गतिविधियाँ संदिग्ध लगीं और वह पीछे आया भी, परन्तु तुरन्त ही रूमाल नाक पर रखकर, दो बेंत मेरी पीठ पर मारकर यह कहते हुए चला गया कि इस बदबू के साथ यदि फिर कभी शहर में घूमते मिले तो यही बेंत ऐसी जगह ठोकूँगा कि तुम्हें पता भी नहीं चलेगा कि कौन-सी बदबू कहाँ-से

आ रही है।...मैं बीच-बीच में लम्बी साँसें खींचकर समझने की कोशिशें करता तो पाता कि ऐसी कोई बदबू मेरे से नहीं आ रही है।—परन्तु कहीं भी जाता, तो पाता कि लोग मुझसे बचकर चल रहे हैं।

मैं इतनी सारी बातें करना चाहता था—देश पर, बाजारवाद पर, वैश्वीकरण के मायाजाल पर, साम्राज्यवाद पर...पर बदबू मुझसे ऐसी कि कोई ऐसा आदमी ही नहीं मिलता था कि जिससे मैं संवाद कर सकूँ। ख़ैर इन बातों की क्या चिन्ता करता, अभी तो मुझे इस बदबू की चिन्ता लग गयी थी।

•

मैंने तय किया कि डॉक्टर को दिखाकर पूछता हूँ कि चक्कर क्या है?

"मुझसे बदबू आती है डॉक्टर साहब...ऐसा लोग कहते हैं। वे मेरे पास भी बैठने से कतराने लगे हैं। इस बदबू का मैं क्या करूँ?" मैंने डॉक्टर को अपनी समस्या बताई।

"मुझे तो तुमसे खुशबू आ रही है..." डॉक्टर ने कहा।

"खुशबू?"

"हाँ...फीस की खुशबू..."

"इत्ते पैसे नहीं हैं मेरे पास कि..."

"जित्ते भी हैं, उसी की खुशबू है। यह इस दुनिया में गन्ध का नया चिकित्सीय सिद्धान्त चला है। जब तक पैसे हैं, तब तक खुशबू है।...आजकल पैसे के सिवाय हर चीज से बदबू आती है।...सो तुम पहले फीस के पैसे निकालो।"

मैंने जेब खाली करके फीस चुकायी। फिर प्रश्न किया :

"मुझसे बदबू क्यों आ रही है?"

"क्योंकि अब तेरी जेब में पैसे नहीं हैं। पैसों की खुशबू नहीं बची है तेरे पास..."

"...तो क्या जो गरीब हैं, लाचार हैं—वे बदबूदार हो गये?"

"यह भी कोई पूछने की बात हुई!"

"क्या पैसे से ही यह दुनिया चलेगी?"

"बड़ा बेअक्ल है रे तू...पैसे के बिना बाजार नहीं चलेगा और बाजार के बिना दुनिया..."

"बाजार की चिन्ता है और गाँव के दरिद्र...?"

"यार तू किस दुनिया में रह रहा है और किस दुनिया की बातें कर रहा है? तुझे मेरी नहीं, मनोरोग-विशेषज्ञ की आवश्यकता है। आज जो बाजार पर प्रश्न उठाता है वह पागल..."

"परन्तु हम विचार करें कि क्या बाजार ही सब कुछ तय करेगा?"

"बदबू वाले मेरे प्यारे मरीज, तुझे पता ही नहीं चल पाया है शायद कि अब इस दुनिया में विचार एक पागलपन भी है और बदबू भी—तू दुर्गन्ध से भर गया है। तू यदि बाजार का न हो पाया और विचार-विचार करता रहा तो...ये तुझे नगरपालिका के ठेले पर डालकर बदबूदार कूड़े के साथ कहीं फेंक आएँगे...।"

"इसका कोई इलाज डॉक्टर साहब?"

"है ना, तू विचार करना छोड़ दे। सिद्धान्तों, विचारों की बातें करनी छोड़ दे। कोई नहीं सुनेगा तेरी। बदबू आती है दुनिया को ऐसी बातों से।"

"ऐसा नहीं है डॉक्टर साहब...मेरी बातें सुननेवाले और मेरी जैसी बातें करने वाले बहुत से मित्र हैं मेरे। हमने साथ मिलकर दुनिया को बदलने का सपना देखा था कभी..."

"उनकी आँख खुल चुकी है और तू सोते हुए अभी भी वही सपना देख रहा है।"

"नहीं..."

"तू कब से नहीं मिला उनसे? जाकर एक दफे मिल और खुद देख ले।" डॉक्टर ने कहा और अगले मरीज को बुलाने के लिए घण्टी मारने लगा।

●

मैंने तय किया कि मैं अपने पुराने मित्रों से मिलूँगा।

वे मिले, परन्तु बहुत जल्दी में थे वे।

मैंने उनसे पूँजीवाद के जरिए दुनिया में फैल रहे साम्राज्यवाद, नंगे बाजारवाद और सामान्य आदमी के हाशिये से भी बेदखल हो जाने के खतरों पर बातें करनी चाहीं। पहले हम करते ही थे। पर वे अभी ऐसी बातों में समय खराब करने को तत्पर नहीं थे। वे बोले कि "यार, जरा-सा भी फालतू टाइम नहीं है हमारे पास क्योंकि हमें शेयर बाजार के उतार-चढ़ाव पर नजर रखनी पड़ती है, एक नयी दुकान में कुछ नया आया है, उसे खरीदने जाना है, एक बैंक से एक और लोन आकर्षक ब्याज पर मिल रहा सुनते हैं, सो उसके लिए भी अप्लाई करना है और फिर उस लोन से क्या खरीदा जाएगा, यह महत्त्वपूर्ण मसला भी पत्नी के साथ डिस्कस करना है, वीसा का इन्तजाम करना है, और चार मजदूर, जिन्हें हमने छँटनी में निकाला तो स्साले आन्दोलन की बदमाशी कर रहे हैं, सो उनको थाने में ठुकवाने का इन्तजाम करने के लिए थानेदार के घर नोट-पानी लेकर भी जाना है—सो तेरी बेवकूफी भरी चिन्ताओं पर अपुन बाद में बात कर लेंगे।"

मित्रों ने यह भी चेताया कि तेरी बातों से इतनी बदबू आ रही है, कि हम तो खैर तेरे मित्र हैं सो सह गये, परन्तु किसी और के सामने तू मुँह न खोल देना—वे तुझे पकड़कर तेरे मुँह में फिनाइल छिड़क देंगे।

''सुनो तो यार...'' मैंने कोशिश नहीं छोड़ी।

''यार तू मुँह मत खोल...इशारों में बातें कर।''

मैंने इशारों द्वारा समझाने की कोशिश की। मैंने बताया कि यार, हमारी दुनिया का एक बाजार में तब्दील हो जाना कितना खौफनाक है और विचार की मृत्यु की उद्घोषणा कितना कमीना षड्यन्त्र है।

वे दूर हटकर खड़े हो गये। वे भड़क गये।

वे बोले, ''तू बदबूदार तो बोलता ही है और तेरे इशारे भी अश्लील हैं।''

•

मैं धीरे-धीरे समझ गया था। अब मैं यह नयी गन्ध सूँघ सकता था।

मैंने जाना कि दुनिया कुछ ऐसी बदल गयी थी और आदमी की संवेदना में कुछ ऐसी विशेष चमत्कारी घ्राणशक्ति का प्रवेश हो गया था कि वे विचारों को सूँघ लेते थे। जो विचार उनकी दुनिया से मेल नहीं खाता था, उससे उन्हें बदबू आने लगी थी। वे अपनी ही दुनिया की गन्ध में मग्न रहने वाले व्यक्तियों के संसार में रहने लगे थे। एक अजीब दुनिया थी उनकी। उनके सोच, उनकी चिन्ताएँ, उनके सपने और उनका जीवन इतना इकहरा हो चुका था और वे अपनी विशिष्ट गन्ध में ऐसे लिथड़े रहने लगे थे कि वहाँ किसी और गन्ध, सोच या सपने के लिए कोई जगह ही शेष नहीं बची थी। वे अन्य कुछ भी बरदाश्त करने को तैयार नहीं थे और चाहते थे कि शेष दुनिया उन्हें चुपचाप बरदाश्त करे। उनके हिसाब से दुनिया की एकमात्र चिन्ता, एकमात्र विचार और एकमात्र तस्वीर बस अब बाजार ही होना चाहिए और जीवन बस बाजार द्वारा निर्धारित—इसके अलावा किसी का भी होना, न होना, जीना-मरना, रोना-गाना आदि बेमानी था। इस तरह इस दुनिया का एक बड़ा हिस्सा उनके लिए अर्थहीन हो चुका था और पूँजी के सिवाय अन्य हर गन्ध बेकार, बदबूदार और नाक़ाबिले-बर्दाश्त।

मैं जान गया था कि दुनिया में अब बस एक ही गन्ध बची है, ऐसा समझ रहे हैं वे। वे उसी एक गन्ध को दीवानों की भाँति सूंघते-तलाशते-बिखेरते-बटोरते घूम रहे हैं। वे उसी एक गन्ध के पीछे बेचैन घूम रहे हैं—ठीक वैसे, जैसे मेरी माँ की कहानियोंवाला मानवभक्षी राक्षस, छुपे हुए आदमी की तलाश में 'मानुष गन्ध' चिल्लाता पागलों-सा घूमता था। कहानी में अन्ततः आदमी मार देता था राक्षस को। जीत जाता था आदमी।

मुझे विश्वास है कि आदमी इस बार भी जीतेगा।

तब तक मुझे बदबूदार कहलवाना मंजूर है।

क्रिकेट के बहाने एक काव्य-गोष्ठी

हमारे कस्बे में कवि-गोष्ठी का रिवाज-सा है। हर कस्बे में होता है। हमारे इधर कुछ अधिक ही है। हमारे कस्बे में बहुत से कवि हैं। बहुत-से हो रहे हैं। एक निरन्तर चक्कर है, जो चल रहा है। गली-गली में काव्य का उत्पादन हो रहा है, सो मण्डी में कविता की आवक बहुत है, परन्तु माल उठानेवाले टके गज को भी नहीं पूछ रहे हैं, सो आपस में ही लेन-देन का तरीका निकाल लिया गया है। कवि-गोष्ठी जब-तब होती रहती हैं। बहाना चाहिए। मिला कि हुई। अभी पिछले दिनों रसिकेसजी को पुत्ररत्न की प्राप्ति हुई, तो उनसे अधिक प्रसन्नता उनके कवि मित्रों को हुई। गोष्ठी हुई और जैसा कि कहने का रिवाज है, खूब समाँ खिंचा। बढ़िया रही। फिर सावन आ गया। हरा-हरा। जहाँ मुँह मारो, वहीं एक छन्द, कवित्त या एक पूरी की पूरी कविता। चार-चार, पाँच-पाँच ठोक डालीं सभी ने। सावनवाली गोष्ठी इसीलिए सुबह तक चली और परिवारवालों द्वारा जूते निकाल लेने पर ही समाप्त हुई। फिर इधर सूखे पर भी बड़ा मार्मिक काव्य चला और दो-तीन कवि-गोष्ठियों में बड़ा रोना-धोना मचा। हमारे कस्बे के कवि मित्रों की यही विशेषता भी है। रोने के विषय पर लिखते समय घातक रूप से मार्मिक हो जाते हैं, प्रेम में बलात्कारी हद तक मादक और होली पर हँसाने के लिए वो नंगी कविताई करते हैं कि 'रहिमन कहि न जाए का कहिये'वाली स्थिति हो जाती है। एक ही स्थान पर इतनी तरह का सामान या तो सुपर बाजार में मिलता है या फिर इन कवियों की दुकान पर।

तो यह सब चल रहा था। परन्तु इसी बीच न जाने क्या हुआ कि पिछले सात-आठ दिनों से कोई अवसर ही नहीं सूझ रहा था कि जिस पर कवि-गोष्ठी फटकारी जा सके। तभी कुछ उर्वरा कवियों का ध्यान विश्व-कप क्रिकेट की राष्ट्रीय समस्या पर गया। पूरा देश चिन्तित है कि क्या होगा हमारा इस बार के विश्व-कप क्रिकेट में? जीतेंगे कि पिट जाएँगे? पिच हमारे नाम पर टर्न लेगा कि नहीं? हमारे किस खिलाड़ी का तुक्का फिट होगा? या इस बार किसी का भी नहीं

लगेगा? आदि आदि। अनेक प्रश्न हैं जो देश को मथ रहे हैं। ऐसे में हमारे कस्बे का कर्मठ कवि कैसे पीछे रहे? तय हो गया। इस बार क्रिकेट पर सही। नयी जमीन पर वही पुरानी कविताएँ। तुकें हजार तो क्यों डरें सरकार। नवनीत चौबेजी के घर पर गोष्ठी करना तय हुआ। चौबेजी का घर थोड़ा अलग पड़ता है तथा दूसरी मंजिल पर स्थित अटारी में गोष्ठी होती है तो पड़ोसी लड़ने नहीं आते। अतः हर गोष्ठी केवल इसी कारण सफल हो जाती है वहाँ।

तो गोष्ठी हुई। नियत समय पर समस्त कविगण एकत्रित हो गये। बल्कि नियत क्या, अधिकतर तो काफी पहले ही पहुँच गये। सबसे पहले पहुँचनेवालों में थे नवलदासजी कायस्थ। ये युवा कवि हैं तथा नये रक्त को अवसर मिले, यही हरदम उनके काव्य का विषय रहता है। सन्दर्भ कोई भी हो, नवलदासजी घुमा-फिराकर नये रक्त की आवश्यकता पर उतर आते हैं। इनके साथ ही आ गये थे, श्री गिल्ला भाईजी प्रेमधन। शृंगार रस के कवि। 'भोर लीला', 'राधा कृष्ण विलास', 'सिंगार सार', 'नैनरूप रस', 'इश्क चमन', 'नखशिख छूटकव कवित्त' इत्यादि रसीले ग्रन्थों के रचयिता। सलोने से। दुबले-पतले। प्रायः बस स्टैण्ड पर पाये जाते हैं। बस पर जा रहे चलायमान सौन्दर्य के अवलोकन के विशेष शौकीन। काव्य के लिए प्रेरणा ग्रहण करने के लिए समस्त बसें अटैण्ड करते हैं। पिछले दिनों पिट गये। परन्तु काव्य के मार्ग में ऐसी बाधाओं की परवाह नहीं करते। आज भी आते ही बोले कि भई हम आठ बजे थोड़ी देर के लिए जाएँगे, छतरपुरवाली बस देखनी है। फिर पहुँचे ठाकुर जगमोहन सिंह, लाला रामकृपाल और बरसैंयाजी बमीठावाले। ठाकुर साहब वीर रस के कवि हैं और कविता करते-करते कब माँ-बहिन पर उतर आवें, वे स्वयं यह नहीं जानते। बड़ी-बड़ी मूँछें उगाये वे कविता को डकैती की भाँति हो-हल्ले के साथ सम्पन्न करते हैं। सबसे 'वाह, वाह' करते बनती है और करें भी क्या? सड़क पर जूते पड़वा देना इनका बाएँ हाथ का खेल है, सो सभी इनकी कविता के कायल हैं। सभी कहते हैं कि नहीं ठाकुर साहब, एक और हो जाए। लाला रामकृष्णजी छायावादी हैं तथा रहस्यवाद का पुट इनके काव्य में, व्यापार में किये घपलों के कारण, अच्छा-खासा रहता है। बही-खातों में कविता लिखते हैं, सो अपने आपको जयशंकर प्रसाद लगाते हैं। बाल पन्तजी की माफिक रखते हैं और बीच से माँग निकालकर वो ठुमका लगाते हैं कि नौटंकी का आनन्द आ जाता है। बरसैयाजी बमीठावाले नवगीतकार हैं और शेष कवियों को उल्लू का पट्ठा मानते हैं। सारी कविता सुगना मन, मैनारी, पगुराते बैल, पुती देहरी और करौंदे के फुलवा आदि पर टिकाये हैं। विषय कुछ भी हो, ये इन्हीं बिम्बों के सहारे कविता खड़ी करते हैं। सुननेवाले चुपचाप सुन लेते हैं। समझ में किसी को नहीं आती। सबसे अन्त में आये हास्य कवि कचौड़ी जी।

बड़ी घटिया कविता करते हैं। यहाँ-वहाँ के चुटकुलों और अश्लील इशारों के सहारे ऐसा नंगा नाच नाचते हैं कि किसी भी कवि-गोष्ठी में पहुँचते ही जम जाते हैं। सभी उनको देखते ही हँसना शुरू कर देते हैं। जान जाते हैं कि अब करेगा यह बदमाशी की बात। पिछली बार की चड्डी और बनियानवाली कविता की याद है? और उससे पहले वो 'चल पुलिया की ओट, दूँगा दस का नोट'वाली? भाई, कमाल है। कविता में एकदम दिगम्बरवाद को सदैव निभा पाना इतना सरल भी नहीं होता। पर कचौड़ीजी निभा रहे हैं।

सो धीरे-धीरे कस्बे की काव्य प्रतिभा की क्रीम तथा तलछट, सब एकत्रित हो गये। चन्द एकदम युवा प्रशिक्षणार्थी टाइप के चेले कवि भी आशाएँ बाँधकर आ गये थे। इनको चांस देना न देना नवनीत चौबे जी पर निर्भर करेगा। वे गोष्ठी के अध्यक्ष हैं। जब इनकी अटारी में कवि-गोष्ठी होती है, तो ये ही अध्यक्ष भी होंगे, यह स्वतः ही मान लिया जाता है। वरना ये किसी को घर में घुसने भी न दें।

चौबेजी से आग्रह किया गया कि वे अध्यक्ष पद सम्भालें और मंच-संचालन भी। चौबेजी ने विषय प्रवेश करते हुए कहा—"सभी का स्वागत है बन्धुओ। आज देश पर विपत्ति के बादल मँडरा रहे हैं। विश्व-कप क्रिकेट सिर पर है और भारत माँ कातर हो पुकार रही है। हमारे खिलाड़ी तो खैर खेलेंगे ही, परन्तु हमारे भी कुछ कर्तव्य हैं बन्धु। कविता आज मात्र विलास की वस्तु नहीं। यह समाज से सीधी जुड़ गयी है। समाज चिन्तित है कि आज क्रिकेट में इस नानक, गौतम और गाँधी के देश का क्या होगा? सो हमारा चिन्तित होना भी स्वाभाविक ही है। फिर गोष्ठी के लिए और कोई बहाना भी तो नहीं था। सो यह गोष्ठी की जा रही है। सभी से आग्रह है कि वे क्रिकेट पर ही कविता सुनाएँ। यह परसालवाली गोष्ठीवाला घपला न करें, जब प्रेमधनजी ने जलविहार मेलेवाली पुरानी कविताएँ चला दी थीं..." (प्रेमधनजी बस स्टैण्ड जा चुके थे)

सबसे पहले युवा कवि नवलदासजी बुलाये गये। वे आए और आते ही नये रक्त की आवश्यकता के अपने पुराने फार्मूले पर उतर आए। ये भी नवगीत शैली में लिखते थे, गोकि बरसैंयाजी उनको भी उल्लू का पट्ठा ही मानते थे। नवलदासजी ने कविता पढ़ी—

"बाल सख्त
एक आदिम गन्ध
और वही आदिम पुराना रक्त
कब तलक यह पेट-सी चुप्पी हमारी

कब तलक हर टीम में बस
वे ही पुराने भक्त।
नहीं बन्धु।
जीतना है, जीतना है, जीतना है
तो लाओ पंख चीलों के
एक्शन लो सख्त
लाओ नया रक्त
युवा खून
चमकता-सा विश्व-कप यह
भर दो इसमें रक्त
मत करो अब जब्त
नया रक्त, नया रक्त।''

सभी ने 'वाह-वाह' की। कहा कि नवलदासजी ने सही कहा है। वही पुराने कपिल, गावस्कर, शास्त्री से क्या होगा? नये खिलाड़ियों को मौका मिलना चाहिए, चाहे पिट जाएँ। बात बनानी है तो नया रक्त बापरना ही बापरना पड़ेगा। बाल सख्त तथा नया रक्त की तुकबन्दी की विशेष चर्चा हुई। सभी ने माना कि क्रिकेट की बाल वास्तव में बड़ी सख्त होती है। बरसैंयाजी ने बताया कि जब यह बाल सिर में घल जाती है, तो बड़ा गूमड़ा पड़ जाता है और कभी-कभी ताजा रक्त भी निकल आता है। यदि इस पक्ष पर भी कविता में कुछ कहा जाता तो अच्छा होता। बहरहाल सभी प्रसन्न हुए कि बाल सख्त न हुआ करती तो आज नवलदासजी रक्त की तुक किससे मिलाते फिरते? पर ईश्वर सबका ख्याल रखता है।

नवलदासजी के बाद बुलाए गये ठाकुर जगमोहन सिंह जी। उन्होंने कन्धे से बन्दूक उतारकर लाला रामकृपालजी को दी, मूँछों को मरोड़ा और रेशमी कुर्ते की जेब में हाथ डालकर कविता निकाली तो साथ में देसी तमंचा भी बाहर आ गया। तमंचा वापस यथास्थान रखकर वे शुरू हुए। उनकी कविता में उठो, हे नर, माँ पुकारती है आदि वीर रस काव्य के चिर-परिचित शब्द रहते ही थे, आज भी थे। कविता थी—

''उठाओ बैट, कि बाँधो पैड, कि सर पर हैट
उठो हे वीर, लगाओ छक्का
कि दुश्मन पास, लगाए आस, न डालो घास

उठो हे कपिल, ठोक दो चौका
कि काले हब्शी, पागल गोरे, हरामी पाकिस्तानी
डरो मत लाल, बनाओ रन,
कि ले लो कैच, काट दो पेंच, जीत लो मैच
उठो हे वत्स, मिलेगी दारू
तेज हो बाल, हवा हो तेज, घूमती पिच और गधा खिलाड़ी
उठो बिन्नी, उड़ा दो गिल्ली
पुकारे माँ, कि ताके देश, कसम माटी की तुमको पूत
उठो वीरो झपट लो कप।''

सब तरफ 'वाह-वाह' का शोर मच गया। सभी ने एक स्वर में माना कि यह ओजस्वी कविता यदि मौके पर वहीं स्टेडियम में पढ़ी जाए तो कोई कारण नहीं कि भारत हार जाए। नवनीतजी ने तो यहाँ तक कहा कि ऐसी वीर रस से पगी कविता पढ़कर तो यदि वे भी होते तो चौका ही मारते, फिर कपिल का तो कहना ही क्या। चूँकि तमंचा जेब से साफ नजर आ रहा था, सो चौबेजी ने एक और कविता का आग्रह उनसे किया, जिसे ठाकुर साहब ने मान लिया। उनकी अगली कविता भी वीर रस से लबरेज थी—

''दूर हटो अय पाकिस्तानी, विश्व-कप हमारा है
आज कपिल ने, गावस्कर ने तुम सबको ललकारा है
पिच पर, घर में, पवेलियन में, यही हमारा नारा है
हमने पहले भी हब्शी को घर में घुसकर मारा है
दूर हटो अय वेस्टइण्डीज वालो विश्व-कप हमारा है।''

इसके बाद ठाकुर साहब ने ललकारकर इंग्लैण्ड, आस्ट्रेलिया, जिम्बाब्वे, न्यूजीलैण्ड तथा श्रीलंका इत्यादि को भी सलाह तथा चेतावनी दी कि वे दूर रहें क्योंकि विश्व-कप हमारा है, प्यारा है, न्यारा है और इसके अलावा उनके पास और क्या चारा है? न मानने पर ठाकुर साहब ने जबान खींच लेने, जमीन में गाड़ देने की तथा टुकड़े-टुकड़े करके बोटियाँ कुत्तों को खिला देने की धमकी भी इन देशों को दी। कविता समाप्त होते-होते ठाकुर साहब इतने जोश में आ गये कि उन्होंने अन्तिम छन्द में तो तमंचा बाहर निकालकर हवाई फायर भी कर डाला और कहा कि यदि भारत हारा तो वे यही गोली कपिल देव की छाती में उतार देंगे। सभी ने समझा-बुझाकर उन्हें शान्त किया और बिठाया। परन्तु वे बाद में भी तमंचे पर हाथ फेरते देखे गये, जिसके कारण गोष्ठी में सभी चौकन्ने

नजर आते रहे और घटिया कविताओं के बावजूद कोई सो नहीं पाया।

अब तक आठ बजे की बस निबटाकर गिल्ला भाई प्रेमधनजी भी पधार गये थे। सो उन्हें बुलाया गया। वे शरमाते-लजाते आये और सिमटकर बैठ गये। हाथ तथा नैन मटकाते हुए वे बोले, "कृष्णजी भी क्रिकेट खेलते थे। बड़े सलोने बॉलर थे वे। जमुना किनारे वे बॉल करते, तो यदा-कदा गेंद जमुना नदी में चली जाती। तब आदमियों-औरतों की अलग-अलग टीमें नहीं होती थीं। राधाजी भी कृष्णजी की टीम में रहतीं। अहा, कैसी मचती थी किरकिट, राधा-कृष्ण के बीच, कि कहते हैं—

"जसौदा, कहा कहों मैं बात?
तुम्हरे सुत के करतब पिच पे, कहत कहे नहीं जात
आउट भये, फोरि दई किस्मत, मुफ्त में माखन खात
जो बरजों कि अच्छो खेलो, तो मारत मोकों लात
राधा के संग रात बिताएँ, पिच पे पुनि उँघियात
गयो विश्व-कप, गिल्ला को जी, सोच-सोच सकुचात।"

उसके बाद प्रेमधनजी ने कुछ घनघोर संयोग-शृंगार की कविताएँ सुनाईं, जो अश्लीलता के सनातन भय के कारण यहाँ नहीं दी जा रही हैं। फिर भी एक कविता यहाँ दी जा रही है—

"तुम नीके बाल चुराए गुँइयाँ,
चलके कुँवर बनाओ कुछ रन, लगों तुम्हारी पैंया
कैच गिराए फिरत हो, फिर भी पकड़ लेत हो बैंया
गेंद घुमाय नहीं न आवत, सबकी गेंद घुमैया,
सजल श्याम न एक विकिट, न रन ही बनत बनैया
प्रेमधनजी टीम में फिर भी, कोतवाल हैं सैंया।"

इसी पद में उन्होंने गेंद तथा कतिपय स्त्रियोचित वस्तुओं के बीच स्पष्ट संकेत देकर बात स्पष्ट की और मजा बाँध दिया। सभी ने आग्रह किया कि वे सुनाते रहें। वे शायद सुनाते भी पर तब तक नौ बजे की ग्वालियरवाली बस का समय हो रहा था, सो वे सभी से क्षमा माँगकर बस अड्डे की तरफ लपक गये।

लाला रामकृपालजी धोखे से दो नम्बरवाले हिसाबवाला बहीखाता उठा लाए थे। थोड़ी देर उसी को पढ़ते रहे, तो लोग समझ ही न पाये और मानते रहे कि कुछ रहस्यवाद या छायावाद चल रहा है। परन्तु जब फिर वे बाकायदा नाम से

हिसाब बताने लगे कि किशोरीलाल को सौ रुपया देना पाया, तब स्वयं रामकृपालजी का माथा ठनका। तब तक उनका छोटा छोरा कवितावाला बहीखाता दे गया, जो पत्नी ने पहुँचवा दिया था। लालाजी को क्रिकेट कभी समझ आया नहीं था। वे क्या लिखते? यहाँ छायावाद का गोलमोल ढंग काम आया। उन्होंने एक छोटी रचना सुना दी और बैठ गये। कविता इस तरह रही—

"आज का कप, कल का आह्लाद
और कल का कप आज विषाद
समस्या, स्वप्न कि जीते कौन?
कि किसकी गेंद बाउण्ड्री पार?
हुआ था जब सन्ध्या आलोक
हँस रहे थे तुम पिच उस पार
कि चुपके-चुपके मैं चितचोर
कि भारत जीतेगा का शोर
उठा लाये थे कप तब यार
काठ की हाण्डी कितनी बार?
चढ़ा दी हमने फिर से मित्र
क्या पता मिले एक फिर बार।"

फिर उठे बरसैंयाजी। वे नवगीत लिखकर लाये थे। आँगन, चौपाल, पंछी, मैनारी, जलपाखी, ललछौंहे इत्यादि के तीर लिए वे मचान पर बैठे और शुरू हुए—

मैना री
खिलाड़ी के नाम
ये लाखों रुपये, गाड़ी
ये दरख्त, नदी, झरने
दर्शक और तेरा बस पिंजरा, पंख की कतरनें
सोचा सो झूठ हुआ,
हुए आउट फटाफट वे
पिट गयीं गेंदें सब
फट बैठा जाल
धूप-छाँहवाले नखरे हैं
कच्ची लोई उनकी
दूध-भाती चाल

मैना री
हम तुम इस स्टेडियम के
पिंजरे में
कितनी बार
मैना री
सोने की यह कैद
जीरो पर आउट होने की दुर्घटनाएँ
कैच टपकाने की बतकैंया
आपस में टाँग खींचने की वे बातें
दीवारें सुनतीं
अब अपना कप गया री
अब यहाँ पसार न आशा के डैना री,
हम तुम स्टेडियम के पिंजरे में
मैना री।''

गोष्ठी देर रात तक चली। जैसा कि तय था, कचौड़ी जी खूब जमे। कुछ युवा कवियों ने भी बाद में रचनाएँ पढ़ीं, जिन्हें मुँह बिचकाते हुए बूढ़े कवियों ने सुना। अगले दिन स्थानीय 'बुन्देल चिंघाड़' पत्र में उक्त गोष्ठी की विस्तार से रिपोर्टिंग छापी गयी तथा बताया गया कि लाला रामकृपालजी की रचनाएँ विशेष तौर पर सराही गयीं। ध्यान रहे कि 'बुन्देल चिंघाड़' लालाजी ही निकालते हैं। प्रेस की आजादी का इतना लाभ तो उठाने का अधिकार उनका बनता ही है।

बेरोज़गार बेटे...

हाथ कसमसायें, पर उनके लिए कोई काम न हो।

हाथ खाली हों और पेट भी। वैसे खाली कहना भी टेकनीकली गलत कहाएगा क्योंकि हाथ में पचासों आवेदन फार्म हैं और पेट में भूख भरी है।...फिर आँखों के सपने पाँव तले पड़े हों, जबकि पाँव तले की जमीन ही न बची हो। बसन्त के बीच पतझड़-सा अस्तित्व। या कहें कि वह भी नहीं। आप मानो कहीं हैं ही नहीं। आपके होने के जब अर्थ ही गुम हो चलें। आप भी कहीं हैं, इसकी, न तो किसी को खबर और न ही परवाह। बस..., आपके माँ-बाप अवश्य आपको देख-देखकर भयभीत हों और फालतू से प्रश्नों के सेतु बनाएँ कि बेटा, खाना तो खा लिया न?...सो, अकेले, ऐसे निरर्थक से आप, और आपके चारों तरफ निराशा का अन्तहीन अँधेरा।...

...यार, यह तो कविता टाइप कुछ चीज हो गयी। इसमें व्यंग्य कहाँ?

यही तो स्थिति का व्यंग्य है प्यारे कि बेरोजगार युवक का सीधे-सही विवरण देने लग जाओ, तो सहृदय लोग कविता मान बैठते हैं। जिसके जीवन में कोई लय नहीं, न ही छन्द, न अलंकार—उसकी बात हमने की, तो आप भी उसे कविता मान बैठे।

बहरहाल, ऊपर अभी हमने जिसका बताया, वह एक युवक है। शायद आपका बेटा। शायद आपका भाई। शायद इंजीनियर। एम.बी.ए.। शायद बी.ए.। शायद ऐमे। शायद कुछ खास नहीं। पर उसके हाथ हैं कि जो कुछ काम चाहते हैं। कहता फिरता है सबसे कि मुझे काम दो।

मुझसे उस दिन मिला, तो बोला कि कुछ काम दिला दें, अंकल। कहीं भी। कैसा भी। ईमानदारी से करूँगा। मरते हुए मरीज को कहते सुना है कि मैंने। कई बार। 'बचा लीजिए डाक्टर साहब। कुछ भी करके।'

वैसा ही कुछ।

मैंने सलाह दी कि बेटा, तू इस देश से क्यों नहीं माँगता रोजगार? देश में

बड़ी-बड़ी बातें चल रही हैं इन दिनों।

कह के तो देख।

वह गया भी देश के पास।

पर देश था उत्सव के मूड में। देश नहा रहा था विकास के तरण-ताल में। देश इतना खुल गया था कि ढँकना कठिन। देश में फ्लाई ओवर। मल्टीप्लेक्स। शॉपिंग प्लाजा में घूमता देश। विदेशी पूँजी की वादे सबा। बहुराष्ट्रीय कम्पनियों के सौ-सौ सूरज। चाँदनी चटखी हुई, बड़े होटलों की लॉबियों में। चाँद रैंप पर। वाचाल कर्णधार देश के।

अब इतना तो आप भी मानोगे कि यदि कोई शरीफ आदमी उत्सव के मूड में हो और कोई मूर्ख उससे अपनी भूख की चर्चा करने की कोशिश करे, तो वह या तो टालने की कोशिश करेगा, या फिर दो लप्पड़ भी मार सकता है। पर...देश ठहरा पुराना खिलाड़ी। खलीफा टाइप। हर सीधे प्रश्न को घुमावदार रास्तों पर भटकाने में सिद्धहस्त। सो, देश ने उसकी बातें ध्यान से सुनीं।

बेरोजगार युवक ने क्षमा-सी माँगते हुए कहा कि मुझे मालूम है कि मेरा होना ही आपके आनन्द में खलल-सा है, परन्तु करूँ क्या मैं, कि मैं हूँ। बस, आपको याद दिला रहा था कि आप हमें काम देने की कह रहे हैं वर्षों से। नाच-गाने से निबटें, तो कभी मेरी भी सोच कर देखें। ''तुम अपने बाप से क्यों नहीं बात करते?'' देश ने सुझाव दिया।

देश बोला कि हमने अभी-अभी तो तुम्हारे बाप को वी. आर. एस. दिलाया है। बिकवा दी वह फैक्टरी कि जहाँ काम करता था वो। बन्द करा दिये वो डिपार्टमेण्ट, जहाँ नौकरी थी उसकी। बेरोज़गार कर दिया उसे, पर लाखों रुपये दिला दिये पट्ठे को। लखपति बेरोजगार देखा है कभी? जाकर बाप को देख। झटक उससे वी.आर.एस. के नोट।

पर लड़के ने बाप से पैसे नहीं माँगे कि उनसे खोल लेता कोई धन्धा।

उसे पता था कि फूँक चुका है बाप वे पैसे। बिगड़ैल बाप? कह लें। ऐसा ही मान लें। इस पैसे से पट्ठे ने दो लड़कियों की शादी निबटा दी, मकान की बकाया किस्तें भर दीं और कुछ रख दिया बैंक में कि जो एक और बेटा, बेरोजगार होने की प्रक्रिया में पढ़ रहा है, कहीं, उसके काम आएगा। बाप ऐसा ग़ैर-जिम्मेदार निकला कि क्या कहें! इतने कम पैसे बचे हैं गाँठ में कि बैठकर रूखी-सूखी भी खाएँ तो दो-चार साल भी न चलें।...सो लड़के ने कुछ कहा ही नहीं बाप से। वह बाप की शक्ल से ही जान रहा था कि असली किस्सा क्या है? बाप की शक्ल एकदम उन अंकलों के जैसी कि जो दीखते थे, उसी के साथ रोजगार तलाशते। कितने सारे थे उसकी बाप की उम्र के, जो अचानक बेरोजागर हो गये

थे। छँटनी। तालाबन्दी। प्रायवेटाइजेशन। लड़का पहिचानने लगा है ऐसे चेहरे, जैसा कि उसके बाप का भी है। खाली जेबोंवाले सूखे-सूखे चेहरे।

देश ने एक दिन मिलने पर फिर उसका हाल पूछा और हँसने लगा। बोला कि यार, तुम्हारा बाप निकला स्साला फटीचर। कि नहीं कमाये उसने दो नम्बर के पैसे। मौका था, तब बैठा रहा बेकार।...पर कोई खातरी नहीं। तुम लो बैंक से कर्जा। खोलो पोल्ट्रीफार्म। या डालो पीसीओ। या खरीदो कुछ भी और बेचो कुछ भी। करो मार्केटिंग। लोन उठाओ। पर मुसीबत उधर भी कि माँगते हैं बैंक भी गारण्टी। गारण्टी बाप को देनी होगी, पर तुम्हारे बाप की खुद कौन-सी गारन्टी। गरीब बापों की, यार, क्या तो स्साली गारण्टी। कंडम माल। फालतू फण्ड के बाप होते हैं ये। कहने भर के बाप, वरना बापवाली कोई बात नहीं। देखो, कैसा घिघियाता खड़ा है बैंक मैनेजर के सामने! जब साफ बात कर डालनी थी कि कित्ता क्या कट देने को तैयार है, तब रिरियाकर टाइम खोटी करता रहा बैंक वालों का। ऐसे मिलता है कहीं लोन?

बेरोजगार युवक भटक रहा है देश में कि जो अचानक उसके लिए अपरिचित-सा हो गया है।

•

सो रहा है बेरोजगार बेटा। उकडूँ-सा।

सुबह कब की हो चुकी। धूप चढ़ गयी है दीवारों पर।

बाप दो बार निकल चुका है वहाँ से।

पर हिम्मत नहीं हो रही है उसकी कि जगाये बेटे को।

पता नहीं कि रात कितनी देर तक जागता, करवटें बदलता रहा है बेटा। बाप तो खैर सोता क्या।...

पता नहीं कि सोया कब था बेटा?

बाप ने तय किया है कि सोने ही देते हैं इसे। मान लो कि सपने में ही कोई काम मिल गया हो उसे? कम-से-कम वह तो न छीना जाए उससे।

दाम्पत्य की सिन्धु-लिपि

पत्नी ने ताकीद करके बार-बार कहा था कि लौटते में साबुन जरूर ले आना। जैसा कि पति प्राय: किया करते हैं, मैं भूल गया। पत्नी ने मुझे खाली हाथ देखा और पूछा कि साबुन लाये? मैंने कहा कि मैं भूल गया। कायदे से इस संवाद से स्थिति स्पष्ट हो चुकी थी और बात सन्तोषपूर्वक निबट जानी चाहिए थी। 'आपने किसी को कोई काम दिया था' और 'वह बेचारा भूल गया होगा'—इत्ती-सी बात। परन्तु दाम्पत्य का यही तो मजा है और शायद पेंच भी, बल्कि कहिए कि यही मजेदार पेंच है कि यहाँ आदमी (और औरत) ऐसे छोटे-छोटे मौके यूँ ही हाथ से नहीं जाने देता। साबुन यहाँ एक सुनहरा अवसर है। साबुन यहाँ एक हथियार, किले का खुला फाटक, दुश्मन की सुरक्षा व्यवस्था में एक पुख्ता सुराख और उसका गुप्त नक्शा है, जो आपके हाथ लग गया है। साबुन तो मात्र एक बहाना है, जिसके जरिए अब यह बताया जाएगा कि पति के तौर पर मैं कितनी घटिया क्वालिटी का माल सिद्ध हुआ हूँ। मैं प्राय: सोचता हूँ और उस परमपिता को धन्यवाद देता हूँ (जिसने दाम्पत्य और साबुन दोनों को बनाया है) कि यह अच्छा किया उसने कि देश में कहीं कोई 'उपभोक्ता-फोरम' दाम्पत्य के केस नहीं सुना करती, अन्यथा खराब माल टिपाने तथा असन्तोषजनक सेवाएँ देने के दण्डस्वरूप मैं नित्य ही भागता फिरता।

पत्नी ने कहा, "मुझे पता था कि तुम साबुन नहीं लाओगे।"

"कैसे?" मैंने उसकी बातों पर आश्चर्यचकित होना छोड़ रखा है, फिर भी आश्चर्यचकित होते हुए पूछा।

"क्योंकि मुझे पता है कि तुम मेरी कही बात को क्यों याद रखोगे?" उसने बात को नितान्त नये कोण से पकड़कर प्रश्नवाचक उत्तर दिया।

"तुम्हारी बात याद नहीं रखूँगा तो फिर और किसकी रखूँगा?" मैंने बात को पिटा हुआ रोमाण्टिक कोण देने की कोशिश की।

"यही तो पता नहीं चल रहा...। परन्तु कुछ तो चक्कर है...।" पत्नी ने बात को रहस्यवादी कोण पर मोड़ते हुए कहा।

इसके पश्चात संवाद जानी-पहचानी भूल-भुलैया में खो गये, जहाँ पत्नी ने बताया कि वह बहुत दिनों से मेरे रंग-ढंग देख रही है और देखकर भी चुप रहा करती है क्योंकि ''तुमसे कहने से भी कोई फायदा नहीं होना है।''

उपरोक्त कथोपकथन से कुछ महत्त्वपूर्ण मुद्दे उठते हैं। दाम्पत्य-जीवन के लालित्य, सौन्दर्यशास्त्र, व्याकरण तथा बाराखड़ी को जानने-समझने में जिनकी रुचि है, या फिर जो 'भोगा हुआ यथार्थ' वाली टोली के मेम्बरान हैं, वे इन मुद्दों के मर्म को अवश्य समझ जाएँगे। 'साबुन लाना' भूल जाना दाम्पत्य में इस गम्भीर अपराध की ओर इंगित करता है कि आजकल आप पत्नी की कही बातों को याद नहीं रखते हैं या उन पर ध्यान ही नहीं देते हैं। यहाँ दूसरा मुद्दा इससे यह भी उभरता है कि ध्यान नहीं देने का सीधा मतलब यही निकलता है कि आपका ध्यान कहीं किसी और की तरफ रहता है आजकल। इससे यही सिद्ध होता है कि आजकल आपका कहीं और कुछ चक्कर चल रहा है। और सबसे मुद्दे की बात यह कि यद्यपि यह अभी तक ठीक-ठीक पता नहीं लग सका है कि वह कहाँ, क्या है, परन्तु वह चक्कर शीघ्र ही पकड़ा जाएगा। पत्नी को विश्वास है कि वह शीघ्र ही पता कर लेगी और मामले के झाग को, तलहटी तक खँगालकर जान लेगी कि असली किस्सा क्या है और वह 'मुई' आखिर कौन है कि जिसके कारण आप साबुन लाना भूल जाते हैं।

वैसे मैं हर बार सोच के रखता हूँ कि पत्नी जब बोले, तो मुझे याद रखना चाहिए और यूँ साबुन लाना नहीं भूलना चाहिए। मुझे जानना चाहिए कि 'साबुन लाना' मात्र साबुन लाने की क्रिया से ही नहीं जुड़ा है। इसी कारण 'साबुन न लाने' से केवल यही न होगा कि घर में कपड़े धुलने में व्यवधान आ जाएगा। बात इससे कहीं आगे जाती है और मामला कहीं इससे गहरा है मित्र! साबुन तो निमित्त मात्र है। वस्तुतः साबुन लाने का बोलकर पत्नी आपकी परीक्षा ले रही है। आन्तरिक-परीक्षण। एक निरन्तर चलने वाली अग्नि-परीक्षा है यह कि जिसमें पेपर पहले से आउट रहने के बावजूद परीक्षार्थी हमेशा फेल होता रहता है। 'कॉपी जँचाई' बड़े ऊँचे स्तर की है तथा परीक्षक बड़े स्ट्रिक्ट हैं। पति की निरन्तर परीक्षा चल रही है। जिसे वह बड़ा 'इजी' प्रश्न समझे बैठा था, उसके पेंच देखकर होश उड़ जाते हैं श्रीमान के। इस बात का यह मतलब भी निकाला जा सकता था, यह बात आपको मतलब निकाले जाने के बाद भी समझ में नहीं आती। 'आज साबुन लाना भूले हो, कल को तो तुम मुझे ही भूल जाओगे?'

दरअसल पति घर से बाहर निकलते हैं और यह महत्त्वपूर्ण तथ्य भूल जाते हैं कि वे पति हैं। यह गलत है। उनका कर्तव्य है कि वे याद रखें कि वे पति हैं और यदि कुछ देर के लिए वे घर से छोड़े भी गये हैं तो इसका यह अर्थ वे कदापि न लगा लिया करें कि वे उतनी देर के लिए पति नहीं रह गये हैं। पति हमेशा पति हैं। वे

अहर्निश पति हैं। वे जब देखो, तब पति हैं। वे यहाँ थे, तो पति थे और वहाँ आटे की चक्की पर मिले, तब भी पतिया रहे होने चाहिए। वे अभी हैं, तो पति हैं, और न भी होते, तो पति होते। शायर स्वयं से प्रश्न करता है कि 'मिटाया मुझको होने ने, न जो होता तो क्या होता।' परन्तु पति ऐसे बेवकूफी भरे प्रश्न नहीं पूछता है। वह जानता है कि वह होता तो पति होता और न होता, तो पति होता। वह जो मशहूर कविता है न कि 'तोता होता, तो क्या होता, तो तो तो तोता होता...', ठीक वही स्थिति है पतियों की। अब इस विचित्र फिलॉसफी या कानून में साबुन का लाना कहाँ लागू होता है, हम यह भी आपको समझाते हैं। 'साबुन लेकर घर जाना है'—यदि आप पत्नी की यह बात याद रखते हैं, तो यह बात तो फिर आपको याद रहेगी ही कि आप पति हैं और बाकायदा एक 'कोड ऑफ कंडक्ट' से बँधे हैं, जिसके अन्तर्गत आप पर यह बाध्यता है कि आप जब लौटेंगे तब साबुन लाना नहीं भूलेंगे। स्मरण रहे कि साबुन यहाँ किसी जिन्स की भाँति पति के जीवन में नहीं आया है। साबुन (या जीरा या हल्दी, या दूध या सिंघाड़े का आटा या ऐसी ही कोई भी वस्तु) यहाँ वास्तव में वह अदृश्य डोर है कि जिसे घर से निकलते समय पत्नी ने आपके गले में बाँध दी है, जिसे वह बीच-बीच में तुनकी देकर देखती रहेगी कि आप डोर द्वारा नियत दायरे से बाहर निकलकर मटरगश्ती करने की कोशिश तो नहीं कर रहे?

आज आप साबुन लाना भूल गये, कल आपको हमारा जन्मदिन याद नहीं रहेगा, फिर शादी की सालगिरह भूल जाओगे और फिर हमें ही भूल जाओगे। हम मिले, तो पूछने लगोगे कि आप कौन? पत्नी साबुन भूल जाने से शुरू होने वाली खतरनाक शृंखला के विषय में बता रही है और मैं अवाक् हूँ। कहाँ की बात वह कहाँ तक ले जा रही है। 'हद करती हो यार', मैं कहना चाहता हूँ, पर कह नहीं पाता। उसने सिद्ध कर दिया है कि साबुन लाने की बात भूलना कोई साधारण अपराध नहीं है। यह आगे चलकर बड़े अपराधों को जन्म देगा। आज आप साबुन लाना भूले हैं, कल उन्हें भी भूल सकते हैं। आज आप जेब काट रहे हैं, कल को मर्डर भी कर सकते हैं। पत्नी को यकीन ही नहीं हो रहा है कि कोई ऐसे ही साबुन लाना भूल सकता है। 'कोई कैसे भूल सकता है?' वह पूछ रही है। कैसे सम्भव है कि मैंने तुम्हें एक काम को कहा और तुम भूल गये? तुम मुझे प्यार नहीं करते। तुम मेरी परवाह नहीं करते। मैं ही मरती रहूँ तुम्हारे लिए। तुम्हारा ध्यान तो इधर-उधर लगा रहता है। मैं भी चिकनपट्टी करके फैशन करने बैठ जाऊँ, तब ध्यान दोगे क्या? मैं यह सब करने लगूँ, तब तुम्हारी यह गृहस्थी कौन आकर चलाएगा—पत्नी पूछ रही है।

मैं हैरान हूँ कि बात कहाँ से कहाँ तक ले जा रही है वह।

परन्तु पत्नी की निगाह से सारे मामले को देखकर मैं अपने अन्दर बैठे पति को समझाने की कोशिश कर रहा हूँ कि साबुन न लाकर तुमने जो अपराध किया है,

उसकी गम्भीरता को तुम समझ ही नहीं पा रहे हो श्रीमान पति परमेश्वरजी। अपने दाम्पत्य-जीवन में यह जो इकतरफा-सा इन्तजाम आपने कर रखा है कि आप अपने सम्पूर्ण पतिपन के ठसके में रहें और पत्नी ही आपका ख्याल रखे, वही आपके कपड़े देखे, खाना बनाए-खिलाए,घर देखे, आपकी छोटी-छोटी आवश्यकताओं की चिन्ता में घुली जाए—और आप एक ना-कुछ-सा साबुन तक लाना भूल जाओ—इस विचित्र इन्तजाम के अन्याय को आपको समझना होगा। पत्नी जब आपसे साबुन लाने को कह रही है तब वास्तव में वह बहुत कुछ और भी माँग रही है। दाम्पत्य का यही तो मजा तथा परेशानी है कि इसमें प्यार तथा एक-दूसरे के प्रति चिन्ता को प्रकट करने के लिए, रोजमर्रा की बातों के बीच जो अनकहा छूट जाता है,उसी स्पेस का इस्तेमाल किया जाता है। विशेष तौर पर पत्नी बहुत-सी अनकही बातें इन्हीं पंक्तियों के बीच के मौन में कह जाती है। पति से यह उम्मीद की जाती है कि वह पंक्तियों के बीच की बात को पढ़ लेगा। पति को भीपत्नी से यही उम्मीद है। बड़ी गचागच मची है पंक्तियों के बीच। बड़ा शोर है इस सन्नाटे में। पंक्ति में 'साबुन लाने' को कहा गया है, पर जो अनकहा मौन इस पंक्ति के साथ-साथ चल रहा है और जो आपके द्वारा 'साबुन न लाने' पर टूटता है, उसे पढ़ना सीखना होगा पति महोदय को।

इस अनकही, अलिखित, मौन भाषा को लिख-पढ़ पाने में ही सफल दाम्पत्य-जीवन का रहस्य छुपा है। इधर पति का कहना है कि यार, ये बड़ी-बड़ी बातें अपनी जगह ठीक हैं, परन्तु क्या आज तक कोई इस भाषा को पढ़ पाया है? पति महोदय का कहना है कि इसे पढ़ना सिन्धु घाटी की उस लिपि को पढ़ने की कोशिश की भाँति है, जिसे लाख दावों के बाद भी अभी तक कोई पढ़ नहीं पाया है। पर मेरा कहना यह है कि तब भी 'सिन्धु लिपि' को समझने के प्रयास चल तो रहे हैं न? तो कोशिश करने में हर्ज ही क्या है? आप साबुन लाकर तो देखिए पति महोदय!

मावठे में चोरी

वे बोले कि यार, यह तो हद हो गयी कि स्साले मावठे में चोरी कर गये!

सर्दी के मौसम में बारिश हो जाए तो हमारी तरफ इसे मावठा पड़ना कहते हैं। और मावठा पड़ते में कोई चोरी कर डाले, तो इसे मावठे में चोरी कहते हैं। इस तकनीकी स्पष्टीकरण के बाद अब हम असली बात पर आते हैं। यह लेख हम उस अध्ययवसायी चोर के अभिनन्दन में लिख रहे हैं, कि जो मावठे में भी चोरी के अपने कर्तव्य से च्युत नहीं हुआ।

उनके पड़ोस में चोरी हो गयी। ठण्ड की रात। फिर ऊपर से पानी बरस रहा था। सोते रहे पड़ोसी। सुबह पता चला। उसी की चर्चा कर रहे हैं वे। चोरी से ऐतराज नहीं लग रहा उनको। पर मावठे के ऐसे सर्द मौसम में भी कोई चोरी कर गया, यह बात नागवार तथा आश्चर्य की लग रही है। इसीलिए यह लेख।

मावठे की चोरी आम दिनों की चोरी से भिन्न है।

आसान नहीं है मावठे में चोरी।

ठण्डी हवा चल रही है, पानी टपक रहा है और ऐसे में आप गीले छज्जे पर पाँव धर के छत पर कूदने की कोशिश कर रहे हैं—आसान काम नहीं है मित्र। वैसे तो आपने यह भी सही ही कहा कि चोरी ही स्साला कौन-सा सरल कार्य है। किसी भी मौसम में करें। सौ झंझटें। हजार ठनगन। पचास परेशानियाँ। आपका क्या है! रातभर बढ़िया दबाकर सोते रहे और सुबह उठकर रोने लग गये कि चोरी हो गयी साहब! रोना आसान है, सोने की तरह। पर कभी चोर की सोची आपने? रात के दो बजे जागकर, अँधेरे में कभी किसी की खिड़की की ग्रिल खोलकर देखिए। चलिए, अपने ही घर की खोलिए। कठिन काम है साहब। ऐसी तैसी हो जाती है। जरा चूक जाओ तो उँगली चपट सकती है। और यही काम कोई ऐसी ठण्ड में करने को कहे, तो आप तो चोरी को निकलो ही न। कहोगे कि यार सुबह कर लेंगे। या कोई ज्यादा करे तो आप तो केजुअल लीव की अप्लीकेशन भिजवा दोगे वाइफ के हाथों, कि दस्त लग रहे हैं श्रीमान, अतः चोरी वास्ते जाना सम्भव नहीं।

हम अपनी बताते हैं। हम तो चोर मात्र इस कारण नहीं बने कि यार, कौन रात में दो बजे उठकर तैयार हो! वैसे, सच कहा आपने कि दिन में चोरी करनेवाले भी होते हैं। पर दिन की शिफ्टवाले चोरों की कोई इज्जत नहीं है साहब! चोरों की भी एक गौरवशाली परम्परा चल रही है, जो हमारे देश में हर चीज की चलती ही है। इसके चलते हम उन चोरों को उठाईगीरा मानते हैं, जो दिन के टेम सूने घरों में घुसा करते हैं। प्रस्तुत लेख में जहाँ भी चोर शब्द आएगा, वहाँ कृपया इनको न समझें। देश के सच्चे चोरों की आत्मा कचोटेगी।

हम मावठे की प्रतिकूल परिस्थितियों से संघर्ष करनेवाले चोर की बात कर रहे हैं।

मेरे एक थानेदार मित्र हैं। बात चली तो कहने लगे कि यार, कुछ भी कहो, चोरी बड़ी मेहनत का काम है। थानेदारी से भी ज्यादा। वे आगे बताने लगे कि यार, थानेदार के पास तो जीप होती है, ये बेचारे पैर पैदल भागते फिरते हैं। हमारा बस चले, तो बैंक से लोन दिला दें सारे चोरों को कि भैय्या गाड़ी पर चला करो। चोरी का सामान लादने के लिए गाड़ी लगेगी कि नहीं? फिर आगे उन्होंने चोर की परेशानियों का जिक्र यूँ किया कि यार हम तो चढ़ते हैं सीढ़ी से, वे बेचारे चढ़ते हैं पाइपों से। पाइपों का आपको पता ही है। क्वालिटी ऐसी कि ठेकेदार की ठुकाई का मन करता है। परसों बेचारा एक भला सा चोर पाइप टूटने से नीचे टपक गया। मोच आ गयी बेचारे को। बताइए। थानेदार मित्र ने बताया कि यार, हमने एक दिन हफ्ता पहुँचानेवाले चोर से यूँ ही उत्सुकतावश पूछ लिया कि तुम रात में नींद से जागते कैसे हो? बोला कि मालिक, अलार्म लगाकर सोना पड़ता है।

●

मैं कल्पना में खो गया।

मावठा बरस रहा है। कड़ाके की सर्दी।

अलार्म बजा।

चोर अलाली पर उतारू है। अलार्म बन्द कर लिहाफ ओढ़ लिया। कौन जाए। कल कर लेंगे चोरी। परन्तु चोर अलार्म के भरोसे ही नहीं सोता। उसे अपना पता है। वाइफ को कह रखा है। पत्नी उठा रही है उसे। उठो। दो बज रहे हैं। चोरी करने नहीं जाना क्या? फिर बाद में डाँटते फिरोगे कि उठाया क्यों नहीं। टीन की छत। बूँदों की आवाज। तेज ठण्ड। उठा है चोर। मावठे की चोरी। कठिन काम। पर सरल इस मायने में कि सब स्साले सो रहे होंगे। आराम से बेखटके चोरी करो और निकल लो।

''मफलर लपेट लो—नहीं तो चोरी करके आओगे और चार दिन तक छींकते फिरोगे...'' पत्नी के निर्देश चल रहे हैं, जैसी कि उनकी आदत हुआ करती है। ''बीमार हो गये, तो जित्ते की चोरी नहीं की, उत्ते से ज्यादा डाक्टर खींच लेगा।'' एक दिन इस स्साले डाक्टर के यहाँ चोरी करनी है, सोचता हुआ चोर तैयार हो रहा है।

"रस्सी कहाँ है?" यहीं तो थी। अरे ये नहीं यार। सुतली पकड़ा रही हो क्या? पिछली बार तुमने ऐसी ही पकड़ा दी थी। कमजोर। चढ़ते में टूट गयी। पाँव मुचक गया। कैसे लचक-लचक के वहाँ से भागा था, यह मैं ही जानता हूँ।

"देखो, स्क्रू ड्राइवर यहीं छोड़े जा रहे हो...ऐसे ही चीजें खुद भूल जाते हो और बाद में मुझसे लड़ते हो..." पत्नी बड़बड़ा रही है।

"बरसाती भी ले जाते?" पत्नी ने कहा।

"स्वेटर, छाता, ओवरकोट, मफलर—सब ले जाता हूँ। घुसने के लिए इत्ती बड़ी सेंध लगानी होगी कि मकान ही गिर जाए।" अब चोर बड़बड़ा रहा है। कुछ भी बकती रहती है। मज़ाक नहीं है मावठे की चोरी। ऐसी ठण्ड में आप तेल चुपड़कर कच्छा-बनियान गिरोह टाइप नहीं निकल सकते। अखबारवाले लिख रहे हैं कि मावठे से किसानों को बड़ा फायदा होगा। पर चोरों को कित्ती परेशानी होगी, यह कोई अखबार नहीं छापता। ठिठुरते हाथों से कैसे तो दरवाजे के कब्जे खुलेंगे।

"तुम जल्दी मत करना जी। पिछले दफे हाथ में चोट लगा आये थे।...जल्दी का काम शैतान का।"

"तो क्या सूरज उगने तक खिड़की ढीली करता रहूँ? जब मालिक सुबह दूध लेने निकले तो कहूँ कि साहब ग्रिल खोल रखी है—इधर से ही निकल आइए। तू चुप रह। जाते हुए मत टोक।"

"तुम जल्दी से चोरी करके लौटो। मैं अदरक की चाय बनाकर रखूँगी।"

पति मावठे में चोरी करके आये, तो उसे अदरक की चाय लगती है।

•

मावठा बरस रहा था। और वह पट्ठा पाइप पर चढ़-फिसल रहा था।

"मत किया करो मावठे में चोरी..." नीचे से मैंने समझाया।

"करनी पड़ती है बाबूजी!"

"क्यों करते हो? रुक के करो। मौसम ठीक होने दो।"

"प्रेक्टिस बनी रहनी चाहिए सरकार। घर बैठ गया तो चोरी में वो बात नहीं रह जाएगी।"

ऐसा लगा कि मानो कोई क्रिकेटर फार्म बरकरार रखने के महत्त्व पर चिन्तित हो रहा हो।

"नीचे से तनिक मदद कर देते तो मेहरबानी होती।" चोर ने ऊपर से कहा।

मावठे में चोरी करने की हिम्मत करनेवालों का मैं विकट प्रशंसक हूँ, यह अब तक आप जान ही चुके हैं। मैं करता भी क्या? मैं उसे नीचे से धक्का देकर ऊपर चढ़ने में मदद कर रहा हूँ।

संवेदनशील लेखक कब क्या कर डाले, कहना कठिन है।

तुरन्त सहमत आदमी

वे तुरन्त सहमत हो जाते हैं। वे सबसे सहमत हो जाते हैं। जब तक आप अपनी बात रख रहे होते हैं, तब तक वे सहमत हो चुके होते हैं। वे 'स्टेण्ड' नहीं लेते। वे बहस में नहीं पड़ते। वे सही-गलत के टण्टे में नहीं फँसते। वे किसी के भी अच्छे-बुरे में नहीं। 'कौन झगड़ा मोल ले'—यह उनके जीवन की फिलॉसफी मान लें; बशर्ते कि ऐसे आदमी को आप जीवित मान सकें, तो।

तुम भी सही, और तुम तो खैर हमेशा ही सही। सब सही कह रहे हैं। सब सही हो रहा है। वे सबकी 'हाँ में हाँ' मिलाते हैं। आपके पास बैठे, तो आपकी हाँ, और उधर गये तो उनसे भी यही कहा कि आपकी तो क्या बात है साहब! वे हर गुट में देखे जाते हैं। वे हर मीटिंग में बुलाए जाते हैं। वे हर समिति में होते ही हैं। वे सर्वत्र हैं; और जहाँ हैं, सहमत हैं। या फिर चुप हैं। जीवन-मरण के प्रश्नों पर भी वे या तो चुप रहते हैं, या फिर सबसे सहमत होकर चुपचाप निकल जाते हैं। जब तक खुद का जीवन खतरे में न हो, वे परेशान नहीं होते। अपुन किसी के बुरे क्यों बनें? बुरे बनकर या असहमत होकर क्या होना है? यार, जिसकी बात न मानो, वही बुरा मान जाता है। सो, वे सभी की मान लेते हैं।

कभी उन्हें सहमत होते हुए देखिए। दृश्य रोचक होता है।

उदाहरणार्थ, मान लें कि कहीं चार आदमी बैठे किसी के विरुद्ध बातें करते हुए कह रहे हैं कि साहब, बड़ा ज़ुल्म हो रहा है और यह बात ठीक नहीं। क्या ज़ुल्म हो रहा है? अभी इसके विस्तार में न जाएँ तो बेहतर, क्योंकि हमारे देश में किसी भी बात को ज़ुल्म की श्रेणी में घोषित किया जा सकता है। अभी एक दिन हमने अपने एक मातहत से कहा कि आप रोज ही दो-तीन घण्टे लेट आते हो—समय पर ड्यूटी आया करो—तो वे बाद में सबसे कहते फिरे कि देखिए, हम पर कितना ज़ुल्म हो रहा है।... तो बात ऐसे ही किसी ज़ुल्म की चल रही है। ये अभी-अभी आकर वहाँ बैठे हैं। किसी ने शायद चौथी बार वही बात की, कि 'साहब देखिए, कितना ज़ुल्म हो रहा है।' इन्होंने तुरन्त सहमत होते हुए कहा, ''सो तो है।''

''ज़माना ऐसा आ गया है कि ...'' उत्साहित आदमी ने ज़ुल्म-पुराण बढ़ाते

हुए कुछ कहने का प्रयास किया है, कि सहमत होने को आतुर वे बीच में बोलने लगे :

"सही कह गये महाराज, ज़माना वास्तव में ऐसा आ गया है..."

"कैसा आ गया है?" उत्साहित आदमी बीच में टोकने के कारण व्यथित है।

"जैसा आप बताएँ। ज़माना कैसा आ गया है, इसे आपसे बेहतर कौन बता सकता है? हम तो सबसे कहते फिरते हैं कि लल्लू बाबू से बेहतर कोई बता ही नहीं सकता कि ज़माना कैसा आ गया है। कईयों को तो यह तक नहीं पता कि ज़माना आया भी है कि नहीं?... सो आप ही बताएँगे कि..."

"... फिर हमें पूरी बात कहने तो दो..." उत्साहित आदमी चिढ़कर बोला। उत्साहित आदमी को चिढ़ते भी देर नहीं लगाता।

"... कहें। ज़रूर कहें। पूरी बात बताएँ। हम सुन रहे हैं। हम तो सबसे कहते फिरते हैं कि..."

"...यार, हमारी सुन लोगे तो मर न जाओगे।"

"... मैं आपसे सहमत हूँ।"

"... तो भैय्या, हम लोग यह बात कर रहे थे कि ज़माना ऐसा खराब आ गया है कि जिसे देखो, वही ज़ुल्म करने पर उतारू है..."

"सही कह गये आप। ज़ुल्म तो हो रहा है जनाब। जिसे देखो, वही..."

"पर कल तो इसी सन्दर्भ में वहाँ आप कह रहे थे कि कोई ज़ुल्म-फुल्म नहीं हो रहा?"

"... यार, वह हम नहीं, वे कह रहे थे। वे कहने लगे कि बताइए, काहे का ज़ुल्म? अब हम क्या कहते? उस समय हम यही कह पाये कि आप सही कह रहे हैं। उसी की बताई होगी उनने। बड़ा मानते हैं हमें। सो हम क्या कहते तब?"

"वही कहते, जो अभी यहाँ कह रहे हो।"

"वही तो हम कह रहे हैं। कहीं भी कह सकते हैं हम, यह बात।"

"... तो आप सहमत हैं कि ज़ुल्म हो रहा है?"

"... आपने बताया ही है कि ज़माना ही ऐसा आ गया है कि..."

"...तो फिर आप हमारे साथ हैं?"

"ऐसा है कि हम तो, जहाँ आप बोलेंगे, वहाँ खड़े हो जाएंगे। हमारा क्या है! "परन्तु कल को वो बुलाएँगे तो हम मना थोड़े ही कर देंगे। वे प्यार से बुलाएँगे, तो उनके साथ भी तो खड़ा होना ही पड़ेगा न।"

•

वे सबके साथ खड़े हैं।

वे सबके साथ हैं। वे तलवार के साथ भी हैं और गर्दन से भी सहानुभूति रखते हैं। देखा जाए, तो वे किसी के साथ नहीं। वे, बस अपने साथ हैं। वे सुरक्षित चलने

में विश्वास रखते हैं। वे घास हैं। मन्द बयार के विरुद्ध भी खड़े होने को तत्पर नहीं। तुरन्त लेट जाते हैं। रौंदे जाने का बुरा नहीं मानते। जब तक पाँव के नीचे हैं, चुपचाप, बिना विरोध किये पड़े रहने के कायल। पाँव हट जाने पर वापस ऐसे खड़े हो जाते हैं कि जैसे कभी कुछ हुआ ही न हो। वे फूलों के प्रशंसक हैं और काँटों से सहमत। वे जहाँ होते हैं, सहमत पाए जाते हैं।

जहाँ निश्चित पक्ष लेने की मज़बूरी आ जाए, चुप्पी मार जाते हैं, या फिर ऐसी गोलमोल भाषा में बातें करने लग जाते हैं कि जहाँ से हर दिशा में रास्ते खुले रहें। उदाहरण के लिए हम मोहन का मसला लें। कल ही हमने उनसे पूछा कि अभी मोहन बाबू ने जो बयान दिया है क्या वे उससे सहमत हैं? या कि फिर वे सोहन बाबू की कही बात को सही मान रहे हैं?

उन्होंने जो कहा, उससे कथोपकथन कुछ यूँ चला :

''मोहन ने जो कल कहा, उससे सहमत हैं, कि सोहन की बातों से? कौन सही कह रहा है?''

''देखिए, उन्होंने जो वह बात कही, वो तो वे पहले भी कह चुके हैं, जिससे, मैं कहूँगा कि सभी सहमत थे, गो कि इधर कुछ वैसी बातें भी की गयी हैं जो विवादास्पद बताई जा रही हैं, यद्यपि हमें यह देखना होगा कि वे जो भी कह रहे हैं, उन बातों का तात्पर्य कहीं वह तो नहीं कि जिसे, हम, आप तथा...''

''यार आप साफ बताओ...''

''वही तो। हम सहमत हैं कि बात साफ ही बतानी चाहिए।''

''... पर आप बता तो नहीं रहे?''

''... आप सही कह रहे हैं। हम साफ नहीं बता रहे, परन्तु हम कह रहे हैं कि वे जो कह रहे हैं...''

''... वे कौन? मोहन? कि सोहन?''

''... वही, जिनके बारे में आपने अभी कहा। सत्य यही है और हम पूर्णतः सहमत हैं कि वह जो कह रहे हैं, सो उसके पीछे उनके इरादे नेक हैं और देखा जाए तो वे ऐसा पहले भी कहते रहे हैं। नयी बात नहीं है कि बहस की जाए। परन्तु जो बातें इनकी बातों के सन्दर्भ में इन दिनों चली हैं, तो...''

''यार, हमें बताओ कि आप मोहन की बात से सहमत हैं कि सोहन से?''

''देखिए, किसी बात से सहमत होना एक अलग बात है, और बात क्या है, यह एकदम अलग बात है। सो बात मोहन ने कही या सोहन ने— और उनकी बात से आप सहमत भी हो सकते हैं और असहमत भी—. और बहस का मुद्दा वह होना भी नहीं चाहिए, बल्कि मुद्दा यह होना चाहिए कि क्या मोहन ने ऐसी कोई बात कही?''

''हमारे सामने कही।''

''चलिए, फिर तो बहस ही समाप्त हो गयी। मैं आपसे सहमत हूँ कि यह अब बहस का कारण ही नहीं।''

''यार आप मोहन से सहमत हैं या सोहन से, बहस इसकी है।''

''नहीं-नहीं, उसमें भी बहस कैसी। देखिए, जब तक हम स्वयं मोहन से बात न कर लें, हम क्या कह सकते हैं? हमारे निकट तो मोहन एक निहायत समझदार तथा कर्मठ व्यक्ति हैं और उनकी बात का एक वज़न है।''

''तो फिर आप मोहन से सहमत हैं?''

''हमने यह कहाँ कहा? सोहन भी कोई कम ज़हीन और बुद्धिमान नहीं...''

''तो आप सोहन से सहमत हैं?''

''देखिए, हमें स्वयं सोहन से बात करनी पड़ेगी, तभी कुछ...।''

''परन्तु सोहन तो बता रहा था कि उसकी आपसे बात हुई है और आपने उसे आश्वस्त किया है कि आप उससे पूर्णत: सहमत हैं कि...''

''देखिए, दोनों पक्षों को सुने बिना कुछ भी कह पाना...''

''यार, आप दोनों को दस बार सुन चुके हैं...''

''मैं आपकी इस बात से सहमत हूँ।''

''फिर? आप मोहन से सहमत हैं कि सोहन से?''

''हम तो कहेंगे कि मोहन और सोहन बैठ लें एक साथ, हो सके तो आप भी साथ हो जाएँ, ठाकुर को ले लें, चाहेंगे तो हम भी खड़े हो जाएँगे...''

''यार, अभी तो आप कह रहे थे कि बैठ लें और अब खड़े होने की बात... ?''

''... सो सब मिल-बैठकर तय कर लेंगे कि बात क्या-कैसी है और...''

''... अज़ीब बातें कर रहे हैं आप।''

''... मैं आपकी इस बात से एकदम सहमत हूँ कि बात अज़ीब लग सकती है। पर आप भी सहमत होंगे कि आजकल अज़ीब बातें भी हो रही हैं।''

''आप अज़ीब बात तो करते हैं, पर साफ बात नहीं करते।''

''आप एकदम सही कह रहे हैं। अज़ीब बातें साफ नहीं होतीं। या कि बात यदि साफ न हो, तो अज़ीब लग सकती है। यह बात हमसे औरों ने भी कही है और हम सहमत भी रहे हैं उनकी बातों से कि आजकल बातें अज़ीब कर रहे हैं हम। है न अज़ीब बात?''

''फिर?''

''मैं सहमत हूँ। मैं आपसे सहमत हूँ। फिर जैसा आप कहें।''

''हम क्या कहें?''

''यह भी सही बात है। आप क्या कह सकते हैं?''

●

चूँकि वे सभी से सहमत हो जाते हैं, अत: वे बड़े लोकप्रिय मध्यस्थ हैं। सभी

को भ्रम बना रहता है कि यह अपना आदमी है। वे झगड़े निबटाने के लिए मशहूर हैं। निबटते अपने-आप हैं, पर मशहूरी इनकी बढ़ती है। ये तो मात्र दोनों पार्टियों से सहमत होते हैं, और तब तक होते चले जाते हैं कि जब तक घबराकर, ऊबकर या आज़िज आकर दोनों किसी समझौते पर न पहुँच जाएँ। वे तटस्थ के रूप में मशहूर हैं और उसी कारण बदनाम भी। उनका एकमात्र पक्ष वे स्वयं हैं। क्या कहना उनके स्वयं के लिए सर्वश्रेष्ठ रहेगा, यही ध्यान रखना उनके जीवन का मूलमन्त्र रहा आता है। इसी को वे सहमति के रंग-रोगन से ऐसा रूप दे देते हैं कि लगे कि आदमी नि:स्वार्थ तथा कपटहीन है। इसी चक्कर में लोग इनसे झगड़े निबटवाने पहुँच जाते हैं। दो पड़ोसी हैं। एक की शिकायत है कि दूसरे ने उसकी चार इंच ज़मीन पर बेज़ा कब्जा कर लिया है। गाली-गलौज, धमकियों तथा कुकरहाव के प्रारम्भिक रूटीन के बाद दृश्य में आपने प्रवेश किया है। उनके घर बैठकर, उन्हीं का चाय-नाश्ता करते हुए वे झगड़ा निबटवाने के प्रयास कर रहे हैं। वे दोनों से सहमत हैं और कह रहे हैं कि दोनों अपनी जगह पर सही हैं, फिर भी बात तो हमें करनी ही होगी।

''बात साफ है साहब... इसने मेरी चार इंच ज़मीन दबा ली है।''

''अरे! अच्छा!''

''देखिए, चार इंच ज़मीन दबाकर हमें स्साला क्या मिल जानेवाला है? हम क्यों दबाएँगे किसी की ज़मीन?''

''सही कह रहे हैं आप भी। चार इंच दबाने में किसी को क्या मिल जाएगा? क्यों साहब?''

''बात चार इंच की नहीं है साहब, बात सिद्धान्त की है।''

''यह भी सही कही आपने। बात सिद्धान्त की हो, तो क्या तो चार इंच और क्या चौबीस इंच... बल्कि हम तो कहेंगे कि बात सिद्धान्त भर की हो, तो फिर क्या तो नापना। सिद्धान्त की लड़ाई में नाप-जोख का क्या काम? क्यों ज़नाब?''

''ज़नाब क्या बोलें? हम तो इसी बात पर हैरान हैं कि गल्ती से किसी की चार इंच ज़मीन क्या दब गयी, लोग ऐसे रोये जा रहे हैं कि कमाल है!''

''खैर, हम सहमत हैं कि रोना तो नहीं चाहिए।''

''मर गये यार, रुलाने वाले।''

''खैर, मैं सहमत हूँ कि आप जैसे साहसी को कोई रुला नहीं सकता। सही कह गये हैं आप।''

''देखिए, हमारा कहना यह है कि जब हम नपती करके दीवार खड़ी कर रहे थे, इन्होंने तभी क्यों नहीं रोका हमें? बन गयी, तो बाद में चिकचिक कर रहे हैं।''

''बड़ी सही और मार्के की बात कह गये हैं आप भी। आज आप दोनों की जुबान पर सरस्वती बैठी है। बताइए साहब कि शुरू में ही इनको क्यों नहीं रोका?''

''कैसे रोकते? हम उधर दो महीने की छुट्टियों में बच्चों को लेकर ननिहाल गये

हुए थे कि इधर इन्होंने बाउण्ड्री-वॉल खिंचवा दी।''

''अरे! वैसे बहुत सही प्वाइंट आपने भी उठाया है कि यदि आदमी शहर से बाहर गया हुआ हो, तो वह कैसे रोके तथा कैसे कहे?''

''ये टेलीफोन कर सकते थे...''

''...हाँ, टेलीफोन तो आदमी बाहर से भी कर सकता है। बल्कि, प्रायः आदमी बाहर से ही टेलीफोन करता है क्योंकि यहाँ बैठकर टेलीफोन करने का तो मतलब ही कुछ नहीं कहाया जबकि आदमी सामने ही बैठा हो। क्यों साहब?''

''जब हमें बात का पता ही नहीं था, तो हम फोन क्यों करते?''

''बात बड़े मार्के की कह गये हैं आप भी। उधर वे भी मार्के की बातें कह रहे हैं। मामला पेचीदा होता चला जा रहा है ज़नाब! क्या किया जाए, अब आप ही बताइए?''

''ये क्यों बताएँगे? हमसे क्यों नहीं पूछते आप?''

''ठीक कह रहे हैं आप।... चलिए, आप ही बताइए।''

''हमें चार इंच ज़मीन का पैसा दे जाए, बस! फिर ये रहे आएं, ठाठ से।''

''एक तरह से आप ठीक ही कह रहे हैं। क्यों साहब?''

''हम इन्हें देंगे बाबा जी का घण्टा!''

''यह भी एक तरीका हो सकता है, बशर्ते बाबा जी तैयार हों...''

आपको लगता है कि यह झगड़ा निबटा होगा?

निबटा था साहब। दोनों तरफ लगातार सहमत होते हुए भी ये उन्हें इतना परेशान कर डालते हैं कि वे इस बातचीत से मुक्ति पाने के लिए या तो आत्महत्या कर सकते हैं, या फिर साधू बनकर शहर छोड़ सकते हैं, या फिर झगड़ा भूलकर चुपचाप दरवाजा बन्द करके घर बैठ सकते हैं ताकि ये कहीं से घर में न आ सकें। आखिरी विकल्प में झंझट नहीं है, सो वे झगड़ा बन्द कर देते हैं। और लोग कहने लगते हैं कि कैसा भी झगड़ा हो, कितना बढ़िया निबटवा देते हैं वे।

•

सबसे सहमत आदमी को देखकर भ्रम हो सकता है कि आदमी सीधा-सादा है। याद रहे कि ऐसा आदमी सीधा नहीं होता। यह चालाक आदमी है। सहमत होना इसकी एक तरकीब है। सहमति इसका हथियार है। सहमति इसका देसी कट्टा है। चुप रह जाना इसकी कमन्द है कि जिसके सहारे लटककर यह सभी विवादों से निकल जाता है। सहमति इसकी छुपी हुई कटार है। सहमति बघनखा भी है, ढाल भी। सहमति इसका गहना भी है और मेकअप भी। इसकी सहमति के भेस के पीछे जो तिकड़मी और चालाक आदमी छुपा हुआ है, उसे पहिचानना जरूरी है। जब आप किसी को भी हर बात पर अपने से सहमत पाओ, तब इसे सहमति की धोखे की टट्टी के पीछे एक बार झाँक अवश्य लेना।

तू तू मैं मैं वाली एकता

जबसे पता चला है कि कप्तान और कोच के बीच तनातनी है और अपनी टीम तीन-चार गुटों में बँटी हुई है, तभी से मैं तनावरहित हूँ। बड़ा टेंशन था साहब कि ये एकता की क्या अफवाहें चल रही हैं और कहीं वास्तव में ही तो टीम में एकता नहीं हो गयी है। एकता में खेलने की आदत नहीं टीम को। हो जाती तो खेल न पाती। अब ठीक है। पता चल गया है कि एकता-फेकता का डर नहीं है और भारतीय क्रिकेट अपने जाने-पहिचाने रास्ते पर चल रही है। अन्यथा हम जैसे समझदारों को तो घबराहट-सी होने लगी थी। हमारी टीम एकता की आदी नहीं। माफिक नहीं बैठती एकता। वर्षों से वे एक टीम में कई टीमें बनाकर खेलने की प्रेक्टिस डाल चुके हैं। जब तक सामनेवाले साथी से यह आशंका न बनी रहे कि कहीं यह मुझे रन-आउट तो नहीं करा देगा, तब तक ठीक से 'रनिंग बिटवीन विकेट' नहीं होती हमसे। जब तक डर न लगा रहे कि ये स्साला जानबूझकर कैच तो नहीं टपका देगा, तब तक बॉलिंग करने में वो बात नहीं आने पाती। तार इस कदर तने हुए हों कि बस, टूटने-टूटने को हों—तब जाकर यह अनोखा साज बज पाता है, जिसे हम-आप भारतीय क्रिकेट कहा करते हैं।

वैसे बतानेवाले अभी बता रहे हैं कि 'बाई एन लार्ज' टीम में एकता ही है—ये छोटी-मोटी बातें तो चलती रहती हैं। यह कैसी एकता होती होगी कि जो डण्डों-लात-घूसों के बीच बचती-बचाती चलती रहती है? क्या दाम्पत्य जैसा कुछ चल रहा है कि दिन में पत्नी को ठोंक दिया और रात में चूमाचाटी भी कर ली? ठीक से कहना कठिन। अपुन तो कभी ड्रेसिंग-रुम में घुसे नहीं। न अपुन खिलाड़ी, न सट्टेबाज—कैसे घुसते? सो कल्पना ही कर सकते हैं। भारतीय क्रिकेट की इस अजीबोगरीब एकता का एक दृश्य मेरे मन में बन रहा है। आप भी देखें :

ड्रेसिंग-रूम में मैच से ठीक पहले की मीटिंग चल रही है।

मैदान में उतरनेवाली है टीम। गहमागहमी। दर्शकों का हल्ला। शोर, पोस्टरों

और चहलपहल से अटे स्टेडियम से परे ये लोग, आज की रणनीति क्या रहेगी, इस पर अन्तिम बातचीत के लिये कोच के साथ इकट्ठे हुए हैं।

"देखिए, टीम की इज्जत अब आपके हाथों में है..." कोच ने वो वाक्य कहा है, जिसे कहकर कोच लोग टीम का मनोबल बढ़ाने की दकियानूसी कोशिश किया करते हैं।

"आप मुझसे ही क्यों कहे जा रहे हैं? सारी इज्जत क्या स्साली मेरे हाथ ही में पकड़ा देंगे, या थोड़ी-बहुत इनको भी कहेंगे कि सँभालें?" कप्तान ने ऐतराज जताया है कि कोच हर बात उसकी तरफ उँगली उठाकर न कहें क्योंकि इसके गलत अर्थ ज़ा सकते हैं।

"मेरा आशय पूरी टीम से ही है मित्र। सभी अच्छा खेलेंगे, तभी तो"

"सभी में ये भी आते हैं या नहीं? ये, आपके चहेते। आप ही कह दें। हमारी तो सुनते नहीं। बल्ला कहीं भी घुमाकर सोचते हैं कि..."

कप्तान किसी सीनियर खिलाड़ी की ओर इंगित करके कह रहा है (स्साले का इरादा कप्तान बनने का है। हम बताते हैं इसे अभी!)

"और तू..." सीनियर खिलाड़ी ने हाथ पकड़कर, झटक दिया कप्तान को।

"अबे हाथ छोड़..."

"अबे-तबे तो करना मत। तू हमें बल्ला घुमाना सिखाएगा? दो साल से दस रनों पर आउट हो रहा है और बातें ऐसी कि..."

"अबे रिकॉर्ड मुँह पर मार दूँगा, तो तेरा चपटा मुँह और चपटा हो जाएगा।...मैं तो 'सर' से इतनी रिक्वेस्ट भर कर रहा हूँ कि सबसे जिम्मेदारी से खेलने को कहें। बस्स!"

"तू सिखाएगा जिम्मेदारी हमें? स्साले, खुद बीमारी का बहाना करके शूटिंग...और हमें जिम्मेदारी सिखा रहे हैं। अबे, क्रिकेट कोई च्यवनप्राश की बोतल नहीं, कि चाट गये।..."

"और ये तेरी सूटिंग का कपड़ा नहीं कि नंगों ने पहिन लिया और मुस्का रहे हैं।...जान लगानी पड़ती है।"

"देखिए, आप दोनों ही शान्त रहें। हम टीमवर्क की..." कोच समझाने की कोशिश कर रहा है।

"सर, टीमवर्क गया तेल लेने! इनसे कहें कि मैं जैसी फील्ड लगाऊँ, ये बॉल उसी हिसाब से फेंका करें।..."

"...अब ये सिखाएँगे हमें बॉल फेंकना! हद्द है। अपने गुटवालों को क्लोज़-इन लगाकर हमारी बॉल पर कैच गिरवाने का प्लान बनाते हैं और..."

"गुटबाज किसे कह रहा है रे तू?"

''सब जानते हैं।...ये कल के लौण्डे तक बता देंगे कि कौन गुटबाजी...''

''...और तू जो मैच फिक्स करने के चक्कर में मोबाइल में मूँ घुसेड़े रहता है रे हरामी?''

''हरामी होगा तू, तेरा बाप...''

''...यदि ऐसा ही लड़ना है, तो बेहतर है कि आपमें से एक आदमी इस्तीफा दे दे।'' कोच ने कहा।

''अबे...तब से दो-तीन बार 'सर' सर' क्या बोल दिया हमने, तेरा तो दिमाग फिर गया। रे भेन...! तेरे जैसे सत्रह सौ साठ कोच आए और टाँगों के नीचे से निकाल दिये हमने।...तुम्हारी हिम्मत कि इस्तीफा माँगते हो?''

''देखा सर?...जब ये आपके साथ ऐसा बिहेव कर सके हैं, तब...''

''अबे तेरे को भी देख लेंगे और तेरे 'सर' को भी! मैं जानता हूँ कि तू किसके बूते टीम में टिका रहता है...'

''और तू?''

''और तू?''

तू-तू-मैं-मैं चल रही है। खिलाड़ी गुत्थमगुत्था हो रहे हैं। बाहर से ड्रेसिंग-रूम में झाँकने वालों को समझाया जा रहा है कि ये गले मिल रहे हैं। कोच हाथ-पाँव जोड़ रहा है। अधिकारी 'सुनो यार' 'सुनो यार' कहकर सबको पुचकार रहे हैं। मारपीट में किसी नाजुक खिलाड़ी के पैर की नस खिंच गयी है—उसने ज़्यादा ही ऊँची उठाकर किसी को लात मारी थी। फिजियोथिरेपिस्ट नस बिठाने में लगा है। आयोजक निवेदन कर रहे हैं कि टॉस के लिए चलें।...ड्रेसिंगरूम में एकदम बारात से पहले के जनवासे-सी गहमागहमी का माहौल है।

•

''टीम इण्डिया'' हँसती हुई ड्रेसिंग रूम से निकली है।

कप्तान आगे-आगे। शेष खिलाड़ी उसके पीछे, तालियाँ बजाते हुए।

आज एक-दूसरे को नीचा दिखाने के लिए, हर खिलाड़ी अच्छा खेलनेवाला है। बहुत कह रहा था स्साला। आज सेंचुरी न मारी, तो मैं अपने बाप की औलाद नहीं।...आज टीम अच्छा खेल जाए तो आश्चर्य न कीजिएगा। दुश्मन गुट को मुँहतोड़ जवाब जो देना है!

पता नहीं कि एकता के फायदे होते हैं या नहीं, पर झगड़े के तो होते हैं। अभी खुद देखिएगा।

क्यों न एक ठप्पा हो?

'किस तरफ हैं आप?'

पूछा, तो मुस्का के रह गये वे। कुछ कन्फ्यूज्ड से भी लगे। या शायद न हों। लगते भर हों। वे किसकी तरफ हैं, पता करना कठिन। आज इनके साथ, तो कल उनके। हवा का रुख जैसा हो। जैसी बहे बयार, वैसी पोजीशन लेनेवाले, वे। भारतीय राजनीति के घूरे का कचरा, वे। या कहें, तिनका। पर तिनका भी तो महत्त्वपूर्ण। तिनका-तिनका घोंसला भी बनता है और घूरा भी। वे तिनका। वे धूल। अभी सही-सही हवा चल जाए, तो मिनटों में मटमैला कर डालें आसमान। बस, हवा भर चल जाए। फिर देखिए। मामला हवा का है। वे इस तरफ भी उड़ सकते हैं, उस तरफ भी; या कहिए तो छोटा-मोटा बवण्डर बन जाएँ और वहीं-वहीं चकरघिन्नी होकर इतनी तेजी से, इतनी बार दिशाएँ बदलें कि हम-आप आँखें मलते रह जाएँ। आँखों में धूल झोंकने के लिए अवतरित, वे। बल्कि ऐसी धूल कि जो बनी ही दूसरों की आँखों के लिए। गर्द। आँख की किरकिरी, वे। वस्तुतः वे भारतीय राजनीति की आँख भी और उसकी किरकिरी भी। हवा चले तो किरकिरी, अन्यथा कहने को नेत्र।...हवा अभी चल नहीं रही। सो वे चुप। प्रतीक्षारत। अभी उमस है। हवा बन्द है। 'हंग असेम्बली'। त्रिशंकु कुर्सी। कौन किसका? कितने किसके? कयास कठिन कि बयार किस तरफ चलेगी। वे किस तरफ जाएँगे, कैसे कहें? काश, कि उत्तर ऐसा सरल होता!

फिर एक बात और!

वे इतनी बार इधर से उधर और उधर से किधर तो भी हुए हैं कि वे बताएँ कैसे? याद रख सकें, तब न बताएँ। भूल-भूल जाते होंगे कि आज हम किधर हैं? मेरे एक मित्र भी इसी धन्धे में हैं। मैंने अभी उनसे पूछा कि यार, तुम लोग आखिर हिसाब कैसे रखते हो? वे बोले कि आजकल, दिनोंदिन कठिन होता जा रहा है। याद नहीं रह पाता कि आज किस पार्टी में हैं। चाहे जब गलती हो जाती है। कल ऐन बहिर्गमन के मौके पर कन्फ्यूजन हो गया कि हमें अन्दर

बैठे रहना है कि बाहर जाना है? मैंने कल्पना में उन्हें विधानसभा के दरवाजे की चौखट पर खड़ा देखा—एक टाँग अन्दर तथा एक बाहर धरे—ठीक उसी धज में, जिसमें वे भारतीय राजनीति की मण्डी में खड़े पाये जाते हैं। वे बोले कि यार, तुम तो स्साले बुद्धिजीवी हो, इस समस्या का कोई तोड़ निकालो न कि आदमी याद रख सके कि वह किस पार्टी में चल रहा है इन दिनों? भारतीय राजनीति की इससे बड़ी सेवा और कोई न होगी।

क्या किया जा सकता है?

मैंने विचार किया है। कुछ बातें निकली हैं चिन्तन से। कुछ सुझाव सूझे हैं। देखिए।

हमारा कहना है कि सभी दल यदि मिलकर तय कर लें, तो एक-एक ठप्पा बनवा दिया जाए। हर दल का अपना। डिजाइन इतनी अलग-अलग रहे कि बाद में, मिलते-जुलते ठप्पों पर लोकतन्त्र के नाम पर डण्डे न चलें। आदमी आपके दल में प्रवेश ले, तभी पार्टी दफ्तर से उसे उसका ठप्पा इश्यू करके दे दिया जाए। ह्विप भी जारी कर दें कि नित्य ही नहाने के बाद (या यों ही) ठप्पा लगाना अनिवार्य होगा। खुद लगा लें, या कि फिर वाइफ से कहें। कहाँ लगाएँ? यार, वहाँ लगा लें कि जहाँ झाँककर खुद देख सकें और दूसरे को दिखाते समय अश्लीलता या शर्म का प्रश्न न उठे। काले मेम्बरान के लिए सफेद या पीले रंग का ठप्पा और गोरे लोगों को नीला या काला ठप्पा। बस, रंग ऐसा हो कि चड्डी-बनियान पर दाग न लगे। हर्बल कलर रहें तो बेहतर। माना कि खाल उनकी मोटी है, पर रासायनिक रंगों से उन्हें फिर भी खुजली तो हो ही सकती है। खुजली करेंगे तो ठप्पे की छाप बिगड़ सकती है और ऐन मौके पर विवाद की स्थिति बन सकती है कि यह ठप्पा हमारा कि उनका? लोकतन्त्र खतरे में न पड़े, इसके लिए हमें सजग रहना है। ठप्पों पर विवाद न हो, तो बेहतर। पता चलता रहे कि ठप्पाशुदा आदमी हमारी रेवड़ का कि उनकी?

वे ठप्पे के सुझाव पर सहमत नहीं। कहने लगे कि यार, गुमगुमा जाएगा तो मुश्किल। हमारावाला कोई ले गया तो और कठिन। बैठने, लेटने में रगड़ खाकर मिट-मिटा जाएगा, तो कन्फ्यूजन होगा।

तब हमने उन्हें दूसरा सुझाव दिया।

हमने कहा कि आप वाइफ से कहकर क्यों नहीं रखते? पत्नी से कहें कि नित्य सुबह वे एक पर्ची पर लिखकर आपकी जेब में डाल दें कि आज आप किस पार्टी में हैं? या बटुए में धर दें। पूछ लें सुबह-सुबह, कि पर्ची धर दी कि नहीं? कुल्ला-उल्ला, चाय-फाय के बाद आवाज दे लें कि सुनती हो, जरा यार बताना तो कि आज हम किस तरफ हैं? वे किचन से ही बता सकती हैं

कि तुम कलवाली चिट ही लेते जाना। या शायद वे नयी चिट दे दें। जैसी सेटिंग की हो आपने, पिछले दिनों।

वे इस पर भी सहमत नहीं दिखे। कहने लगे कि यार, वाइफ तो चाहे जब मायके आती जाती रहती हैं। फिर चिट कभी हमारी ही जेब से गिर-गिरा गयी तो? जेब से चिट टपक जाने के कारण बी.ए. की परीक्षा में वे ठीक से नकल नहीं कर पाये थे, जिसका मलाल उन्हें आज तक है।

कई सुझाव और दिये हमने, पर वे असहमत रहे।

बालों या मूँछों की स्टाइल बदलकर भी यह याद रखा जा सकता है। पर यह तो सबको दिख जाएगा। 'बात पोशीदा रहे'—वे चाहते हैं। सौ प्रतिशत छुपी रहकर जो काम कर जाए तो ऐसी चीज तो चड्ढी ही है। चड्ढी के रंग से याद रखें। सफेद, काली, लाल, केसरिया आदि कलर की चड्ढियाँ सिलवा लें और जब, जिस तरफ हों, वैसी कलर की पहनकर निकलें। कभी कन्फ्यूजन लगे तो तुरन्त बाथरूम में जाकर देख लें। हाँ, जो रंग बापरना हो, उसके अलावा वाली चड्ढियाँ ताले में धर दिया करें। आपको ख्याल रखना होगा कि कभी गलत चड्ढी पहिन लेने के कारण देश का वह लोकतन्त्र खतरे में न पड़े, जिसके बड़े हल्ले हैं; जो आपके मचाये हल्ले ही हैं, पर हैं तो।

वे बोले कि यार झंझट है इसमें। आज की राजनीति में नंगेपन पर जोर है। चड्ढी को आप बहुत छुपाकर रख नहीं सकते। उतारनेवाले हरदम पीछे हैं। कोई उतार ले गया, तो हमें पता ही न चलेगा कि हम किसके साथ हैं!

•

अन्त में मैंने अपनी परम्परा तथा जड़ों को पकड़ा और समस्या का आयुर्वेदिक हल देने की कोशिश की। मैंने सुझाव दिया कि आप शंखपुष्पी लिया करें।

कहते हैं कि याददाश्त के लिए शर्तिया दवा है। हमारे एक लेखक मित्र बता रहे थे कि शंखपुष्पी लेने के बाद उन्हें उस पुरानी किताब का नाम याद आ गया था, जिससे वे कविताएँ मारा करते थे। इससे उनके ठप्प पड़ चुके साहित्यिक कैरियर में बड़ी मदद मिली। हमने कहा कि आप भी लें।

वे बोले कि यार, बात शंखपुष्पी से आगे निकल चुकी है। बात भूलने की नहीं। समस्या भूल जाने की नहीं। बात आवश्यकतानुसार, अवसर के हिसाब से भूलने-याद रखने की है। काम की चीज याद रहे और गलत बात भूल जाऐं, क्या ऐसा कर सकती है तुम्हारी शंखपुष्पी?

मैं हार गया।

तभी तो मैं भी उनको देखकर कह नहीं पा रहा कि किस तरफ हैं वे?

ग़रीब की शक्ल

अखबारों में देखी ही होंगी आपने। रोज छपती हैं। खूब छपती हैं, अमीरों, खाये-पीये, अघाये लोगों की तस्वीरें। भाषण देते हुए, हँसते, गहने पहने हुए, हाथ हिलाते हुए, कार से उतरते, जहाज में चढ़ते हुए...। दिव्य लोग। भरे-भरे। फूले-फूले। गोल-गोल। चिकने गाल। चमक से भरी आँखें। भरे पेट की लालिमा मुख पर। सन्तोष की आभा सारे व्यक्तित्व पर। किरनें सी फूटतीं।...फोटो बढ़िया आता है। छपने पर सुन्दर दीखता है। अच्छा लगता है।...पर आपने ध्यान दिया ही होगा कि इन सबकी शक्ल अलग-अलग होती है और इन्हें अलग-अलग पहिचाना जा सकता है। आप फोटो देखते ही बता सकते हैं कि ये श्री अ, तो ये माननीय ब। माननीय क्यों? भैय्या, इनकी शक्ल होती ही ऐसी है कि माननीय कहे बिना इन्हें पुकारने की आपकी हिम्मत ही नहीं होती। अ, ब, स, द से लगाकर क्ष,त्र,ज्ञ तक ये सब आदरणीय एवं माननीय कहकर ही पुकारे जाते हैं। कहा न, इनकी शक्ल ही ऐसी होती है।

अब आप गरीब की शक्ल को लो।

अखबारों में आपने गरीबों की फोटू भी देखी ही होगी (गरीब की तस्वीर को फोटो न कहकर फोटू कहने का रिवाज है।) अमीरों की फोटो तो अखबारों के अलावा उनके घरों, बंगलों की दीवारों तथा मेज आदि पर भी देखा जा सकता है, परन्तु गरीब का फोटू अखबारों या राजनीतिक पोस्टरों भर में देखा जा सकता है। वैसे भी गरीब अपना फोटू टूटे झोपड़े में कहाँ लटकाएगा? हाँ, अखबारवाले इसकी शक्ल की बड़ी इज्जत करते हैं। गरीब की शक्ल से जितनी अधिक गरीबी और दयनीयता टपक रही हो, उतना ही उसका फोटो अखबार में महत्त्वपूर्ण स्थान पाएगा। अकाल, भुखमरी, बेरोजगारी, गाँव से पलायन, गरीबी, त्रासदी, हैजा आदि की खबरों के साथ जब तक इनकी फोटू न छपे, तब तक उस समाचार या लेख में वह बात पैदा नहीं होती कि जो होनी चाहिए। पाठक यूँ ही पन्ना पलट देगा। अकाल के ऐसे समाचार से किसी को भला क्या मजा आएगा कि जो यूँ रूखा-

सूखा ही छाप दिया गया हो। गरीब कहाँ है मित्र? उसकी फोटू निकालो न यार। किधर हैं उसकी नंगी पसलियाँ? कहाँ है वह बदहवास चेहरा? जब तक पपड़ियाई धरती के विहंगम दृश्य की पृष्ठभूमि के साथ अधनंगा गरीब न दिखाया जाए, तब तक न अखबार को मजा आता है, न सरकार को। नंगा गरीब भी मार्केट में मिल सकता है, पर इधर अधनंगे का ज्यादा फैशन चल रहा है। नंगे के साथ एक दिक्कत यह भी रहती है कि फिर पाठक का ध्यान गलत दिशा में चला जाता है और गरीबी के उद्दात्त प्रदर्शन पर उसका ध्यान केन्द्रित नहीं हो पाता, जो कि कहीं ज्यादा मनोरंजक चीज है।...परन्तु अखबारों के इस एक शौक के कारण हम कम से कम यह मानकर चल सकते हैं कि आपने गरीबों की शक्ल देखी ही होगी और कहीं कोई गरीब कभी आपको मिल जाए या आपकी कार या पैर तले आ जाए, तो आप उसे पहिचान सकेंगे, ऐसा हमारा विश्वास है।

अब आपसे मेरी एक प्रार्थना है।

कभी गरीब की शक्ल को ध्यान से भी देखें। माना कि आपका समय कीमती है और आप व्यस्त रहते हैं। गरीब को, इसी कारण आपने हमेशा ही सरसरी निगाहों से देखा है। उड़ती-उड़ती नजरों से देखकर पाया है आपने कि हाँ, यह भी एक शै है—ज़माने में। पर मेरा निवेदन है कि टीवी. तिकड़म, दारू, राजनीति आदि के व्यस्त कार्यक्रम से कभी समय निकालकर किसी गरीब की शक्ल को ध्यान से देखें। यदि कभी ऐसा करेंगे तो आप एक बात भी नोट करेंगे, जो कि मेरे मित्र ने अखबार पढ़ते हुए नोट की कि यार, इन सब स्साले गरीबों की शक्ल एक जैसी होती है। अमीरों की अलग-अलग, पर गरीबों की शक्लें एक-सी! वही धुवाँधुवाँ चेहरा, वही पिचके गाल, वही रूखे खुरदुरे गात, वहीं धँसी-धँसी आँखें, वही भाँय-भाँय करता अनन्त सूनापन आँखों में, वही दिगंत तक फैली झुर्रियाँ बदन पर, वही अनगिन सिलवटें माथे पर, वही सहमा-सहमा-सा भाव चेहरे पर, वही याचक की मुद्रा, वही रूखे-बिखरे बाल, वही टूटे-हिलगे दाँत, वही अधनंगा बदन, वही बारह पसलियों का पिंजरा, वही फटी हुई धोती, वही बिवाईवाले पाँव, वही पिचका हुआ पेट—सम्पूर्ण व्यक्तित्व पर मानो भूख के तम्बू की खूटियाँ गड़ी हुईं। एक गरीब के चेहरे को दूसरे से अलग पहिचानना बेहद कठिन है। और, दिनों-दिन और भी कठिन होता जा रहा है। सभी के फोटो एक-से। सारी शक्लें एक-सी। भूख का रोड रोलर सारे चेहरों पर घूम गया प्रतीत होता है—सबको बराबर एकसार करता हुआ। आप इधर इतने वर्षों से समाजवाद का वायदा करते रहे कि खुशहाली सबको बराबर कर देगी, परन्तु समाजवाद से कहीं प्रभावशाली तो यह खाली पेट निकला। भूख का जादू बिना चुर्रेट बोले ही काम कर गया।

भूख का जादू। भूख का मायाजाल। भूख की बाजीगरी। भूख का ऐसा मेकअप कि हर चेहरा एक-सा बन जाए। और जिस भूख की चर्चा हम यहाँ कर रहे हैं, यह वो भूख नहीं है कि जो आपको लगा करती है, या जिसे लगने के लिए डाक्टर साहब आपको टॉनिक दिया करते हैं। कहाँ तो जनाब आपकी भूख और कहाँ इन नाकुछ अकिंचन गरीबों की भूख! इनकी भूख आपकी भूख से इतनी अलग है कि आप इसे सोच भी नहीं पाते। सोच सकते भी नहीं। ऐसी भूख कभी लगी ही नहीं आपको। इनकी भूख इस मामले में आपसे अलग है कि आपको भूख लगे तो आपको पता रहता है कि खाना डायनिंग टेबल पर लग गया है। प्रायः तो आपकी भूख जागने से पूर्व ही थाली सज जाती है। और आप इसे ही भूख जानते और मानते आये हैं।

गरीब की भूख की आपको अनुभूति ही नहीं। उसके खाली पेट के सन्नाटे से आप कभी रू-ब-रू ही नहीं हुए। आपको पता ही नहीं कि आपको भूख की प्रतीक्षा रहती है और इनको भूख का डर। कभी ऐसी भूख लगी है आपको कि जब दूर-दूर तक खाना मिलने की आस न हो? पेट जल रहा हो और शरीर ऐसा ठण्डा होता जा रहा हो कि आत्मा तक कँपकँपाहट पहुँच जाए? कभी हुआ है पेट ऐसा खाली कि जब पेट का खालीपन फैलकर सारी कायनात को अपने कब्जे में ले ले? कि जब चाँद रोटी लगे और आकाश काला तवा? कभी कान में भूख का ऐसा शोर मचा है कि जीवन का कोई और सुर सुनाई ही न दे? कभी भूख से पाँव काँपे हैं आपके और फिर भी रोटी की तलाश में चलते गये हों आपके पाँव? कभी भूख से आपके नेत्रों के सामने अँधेरा छाया है, जिसमें चिंगारियाँ-सी उड़ रही हों? गरीब की भूख से साक्षात्कार ही नहीं हुआ आपका, वरना आपका संसार हमेशा के लिए बदल गया होता। नहीं मित्र, आपको इनकी भूख का पता ही नहीं।

और इसी कारण आप यह समझ नहीं पा रहे कि क्यों इन भूखे-नंगों की शक्लें एक-सी दीखती हैं? आप जान ही नहीं सके कि पेट का खालीपन इनके चेहरे तक फैल गया है और वहाँ से इनके सम्पूर्ण अस्तित्व और इनकी पूरी दुनिया पर। ये खाली-खाली चेहरे, सब एक से ही दिखेंगे। प्रिय मित्र, गरीब और गरीबी की तस्वीर पूरी दुनिया में एक जैसी मिलेगी। भूख सदियों पूर्व ही वह ग्लोबलाइजेशन कर चुकी, जो भरे पेटवाले आज कर रहे हैं। सारे विश्व के गरीबों की शक्ल आप एक जैसी पाओगे।

गरीबी, स्साली है ही ऐसी कुत्ती चीज़!

‘फील गुड’ की असली कथाएँ

॥ एक ॥

“बता कि तुझे ‘फील गुड’ लग रहा है कि नहीं?”

“कुछ कह नहीं सकते हजूर...”

“बता, बता...सोच के बता।”

“भूखे पेट के कारण रोटी के अलावा कुछ और सोचा नहीं जा रहा सरकार...”

“तुम लोगों में यही खराबी है—हर समय खाली पेट का रोना रोते रहते हो। सच बता कि जब सारे देश में ‘फील गुड’ की हवा चल रही है, तब...”

“क्यों लग रहा है सबको अच्छा?”

“क्यों नहीं लगना चाहिए?”

“भूखे पेट क्यों लगना चाहिए?”

“अगर हम कहें कि हमारे रहते तुझे जल्दी ही भरपेट रोटी मिलेगी, तो?”

“भरपेट मत दिला देना मालिक...पेट को भरपेट की आदत नहीं रही। अधभरा ही करा देना। पूरे में तो उल्टी हो जाएगी।”

“यार, तेरे से जित्ती खाते बने, खा लेईयो...”

“सच हजूर?”

“हाँ, पर याद रखियो कि ‘हमारे रहते’ ही यह हो रहा है।”

“हजूर, आप बने रहें...”

“अब बता कि तुझे यह सब सुनकर अच्छा लगा कि नहीं?”

“थोड़ा-थोड़ा लगा तो, सरकार...”

“...और क्या चाहिए!”

“...मतलब बिना किसी बात के अच्छा लगना?”

“...यही तो ‘फील गुड’ का ‘फण्डा’ है रे मूरख...। ‘कुछ अच्छा हो सकता है’—यह सोचकर अच्छा फील करना...”

"जैसी हजूर कहें।"

सो भूखे को रोटी की आशा है। आशा है, तो 'फील गुड' है। आशा है, तो भूखा वोट देगा। भूख वहीं रहेगी। भूखा वहीं रहेगा। हजूर हजूर रहेंगे। रोटी सपना रहेगी।...और 'फील गुड' का कैसा क्या?....यार, नारों का क्या! उनका क्या तो रहना, क्या नहीं रहना। कल कोई नया भेस, कोई नया नारा।

॥ दो ॥

एक पतली, सुनसान गली में मिल गये दोनों, आमने-सामने।

कर्फ्यू का टेम। गली सुनसान।

दोनों के बारे में यह बताना कठिन कि उन्हें 'फील गुड' लग रहा था, या नहीं। दोनों के बारे में यह बताना भी कठिन कि उनमें से कौन तो भी मुसलमान और कौन तो भी हिन्दू? अलबत्ता यह तय कि दोनों एक-दूसरे को जानते भी नहीं थे कि पूछते कि भैय्या तुझे कैसा लग रहा है? जब सारे देश में 'फील गुड' की हवा चल रही है, तब इस तंग दंगा-ग्रस्त गली में उस हवा के घुसने की जगह कहीं है कि नहीं, यह भी वे किससे पूछते?

दोनों आशंकित। सुनसान गन्दी, बजबजाती गली कि जहाँ केवल सुअरों को ही फील-गुड हो सकता था और जहाँ आदमी को क्या, कैसा फील होता है, इसकी परवाह कभी किसी को थी नहीं। कि ऐसे में अचानक वे मिले और जान भी गये कि कौन हिन्दू है और कौन मुसलमान? एक ने पैना छुरा निकाला और भोंक दिया दूसरे को। दूसरे से 'मिस्टेक हो गया।' और वह छुरा टेम पर निकाल नहीं पाया।

मारकर वह भागा।

गलियों, गलियों। हर जगह मारनेवालों की भीड़।

अपनीवाली भीड़ की तलाश में भागता गया वह। गलियाँ। पतली गलियाँ। सुनसान। बियावान रास्ते। कि सामने से एक आदमी आया, कि जिसके बारे में यह बताना कठिन कि कौन-तो-भी मुसलमान कि हिन्दू? उसने इसे छुरा मारकर गली में बिछा दिया। अब वह भाग रहा है, गलियों गलियों।

वह आदमी गलियों में भागा जा रहा है।

इधर ये दोनों अलग-अलग गलियों में पड़े हैं। इन्हें न अब 'फील गुड' हो रहा था, न ही 'फील बैड'—इन मरनेवालों की स्साली यही तो ऐश कि वे इस बहस से ऊपर उठ गये हैं कि इन दिनों देश का आदमी 'फील गुड' कर रहा है या फील बैड?'

पर एक बात तय है।

छुरों पर धार देता वह आदमी, जो दोनों तरफ के लोगों को छुरे बाँटने का काम करता है—वह तो 'फील गुड' से भरा हुआ है।

॥ तीन ॥

उन्हें 'फील गुड' हो रहा था।

उन्हें इत्ता 'गुड' 'फील' हो रहा था कि बरदाश्त के बाहर।

वे सड़क पर आ गये।

वे सड़क पर छा गये।

वे जमाने पर छा गये क्योंकि उन्हें अच्छा लग रहा था।

आदमी को अकारण ही 'फील गुड' लगे, तो वह चैन से एक जगह बैठ नहीं पाता। तड़पता है वह हरामखोरी करने के लिए। लालायित होता है नंगई प्रदर्शन हेतु। वह दुनिया को बताना चाहता है कि उसे 'अच्छा लग रहा है'।

सो वे सारे बाहर आ गये।

वे रैलियाँ करने लगे।

वे बसों पर कब्जा करने लगे। वे बिना टिकिट रेलों में चढ़ लिये।

वे राजनीतिक दलाली करने लगे। वे 'मिडिलची' हो गये। वे 'मोबाइल' पर सौदा पटवाने लगे। उन्हें 'फील गुड' होना ही था।

वे अफसरों का ट्रांसफर कराने लगे और व्यापारियों से ब्लैक-मार्केट में अपने और बड़े हिस्से की माँग करने लगे। उन्हें और भी 'फील गुड' लगा कि जब अफसर 'हें-हें' करने लगे और व्यापारियों ने रातोंरात टोपियाँ बदल लीं।

वे कुर्सी के हो गये। वे कुर्सीमय हो गये। वे कुर्सी से एकाकार हो गये। वे कुर्सी ही हो गये। वे पाये हो गये। वे हत्था हो गये। वे कील हो गये। वे पॉलिश हो गये। कहना कुल यह कि वे कहीं न कहीं, कुछ भी बनकर कुर्सी का हिस्सा बन गये। फिर वे थैली हो गये। वे 'पिछला दरवाजा' हो गये। वे चोर दरवाजे की सांकल हो गये। वे तिकड़मों की 'मास्टर-की' हो गये। वे सत्ता के कीचड़ में कमल बनने निकले थे, पर बड़े ठसके से कीचड़ ही होकर रह गये।

वे आदमी नहीं रहे। वे नेता नहीं रहे। वे सेवक नहीं रहे।

वे नारे में तब्दील हो गये। उन्हें खूब अच्छा लगने लगा, तो वे और भी अच्छे नारे देने लग गये। वे 'केच लाइन' बन गये। वे 'केप्शन' बन गये। वे विज्ञापन बन गये। वे 'ब्राण्ड' बन गये। वे बाजार में बैठ गये।

उन्होंने देश को कहा कि देखो न कि कित्ता अच्छा लग रहा है, है न?

उन्हें 'फील गुड' हो तो देश को तो होना ही होना। वे अपने को ही देश मान रहे थे। अब देश उनकी बात का क्या जवाब देता?

देश ने देखा। देश के आमजान ने देखा। देश ने पहले भी देखा है कि न जाने क्यों सत्ता पाकर यह भ्रम लोगों को हो जाता है कि देश में सर्वत्र 'फील गुड' हो गया है। आजादी के समय से यह भ्रम चल रहा है और देश देख रहा है।

''क्यों, 'फील गुड' हुआ न? है न?'' वे पूछने लगे। उतावले होकर।

''मेरे लिए कोई नयी बात नहीं।'' देश ने कहा।

वे खुश हो गये। बोले कि देखो, देश को 'फील गुड' लग रहा है। वे समझ नहीं पा रहे देश की बात। देश कहना चाह रहा है कि भैय्या, ऐसे नारे मेरे लिए नयी बात नहीं है।

॥ चार ॥

हड्डी एक।

कुत्ते दो। बल्कि तीन। बल्कि कई। बल्कि बेतादाद। कहिए कि झुण्ड कुत्तों का। हर कुत्ते की हड्डी पर नजर। हड्डी ही जीवन का मूल उद्देश्य। हड्डी प्राप्त हो, तो श्वान-जीवन सफल कहाये। सो हड्डी के पीछे कुत्तों की भाँति भागते कुत्ते। जब तक हड्डी नहीं मिले, तब तक 'फील बैड' करते हुए कुत्ते।

एक कुत्ते के पास हड्डी है। मजे लेकर चूस रहा है वह। जबरदस्त 'फील गुड'। बाकी कुत्ते उस कुत्ते के आसपास मँडराते, ताकते, रिरियाते, गुर्राते, हल्ला करते, छलाँगें मारते, 'कूँ-कूँ' करते, 'भौं-भौं' करते, उछलते, पंजे मारते, रेंगते, पूँछ हिलाते घूम रहे हैं। हड्डी प्राप्त करने के लिए जो एक कुत्ता कर सकता है, वह सब करते। बातें करते। बहस-सी करते। सोचते कि इसने खूब चूसी, अब हमें मौका मिलना चाहिए। हमें हड्डी मिले, तो हम चूसें।

इधर हड्डी-चूसता कुत्ता 'फील गुड' में मुब्तिला, परन्तु चिन्तित और सतर्क। वह कुत्तों की जात पहिचानता है।

कि दो आदमी गुजरे वहाँ से।

चुनाव सिर पर है। दोनों आदमी पार्टी के वर्कर लगते हैं। पार्टी कार्यकर्ता। किस पार्टी के? किसी के भी समझ लें। सब एक से। अलग-अलग पहिचानना कठिन। जैसे कुत्तों को।

दोनों पार्टी कार्यकर्ता चिन्तित से, बातें करते निकल रहे हैं वहाँ से। तेज-तेज।

''क्या यह 'फील गुड'' फैक्टर इस चुनाव में काम करेगा?'' एक ने दूसरे से पूछा।

दूसरे ने हड्डी चूसते कुत्ते की ओर देखते हुए कहा, ''कह नहीं सकते प्यारे...जनता स्साली का भरोसा नहीं...चल भी सकता है।''

चिन्तित आदमी पार्टी दफ्तर तरफ जा रहा है।

चिन्तित कुत्ता बैठा हड्डी चूस रहा है।

चिन्ता के कारण दोनों 'फील गुड' का वह मजा नहीं ले पा रहे।

॥ पाँच ॥

उसने फोन उठाते ही आवाज़ पहिचान ली।

पत्नी का फोन था।

पत्नी कई दिनों से मायके गयी हुई थी और यहाँ पति बड़े 'फील गुड' में दिन गुजार रहा था। दो दिन नहाया नहीं, गन्दे मोजों के साथ सो गया, एक दिन दोस्तों को घर पर बियर पिलाई, रात देर तक जागकर टी वी. देखता रहा, दो बार शेविंग नहीं की और घर में जहाँ मर्जी लगी, वहीं चप्पलें उतारीं—कुल मिलाकर बड़े ठाठ के दिन गुजर रहे थे पतिदेव के, सो 'फीलगुड' तो उनको होना ही था। वह यह भी जानता था कि वे, जिनकी मायके नहीं गयी हैं, उसको देखकर 'फील बैड' करते हैं और चिढ़ते हैं आजकल उससे। कमाल है। जब आपकी गयी थी तो आपने भी तो आग मूती थी, आकाश में थिगली लगाई थी और वह सब किया था कि सब तरफ 'थू थू' हो गयी थी, और हम जरा-सा 'फील गुड' ही कर रहे हैं कि...! हद है! अब आपकी मायके नहीं जाती। जान गयी आपको। हम क्या करें? तुम्हारा वोटर तुम्हें घास डालने को तत्पर नहीं—हम क्या करें?

पर यह पत्नी का अचानक फोन? उसे तो अभी सात दिन बाद आना है।

''सुना है कि मेरे बिना तुमको बड़ा 'फील गुड' लग रहा है?''

पत्नी को किसने बताया? दुनिया बड़ी हरामी है यार।

''तुम्हारे बिना की बात थोड़े ही है'' पति ने लड़खड़ाकर उत्तर दिया।

''फिर?''

''तुमने सुना नहीं कि सारे देश में आजकल 'फील-गुड' चल रहा है—उसी चक्कर में मैं भी थोड़ा खुश हो लिया।''

''हमारे गाँव में तो कोई 'फीलगुड' नहीं चल रहा,'' पत्नी के स्वर में सन्देह है।

"पर शहर में तो बड़ा हल्ला है...सरकार का आर्डर...अखबार में रोज छप रहा है सो इसी चक्कर में मैं खुश..."

"कोई और चक्कर तो नहीं?"

"और क्या होगा?"

"मैं कल चल रही हूँ। बर्तनवाली बाई को खबर कर देना और दूधवाले..."

बेचारा पति!

'फील गुड' इतनी जल्दी खत्म हो गया। पत्नी समय से पहले मायके से आ रही है। सब ठीक करना होगा। बीयर की बोतलें अभी तक खटिया के नीचे पड़ी हैं। गन्दे कपड़ों का ढेर इकट्ठा है। सिगरेट के टोंटे घर में सर्वत्र बिखरे हैं। पति तैयारी में लग गया है। मानो समय से पहले चुनाव तय कर दिये हों आलाकमान ने। क्षेत्रीय नेता को वोटर का सामना ऐसे ही करना पड़ रहा हो जैसे मायके से पत्नी आ रही हो। नेताजी को भी तैयारी करनी पड़ेगी। आलाकमान लाख 'फील गुड' की बातें कर ले, पत्नी के मायके से लौटने से पूर्व बड़ी तैयारी करनी है पति को। नेताजी को भी।

और वे देसी खाते

तब स्विस बैंक खुले नहीं थे या उनके विषय में हमने सुना नहीं था, गोकि वे खुले रहे होंगे। और पता भी रहा होता तो क्या मैं वहाँ खाता खोलता? मेरे पास कुल दस रुपये थे, जिनसे मैंने अपने गाँव के पोस्ट ऑफिस में खाता खोला था। ये दस रुपये भी दलाली के नहीं थे क्योंकि तब दलाली का नाम भी हमने नहीं सुना था। हिन्दुस्तान तब पिछड़ा हुआ था, लोग यहाँ-वहाँ से पेट काटकर दस-बीस रुपये बचा पाते थे और उनको जाकर पोस्ट ऑफिस में जमा करा आते थे। विदेशी खातों को लेकर जो रोमांच वर्तमान में चल रहा है, वैसा कुछ इन देसी खातों में नहीं था। एक खाकी-सी पासबुक मिल जाती थी, जिस पर छपी भद्दी-सी पोस्ट ऑफिस की सील को देखकर जो रोमांचित होने की क्षमता रखते थे, वे लोग थोड़ा-बहुत मजा इसमें से लेते हों तो पता नहीं; वरना तो लोग पासबुक को गरम कपड़ों के बड़े बक्से में सबसे नीचे दबाकर रख देते थे और भूल जाते थे। परन्तु उन देसी खातों का भी अपना रोमांच और रोमांस था। मैं तो इनको आज तक नहीं भुला पाया। आज नये सन्दर्भों में वे खाते बड़े याद आ रहे हैं।

पोस्ट ऑफिस में खाता खुलवाना भी ऐसा आसान कहाँ था। गाँव में एक छोटा-सा पोस्ट ऑफिस था और बजरंगी बाबू ही उसके पोस्टमैन, चपरासी, पोस्टमास्टर जनरल तथा चौकीदार थे। वे हर खाता खोलनेवाले को सन्देह की दृष्टि से देखते थे और खाता खोलने के प्रति उसे निरुत्साहित करने में प्राणों की बाजी लगा देते थे। उन दिनों यूँ भी गाँवों में खाता खोलने का रिवाज था नहीं। प्राय: ग्रामीणजन पैसा तथा सोना-चाँदी जमीन में गाढ़कर, गेहूँ में दबाकर, कचरे में छिपाकर, रजाई में सिलकर, पाजामे के नेफे में सिलकर अथवा मसालों के डिब्बे, घड़े या कुएँ की दीवार में बने छेद आदि में छिपाकर रखा करते थे। यह परम्परा वर्षों से चली आ रही थी और चोर-उचक्के भी सीधे कचरे का डिब्बा औंधा करके देखते, फिर जाकर डण्डे या जूते मारते थे कि बता, कहाँ धरा है पैसा? परन्तु धीरे-धीरे बजरंगी बाबू ने पाया कि गाँव के लोग, बजाय परम्परागत स्थानों

में पैसा रखने के, पोस्ट ऑफिस के चक्कर काटने लगे हैं और खाता खोलने की इच्छा प्रदर्शित करने लग गये हैं। यह हरकत बजरंगी बाबू को पसन्द नहीं आयी। उन्हें खाता खोलनेवालों से नफरत थी। वे खाता खोलने को नीचता तथा दुष्टता का काम मानते थे। वे स्वयं भी अपने पैसे अपने पाजामे के नेफे में छिपाकर रखते थे और इसी कारण उसी फटे पाजामे को पहनकर हमेशा यहाँ-वहाँ घूमा करते थे। खाता खोलने पर स्वयं उनका विश्वास नहीं था। वे प्राय: इस बात को इस तरह समझाते कि "भैया, सरकार का क्या भरोसा, मान लो कल के दिन कम्युनिस्टों की सरकार बन गयी, तो सुसरे सारा खाता जब्त कर लेंगे और लगाएँगे चार लातें आपके पिछवाड़े पर।" इसी विश्वास (या अविश्वास) के कारण वे हर खाता खोलनेवाले को इस दु:साहस से रोकने का प्रयत्न करते। खाते के उम्मीदवार से वे इस तरह बातें करते :

"क्या काम है?"

"जी, खाता खोलना है।"

"क्यों भैया, क्यों खोलना है?"

"जी, दस का नोट बच गया था, सो सोचा..."

"जाली नोट तो नहीं है?"

"आप स्वयं देख लें।"

"अरे, हम कहाँ से देख लें भैया, एक आँख से दिखता नहीं और दूसरी में मोतियाबिन्द उतर रहा है। तुम्हीं बताओ, चूरनवाला नोट तो नहीं उठा लाये?"

"नहीं, जाली नोट नहीं है।"

"तो फिर कहीं से चुराया होगा?"

"नहीं, बजरंगी बाबू..."

"अरे, ऐसी कम तैसी बजरंगी बाबू की, जब मेहनत से कमाया दस का नोट है, तो उसे पोस्ट ऑफिस में क्यों जमा कर रहे हो? गवरमेण्ट जब्त कर लेगी, तब रोते फिरोगे कि बजरंगी बाबू, दिला दो..."

"आप तो जमा कर लें।"

"फिर न कहना कि खबरदार नहीं किया!"

"नहीं कहेंगे।"

"खाओ बाप की सौगन्ध।"

"बाप की कसम..."

"ठीक है। नहीं मानते, तो तुम्हारी मर्जी। ऐसा करो, कल आ जाओ। आज तो रजिस्ट्री का बड़ा काम बकाया है।"

आदमी यह सुनकर वापस जाने लगता तो वापस बुलाकर बजरंगी बाबू पूछ

लेते, ''तुम पाजामा क्यों नहीं पहनते?''

''क्यों?'' आदमी पूछता।

बजरंगी समझाते, ''हम पागल नहीं हैं जो यह पाजामा पहनकर यहाँ-वहाँ डोलते फिरते हैं। तुम भी एक बार पाजामा डाल लो तो सारे खाते भूल जाओगे। पाजामा पोस्ट ऑफिस से कहीं सुरक्षित चीज़ है।''

आदमी समझ न पाता कि बातचीत खाता खोलने से चलकर पाजामा बन्द करने पर कैसे आ गयी। वह अगले दिन पुनः आने के लिए चला जाता।

आदमी अगले दिन फिर आता।

बजरंगी बाबू आधे घण्टे तक तो उसकी तरफ आँख उठाकर भी नहीं देखते और उसके बाद भी जब बात शुरू करते तो इस तरह मानो कुछ याद ही न हो। वे नये सिरे से शुरू करते। पूछते—

''हाँ भई, क्या चाहिए, पोस्टकार्ड कि रसीदी टिकिट?''

''नहीं, साहब, खाता खोलना है।''

''रसीदी टिकिट ले लो न। काम की चीज होती है। रसीद-फसीद पर चिपकाना।''

''खाता खोलना है हमें तो।''

''क्यों, भैया?''

''आपने ही तो आज बुलाया था।''

''हमने तो पाजामा पहनने को भी बोला था, पहना? ऐसे ही हमारे आज्ञाकारी थे तो पाजामा पहनते। दो गज बढ़िया लट्ठे का कपड़ा लो और सिलवा डालो। दस का नोट क्या चीज है, इतना तो नाड़े के साथ घुस जाएगा। हजारों रुपये तो हमने पायचे में छुपाये हैं। मजाल है कि कोई ताड़ भी पाये।''

''आप तो हमारा खाता खोल दो।''

''यार, अजीब जिद्दी आदमी हो आप भी...और आपकी भी क्या गलती? सारा दोष माँ-बाप का है। बचपन में ठुकाई नहीं करते तो बड़े होकर जिद्दी हो जाते हैं आप जैसे।''

आदमी यह सब अनसुना करके एक दस का नोट बढ़ाकर कहता, ''आप तो इसे जमा कर लें।'' बजरंगी बाबू भड़क उठते। कहते, ''उठाओ, उठाओ। यह नोट उठाकर अपनी जेब में धर लो। इतना आसान समझ रखा है खाता खोलना क्या कि मुँह उठाया और बोले कि यह लो दस का नोट? रण्डी समझ रखा है क्या हमें जो दस का नोट दिखाते हो?...सरकारी काम है बच्चू...लो, पहले यह फार्म भरकर लाओ, फिर बात करना।''

आदमी फार्म ले लेता, तब बजरंगी बाबू बतलाते कि फार्म पर तीन स्थानों

पर हस्ताक्षर करना, दो गवाहों को साथ लाना, एक ताजा फोटू लाना, फार्म साफ-साफ भरना और कल आना क्योंकि आज पार्सल का बहुत काम बकाया है। आदमी फार्म लेकर अगले दिन पहुँचता तो बजरंगी बाबू ही न मिलते। उनके स्थान पर उनका चपरासीनुमा मसखरा सहायक मिलता जो बताता कि बजरंगी बाबू तो जिला हैड पोस्ट ऑफिस गये हैं और कहीं सील ठुकवानी हो तो उसे बताया जाए। इसके बाद आदमी प्रतिदिन चक्कर मारता, पर बजरंगी बाबू दो-तीन दिन तक न मिलते। वे दूर से ही उस आदमी को देख लेते और इस छोटे से पोस्ट ऑफिस में भी न जाने कहाँ छिप जाते। बड़े-बड़े डाकवाले कैनवास के थैले ऐसे में बड़े काम आते। चपरासी नये-नये बहाने बताता और मोटे थैले की तरफ देखकर हँसकर कहता कि आज बहुत डाक आयी है। बड़ा काम करना है और साहब भी नहीं हैं। बजरंगी थैले में से उसे प्यार भरी गाली देते कि शाबास...कुछ दिनों यह सब चलता, परन्तु अन्ततः बजरंगी बाबू का मोतियाबिन्द धोखा दे जाता और वे आते हुए आदमी को समय पर पहचान न पाते, सो कुर्सी पर ही पकड़े जाते। कुर्सी पर बिराजे बजरंगीजी को देखकर आदमी तथा साथ आये गवाहों की बाँछें खिल जातीं। अब तक आदमी का एक रुपया तो रोज-रोज गवाहों के साथ चाय-पानी पर ही खर्च हो चुका होता। वह भरा हुआ फार्म तथा नौ रुपये प्रस्तुत करता।

बजरंगी बाबू पकड़ लेते, कहते, "परन्तु कल तो तुम दस रुपये बता रहे थे।"

"एक खर्च हो गया, साहब!" आदमी अपराधबोध से भरकर बताता।

"यार, गवर्नमेण्ट को धोखा देते हो? दस का नोट दिखाकर नौ जमा कराओगे तो चालान हो जाएगा...खैर, लाओ" कहकर वे पैसे ले लेते। स्वयं पैसे की पड़ताल करते, चपरासी को दिखाते तथा सड़क पर आते-जाते चार आदमियों से गिनवाकर तसल्ली कर लेते कि पैसे पूरे और असली हैं। तत्पश्चात् गवाहों की बारी आती। वे एक गवाह की उम्र पर आपत्ति उठाते, कहते--

"क्या उमर है दादाजी की?"

"साठ वर्ष।" बताया जाता।

"ऐसे वयोवृद्ध पकड़कर लाये हो? कल केस चलेगा तो अदालत क्या काँवर में लटकाकर ले जाओगे!"

गवाह अदालत के नाम से घबरा जाता। पूछता, "अदालत में?"

बजरंगी बाबू गवाह को गवाही की राह पर बिछे काँटों के विषय में बताते हुए कहते, "और नहीं तो क्या, सरकारी कागज पर गवाही दे रहे हो कि ठट्ठा? कल को अदालत, जज्जी या जेल वगैरह जाना पड़ा तो इस उम्र में कहाँ मारे-मारे फिरोगे।" गवाह यह सब सुनकर भाग जाता। वे एक बार पुनः उस आदमी को समझाते कि शेष रहे नौ रुपयों का सर्वश्रेष्ठ उपयोग यही होगा कि उसमें

से तीन रुपयों का पाजामा बनवाकर छ: रुपये उस पाजामे में छिपा दिये जाएँ, परन्तु आदमी न मानता और अगले दिन अन्य गवाहों को लेकर पहुँच ही जाता। इस प्रकार रो-धोकर किसी तरह अन्तत: खाता खुल ही जाता।

खाता खुलवाकर जब आदमी पासबुक लेकर जाने लगता तो वे पासबुक की महत्ता पर प्रकाश डालते तथा उसे सुरक्षित रखने के उपायों की चर्चा करते। बजरंगी बाबू बताते, ''जान से भी प्यारी मानना इसे। छाती से लगाकर रखना। खो गयी कहीं, तो गये तुम्हारे पैसे। सब शौक निकल जाएगा खाता खोलने का। और कहीं गीली हो गयी या कोना भी चिर गया तो अदालत जाने पर भी एक पैसा न पाओगे। सो पासबुक को मोमजामे के लिफाफे में डालकर पेटी में धरना और पेटी की चाबी पाजामे के नाड़े में बाँध लेना। दिशा मैदान को जाओ तो उठते टैम देख लेना कि कहीं चाबी सरककर खेत में तो नहीं गिर गयी?

•

खाते से पैसे निकालना तो और भी जोखिम का काम था। बजरंगी बाबू आसानी से पैसा नहीं निकालने देते थे। वे पैसा निकालनेवाले को सरकार तथा स्वयं का जाती दुश्मन मानते थे। खाताशुदा व्यक्ति बजरंगी बाबू के पास भी फटकने से घबराता था। बहुत से व्यक्तियों ने अपना पैसा खाते में जमा कराया और बाद में पैसे की आवश्यकता पड़ने पर उन्हें जेब काटना, जूते पालिश करना, सेंध लगाना, डाका मारना इत्यादि सीखना पड़ा, क्योंकि खाते के पैसे उन्हें कभी नहीं मिल पाये। स्थानीय पुलिसवाले तक यह तथ्य जान गये थे। गाँव में कोई भी चोरी होती थी तो बजरंगी बाबू के खातेदारों को मारते थे पुलिसवाले कि बता, कहाँ छुपाया है माल?

कोई दु:साहसी फिर भी कभी पैसे निकालने पहुँच ही जाता तो बजरंगी बाबू इस तरह बात शुरू करते।

''निकलवाने ही थे तो जमा क्यों कराये थे, भैया?''

''जरूरत आन पड़ी है, बाबूजी, लड़की के बच्चा हुआ है।''

''तो क्या बच्चा अभी से पैसे माँग रहा है? बिगड़ जाएगा, बताये देते हैं।''

''नहीं, साहब, फिर भी बहुत खर्चा लगेगा, सो...''

''खर्चे का ठेका सरकार ने ले रखा है क्या? बाप का घर बना रखा है क्या कि जब आए तो धर गये पैसा और जब मन में आया तो उठा लिया? भैया, तुम्हारा पैसा तो चला गया दिल्ली, कोई अब तक हमारे पास ही रखा है क्या? अब तुम फार्म भर दो। जब पैसा दिल्ली से आएगा, दे देंगे।''

''बजरंगी बाबू, बस, दस रुपये ही निकालने थे।''

''भैया, इधर पोस्ट ऑफिस में पाँच रुपये भी नहीं हैं। हैड पोस्ट ऑफिस से आएगा पैसा। भर के धर जाइए फार्म। बीच-बीच में पता करते रहना। जब पैसा

आएगा, हम दे देंगे। सरकार से पैसा निकालना कोई खेल है क्या? जब हम कहते थे कि एक पाजामा सिलवा लो, तब तो तुमने हमारी सुनी नहीं, अब भुगतो!''

आदमी प्राय: निरुत्साहित होकर बिना फार्म भरे बाहर निकल आता और जाकर दस रुपये का गबन कर डालता या घर का कोई बरतन बेच डालता।

परन्तु कुछ कर्मठ लोग फार्म भर डालते और रोज पोस्ट ऑफिस के चक्कर मारते। ऐसे कमीनों से बजरंगी बाबू हृदय से नफरत करते थे। ये लोग आकर घण्टों सामने खड़े रहते थे परन्तु बजरंगीजी मुँह उठाकर उन्हें देखते भी नहीं थे। कोई बहुत पास आकर खड़ा हो जाता तो उसको सील मार देते या उसके कपड़ों पर दवात उलट देते थे। या कुछ नहीं तो उठते-बैठते टँगड़ी मारकर पटक ही देते थे। परन्तु लोग थे कि फिर भी पैसे के विषय में पता करने आ ही जाते थे। ''अभी नहीं आया, भैया!...हैड ऑफिस में कोई सेठ बैठा है कि तुमने माँगा और फटाक देनी से मिल गया?'' यह कहकर वे आगे कहते, ''जाओ, यार, काम करने दो। देखते नहीं कितनी चिट्ठियाँ पड़ी हैं। सब पर सील मारनी है।'' कभी-कभी वे उसी आदमी को प्यार से बिठाकर कहते, ''पैसा तो खैर आज भी नहीं आया है, पर जरा एक काम करवा दो फटाफट। इन चिट्ठियों से अच्छीवाली टिकटें उतारकर रख दो और बैरंग की सील मार दो दनादन।'' या वे उसे सब्जी खरीदने के लिए पटा लेते अथवा बकरी का दूध दुहवा लेते। पैसा आते-आते वह आदमी पोस्ट ऑफिस में इतना नियमित आदमी हो जाता कि वहीं का कर्मचारी-सा लगने लगता। पैसे लेकर अन्तत: जब वह आदमी चलने लगता तो बजरंगी बाबू जाते-जाते सलाह देने से न चूकते कि तीन रुपये का पटलेदार पाजामा खरीदकर वह आदमी हर बार पैसा जमा करने और निकालने के आवागमन से मुक्ति पा सकता है।

लोगों ने बजरंगी बाबू की सलाह मानी भी। एक समय ऐसा भी आया कि गाँव में पाजामा आन्दोलन टाइप कुछ चल पड़ा था। यहाँ-वहाँ लोगों को पाजामा पहनकर घूमते, या उतारकर पैसे चुकाते देखा जाने लगा था। यह आन्दोलन शायद और गति पकड़ता परन्तु इससे पूर्व ही इसके प्रणेता बजरंगी बाबू की किसी ने हत्या कर डाली। उनकी लाश पर से पाजामा गायब था।

बाद में बैंक भी खुल गये गाँव में। बजरंगी बाबू के जाने के बाद पोस्ट ऑफिस में खाता खोलना भी बच्चों का खेल-सा सरल हो गया। गाँव के लोग धीरे-धीरे बजरंगी बाबू को भूल गये। आज कोई सोच भी नहीं सकता है कि खाता खुलवाना कभी कितना जीवट का कार्य हुआ करता था। वो तो स्विस बैंकों में खातों की बात आई तो मुझे बजरंगी बाबू याद आ गये। ईश्वर उनकी आत्मा को शान्ति प्रदान करे। वे स्वर्ग में भी होंगे तो पाजामा पहने घूमते होंगे। यूँ भी उनका स्वर्ग तो पाजामे में ही था।

भागता हुआ आदमी

मुझे गलत न समझा जाए, परन्तु मुझे आईएसआई के एजेण्टों से सहानुभूति है।

इतना व्यस्त तथा भागमभाग वाला जीवन व्यतीत करने वाले जासूस, मुखबिर तथा कारिन्दे दुनिया में कम ही होंगे। जेम्स बाण्ड इत्यादि विश्व प्रसिद्ध जासूस भी, जासूसी की भागदौड़ के बीच कोमलकान्त गतिविधियों के लिए समय निकाल लेते थे। परन्तु ये आईएसआई वाले तो कभी आराम करते देख नहीं गये हैं। वे लगे रहते हैं। वे दिन-रात भारत को तबाह करने की योजनाओं में मुब्तिला रहते हैं। भारत सरकार की बातें सुनकर तो हमें यही लगता है। यदि हम सरकार के बयानों पर भरोसा करें तो पता चलता है कि अब इस महादेश में जहाँ जो हो रहा है, या जो होना है, या कि जो नहीं होना चाहिए था, या जो होते-होते बिलुर गया, या जिसे हम कर तो रहे हैं पर जिसमें तोड़फोड़ होने या असफल होने की आशंका बनी हुई है, या बनी रहती है—इन सारे छलछन्दरों के पीछे आईएसआई के एजेण्टों का हाथ है। भारत में इतनी जगह, इतनी मुस्तैदी से, दिन-रात ये लोग काम में लगे हैं और हर एजेण्ट ऐसा व्यस्त है कि स्साले की जिन्दगी नर्क बन चुकी होगी। वो उस दिन को कोसता होगा जब उसने आईएसआई की नौकरी कुबूल की।

इतने सारे कार्य एक साथ अंजाम देना कोई ठट्ठा नहीं है जनाब। ऐसी-तैसी हो जाती है साहब। मजाक की बात नहीं है आईएसआई का जासूस बनना। आप हँस रहे हैं? आप खुद कभी एकाध जगह बम लगाकर दिखाइए। या कभी रेल की पटरी का एक-ठो बोल्ट ही ढीला करने की कोशिश करके देखिए।...ठीक है कि बम तो पाकिस्तान ने दे दिया। आप कहते हैं कि इसमें तो कोई मेहनत नहीं लगी। सही कहा। इन्हें बम नहीं बनाना पड़ता। वे बना-बनाया दे देते हैं। पर अब आपको इसे लादकर पाकिस्तान से भारत लाना है। ठेले पर धरकर ला नहीं सकते और बम को पार्सल किया नहीं जा सकता। रेलवे वाले और पोस्ट-ऑफिस वाले पार्सलों को उठा-उठाकर ऐसा फेंकते हैं कि यह बीच में ही फट जाएगा। खुद ही लादकर लाना पड़ता है। फिर लाकर यहाँ झोले में धरे-धरे घूमो। कोई ठीक-ठाक जगह दिखे तो

लगाएँ। हिन्दुस्तान में आधी जगहें तो वैसे ही टूटी-फूटी हैं और वहाँ बम को लगाना समय तथा बम की बरबादी है। फिर कहीं ठीक-ठाक जगह बम लगा भी दिया, तो वहाँ से फटाफट भागना भी लाजिमी है। ऐसा क्यों? क्योंकि भाईजान, पाकिस्तान में बने टाइमबम का ठिकाना नहीं। वह किसी भी टाइम फट सकता है। बस की सीट के नीचे झोला धरकर फटाफट निकल भागना ही श्रेयस्कर है। चाहे, चलती बस से ही क्यों न कूदना पड़े। फिर फटाफट भागने के पीछे एक और कारण यह भी है कि अभी बहुत सारा काम पड़ा है। दस जगह अभी और बम फिट करने हैं। इनमें से बहुत से तो फटेंगे ही नहीं। हमने बताया ही है कि पाकिस्तानी बम का भरोसा नहीं। कहो तो झोले में ही फट जाए। या न फटे, तो न फटे। दिनभर यहाँ-वहाँ लगाते डोलते रहो, तब जाकर एकाध बम फूटता है। मजाक समझ रखा है क्या?...और बम की तो छोड़िए। यह पटरियाँ उखाड़ने का काम! रात में पटरी पकड़ते हुए चलना पड़ता है। गिट्टी में मुँह के बल गिरते-पड़ते, एक पटरी के बोल्ट ढीले करने में ही तहमत ढीली हो जाती है भाईजान।...फिर आपकी भारत सरकार ने तो आजकल न जाने क्या-क्या तथा कौन-कौन से काम दे दिये हैं आईएसआई वालों को। आपकी सरकार चाहती है कि आपके देश में सारी बदमाशियों को हम ही अंजाम दें और आपके खुद के बदमाश बैठकर हराम की खाते रहें। बताइए।

•

एक आईएसआई एजेण्ट की दिनचर्या पर ध्यान दें कृपया।

बेचारा, सुबू-सुबू उठकर अल्लाह का शुक्र मना रहा है कि कल सिपाही बजरंग प्रसाद ने उसके झोले की तलाशी लेते हुए टाइमबम देखकर भी नहीं पहिचाना था और उसकी यह बात मान गया था कि यह नये किस्म की अलार्म वाली घड़ी है, जो आदमी को 'एकदम उठा' देती है। रिश्वत के तौर पर वह घड़ी ही उन्होंने अपनी ड्रेस की उस जेब में धर ली थी, जो भारतीय पुलिस की यूँ भी काफी बड़ी तथा गहरी होती है। पता नहीं कि बाद में बम जेब में फटा कि नहीं? या कहीं, वास्तव में पाकिस्तान वालों ने बम की जगह अलार्म घड़ी ही न पकड़ा दी हो, या घड़ी के साथ बम जोड़ना रह गया हो?...यही सब सोचते हुए वह चाय सुड़क रहा है कि भारत सरकार वहाँ पहुँच गयी। ''कहिए, क्या खिदमत कर सकता हूँ मुहतरमा आपकी?'' पूछ रहा है वह, भारत सरकार से। कहने वाले सरकार को लाख मर्द कह लें, परन्तु आईएसआई वाले सरकार की असलियत जानते हैं।

''आप वो सामने वाला पुल क्यों नहीं उड़ाते? हमें बहुत दिनों से सन्देह तथा आशा है कि आप पुल पर बम जरूर फोड़ेंगे...'' सरकार निवेदित हुई।

''मुहतरमा, वो तो वैसे ही किसी-भी दिन गिरने वाला है...''

''क्यों भला?''

''आपके ठेकेदार और अफसर ऐसा कमजोर पुल बनाते हैं...''

''और आपके?''

''हमारे यहाँ ऐसे कमजोर पुल सेना खुद बनाती है...''

''परन्तु, फिर भी यदि आप इसे बम से गिराते तो उस गिरने की तो बात ही कुछ और होती...''

''देखिए, बम हमारे पास कम पड़ गये हैं। लाते हुए दो पेटियाँ उतार लीं किसी ने ट्रेन से।''

''हमारी पुलिस और सेना के बम मिल सकते हैं आपको बाजार में...काहे को पाकिस्तान से लादकर लाते हैं?''

''शुक्रिया...पर मैं अभी फ्री नहीं हूँ...बड़े काम हैं...''

''कुछ हमारा कहा भी मान लीजिए...इधर हम आपका इतना नाम लेते हैं कि सारे हिन्दुस्तान में आपको सब जानने लग गये हैं और आप ऐसी बेवफाई की बातें... ?''

''देखिए मैडम...अभी मुझे आपके एक दफ्तर से कुछ खुफिया नक्शे चुराने के लिए निकलना है—टाइम नहीं है मेरे पास बम लगाने का...''

''हमारे यहाँ नक्शे बाहर ही पड़े रहते हैं—कभी भी जाकर उठा लाना।''

''आपके क्लर्क ने टाइम दे रखा है—वह उतनी देर के लिए ही दफ्तर आता है—फिर वह मिलेगा नहीं...''

''दफ्तर से लौटते में बस में ही कुछ करिए न...बम-सम? या किसी को चक्कू ही मार दें—आजकल हम ऐसी वारदातें भी आपके नाम ही कर देते हैं।''

''देखिए...जित्ता जैसा टाइम मिलेगा, करेंगे...''

''आप कुम्भ में गड़बड़ी करने नहीं पहुँचे? हम इन्तजार ही करते रह गये।...कुछ करते ही नहीं आप...।''

''आप पकड़वा तो नहीं देंगी?...आपकी प्यारी तथा फुसलाने वाली बातों में फँसकर कहीं हम उसी तरह न पकड़े जाएँ...''

''किस तरह... ?''

'जिस तरह सलमा ने तन्हा जगह पर हमें बुलवाकर अपने बाप के हाथों सुतवा दिया था...''

''...सलमा ने पिटवा दिया, या उसका बाप संयोगवश उस दिन तन्हाई की दिली-इच्छा के तहत स्वयं वहाँ पहुँच गया था, यह कौन कह सकता है? वैसे हमारा वायदा है कि हम आपको नहीं पकड़ेंगे। सलमा के बाप की तरह यदि हम

वहाँ पहुँच भी गये, तो दूसरी तरफ देखने लग जाएँगे। आपको जो करना हो, सो करिए। कश्मीर से कन्याकुमारी तक बिना भेस बदले घूमिए। हमारी पुलिस आपको नहीं पकड़ेगी।''

''सारे कामों की उम्मीद आप हमसे ही क्यों करते हैं? कुछ बदमाशियाँ तो आपके लोकल लफंगों को भी करने को कहिए न?''

''यही तो परेशानी हो गयी है हमारे यहाँ। सारे लफंगे राजनीति में घुस गये हैं, सो उनके पास भी ये छोटे-मोटे काम करने का टाइम नहीं है।''

''छोटे काम करने के लिए हम भी पाकिस्तान से इत्ती दूर नहीं आये हैं।''

''तो बड़े करिए न।''

''हमारा इतना आरडीएक्स बोरों में धरा-धरा सड़ रहा है। लगाने का टाइम नहीं मिल रहा। बोरियों को चूहे काट गये।''

''चूहे मरे नहीं?''

''आपके देश के चूहे बड़े स्ट्रांग हैं मैडम...''

''हमें पता है क्योंकि ये चूहे हमारे ही पाले हुए हैं...''

''मुआफ करें...मुझे तैयार होकर निकलना है।''

''खूब निकलिए...पर लौटते हुए कुछ रेल पटरियाँ जरूर ही ढीली करते आइएगा...''

''...कहाँ से ढीली करिएगा? आपकी पटरियों के नटबोल्ट ऐसे जाम हो चुके हैं कि...''

''सौ साल पुरानी पटरियाँ है भैय्या...जंग न लगेगी क्या?''

''आपकी पटरियाँ खुद ही टूटने वाली हैं...''

''फिर भी...''

''देखिए...''

''सुनिए तो...''

पर आईएसआई का जासूस सुनता नहीं। सुनने की फुर्सत नहीं उस बेचारे को। दिन-रात लगा है वह। जैसे कुछ लोग पाँच दिन पाँच रात साइकिल चलाया करते हैं न, बस उसी तरह। वह गरीब भी क्या करे? इतने काम दे रखे हैं हमने उसे। फिर रहा है, भगा-भगा।

यदि, कभी, कोई आदमी (नकली दाढ़ी-मूँछें लगाए) पसीने से तरबतर, हाँफता हुआ, थका-माँदा, हाथ में भारी-सा झोला लटकाये यहाँ-वहाँ दौड़ता दिखे आपको, तो बेचारे को पानी-वानी पेश कर दीजिएगा। जब वे इस देश के लिए इतना कर रहे हैं, तब कम से कम इतना तो हम कर ही सकते हैं।

देश की माटी

वे बोले, "हमें देश की माटी का कर्ज चुकाना है।"

मैंने कहा, "छब्बीस जनवरी आ गयी क्या?"

वे बोले, "देश की माटी कुर्बानी माँग रही है..."

मैंने कहा, "यार तुम किसी और को ये बातें सुनाओ। हम इन बातों का असली खेल जानते हैं।"

वे बोले, "तुम्हारी बातों से देशद्रोह की बू आती है।"

मैंने कहा, "...और तुम्हारे मुँह से दारू की।"

वे बोले, "पर वह देसी दारू की है, यह तुमने नोट किया कि नहीं? यह होती है देशभक्ति!"

मैंने कहा, "दारू पीकर देश की माटी की बातें करना ठीक नहीं लगता..।"

वे बोले, "पर यार तुमने देश की माटी की बात चलने पर यह कैसे जान लिया कि चक्कर छब्बीस जनवरी का है?"

मैंने कहा, "क्योंकि इस देश में अब गणतन्त्र दिवस पर ही समझदारों को ऐसा मजबूर होते देखा जाता है कि बेचारों को 'देश की माटी' जैसी ऊटपटांग बातें बोलनी पड़ती हैं।"

वे बोले, "यार तुम नेशा तोड़ने वाली ऊटपटांग बातें करते हो। हम चलते हैं। किसी और को पकड़कर देश की माटी की चर्चा करते हैं। आज दिन भर यही करना है। छब्बीस जनवरी के दिन का साला यही पचड़ा है। अभी स्कूली बच्चों को बताकर आए हैं और अब चौक की सभा में बताने जा रहे हैं कि देश की मिट्टी का क्या, कैसे करना है। हमने सोचा कि बीच में तुम खड़े मिल गये हो, तो तुम्हारे साथ थोड़ी प्रैक्टिस कर लेते क्योंकि देश की मिट्टी की बात करते-करते कभी-कभी मुँह से देश की दारू की बात निकल आती है। पर तुमको बदमाशी सूझ रही है। हम

चलते हैं। पर चेताए देते हैं कि छब्बीस जनवरी पर बदमाशी ठीक नहीं। इस दिन को तो छोड़ो। बाकी साल भर बदमाशी करते रहो, जैसा कि हम करते हैं। पर आज का दिन देश की माटी की बात करने में गुजारो...।''

वे चले गये।

मैं देश की माटी के विषय में चिन्तन में लग लिया।

देश में मिट्टी खूब है। जब खोदना हो, तब इसे मिट्टी कहते हैं और जब प्रणाम करने या माथे पर लगाने का कर्मकाण्ड करना पड़े, तब इसे 'देश की माटी' कहकर पुकारने का चलन चला आता है। सो देश में खूब मिट्टी है। धूल उड़ती ही रहती है। मिट्टी में सने रहते हैं देशवासी। फेफड़ों में भरती रहती है देश की माटी। अभी-अभी वह मुरम का हिचकोले खाता ट्रक देश की माटी को देश के सपूतों के मुँह पर उड़ाता हुआ सड़क से गुजरा है। मिट्टी यूँ ही माथे पर लग गयी। बैठे-बिठाये देशवासी धन्य हो गया। आँखों में भर गयी है देश की माटी। किर किर कर रही हैं आँखें। बालों में भर गयी है देश की माटी। मिट्टी पलीद हो रही है देशवासियों की। मिट्टी की भी। मिट्टी के साथ प्रायः यह होते देखा गया है कि वह पलीद होती रहती है। स्वयं देश की मिट्टी पलीद होती रहती है। करने वाले करते रहते हैं। इस देश में मिट्टी को माथे पर मलकर देश के लिए शहीद होने वाले लोग भी हैं और इसकी मिट्टी पलीद करने वाले भी। कई बार पलीद करने वाले ही शहीदों की लिस्ट में भी शामिल हो जाते हैं और शहीद होने वालों की मिट्टी पलीद होती रहती है। फिर ऐसे लोग भी हैं कि जो माथे पर माटी पोतकर देश की मिट्टी पलीद कर रहे हैं। बड़ा कन्फ्यूजन मचा है। आदमी वोट की पेटी तक जाते-जाते समझ नहीं पाता कि सही माटी किसकी है?

देश की मिट्टी सोना उगलती है, जो न जाने कहाँ चला जाता है। देशवासियों को तो यह सोना मिलता नहीं। उन्हें स्मगलिंग वाला खरीदना पड़ता है। यहाँ का शायद 'स्विस बैंकों' मैं जमा हो जाता है। देश की मिट्टी को लेकर कविगण बताते रहते हैं कि इस मिट्टी में खर-पतवार, कीड़े-मकोड़े, साँप-बिच्छू, चींटे, इत्यादि की रूटीन पैदावार के अतिरिक्त जो चीज़ कसरत से पैदा होती है, वह है सोना, हीरे, मोती। कवि गा-गाकर बताते रहते हैं कि मेरे देश की मिट्टी सोना उगले, उगले हीरे-मोती...। पता नहीं कि सच क्या है क्योंकि हमने तो जब भी, जहाँ भी मिट्टी खोदी है, तो उसके नीचे से भी मिट्टी ही निकली है, या कभी कोई हड्डी-वड्डी का कोई टुकड़ा! पर छब्बीस जनवरी को विशेष तौर पर यह कहा जाता है कि देश की मिट्टी ने बड़े हीरे-मोती पैदा किये हैं। किये होंगे। स्वयं मेरे भृत्य का नाम हीरालाल है और मेरे पैतृक गाँव में मोतीसिंह नामक डाकू तो ऐसा हुआ था कि जिसने देश की माटी से निकले सोने को लूटने में ही अपना जीवन

अर्पित कर दिया था। फिर सोना, चाँदी के अलावा देश की माटी जो चीज बहुतायत से उगलती है, वह है पटवारी, तहसीलदार, कानूनगो, गिरदावर, चकबन्दी अफसर, बन्दोबस्त अधिकारी, नगरपालिका पार्षद तथा ऐसे ही देश की माटी पर नजर रखने वाले माटी मिले लोग। देश की माटी इनसे घबराती है। ये उसका हाथ किसी भी कमीने के हाथ में दे सकते हैं। ये किसी के भी नाम, देश की कोई भी माटी-खेत-जमीन अपने उन कागजों में चढ़ा सकते हैं, जिनमें देश की सारी माटी कैद है। देश की माटी इनके लिए एक खसरा नम्बर मात्र है, देश की जमीन एक ऋण-पुस्तिका है और हिन्दुस्तान का नक्शा वास्तव में एक बड़ा-सा मास्टर-प्लान है कि जिसमें बहुत से छोटे-छोटे प्लॉट काटकर अनाप-शनाप पैसा पीटा जा सकता है।... इनके अलावा देश की माटी में सपूत पैदा होते रहते हैं, जो कपूतों के हाथों पिटा करते हैं। सपूतों की फसल, न जाने क्यों, बड़ी कमजोर निकल रही है आजकल। सपूतों के बौने कद तथा मुरझाये-से गात-पात देखकर कभी अपनी माटी पर सन्देह होता है, तो कभी अपने खाद-पानी पर। कपूतों की खर-पतवार ने सारे खेत पर ही कब्ज़ा कर लिया है जो सपूतों की फसल को खा रही है।

•

मैं यही सब सोचता जा रहा था कि वे फिर मिल गये। बड़े प्रसन्न। बोले कि आज तो साहब, 'देश की माटी का कर्ज चुकाना है' वाला टोटका ऐसा चला कि खूब तालियाँ पिटीं और पब्लिक जय-जयकार पर उतारू हो उठी। वे आगे बोले कि यार, यही चक्कर वोट के टाइम तक चलता रहे, तो अपुन को स्साला इस देश की माटी से और क्या चाहिए?

मैंने कहा, "आपने बोला क्या?"

वे बोले, "हमने यही कहा कि आप-हम सभी पर इस देश की माटी का कर्ज है और अब समय आ गया है कि हमें इसे चुकाना है।"

मैंने कहा, "फिर?"

वे बोले, "फिर क्या! कौन-सा हम बैंक के कर्जे की बात कर रहे थे कि आदमी पलट जाए। सभी ने कहा कि हाँ भैया, चुकाना ही है। वे स्साले भी जानते हैं कि छब्बीस जनवरी के दिन ऐसे कर्जे की बात सालों से उठ रही है और हर सत्ताईस जनवरी को यह भुला दी जाती है।...सभी तालियाँ मारने लगे।"

मैंने कहा, "मान लो कि कोई कभी आपके पास आ ही जाए कि हाँ जनाब, हम चुकाना चाहते हैं। बताइए कि कहाँ तथा कैसे चुकाएँ? तब?.."

वे बोले, "यार हमें क्या पता? तुम बेकार के प्रश्न उठाकर परेशान करने की कोशिश करते रहते हो। देखो मित्र, देश के नागरिक के पास ऐसे फालतू प्रश्न पूछने का टाइम नहीं है। न ही वह चाहता है कि हम भी रोज-रोज ये बेवकूफी की बातें

करें। सो वे तालियाँ मार देते हैं कि ठीक है यार, खत्म करो। वे जानते हैं कि छब्बीस जनवरी है और हम यों ही कह रहे हैं। सुन लेता है देश का नागरिक, यही क्या कम है? सही में कर्ज चुकाने की बात आएगी, तो पहले तो वह कोर्ट के पेपर माँगेगा या कहेगा कि हम वकील से बात करेंगे। इस देश में कर्जा वसूलना क्या ऐसा सरल काम माने हो? पहले तो नागरिक यही कहेगा कि यार, दिया क्यों था? क्या हम गये थे माटी के पास कि कर्जा दो? दिखाओ हमारी अप्लीकेशन? फिर इस देश की माटी की यही बात तो हमें भी ठीक नहीं लगती कि कर्जा देती जाती है और हिसाब धरती नहीं—बाद में रोती है कि लोग माटी का कर्जा नहीं चुकाते।..''

मैंने कहा, ''माँ कभी ऐसे हिसाब नहीं रखती है जनाब... पर यह बात आप नहीं समझेंगे।''

वे बोले, ''क्यों नहीं समझेंगे?''

मैं उनको क्या कहूँ? इस देश में परम्परा रही है देश की माटी का कर्जा मानने की और जान न्यौछावर करके उसे चुकाने की। परन्तु बैंकों से झूठे कर्ज ले-लेकर उन्हें दबा जाने की ऐसी आदत इधर के वर्षों में देश में पनपी है कि यदि कोई वास्तव में माटी का कर्ज चुकाने की बात चलाए, तो अब ये बुरा मान जाते हैं। कहते हैं कि हमने तो हमेशा ही चुकाया है। बाप के ज़माने से चुकाते चले आ रहे हैं। बल्कि ग्राण्डफादर के टाइम से । वे अंग्रेजों के ज़माने में दो दिन को जेल गये थे। पिताजी ने रक्षाकोष में पचास रुपये दिये थे, जिसकी रसीद अभी भी कहीं पड़ी होगी। और क्या कर्जा चुकाएँ यार? दस-पचास और बनते हों, तो बताइए—हम दे देंगे—पर यह न कहिए कि मिट्टी का कर्ज अदा नहीं किया। किया और हमने तो कर्ज अदायगी का बाक़ायदा रिकार्ड भी धरा है। यह देखिए ताम्रपत्र। यह स्वतन्त्रता-संग्राम सेनानी होने का सरकारी सर्टिफिकेट। यह लायंस-क्लब के जरिये दो विधवाओं को सिलाई-मशीन देने की रसीद। काले धन से निकालकर मन्दिर के भण्डारे के लिए जो रुपया दिया, यह उसकी पक्की रसीद। यह विधवा आश्रम को सौ रुपये के चन्दे की पावती। और यह तब की फोटू कि जब हमने अनाथाश्रम के बच्चों को दलिया बँटवाया था। यह जो एक दुबले-अनाथ बच्चे को ठेलते हुए गोलगोल आदमी खादी का कुर्ता पहिने आगे को आने की कोशिश कर रहा है, वह हम ही तो हैं। हाँ भई, हमीं हैं—हमने तब से मूँछें रख ली हैं और सफारी पहनने लगे हैं, सो भ्रम हो रहा है आपको। मूँछों से रुआब बनता है साहब। देश सेवा में भी रुआब चाहिए, नहीं तो ये विरोधी स्साले आपको उसी मिट्टी में मिला देंगे जिसके कर्जे का रोना आप तब से रो रहे हैं..। देखिए भाईसाहब, माटी का कर्ज तो 'इंटरेस्ट-फ्री लोन' टाइप मामला है—ब्याज देना नहीं है और मूल दबा जाना है। एकदम 'स्माल-स्केल इण्डस्ट्री' को मिले लोन वाली स्थिति।—यार, माटी का कर्ज तो ऐसा लोन है जिसे

डूबना ही डूबना है। इसे तो देश को 'वेवऑफ' करना हीं होगा, या फिर रोता रहे देश जीवन भर। हमने तो थोड़ा-बहुत चुकाया भी। आप उस स्साले वर्मा से क्यों नहीं पूछते? उसी ने तो नहीं भेजा है आपको? माटी के कर्जे को लेकर कोई समझदार आदमी अन्यथा ऐसा सीरियस तो होता नहीं, जैसे कि आप हो रहे हैं।...

मैं चुप रह गया।

वे बोले, 'क्या सोचने लगे यार?'

मैंने कहा, 'यह बताएँ सरकार कि यदि आप जैसे देशभक्त इस छब्बीस जनवरी से देश की मिट्टी खोदना शुरू करें, तो कितने समय में यहाँ की सारी माटी खोद डालेंगे? और यह भी बताएँ कि यदि देश की माटी ही नहीं रही, तो इसे पहिचानेंगे कैसे? और यह भी बताएँ कि इस ज़मीन पर फिर विदेशी माटी और आयातित फूल वाली जो बगिया बनाने की आप सोच रहे हैं तो उसे भारत कहेंगे, कि इण्डिया, या कि कोई नया नाम देंगे?'

वे बोले, "...भैय्या, गणित हमें आता नहीं। नकल करके आठवीं में पास हुए थे। पर तुम्हारे सवाल का जवाब यही है कि यार मिट्टी तो हम कब की खोद चुके। अब उस माटी को रोने से कोई फायदा नहीं। इन पचपन वर्षों में अब जो देश की माटी बची तथा बनी है, यह ज़मीन ही दूसरी है। तुम जैसे भोले वोटर सलामत रहे तो हम इस देश की माटी को ऐसा कर देंगे कि कोई स्साला बता न सकेगा कि अमेरिका में खड़ा है, कि तुम्हारे भारत में..."

वे बोले जा रहे हैं।

मैं चुपचाप खड़ा हूँ। इतनी मिट्टी भी तो नहीं बची है कि मैं शर्म से गड़ जाऊँ उसमें। और उनमें तो खैर न शर्म बची है, न मिट्टी।

जेब में वारण्ट और सलाम में उठे हाथ

आपको पता ही है कि कानून के हाथ लम्बे होते हैं। पाँव अलबत्ता कमजोर होते हैं। वह कानून तोड़ने वालों को न तो लात मार पाता, न ही उनके पीछे ज़ा पाता। प्राय: कानून अपनी पुरानी जगह पर खड़े रहकर ही उन्हें पकड़ने की उजबक कोशिशें करता रहता है। लम्बे हाथों को फैलाकर, झुलाकर, फेंककर जब वह ऐसा कर रहा होता है, तब कभी उसे देखिए। मजेदार लगता है। देखने की चीज। डगमगाता, झूलता, आड़ा-तिरछा होता। या तो पकड़ ही नहीं पाता। पकड़ ले, तो चीजें छूट-छूट जाती हैं। टाँगे कमजोर। धीमे-धीमे चलता। रेंगता। तब तक तेज कदमों वाला मुजरिम मीलों दूर। फिर आँखों पर पट्टी, सो चलना और कठिन। दिशाभ्रम। जो जिस दिशा में सबूत की ताली बजा दे, उसी दिशा में मुड़ जाने वाला। आँख वालों के विषय में टटोलकर निर्णय देने वाला। कन्धे नियमों-धाराओं-उपधाराओं के मोटे ग्रन्थों के बोझ से झुके हुए। पंजे कुछ यों मुड़े हुए कि आगे को चलता दिखता है, पर जाता पीछे को है।

सो ऐसा हमारा कानून कि जिसकी हम इज्जत करते हैं। न करें, तो अवमानना। मुझे अपने गाँव के अघोरी बाबा याद आते हैं। उनकी भी हम इज्जत करते थे। उन्हें कभी लगे कि किसी ने उनकी अवमानना की है, तो वे फेंककर डण्डा मारते थे। सो ऐसे अघोरी कानून की बड़ी इज्जत है हमारे देश में। आपने टीवी पर देखा ही है। सभी को कानून पर पूरा विश्वास है। डकैत से लगा कर राजनेता तक, जेल की गाड़ी में बैठते-बैठते यही बयान देते हैं कि हमें न्याय-व्यवस्था पर पूरा भरोसा है और कानून अपना कार्य करेगा। पूरा भरोसा है कानून पर इनको। इतना भरोसा आदमी को अपने बाप पर नहीं है, जितना इनको कानून पर। बाप की ओर से आप ऐसे निश्चिन्त कहाँ रह पाते हैं? वह ठोक सकता है। उसका पुराना रिकार्ड बताता है कि यदि आपने कभी भी कोई गलती की है, तो हमेशा ही उसने आपकी ठुकाई की है। पर कानून की ओर से आप निश्चिन्त रह सकते हैं। कानून अपना काम करेगा और

आप अपना। दोनों टकराते नहीं। न्याय तथा अन्याय के बीच ऐसा बढ़िया सौहार्द कि वाह! कानून गैर-जमानती वारण्ट लिए रिरियाता घूम रहा है। लम्बे हाथों में वारण्ट का अदना-सा कागज। दे नहीं पा रहा उनको। और वे ले भी नहीं रहे। वे मिलते ही नहीं। या सामने से निकल जाते हैं, पर कानून की आँख पर पट्टी होने के कारण दिखाई ही नहीं देते।

सो आज राष्ट्रीय समस्या यह है कि वारण्ट कैसे तामील हो? कौन करे? उनको वारण्ट कौन दे? वे जो आज तक कानून के भरतार रहे, उनके साथ कानून क्या करे? देश की पुलिस वारण्ट लिये घूम रही है। वारण्ट लिए पुलिस उनके बंगले के चक्कर लगा रही है। 'साहब का मूड कैसा है?'—यह पता लगा रही है पुलिस। मूड ठीक-ठाक हो, तो वह वारण्ट देने की हिम्मत जुटाए। पुलिस की जेब में वारण्ट है और मुँह में 'हें हें'। साहब वारण्ट स्वीकार कर लेते, तो हमारी नौकरी बनी रहती। पर मान लो कि साहब नाराज होकर सस्पेण्ड करा दें, तब? कहें कि स्साला, बड़ा 'वारण्ट-वारण्ट' करता घूमता है। बड़ी मुश्किल है। काम कठिन है। वारण्ट लिये पुलिस उनके बँगले के चक्कर लगा रही है। उनकी कृपा हो जाए, तो कानून कृत-कृत्य हो जाए। वारण्ट लिये पुलिस रिरिया रही है। लॉकअप में गरीब चोर की ठुकाई करने में जो लातें थकती नहीं, वे उनके बँगले की सड़क पर ऐसी थकी-थकी उठ रही हैं कि मन करता है कि पीछे से सहारा दे दें। थानेदार घण्टों उस सड़क पर चहलकदमी करने के बाद हिम्मत जुटा पाया है और गेट पर पहुँच ही गया है।

•

सरकारी बंगला। सरकारी अमला। गेट पर सरकारी सन्तरी। कानून जा पहुँचा है भारतीय राजनीति के ऐसे जीव की माँद के मुहाने पर कि जिसके कानूनी-शिकार पर गैरकानूनी-प्रतिबन्ध चला आ रहा है।

थानेदार को साहब के सुरक्षा गार्ड ने गेट पर ही रोक लिया। मामला भाँपते हुए उसने हँसते हुए पूछा—'कहाँ चले जा रहे हैं श्रीमान?'

''साहब के नाम वारण्ट था। तामील करना था...''

''बाद में पधारिए। साहब अभी सो रहे हैं।''

''यार, उठा देते उनको। गिरफ्तार करना था हुजूर को।''

''उठेंगे, तभी बता पाएँगे। अभी कच्ची नींद से जगा दो, तो वह तुम्हें हथकड़ियाँ डलवा देंगे...।''

''कल भी यही कहकर टरका दिया था आपने।''

''आपको टरका दिया था तो क्या समझते हैं कि उसके बाद हमें चैन मिल गया?''

''क्यों? क्या हुआ?''

''अरे, आप इधर सिधारे तो उधर पटना वाले दरोगा जी हाथ जोड़ते आ गये। हमने उन्हें चेताया भी कि यार, अभी-अभी साहब के कर्मठ कार्यकर्ताओं ने दरभंगा वाले इन्स्पेक्टर की वर्दी उतारकर भगाया है, पर वे रोने टाइप लगे कि भैय्या, हम तो एक महीने से रोज ही वारण्ट लिए घूम रहे हैं, कुछ करा दो! बताइए।''

''एक महीने से?''

''भैय्या, यहाँ छह-छह महीने वाले घूम रहे हैं।''

''अरे, फिर?''

''फिर क्या? दरोगाजी माने ही नहीं। सोचे कि यह पटना है। दरवाजे पे खड़े रहे कि आज तो वारण्ट तामीली के बिना जाएँगे ही नहीं। विनाशकाले विपरीत बुद्धि। खड़े थे कि तभी साहब से मिलने खुद होम मनिस्टर आ गये। घबराये दरोगाजी इसी झाड़ी की आड़ में होने की कोशिश कर रहे थे कि न जाने साहब ने कहाँ से देख लिया। भड़क गये। यहीं गेट पर होम मनिस्टर को लगे फटकारने कि इधर आप तो दाँत निपोरते हमारे पास आये हैं कि आपकी सरकार का समर्थन हमारे लोग जारी रखें, उधर आपकी पार्टी की स्टेट के पुलिस वाले वारण्ट लिए इहाँ तक आ गये हैं।''

''तब?''

''यही फटकार लगाते रहे साहब कि क्या हमें गिरफ्तार कराके लॉकअप में उलटा लटकवाकर हमारा सपोर्ट माँगोगे?''

''एकदम सही बोले। फिर?''

''फिर क्या। होम मनिस्टर साहब ने परेड करा दी दरोगाजी की। लतिया दिया कि स्साले, फिर कभी वारण्ट लिए इधर क्या, इस शहर में भी दिखे तो वारण्ट की पुंगी बनाकर...''

''बड़े आदमियों की बातें!''

''अरे भैय्या, होम मनिस्टर के दिल में आ जाए तो खड़े-खड़े पुलिस वाले की खाल खिंचवा दें।''

''सही बात!...फिर दरोगाजी क्या बोले?''

''क्या बोलते। रोने लगे। कहें कि हजूर, हम तो यूँ ही इधर से गुजर रहे थे कि झाड़ी देखकर पेशाब करने रुक गये। साहब बोले कि आगे से इस गेट के सामने से न निकलना। क्योंकि यहाँ की झाड़ी क्या, घास तक देखकर अच्छे-अच्छे पुलिस वालों की पेशाब निकल जाती है।''

''मजाक-मजाक में ऊँची बात कह गये साहब।''

''साहब की बातें ऊँची ही होती हैं। जो उस दिन इंस्पेक्टर साहब भगे तो आज

तक नजर नहीं आए।''

''पर भैय्या, पुलिस भी क्या करे? वारण्ट तामील न हो, तो आफत। आजकल जज ससुरे भरी अदालत में वो फटकार लगाते हैं कि...''

''वैसे आप कौन से केस का वारण्ट लिए भागे पड़े हो?''

''अरे, कौनों विशेष नहीं। दस बरस पहले आपके साहब एक नाबालिग लड़की से थोड़ा-सा बलात्कार कर दिये थे, सो...''

''बस्स?...यही कहाता है, बात का बतंगड़ बनाना।''

''और क्या!''

''नाबालिग की क्या तो समझ! न जाने किस चीज को बलात्कार समझी होगी।''

''नाबालिग ही ठहरी।''

''सही बात। फिर अपने हजूर भी तो तब नाबालिग ही रहे होंगे।''

''साहब की संगत में खूब मजाक सीख लिए हैं आप भी।''

दोनों हँसने लगे। अपनापन पनप आया। तंबाकू का दौर हुआ। कौन जात के हैं तथा गोत्र कौन-सा है—इन महत्त्वपूर्ण जानकारियों का आदान-प्रदान हुआ। अपनापन पल्लवित हो उठा। एक जात। गप्पें चल निकलीं। बताया गया कि पिछले दंगे में तो हमने दूसरी जातिवालों की हड्डियाँ चटखा दीं। धर्म तथा जातिरक्षा पर साधुवाद चला। अपनापन लहलहा उठा। साहब से मिलने को आतुर एक सज्जन को लाठी कोंची गयी तथा दूसरे को आगे बढ़कर नमस्ते की गयी। एक गरीब को यूँ ही मजे के लिए ठोकर तथा एक टोपी-बण्डी वाले को जोरदार सलाम ठोका गया।

समय थोड़ा कटा। धूप पुलिस की टोपी से उतरकर जेब तक आ गयी! बातें चलती रहीं...

''कहते हैं कि साहब खुद मनिस्टर बनवे वाले हैं?''

''सरकार चलानी है, तो बनाना ही पड़ेगा दादा। चार-चार एमपी धरे हैं जेब में।''

''उनमें से तीन के खिलाफ वारण्ट लिए तो हमीं घूम रहे हैं।''

''...और चौथे पहले से जेल में बैठे हैं।''

''अब इन्हें न बनाएँगे, तो किधर जाएँगे?''

''...अरे अभी एक दिन मौज में आके यहीं लॉन में सबके बीच बताते रहे साहब कि हमने तो सीधे अध्यक्षजी की कमर के नीचे तमंचा भिड़ा दिया कि देश सेवा का शौक स्साला हमें भी है।...बस तभी से अध्यक्षजी यहाँ-वहाँ बयान देते फिर रहे हैं कि मन्त्रिमण्डल का विस्तार तुरतै किया जाएगा।''

''पर जो इत्ते लोग कह रहे हैं कि दागी लोगन को मन्त्री न बनने दिया जाएगा,

सो उनका क्या होगा?''

''कौन सुन रहा है उनकी?...फिर कौन माई के लाल की हिम्मत है कि साहब को दागी भी सिद्ध कर सके?''

''अब वारण्ट तो खैर हम ही लिये हैं इनके खिलाफ—तो दागी तो कहलाए ही।''

''वारण्ट से कोई दागी हो गया क्या? आज तक कौनों वारण्ट तामील भी कर पाये कोई?''

''नहीं तो...''

''तो फिर... ? और मान लो कि आप तामील कर ही दिये तो क्या अदालत में कुछ सिद्ध कर सकोगे क्या?''

''ऐसी औकात भारतीय पुलिस की कहाँ।''

''फिर?...और हो सकता है कि कल को साहब तुम्हारे ही मन्त्री बन जाएँ। वे ऐलानिया कह चुके हैं कि बनेंगे, तो होम-मनिस्टर ही।''

''बन जाएँ भैय्या, तो हम गरीबन का ख्याल रखियो।''

बातें हो रही थीं कि अचानक ही साहब बंगले से निकलकर गेट की तरफ आए। साथ में जयकारा लगाती कार्यकर्ताओं की भीड़।

सुरक्षा गार्ड ने जोरदार सलाम मारा।

थानेदार भी समझदार निकला। बिना हिचकिचाये उसने भी जोरदार सलूट मारा। उसे पता है कि दाग तो चाँद में भी होता है और अमावस के काले चाँद में अन्ततः पूर्णिमा का गोरा चाँद बनने की सम्भावनाएँ हमेशा ही छुपी रहती हैं। कार में बैठत साहब को आदर से देखते हुए उसने जेब में हाथ डाला और फड़फड़ाते वारण्ट को मुट्ठी में भींचकर मसल दिया।

डूबने के लिए बसते हैं हरसूद

पुराना हरसूद डूब गया। नया बस भी गया।

विरोधी दलों का आपको ज्ञात ही है। फालतू का हल्ला मचाते हैं कि नये हरसूद में ठीक से पुनर्वास नहीं हुआ। झूठ बोलते हैं। बढ़िया हुआ है। हमने खुद जाकर देखा है। नया हरसूद एकदम पुराने हरसूद जैसा ही तो है।

नये हरसूद में बढ़िया थाना बन गया है। बिल्डिंग नयी है, पर डण्डे पुराने हैं। डण्डे डूब में नहीं आते। कानून पानी पर तिर आता है। नया थाना है, पर मुंशी पुराने हैं। थानेदार नया है, पर रिश्वत के रेट ऊँचे हैं—थानेदार की नजर मुआवजे की रकम पर है। ठुकाई की उत्तम व्यवस्था पुराने हरसूद के थाने जैसी ही है। नये हरसूद के थाने में घुसने में भी आदमी की उतनी ही घिग्घी बँधती है, जितनी पुराने में बँधती थी। थानेदार के पेशाब से पुराने हरसूद के चिराग भी जलते थे और नये के भी जलते हैं। बल्कि नये चिरागों में रोशनी ज्यादा ही है।

पुराना हरसूद डूब गया। कचहरी डूब गयी, परन्तु फाइलें बचा ली गयीं। आदमी बेदखल हो गया, परन्तु कागज-पत्तर, अपनी अलमारियों समेत सुरक्षित रहे। आदमी गुम गया, पर उसका रिकार्ड बचा लिया गया। तहसील डूब गयी, पर तहसीलदार और उनका अमला नहीं डूबा। तहसीलदार अमर हैं, जैसे कि नायब-तहसीलदार, पटवारी, सिपाही तथा कचहरी भी अमर हैं। नश्वर आदमी भटक रहा है अमर लोगों के बीच। कचहरी डूबती नहीं। कचहरी तथा सरकारी दफ्तरों की ऊँचाई हमेशा ही बाँध की ऊँचाई से ज्यादा होती है। पानी उसे डुबो नहीं सकता। अजर अमर आत्मा से, सरकारी दफ्तर। वे नये हरसूद में भी ठीक वैसे, कि जैसे थे पुराने हरसूद में। जहाँ तक आदमी का प्रश्न है, तो वह प्रशासन के सामने पुराने हरसूद में भी बौना था और वैसा ही रहनेवाला है वह नये हरसूद में भी। लालबत्तीवाली गाड़ियाँ, जो कभी गुजर जाती थीं पुराने हरसूद की सड़क पर तो सड़क की गिट्टी-गिट्टी काँप जाती थी; नये हरसूद की सड़कों को भी ऐसी गाड़ियों की पहिचान है।

स्कूल डूब गये पुराने हरसूद के। वैसे भी सरकारी स्कूल की बिल्डिंग गिरने ही वाली थी। फटी टाट-पट्टी नये हरसूद में आ गयी। लाने, ले जाने में और फट गयी टाटपट्टी। कुछ बीच में गायब हो गयी। बह गयी, बताते हैं। क्या करें! आदमी तो नये हरसूद में भी बेईमान है। बेईमानी भी डूब में नहीं आ सकी। अमर ठहरी। ऊँघते, उदास, चिड़चिड़े मास्टर, पुरानी छड़ियाँ उठाकर आ गये हैं नये हरसूद में। बच्चे पुराने हरसूद में ठुकते थे और नये में भी ठुक रहे हैं। बल्कि ज्यादा ठुक रहे हैं क्योंकि मास्टर साहब गुस्सा हैं कि डूब का मुआवजा ठीकठाक नहीं बनवा सके। सरकार की जगह बच्चों की खाल उधेड़ रहे हैं वे। नकल पर भरोसा यहाँ भी उतना ही और ट्यूशन पर जोर भी। ये भी डूब में नहीं आये। शिक्षाधिकारी की नजरें भेनजी पर उतनी ही तिरछीं। बल्कि डूब के बहाने वे भेनजी के इतने करीब आ गये कि नया हरसूद उन्हें पुराने से सुहाना प्रतीत हो रहा है।

हरसूदों का यही तो रोना है इस देश में कि हरसूद डूबकर भी नहीं डूबते। हरसूद डूबते नहीं। बस, डूब में आ जाते हैं। हरसूद वहीं रहे आते हैं और मकान डूब जाते हैं। जिन्हें डूबना चाहिए, वे तिर जाते हैं। नये बसने पर भी हरसूद बदलते नहीं। हरसूद वही रहते हैं। हरसूद को हरसूद ही बनाये रखने को कटिबद्ध सिस्टम किसी भी डूब में नहीं आता। ये लोग ही हरसूद बसाते हैं, उसे खराब करते हैं, भ्रष्ट बनाते हैं और फिर एक बड़े भ्रष्टाचार के लिए वे उसे किसी डूब में डूब मरने के लिए तजकर अलग वहाँ खड़े हो जाते हैं कि जहाँ नया हरसूद बना सकें। नये हरसूद के पुनर्वास में बड़े भ्रष्टाचार की बड़ी गुंजाइशें। सिस्टम लगातार बड़े भ्रष्टाचार की सम्भावनाएँ तलाश रहा है। बड़े बाँधों में बड़ी सम्भावनाएँ। हरसूदों को डूबने दो। इस कारण बड़े बाँध या बड़े भ्रष्टाचार तो रोके नहीं जा सकते न! हरसूद अन्ततः डूबने के लिए ही बनाये जाते हैं।

नया हरसूद भी कभी डूबेगा।

पुराना हरसूद जब बाँध की तलहटी में धीरे-धीरे घुल रहा होगा, तब नया हरसूद ठीक पुराने जैसा बन रहा होगा। नये हरसूद की किस्मत की रेखाएँ बनानेवाले हाथ भी वही हैं, जो हरसूदों को डूब में लाया करते हैं। नया हरसूद पुराने जैसा ही बन गया है। जो कहते हैं कि नया हरसूद पुराने जैसा नहीं, वे शायद इन हाथों को नहीं जानते, या फिर, शायद ये हाथ इन्हीं में से किसी के हैं।

गद्‌गद होने की ट्रेनिंग

पता नहीं कि आपने नोट किया कि नहीं। हमने तो किया है कि लोगों ने आजकल गद्‌गद होना कम कर दिया है। उम्दा चीजें होती रहती हैं, पर लोग वैसा गद्‌गद नहीं होते, जैसाकि पहले हुआ करते थे। तब लोग जरा-सी बात पर बड़ी देर तक गद्‌गद रहा करते थे। लोग गद्‌गदा नहीं रहे इन दिनों। होते ही नहीं गद्‌गद। बहुत हुआ, तो तनिक-सा हो लिये। कहिये कि 'गद्‌गद' की जगह 'गद्' होकर रह जाते हैं। किंचित-सा 'गद्' हो गये—तिरछी मुस्कान दे दी, एकाध ताली मार दी या 'अच्छा' है कहकर रह गये। यह तो गद्‌गद होना न कहाया। गद्‌गद होने के लिए आपको डटकर और लम्बा गद्‌गद होना पड़ता है। गद्‌गद एक लम्बी क्रिया है। इसे थोड़ा-सा दो मिनट के गद्‌गद में नहीं निबटाया जा सकता। देर तक होते रहना होता है, तब कहीं जाकर ठीकठाक गद्‌गद होना कहाता है भैय्या।

गद्‌गद होने में प्रवीण व्यक्ति को कभी गद्‌गद होते देखेंगे, तभी हमारी बात समझ पाएँगे आप। वे होते हैं, तो होते ही चले जाते हैं। एक चेन-रिएक्शन-सा घटता है। वे गद् के तुरन्त बाद और गद् होते हैं, और फिर लदपद से गद् पर गद् होते चले जाते हैं। आसान नहीं। कभी करिए। दो चार गद्-गदा-गद् के बाद थक जाएँगे या शरमा जाएँगे। पर होनेवाले खूब होते हैं। उनके निकट यह एक कला-सी है। वे होते रहते हैं। कारण हो तो अच्छा, न हो तब भी हो लेते हैं। वे गद्‌गद होने को उतारू बैठे रहते हैं। मानो मौके की तलाश में। आपने कुछ भी कहा, वे हो जाते हैं। आपने कुछ भी किया, वे हो लेते हैं। सिद्धहस्त गद्‌गदानेवाले आपको देखते ही गद्‌गद् हो जाते हैं, फिर भले ही आप उनसे अपना उधार वसूलने ही क्यों न पहुँचे हों। देखते ही कहेंगे कि 'वॉह, वॉह, वॉह, वॉह', क्या ब्बात है ज्ञानजी, क्या कहने ज्ञान भाई, मजा आ गया देखकर..." और साथ में गद्‌गद हो रहे हैं। रुक नहीं रहे। जानते हैं कि रुकेंगे तो आप उधार की बात छेड़ने की कोशिश कर सकते हैं। आप निरर्थक प्रतीक्षा करते रह जाते हैं कि वे

गद्गद होना बन्द करें, तो आप मुद्दे की बात करें। वे बन्द नहीं करते। हो रहे हैं गद्गद। वाह, वाह, हें, हें। अब कठिनाई यह कि ऐसे गद्गद व्यक्ति से आप अपना पैसा वापस कैसे माँगें जबकि उसके गद्गद होने के मूल में आप ही हैं? आजकल कौन होता है यार आपको देखकर गद्गद? हमें देखकर कोई इस कदर विकट गद्गद हो रहा है, हम तो यही देखकर अन्ततः ऐसे गद्गद हो जाते हैं कि या तो बिना पैसे की चर्चा किये वापस चले आ जाते हैं, या फिर अपने ही दिये पैसे को ऐसे घिघियाते-शरमाते और संकोच के साथ उनसे माँगते हैं कि मानो उनसे उधार माँग रहे हों। बल्कि कई बार तो उनकी गद् की चपेट में आकर कुछ और उधार दे बैठते हैं। सो गद्गद होने को ठीक से प्रयोग किया जाए, तो यह बड़ा मारक अस्त्र है।

यह सब होते हुए भी आजकल लोग गद्गद नहीं हो रहे। होते भी हैं, तो उनकी गद्गद में वो बात नहीं आती, जो एक ठीकठाक-सी गद्गद में होनी चाहिए। मैंने अपने एक मित्र से इसकी चिन्ता जाहिर की, तो उनका आकलन था कि यार टाइम ही किसके पास है। जब तक यहाँ आदमी गद्गद होता खड़ा रहेगा, तब तक तो सात नम्बरवाली बस निकल जाएगी। फिर अगली बस चालीस मिनट बाद है। गद्गद के चक्कर में मरवा दिया न? सो आदमी या तो गद्गद ही नहीं होता, या फिर एक आँख बस की दिशा में और एक अपने झोले की तरफ रखकर जितना हुआ जा सकता है, हो लेता है। मित्र का तर्क अपनी जगह वजनदार है, परन्तु हमारा कहना यह है कि आदमी इस तरह भी थोड़ा-थोड़ा रोज होता रहे, तो कुल जमा काफी मिकदार में गद्गद हुआ जा सकता है। जैसे कि हमारे पिताजी बचत का महत्त्व समझाते हुए हमें कहा करते थे कि रोज चवन्नी-चवन्नी करके भी गुल्लक में डालोगे, तो पाँच सालों में, जानते हो कि कितनी चवन्नियाँ हो जाएँगी? हम बता नहीं पाते थे क्योंकि गणित हमें चवन्नी बराबर भी नहीं आता था और पिताजी ने कभी हमें चवन्नी भी नहीं दी थी कि आदमी को थोड़ा-बहुत अन्दाज भी हो। फिर भी हम आज कह सकते हैं कि थोड़ा-थोड़ा गद्गद होते रहें, तो भी काफी हो जाता है।

डर लग रहा है कि कहीं लोग गद्गद होना ऐसा न भूल जाएँ कि किसी को गद्गद होता देखें तो उसे लेकर अस्पताल चल दें। अतः यह अनिवार्य-सा लग रहा है कि रिकार्ड हेतु यह स्पष्ट दर्ज कर दिया जाए कि गद्गद होने के लिए करना क्या पड़ता है। हम बताते हैं। निश्छल मन से होठों को इतनी दूर तक फैलायें कि कान आड़े आ जाएँ। आँखें मिचमिची कर लें, या मींच ही लें। गाल हिलायें। पूरी बॉडी ही धीरे धीरे हिलाना शुरू करें और यह हिलना मिनट-दर-मिनट वैसे बढ़ाते जाएँ, जैसे कि मिक्सी या वॉशिंग मशीन की स्पीड बढ़ती

जाती है। 'वॉह-वॉह' करें, साथ ही अजीब ध्वनि के साथ हँसते जाएँ, जो विलम्बित ताल-सी खिंचती जाए (बशर्ते कि ऐसी कोई ताल होती हो क्योंकि हमें शास्त्रीय संगीत का ज्ञान कभी नहीं रहा, गोकि हम उसे सुनकर सदैव ही गद्‌गद हुए है) इतना करेंगे, तब जाकर एक औसत किस्म का गद्‌गद होना पैदा होगा।...अब यार, ठीकठाक गद्‌गद होना हो, तो इतनी मेहनत तो लगेगी, चाहे आप खटिया पर पड़े-पड़े गद्‌गद हो रहे हों। हिलना तो पड़ेगा।

मैं यही सब बता रहा था, तो पास खड़े एक सज्जन गद्‌गद होकर बोले कि साहब, आपको तो खूब आता है; आप गद्‌गद होने की ट्रेनिंग देना क्यों नहीं शुरू करते? क्या पता कि 'योगा' की भाँति इसका खेल भी चल पड़े। सोचो, तो ख्याल बुरा नहीं। 'सोचकर ही दिल गद्‌गद हो रहा है'—मैंने कहा। 'दिल कैसे गद्‌गद होता है अंकल?'—पास खड़े एक छोटे लड़के ने पूछा। 'वो एक अलग किस्म की ट्रेनिंग माँगता है बेटा। तुम अभी कुछ साल बाद समझोगे'—मैंने पास से गुजर रही एक सुन्दरी को घूरते हुए गद्‌गद होते हुए कहा।

प्यार में डमा

यदि आप किसी के प्यार में मुब्तिला हों, या होनेवाले हों, या कि जब तब होते ही रहते हैं, या कि आपको तो भ्रम है कि आप हो चुके हैं परन्तु दूसरी पार्टी द्वारा स्थिति स्पष्ट न करने के कारण अभी कुछ भी कह पाने की स्थिति में नहीं हैं—तात्पर्य हमारा यह कि आपकी तासीर कुछ ऐसी है कि मोहब्बत कब आपको ज़ुखाम की भाँति पकड़ ले, यह आप स्वयं नहीं जानते, तो हम आपको आगाह करना चाहेंगे कि डमा के लिए हमेशा तत्पर रहें। प्यार में आपको कब डमा मिल जाए, यह कहा नहीं जा सकता।

प्यार में 'डमा' आखिर है क्या?

प्रश्न उचित है। उत्तर के लिए एक उदाहरण लें। अभी परसों हमारे मित्र लखनलाल मिल गये। बात चली, तो बताने लगे कि यार, कमला ने डमा दे दिया। इतना प्यार किया दारी से और फिर भी डमा दे गयी। इससे पहले उन्हें विमला, राखी, कम्मो तथा बबली भी समय-समय पर डमा दे चुकी हैं। इतिहास अपने को ऐसा दोहरा रहा है कि उनके प्यार के केस में पेपर आउट-सा है। वे मानो डमा खाने के लिए ही बने हैं।...अब समझे न आप? ठीक समझे। उर्दू के शायर सदियों से डमा के खिलाफ प्रेमियों को आगाह करते रहे हैं। मोहब्बत के किस्से में दूसरी पार्टी बेवफाई कर सकती है। इसी को हमारी तरफ डमा देना कहते हैं। डमा देना बेवफाई से किंचित आगे की चीज इस मायने में है कि यह माना जाता है कि डमा देनेवाले ने मजा लेने के लिए डमा दिया, जबकि बेवफाई के पीछे वो मजबूरियाँ भी हो सकती हैं, जिनसे प्रेम-कथाएँ पढ़नेवाले खूब वाकिफ़ हैं। सो डमा आपको नयी चीज लग सकती है। वैसे है पुरानी। हमारी चेतावनी कुल यह है कि आज जो जीवनपर्यन्त साथ रहने की कसम खा रही है, यदि कालान्तर में वही आपको ठोक दे अथवा भैया, पिताजी या अपने नये प्रेमी से ठुकवा दे तो, न तो आश्चर्य कीजिएगा और न ही रोइए-कलपिएगा। जानिएगा कि यही प्यार में डमा देना है।

एक प्रश्न यह भी उठता है कि प्यार में डमा क्योंकर?

कवि पूछ रहा है कि बेवफ़ा, तू औरों की क्यों हो गयी? प्रश्न एकदम जायज है और उत्तर माँगता है। कवि के अलावा आपका भी तो यही पूछना है कि जब तू हमारी थी, जान से प्यारी वगैरह थी, तो फिर यह डमा क्यूँकर? फिल्मी-काव्य की प्राकृतिक खाद पर पनपे आपके प्यार के पौधे को घर की पाली हुई बकरी खा गयी, सो आपका दु:ख हम समझ सकते हैं। वैसे आपके प्रश्न के कई उत्तर हो सकते हैं। एक तो यही कि जिसे आप प्यार समझ बैठे थे, वास्तव में वह शुरू से ही डमा था। आपको डमा हुआ था। आपकी पर्सनाल्टी ही डमा वाली है। यार, उसने एक-दो बार हँसकर बात क्या कर ली कि आप इसे ही प्यार मान बैठे। ऐसा हँसकर तो वह कॉलेज के उस चपरासी से भी बातें कर लेती है, जो घण्टा बजाता है। हँसकर बोलने की आदत है उसकी। बस।...तो फिर उसने हमसे गिफ्ट क्यों ले ली? हमारी दिलाई आइसक्रीम क्यों खायी उसने? यार, तू डमा देने लायक ही है। तू मुझे गिफ्ट देगा तो क्या मैं मना कर दूँगा? तेरी खिलाई आइसक्रीम के कारण मुझे तेरे प्यार में पड़ना पड़ेगा, क्या यह कहीं ताजेराते-हिन्द में लिखा है? दरअस्ल तूने बहुत छोटी-छोटी नीचाइयों को ही प्यार की ऊँचाइयाँ समझ रखा है। किसी लड़की के पीछे-पीछे जाना और इस पर भी उस लड़की द्वारा न झिड़के जाने की शराफत को तू प्यार मान लेता है। पीछे तो कुत्ते भी चलते रहते हैं। प्रियवर, सच यही है कि आज तक आप खुद को डमा देते रहे। आप डमा को प्यार समझते रहे और अब डमा को डमा के असली रूप में देखकर स्वयं तथा दुनिया को यह कहकर फिर डमा दे रहे हैं कि तूने डमा क्यों कर दिया? अबे, डमा कहीं के! तुझे न तो प्यार की समझ है, न ही डमा की। तू डमा लायक ही है। बल्कि 'डमडमा' लायक है, अगर यह शब्द दोगुने डमा के लिए बनाया जा सके, तो।

और यह प्रश्न भी कि अब डमा के बाद क्या?

इसके कई उत्तर तथा आयाम हैं। प्यार में तो होता ही है, पर डमा में भी हर जिज्ञासा के सौ उत्तर होते हैं। जैसे कि यही कि डमा के बाद आपके साथ कई फजीहतें होंगी। होती ही हैं। जिनकी डमा दे गयी हो, जमाना उनकी चिकन करने का कोई मौका नहीं छोड़ता। दोस्त हँसेंगे आप पर। दुश्मन डमे के डीटेल्स जानने की कोशिश करेंगे। कैसे? कहाँ? अरे! वही तो! लगती कैसी सती-सावित्री थी। बताइए।...मोहल्लेवाले दया से देखते हैं और आण्टियाँ मुस्काती हैं।...परन्तु मित्र, डमा को डमा की भावना से लेना सीखना पड़ेगा, अन्यथा आप स्वयं को डमा दे रहे होंगे। डमा देनेवाली तो डमा देकर चली गयी। अब डमा या डमेवाली को लेकर कब तक रोएँगे आप? यार, जीवन का अन्त तो नहीं आ गया। अभी

हजारों विकल्प तथा करोड़ों गलियाँ हैं। विमला नहीं, तो प्रमिला। लग लीजिए। अभी तो आपके न जाने कितने प्यार और कितने डमे होने शेष हैं। जीवन पड़ा है। अभी तो न जाने कितनी नावों में कितनी बार! वैसे भी यही करते ही रहे हैं आप। हमने तो जब देखा, नयी नाव में चढ़ने की कोशिश करते पाया आपको, या रोते हुए कि नाव से उतार दिया जालिम ने। आपकी दुर्भाग्य कथा यही कि जिस नाव में भी आप चढ़े, वही किसी और दिशा में चल दी। पता नहीं कि आपका चप्पू खराब है, या कि आप 'हैया-हैया' तो जोर-जोर से बोलते हैं, पर चप्पू चलाते ही नहीं, या कि नाव में फटा हुआ पाल बाँध देते हैं, या कि कदाचित् जिस चीज पर नाव समझकर बैठ जाते हैं, वह तालाब में तैर रही लकड़ी का कोई ठूँठ होता है। कहना कठिन है। इतने डमे एक ही आदमी को मिलना अन्यथा आसान बात नहीं।

पर निराश न हों। न दुखी हों।

जब प्यार को प्यार की भावना से लिया था, तो अब डमे को डमे की तरह ही लें। हद से हद यह कर सकते हैं कि आप एक तगड़ा-सा पत्र बेवफा के नाम ठोक दें। डमे के बाद ऐसे पत्र का रिवाज है। लिखकर दें और खत्म करें। आपसे न बनता हो, तो हमसे लिखवा लें। पर बात आगे न खींचें। होना क्या है? डमे का आप क्या कर लेंगे? थाने में रपट लिखा नहीं सकते। हरजाने का दावा भी शायद अदालतें नहीं मानें। मानतीं भी तो मामला अदालत में चलते-चलते वो बूढ़ी हो जाएगी और बाद के नये जज साहब यह मानने को राजी ही नहीं होंगे कि इन खूसट मुहतरमा से कभी किसी ने प्यार किया होगा। हमारा कहना है कि छोड़िए न। डमा ही तो दिया है, कोई मर्डर तो नहीं किया न? फिर प्यार में डमा नहीं देंगे, तो क्या भजन-कीर्तन में जाकर डमा देंगे कि जहाँ पहले ही पब्लिक को डमा दिया जा रहा है। फिर, जब देश में हर तरफ डमा चल रहा है, तब प्यार का क्षेत्र डमे से कैसे अछूता रह जाता यार?

•

प्यार और डमा एक ही सिक्के के दो पहलू हैं मित्र। वफा की गुल्लक में जो सिक्के अभी खनकते हुए कानों को भा रहे हैं, वे नकली भी हो सकते हैं। इस डमे के लिए कृपया गुल्लक को दोष न दें। टकसालें खोटे सिक्के भी ढालती हैं। बस, खोटे सिक्के को छाती से लगाकर न रोते रहें, यही हमारा निवेदन है। खुद को इतना भी डमा न दें।

तिकड़म के चप्पू और छेदवाली नाव

मैं वर्षों इस गलतफहमी में जीता रहा कि जीवन बिना तिकड़म साधे भी जिया जा सकता है। वर्षों मैं जीता रहा, या कि शायद इस भ्रम में रहा कि जी रहा हूँ। फिर धीरे-धीरे जीवन अपने असली रूप में मेरे सामने आ गया। तब मैंने जाना कि तिकड़म वाला जीवन कैसे जिया जाता है, यह न सीखकर मैंने क्या गलती की थी। आप पूछेंगे कि तब मैंने सीखा ही क्या था जीवन से? सीखा तो था। बचपन से मैं अच्छी-अच्छी किताबें पढ़ता आया। फिर पिताजी सिखाते रहे कि सदा सत्य बोलो। माँ समझाती थी कि यदि अच्छा करोगे, तो तुम्हारे साथ भी अच्छा ही होगा। मैं इन सबके सिखाए पाठों के सम्मिलित झाँसे में आ गया। और मैंने अपनी जीवन-नैया बिना तिकड़म की पतवार का इन्तजाम किये ही भवसागर में उतार दी। चारों तरफ तिकड़मों के चप्पू चलाते लोग और उनके बीच अपनी यह नाव। बेचप्पू। सो, जैसा कि ऐसी नावों का होता है, वही हुआ। नाव डगमगाती हुई बहने लगी। हिचकोले लेती, अटकती, ऊँची-नीची होती, कभी धीमी, तो कभी तेज। और मेरी बेवकूफी देखें कि मैं यह समझता रहा कि यही जीवनयात्रा है। परन्तु जब काफी वर्षों तक नौका कहीं पहुँचती दिखाई न दी और तिकड़मी चप्पुओं की मदद से अपनी नौका चलानेवाले मित्र मेरे से मीलों आगे चले गये, तब कहीं जाकर मैं चेता।

अब जाकर मुझे लगा कि मुझे भी तिकड़में आनी चाहिए थीं।

वैसे, सीखने की उम्र निकल गयी थी। परन्तु किसी ने बताया कि तिकड़म के मामले में यही बात सबसे बढ़िया होती है कि इसे किसी भी उम्र में सीखना शुरू कर सकते हैं। इस मामले में एक सतत प्रौढ़-शिक्षा कार्यक्रम-सा चलता रहता है जीवनभर। बस, सीखने की तमन्ना भर रखिए। मैंने तय किया कि अपने उस परम तिकड़मी मित्र से मार्गदर्शन लूँगा, जो जीवनभर अपने पाँवों पर चला ही नहीं—तिकड़मों पर चलकर ही न जाने वह कहाँ से कहाँ पहुँच गया था। पैदाइशी तिकड़मी समझिए। वह मानता तथा जानता था कि मानव जीवन हजारों

तिकड़मों की एक शृंखला मात्र है।... तथा इसे यदि धार्मिक या आध्यात्मिक कोण से भी देखें तो जीवन का सारा खेल ही यह है कि किसी भी भाँति आदमी अपनी आत्मा को परमात्मा से मिलाने की तिकड़म फिट कर ले। मैं अपने इस मित्र से मिला। उसमें आत्मविश्वास छलछला रहा था। उसका दावा था कि दुनिया में कोई भी कार्य असम्भव नहीं, बशर्ते कि आप सही गोटियाँ फिट कर सकें और उसके लिए सही तिकड़म की तिकड़म बैठा लें। मामला कुछ-कुछ होम्योपैथी जैसा मान लें, जहाँ कहा जाता है कि इसमें हर बीमारी का इलाज है, बशर्ते सही दवाई, सही डोज में देनेवाला आदमी मिल जाए।

मित्र ने तिकड़म के विषय में प्राथमिक ज्ञान देते हुए मुझे बताया कि होम्योपैथी की ही भाँति यहाँ भी पहले समस्या को समझना होता है, और तदनुसार उचित तिकड़म की समुचित डोज देनी होती है। कैसे तय करें यह बात? मित्र ने बताया कि यह चीज कुछ तो आपके अन्दर पैदाइशी होती है, जैसा कि आपके साहित्यवाले भी कहा करते हैं कि आदमी पैदाइशी ही कवि हुआ करता है—पर कुछ इस प्रतिभा को तराशना भी पड़ता है। आप छोटी तिकड़मों से बड़ी तिकड़मों की ओर चलते हैं। तिकड़म एक सतत अभ्यास है। योगाभ्यास-सा। आज आप साँस रोककर एक टाँग टेढ़ी करके दूसरी पर धरना सीखते हैं, तो धीरे-धीरे आप टाँग, हाथ, गर्दन आदि को असम्भव कोणों पर मोड़कर उन्हें आपस में उलझाने, और फिर दो मिनट में ही सुलझाकर एकदम सीधा हो जाने में निष्णात हो जाते हैं।

मित्र, तिकड़म के विषय में इतने आदरपूर्वक बातें कर रहा था कि मुझे बुरी तरह यह लगने लग गया कि मैंने आजतक का अपना जीवन निरर्थक ही गँवा दिया। जब मैं तिकड़में सीख सकता था, तब मैंने उम्र के वे महत्त्वपूर्ण वर्ष परिश्रम, ईमानदारी, कर्तव्यपालन तथा नियमानुसार चलने जैसी मूर्खताएँ करने में व्यर्थ कर दिए थे। मेरे समानान्तर बड़ा रंगीन संसार था, और इससे बेखबर मैं अपने उस संसार में रह रहा था, जो कि वास्तव में कहीं था ही नहीं। आदर्शों, नियमों, ईमानदारी आदि का एक काल्पनिक संसार, एक 'वर्चुअल दुनिया', जो कि लगती थी कि है, पर थी नहीं। मुझे लगा कि अब भी थोड़ी-बहुत सीख सकूँ तो देर न कहाएगी।

मैंने मित्र का हाथ पकड़कर कहा, "अब मैं कहाँ से तिकड़म सीखूँ? इस विद्या की कोई किताब आती हो तो बता दो, मैं खरीदकर पढ़ डालूँगा।..."

मित्र हँसने लगा। बोला, "किताबें पढ़-पढ़कर ही तो आदमी गड़बड़ा जाता है। किताबें आपको भटका देती हैं। विशेष तौर पर फालतू की किताबें।...आपने गाँधीजी की आत्मकथा तो अवश्य ही पढ़ी होगी?"

"दो बार पढ़ी है।"

"तभी!"

"तभी मतलब?"

"मतलब यह प्यारे कि अलबत्ता तो आज की दुनिया ऐसी कमीनी हो चुकी है कि उसमें ऐसी किताबें बच्चों से छुपाकर रखी जानी चाहिए। हम तो कहते हैं कि सरकार को ऐसी खतरनाक किताबें जब्त कर लेनी चाहिए। देखो यार, हर आदमी तो महात्मा गाँधी बन नहीं सकता। सम्भव ही नहीं है। अन्यथा इतनी सदियों में बस एक ही गाँधी पैदा होता क्या? ऐसी किताबें पढ़कर दस और गाँधी पैदा हो गये होते और डण्डा-झोली उठाये डांडी-यात्रा करते दिखाई देते। तो वे तो हुए नहीं। बल्कि मामला स्साला उल्टा ही हो गया। वे न तो गाँधी बन पाये और न ही ठीक-ठाक तिकड़मी। आपके जैसा मामला। भुरभुरे से कच्चे गाँधी बनकर रह गये।"

"फिर?" मैं और क्या पूछता?

"फिर क्या—फिर यह भैय्या कि जीवन से सीखो। जैसा यार तुम्हारे साहित्य-फाहित्य में कहा करते हैं न कि जीवन को देखो और फिर लिखो। ठीक वही। किताबें पढ़कर जीवन को सीखने की कोशिश करोगे तो तितली की तरह किताब के पन्नों के बीच दबकर मर जाओगे।"

"नहीं, हम तो सोच रहे थे तिकड़म की कोई टेक्स्ट-बुक टाइप कोई किताब होती तो पढ़ लेते..."

"यार, कोई किताब नहीं होती तिकड़में सीखने की। जैसे चलना सीखने की कोई किताब होती है क्या? यह तो आप अपने आप सीख गये थे न? बच्चा कैसे सीखता है चलना? वह आँखें खुली रखता है। वह लगातार अपने आसपास चलते-दौड़ते लोगों पर निगाह रखता है। सीखता जाता है और एक दिन चल पड़ता है। ऐसे ही तिकड़म का है। बस, निगाह रखो। तिकड़मियों पर ध्यान रखो। सीख जाओगे।"

मैंने कहा कि यार, पहले ही बड़ा समय नष्ट कर चुका हूँ, तुम किसी तिकड़मी को कह देते, तो मैं उसके साथ रहकर सीख लेता?

मित्र हँसने लगा। बोला, "कोई भी तिकड़मी इतना सटक बेवकूफ नहीं होता कि वह आपको या किसी को भी अपनी तिकड़में सिखाए। वह क्योंकर अपने प्रतिद्वन्द्वी तैयार करेगो? आप उसी से तिकड़में सीखकर, उन्हीं तिकड़मों से उसी को पटक सकते हैं। यह ऐसा क्षेत्र है कि जहाँ हर गुरू की त्रासदी ही यह रही है कि वह अन्ततः अपने ही चेलों की तिकड़म का शिकार हुआ...।"

"फिर क्या किया जाए? कैसे सीखें?"

"हमने बताया न कि खुद करके देखो और सीखते जाओ। तुम चहुँओर तिकड़म करते लोगों को खोज सकते हो। लोग तुम्हारे विरुद्ध ही तिकड़म कर

रहे हैं। लोग एक तिकड़म की काट के लिए दूसरी तिकड़म साध रहे हैं। शैतानों की अपनी तिकड़में, तो साधुओं की अपनी। जिन्हें आप बड़ा आदर्शवादी मानते हैं, या जिनकी आदर्शवादी बातें सुन-सुनकर आपका कलेजा मुँह को आता है, उनपर भी महीन नजर रखोगे तो पाओगे कि वे बड़ी बुद्धिमानीपूर्वक तिकड़मों में मुब्तिला हैं।''

मैं उनकी बातें सुनकर घबरा-सा गया।

मैंने कहा, ''यार, आप तो मुझे जीवन की हर अच्छाई पर अविश्वास करने को कह रहे हैं और हर आदर्श से निराश करना चाहते हैं...।''

''मित्र,मैंने ऐसा कब कहा? मैंने तो आपको यह कहा कि अच्छाई और आदर्श की बातों को भी सचेत होकर सुनो। भावनाओं में बहकर यह मत भूल जाओ कि प्रायः इस तरह की बातें भी एक वृहद तिकड़म का हिस्सा हो सकती हैं।''

''पर आपका कहना तो यही हुआ न कि आदर्श, ईमानदारी आदि का कोई मूल्य ही नहीं?'' मैं अब उनकी बातों पर अविश्वास करने लगा था।

''है क्यों नहीं? है। बिल्कुल है। कौन मना करता है? यार, कुछ न कुछ मूल्य तो हर चीज का होता है। साइकिल का भी मूल्य होता है और बड़ी कार का भी। परन्तु फिर साइकिल पर बैठकर हमसे यह मत पूछो कि इसमें कार वाला मजा कब आएगा? वह कभी न आएगा। सो ईमानदारी का मजा साइकिल वाला है। उसमें कार वाला मजा तलाशने की कोशिश मत करो।''

मैं फिर असमंजस में पड़ गया।

''समझ नहीं पा रहा कि करूँ क्या? तिकड़म सीखूँ, कि न सीखूँ?'' मैंने कहा। मित्र बोला, ''यह आपकी गलती नहीं है। बचपन से ही आदमी को गलत बातें सिखाई जाएँ, तो बाद में उसकी यही हालत होती है। मुझे पक्का विश्वास है कि आपके पिताजी ने आपसे हमेशा कहा होगा कि सदा सच बोला करो, ईमानदार रहो...क्यों? सच कह रहा हूँ न?''

''ठीक कह रहे हो? पर आपको कैसे पता?''

''क्योंकि सभी के बाप स्साले यही सिखाते हैं। हमारे बाप भी यही कहा करते थे। सबके बाप कहते हैं कि ईमानदारी से बढ़कर कोई और पॉलिसी नहीं और अन्त में सत्य की ही जीत होती है। होती होगी। बल्कि होती ही है। पर अन्त का मतलब? मतलब यह कि जब आप सत्तर साल के हो जाओगे, तो अन्त में सत्य की विजय हो जाएगी—रामनाम सत्य हो जाएगा। इसी सत्य की बात करते हैं बाप लोग...''

''नहीं-नहीं...,'' मैंने उसे रोकने की कोशिश की।

''काहे की नहीं-नहीं यार....। अब आप अपने बाप का ही उदाहरण लो।

आप अपने बाप की बातों के फेर में इतने दिन रहे कि नहीं? दरअसल हम अपने बच्चों को यह असली बात बताते ही नहीं हैं कि इस दुनिया में तिकड़म का कितना महत्त्वपूर्ण स्थान है और अपने विरुद्ध की जा रही तिकड़म को वह आगे चलकर कितनी कमीनी तिकड़म से कैसे काट सकता है? वह सही बातें सीखकर गलत दुनिया में उतरता है और जूते खाता है।...''

वे बोलते जा रहे हैं।

वे बोलते गये।

वे जितना बोलते गये, मेरा मन उतना ही साफ होता गया। मैं जान गया था कि मैं जैसा था, वैसा ही ठीक हूँ। सभी लोग तिकड़म करेंगे, तो दुनिया का क्या होगा?

वे बोले जा रहे थे। वे बता रहे थे कि मैं सत्य और ईमानदारी के भँवर में कुछ ऐसा फँसा हूँ कि जो भी हाथ बढ़ाकर सहायता करने की कोशिश करेगा साथ में मारा जाएगा। उनकी बातें सुनकर मुझे ऐसा लग रहा है कि मानो मैंने अपनी नैया में सत्य और ईमान के बड़े छेद करके इसे जीवन-सागर में उतारा है और बदमाशियों तथा बेईमानियों की खतरनाक लहरों से घबराकर अब मैं अचानक ही तिकड़म के चप्पू तलाश करने निकला हूँ। अपनी नाव में पहले तो ये चप्पू आपने धरे नहीं और बीच मँझधार में दूसरे से माँग रहे हैं। और जो मान लो कि उसने अपने पास पड़े एक्स्ट्रा चप्पू आपको दे भी दिये, तो क्या आपकी नाव चलेगी? नाव में आपने जो छेद कर छोड़े हैं, उनका क्या?

फिर मैं सोचता हूँ कि इन छेदों के साथ भी नाव को पार उतार ले जाने की जिद का भी तो अपना आनन्द है।

वे अभी भी बोल रहे हैं।

पर अब मैं उन्हें नहीं सुन रहा।

इस्तीफा न देने के सौ कारण...

यदि आप मन्त्री हैं, या मन्त्रीपद झटकने की जुगाड़ में हैं, तो यह लेख आपके लिए है।

मन्त्री बन जाने के बाद, कई बार आपसे इस्तीफा माँगा जा सकता है। किसी जूने-पुराने घपले में नाम आ गया, किन्हीं दस्तावेजों में दर्ज निकल आया कि आपने कब, किससे, कितने नोट बनाये थे, या कि किसी ऐसे पुराने मर्डर केस को दुश्मनों ने उखड़वाकर आपके नाम वॉरण्ट जारी करा दिया कि जिसे करके आप भूल भी चुके थे क्योंकि आदमी कितने तो मर्डर याद रख सकता है, या कि देश की अन्धी न्यायव्यवस्था ने मात्र इस कारण हल्ला मचाकर आपको बुलवा भेजा कि आपने किसी पुलिसथाने में घुसकर कानून की जबरिया मदद और इज्जत करने की कोशिश करी—मतलब ये ही सब रुटीन की दैनंदिन की बातें—इनके चलते लोग आपसे कभी भी इस्तीफे की नादान माँग कर सकते हैं। आप देंगे तो ख़ैर नहीं ही, यह तो पक्का है। बचपन में, चोरी के कंचों को भी आप ऐसे ही कसकर मुट्ठी में भींचकर जब दबा लेते थे, तब दस बच्चे मिलकर भी कंचेवाली मुट्ठी नहीं खुलवा पाते थे। अंटा तब भी आपके बाप का ही कहाता था। सो आपसे कोई आज भी न ले पाएगा। वैसे, भारतीय राजनीति में कभी ऐसे बेवकूफी भरे अजीब दिन भी थे कि जब भोले लोग जेब में इस्तीफा लेकर चलते थे और बिना किसी के माँगे भी दे दिया करते थे; कहते थे कि यह नैतिकता का तकाज़ा है। आपको तकाज़े का अर्थ तो पता है, पर नैतिकता के मायने क्या होते हैं, यह पता नहीं। आप देनेवाले नहीं। माँगनेवाले माँगते रहते हैं। कुत्ते भौंकते रहते हैं। आप भारतीय राजनीति के मदमस्त हाथी हैं। परवाह नहीं करते। पर इतनी परेशानी अवश्य है कि हाथी की भाँति चुपचाप नहीं निकल सकते आप। बयान देकर बताना पड़ता है कि क्यों इस्तीफा नहीं दे रहे आप? अखबार, टीवी वालों को बताना पड़ता है। कारण बताने होते हैं। तर्क देने पड़ते हैं। इस लेख के जरिये हम आपको उन कारणों पर चर्चा करेंगे कि जो आप गाहे-बगाहे इस्तेमाल कर सकते हैं।

कुछ कारण तो अब बच्चे तक जानते हैं। एक तो यही कि हमारा इस्तीफा देना देशहित में उचित नहीं होगा। इस्तीफा दिया तो देश का नुकसान हो सकता है। कैसे? वो मत पूछो। देखिए, अभी कमीशन का पैसा विदेशों से आना है। वे स्साले, सारा पैसा दबाकर बैठ जाएँगे कि अब तो ये मन्त्री रहे नहीं। नुकसान देश का क्योंकि पैसा आता तो देश में ही। हमारी जेब भी अन्ततः इसी देश में है। एक कारण यह भी दे सकते हैं कि सबकुछ एक सुनियोजित साजिश है, घिनौना षड्यन्त्र है कि जिसमें आप फँसनेवाले नहीं। किसकी साजिश है? कौन कर रहा है? फिर जो पैसे सीधे आपके घर से बरामद हुए, या जिस फोटू में आप बलात्कार करते दीख रहे हैं, या कि सुपारी लेनेवाले हत्यारों ने आपका जो नाम लिया, वो?...वो क्या। हम आपका नाम ले दें, तो क्या आप इस्तीफा दे दोगे? सबूत तो लाओ यार। तब सोचेंगे। ये दस्तावेज नकली है, ये सीडी बनाई गयी है—और असली भी हों, तो षड्यन्त्रपूर्वक तैयार किये गये हैं। आप षड्यन्त्र के आगे झुकनेवाले नहीं। आप सारे मामले में गाँधीजी, नेहरूजी, गोखले आदि को भी घसीट सकते हैं। आप पटेल, शास्त्रीजी वगैरह को भी ले ही आएँ। सबको ले आएँ क्योंकि आपका केस इतना गड़बड़ है कि दस-बारह महापुरुष मिलकर बचायें, तब शायद कुछ बात बने। अकेले गाँधीजी के बस की बात नहीं। आप कहें कि इतने महापुरुषों की उज्ज्वल परम्परावाली पार्टी के नेता से इस्तीफा माँगने में सबको शर्म आनी चाहिए। ऐसी उज्ज्वल परम्परा तथा ऐसे बड़े नेताओंवाली पार्टी के आप। बड़े बाप के बेटे। नामी दादाजी के पोते। विश्वविख्यात परदादा के पड़पोते। आपके बाप-दादों का ऐसा नाम कि कोई हिम्मत कैसे कर रहा है इस्तीफा माँगने की? हमारे गाँव में बड़े आदमी के बच्चे चोरी-चकारी या लड़की बाजी में फँसने पर इसी बिना पर पिटने से बच जाते थे कि यार छोड़ो, ये तो फलाने खानदान से हैं। तो आप तो गाँधीजी की पार्टी के। क्यों दें इस्तीफा? हिम्मत ही कैसे की किसी ने, माँगने की? गाँधीजी नेहरूजी का लिहाज नहीं आपको? बताइए।...सो आप तो बाप-दादा की दुहाई दीजिए।...या सबसे बड़ा तर्क तो आप यह दे सकते हैं कि उनसे तो तब किसी ने माँगा नहीं था कि जब वे साफ-साफ चार्जशीटेड हो गये थे और हमसे माँगते हो? यही इन्सानियत है आपकी?...यह भी कह सकते हैं कि अभी हमने अदालत का फैसला पूरा पढ़ा नहीं है, अभी दस्तावेज देखे नहीं हैं, अभी पूरी चीजें सामने आई नहीं हैं, सो अभी इस्तीफे की बात करना जल्दबाजी कहाएगी।

या सारी बात को धर्म, परम्परा और मुहूर्त से जोड़ दें। कहें कि हम तो डोल ग्यारस या अक्षयतृतीय को ही देंगे क्योंकि इससे पहले मुहूर्त ही नहीं बनता। कहे दें कि जब नौ मन तेल के इन्तजाम होने पर राधा नाचना शुरू करेगी, तभी

हम इस्तीफा देंगे। कह दें कि जब आम खाने पर पपीते का और हलुआ खाने पर खीर का स्वाद आएगा, जब टेढ़ा आँगन सीधा करवा दिया जाएगा, तब हम सोचेंगे। कह दें कि अभी छब्बीस जनवरी आनेवाली है और ऐसे में इस्तीफा देना शहीदों के खून का अपमान कहाएगा। कह दें कि...मतलब यह कि कुछ भी कह दें। न आपको देना है, न वे आपसे ले पाएँगे। आपको शर्म नहीं, और वे भी नंगे। आज आप नहीं दे रहे, कल वे नहीं देंगे। आपको पता है इस्तीफा माँगनेवालों की औकात। किसी तरह ये दो दिन निकल जाएँ, तब तक तो कुछ न कुछ नया हो ही जाएगा। इस देश में यही तो मज़ा है। नये तमाशे, पुरानों की याद भुला देते हैं। यहाँ हर चीज तमाशा है। इस्तीफा भी। माँगना भी, देना भी, न देना भी।

वह फिर आ गया है

फॉर्म में वापस आ गया है वह।

सारा देश प्रसन्न है और आश्चर्यचकित भी। बीस मैचों में कुल दस रन बनाने के बाद आज उसने अचानक ही सौ रन ठोक दिये हैं। वैसे वह स्वयं भी आश्चर्यचकित है। देश में उत्सव-सा है कि वह फार्म में लौट आया है। अहा, अहा, हम कहते थे न! हम जानते थे कि वह आएगा। वह हमेशा आ जाता है। वह कभी भी आ जाता है। वह फॉर्म से निकल-निकलकर, वापस फॉर्म में आया करता है। भारतीय क्रिकेट का बेताल है वह कि जो लौट-लौटकर लटकता है टीम की डगाल पर। हमेशा की कहानी उसकी। जा-जाकर आने की। लौटता है हर दफा कगार से। लगता था कि इस बार खा ही जाएगा लात कि वह तब तक फिर आ गया फॉर्म में वापस, अचानक। लात हवा में रह गयी। लात उठानेवाला माफी माँगता, खिसियाता, लात खाया सा खड़ा है। और वह? वह फिर से इण्टरव्यू देने लगता है, अण्डरवीयर के विज्ञापन में बल्ला लेकर नंगा खड़े होने का कांट्रेक्ट हथिया लेता है और पुनः एक बड़े ठेंगे की भाँति भारतीय क्रिकेट की पिच पर बेशर्मी से स्थापित हो जाता है।

केवल क्रिकेट के खेल में ही यह निराली सुविधा उपलब्ध है। हॉकी, टेनिस आदि खेल इस मायने में अभी दकियानूसी तथा पिछड़े हैं। इन खेलों में या तो आप अच्छे खिलाड़ी होते हैं, या बुरे। हॉकी के अच्छे खिलाड़ी से हमेशा ही उम्मीद की जाती है कि वह अच्छा खेलेगा। नहीं खेले तो कहा जाता है कि वो आजकल खराब खिलाड़ी हो गया है। निकाल बाहर कर देते हैं। इन खेलों में यह नहीं होता कि आपको खराब खेलनेवाला अच्छा खिलाड़ी माना जा सके। परन्तु क्रिकेट में यह छूट है, जो गाँधी जयन्ती पर खादी भण्डारों में मिलनेवाली छूट से इस मामले में आगे है कि यह सालभर मिलती है। यहाँ यह मानने की छूट है कि खिलाड़ी तो गजब का बढ़िया है, पर अभी अच्छा नहीं खेल रहा। फॉर्म में नहीं है। बॉलर अच्छा है, पर आजकल बॉल फेंकता पूरब

में है, जाती पश्चिम को है। जितने समय में पैड बाँधता है, उससे कम समय में वापस पैवेलियन लौट आता है। बेचारा फॉर्म में नहीं है। फॉर्म खराब चल रही है। बैटिंग अच्छी है, पर फॉर्म खराब है। जैसे किसी-किसी का भाग्य खराब चलता है न? वैसा ही। हमारे एक मित्र थे श्री चिरोंजीलाल, जो हर बार नये-नये विषय में, नये-नये तरीकों से बी.ए. में फेल हो जाते थे। वे मुझसे कहा करते थे कि बॉस, तैयारी तो स्साली जोरदार थी, पर भाग्य ही कुछ खराब चल रहा है कि समाजशास्त्र का पेपर स्साला 'आउट-ऑफ-कोर्स' फँस गया। 'आउट-ऑफ-फार्म' क्रिकेटर को देखकर मुझे मेरे ही 'आउट-ऑफ-कोर्स'वाले वे मित्र याद आते हैं। पर वे कम-से-कम शरमाते तो थे। दुखी भी होते थे। पर ये नहीं होते। 'फॉर्म में ये नहीं हैं'—यह भी मानो हमारी गलती है। अच्छे खिलाड़ी को यूँ अधिकारपूर्वक खराब खेलने की छूट कोई और खेल देता हो, तो बताइएगा।

खेल की छोड़िए। किसी और धन्धे में भी यह छूट नहीं मिलती।

डॉक्टर कभी यह नहीं कह सकता कि आपके मरीज का ऑपरेशन हमने आज गलत कर दिया क्योंकि आजकल हम फॉर्म में नहीं चल रहे। देश को डाक्टर से अपेक्षा है कि वह हमेशा ही अच्छा ऑपरेशन करेगा। क्रिकेट की यह छूट यदि डॉक्टर को मिली हो, तो? कल्पना करें : डॉक्टर ऑपरेशन कर रहा है। साथ में दो-तीन जूनियर डॉक्टर आपरेशन देख रहे हैं। डॉक्टर मशहूर हैं, पर आजकल फॉर्म में नहीं चल रहे हैं। पेट का ऑपरेशन करना है, पर चाकू गले पर घुमा रहे हैं। जूनियर डॉक्टर चकित...

'यार, सर कहाँ चाकू लगा रहे हैं?''

''शऽशऽशऽ धीरे बोल बे। बहुत बड़े सर्जन हैं सर...बस, आजकल 'आउट ऑफ फॉर्म' चल रहे हैं, यही एक चक्कर है।'

''यार, मरीज मर जाएगा, तो?''

''प्यारे, मरीज को इतना तो बरदाश्त करना ही पड़ेगा। 'आउट ऑफ फॉर्म' सर्जन से उसे बहुत उम्मीदें नहीं बाँधनी चाहिए।''

''यार, फॉर्म में नहीं है, तो घर बैठें।''

''धीरे बोल, सुन लिया उसने तो इतना पावरफुल है कि तुझे घर बिठलवा देगा।''

तो ऐसा ही सीन है प्यारे।

वह 'आउट ऑफ फार्म' है परन्तु पॉवरफुल चला आता है। वह बेताल है। वह भारतीय क्रिकेट का बेटमैन है। सिलेक्शन कमेटी उसकी मुट्ठी में है और क्रिकेट कंट्रोल बोर्ड उसके पाँवों तले। वह स्पाइडरमैन-सा मायावी। क्रिकेट न भी खेले, पर जाल मजबूत है उसका। वह मुस्काता है तो लाखों बोतलें बिक

जाती हैं। काहे की बोतलें साहब? उनमें जो भी भर दो, उसी की। वह कॉलम लिखता है, जिनमें उधेड़ता है बखिया उनकी जो खराब खेले। और वह खुद? उसका ज़िक्र न करें क्योंकि 'आउट-ऑफ-फॉर्म' चल रहा था वह तो। वह भारतीय क्रिकेट की गर्दन पर चाकू चलाता है और मरीज कुछ कह नहीं पाता क्योंकि कटी गर्दन केवल हॉरर-फिल्मों में बोलती है।

•

और वैसे भी, अब तो वह फॉर्म में वापस आ गया है।

भारतीय क्रिकेटर नालायक बेटे की तरह बार-बार परीक्षा में बैठ सकता है कि जब तक एकाध बार अँधरसट्टे में फर्स्ट या गुड सेकेण्ड क्लास में पास न हो जाए। और मजे की बात यह कि ऐसे में भी बाप से उम्मीद की जाती है कि वह पास होने की मिठाई बाँटेगा। बाप बाँटते भी हैं। देश में बँटती हैं मिठाइयाँ कि वो फॉर्म में वापस आ गया है। देश खुश है कि पप्पू पास हो गया।

अब उसे देखिए।

अब वह फॉर्म में वापस आ गया है। जब फॉर्म में नहीं था, तब ऐसे जलवे थे; फिर अभी का तो कहना क्या। अब तो थिगली लगाएगा वह आसमान में। मूतेगा आग। ठिकाने लगाएगा उनको जो सही बातें कहा करते थे।

''फॉर्म में आये हैं, तो थोड़ी देर तो रहेंगे न?'' मैंने डरते-डरते पूछा है।

''कह नहीं सकता। टाइम नहीं है हमारे पास। फॉर्म में बने रहो तो बड़ा टाइम खोटी होता है। एक सेंचुरी मारने में पूरा दिन खराब हो जाता है, मैन।...'' वह बता रहा है अपनी मजबूरियाँ।...''आदमी के पास जितना टाइम निकलेगा, वह उतना ही तो दे सकेगा न?...ठीक कहा न हमने? कोशिश तो हम करते हैं, पर...'यू नो...' हो नहीं पाता।'

''आपको डर या शर्म नहीं लगती कि लोग क्या कहेंगे?'' मैंने वह प्रश्न पूछ ही लिया, जो सारे देश के मन में आता है, पर लोग लिहाज करके पूछते नहीं।

वो बोला..., ''पुराने आँकड़ों की आड़ है हमारे पास। फिर शर्म काहे की? आड़ का फायदा ही तब है, जब आप उसके पीछे नंगे हो सको।...याद करो। आठ साल पहले हमने लगातार कितने शतक ठोक दिये थे? वर्ल्ड रिकार्ड है हमारा। कितने आँकड़े। कितनी आड़ें।...फिर काहे की शर्म? शर्म आपको आनी चाहिए। डरें आप। भगवान से प्रार्थना करें आप कि हम आउट न हों क्योंकि हम आउट हुए, तो आपकी टीम हार जाती है। सब स्साले आउट ऑफ फार्म चलते हैं।''

"क्या वह टीम आपकी नहीं?" मैंने आश्चर्य से पूछा।

वह मुझे दया की दृष्टि से देख रहा है। उसे आश्चर्य हो रहा है कि मैं भी कैसा भोला हूँ। टीम को यदि कोई अपनी मानता, तो यूँ कभी 'आउट ऑफ फॉर्म' होता क्या? और होता तो खुद ही मना कर देता कि यार, तुम लोग खेलो, हमसे बन नहीं रहा।

पर वक्त इन फालतू बातों का नहीं। फिलहाल वो फॉर्म में है। जल्दी-जल्दी कुछ नये आँकड़े नोट कर लें। वह कब तक फॉर्म में रहेगा, यह कहा नहीं जा सकता।

क्या भेड़िये बस जंगल में होते हैं?

भेड़िया, मृगछाल बिछाकर, मुँह में घास का तिनका दबाकर, पीपल के नीचे पद्मासन में बैठ गया। चुपचाप। आँखें भींचकर। अब भेड़ निकले, कि खरगोश— भेड़िये को मानो मतलब ही नहीं।

पूरे जंगल में यह खबर जंगल की आग की तरह फैल गयी कि भेड़ियाराज का हृदय परिवर्तन हो गया है।

खबर भेड़ों तक भी पहुँची। उन तक पहुँचाने के लिए ही बनी थी ख़बर, अन्यथा सारे ठनगन का अर्थ ही क्या होता? कहा गया भेड़ों से कि वे अब सुरक्षित महसूस किया करें।

भेड़ों ने मजबूरी प्रकट की कि सदियों से भेड़वाला असुरक्षित जीवन जीते-जीते वस्तुत: वे यह भूल ही चुकी हैं कि सुरक्षित महसूस करने पर लगता कैसा है? भेड़ ने हमेशा ही असुरक्षित जीने को ही जीना जाना है। पैदा होने के बाद से ही हमेशा उसकी माँ और बकरी मौसी ने उसे आगाह किया है कि बहुत लम्बे समय तक ख़ैर नहीं मना सकती हैं भेड़ें और बकरियाँ। भेड़िया हमेशा ही एक डरावनी सम्भावना है। वे कब खा ली जाएँगी, यह इस तथ्य पर निर्भर करेगा कि जब भी भेड़िये का पेट खाली होगा, तब आप उसके कितने आसपास होते हैं। वैसे तो भेड़िया हमेशा ही भूखा या फिर चटोरेपन में, भरे पेट पर भी, एकाध भेड़ तो वह यूँ ही खाने को सदैव तत्पर। कहें, लालायित। तो भेड़ का जीवन क्या, यह तो बस भेड़ जाने, या फिर बकरी। गरीब-गुरबा प्राणी। भेड़ का क्या। घास मिल गयी तो आनन्दित। और आनन्दित हुए तो खुशी में मिमिया लिये। भेड़िये की सुनी, तो भागने लगे। नहीं भी सुनी, तो भी आशंकित हो, घबराकर देखते रहे, यहाँ-वहाँ, चौंक-चौंककर। प्रत्येक आहट पर थरथराये कि कहीं ये वो तो नहीं। डरे-डरे जिये। और अन्तत: एक गुमनाम मौत मरे कि जिस मौत का हिसाब भेड़िये तक ने नहीं रखा।

परन्तु अब कहा जा रहा है कि वो तो सब बीते दिनों की बातें। भूल जाओ

वे भयावह बातें क्योंकि अब भेड़िया बदल गया है।

''क्यों बदल गये हैं भेड़िया सम्राट?'' भेड़ें आश्चर्यचकित हैं, पर आशंकित भी।

सही पूछा आपने। ''एकदम जायज कुश्चन भेड़ बहिनजी का''—कहा भेड़िये के प्रवक्ता ने। सही बात आपकी। भेड़ियाजी ने अचानक ही क्योंकर अपने दाँतों में घास दबा ली है, जबकि उनके दाँत अभी भी उतने ही पैने और उतने ही डरावने। प्रवक्ता पुचकार रहा है भेड़ों को और चुप बैठा भेड़िया मुस्कराये जा रहा है। मुस्कान भी मानो पैने दाँतों के बीच भँभोड़ी-जाती-सी लग रही है। 'भेड़ें आजकल प्रश्न बहुत पूछा करती हैं यार...' भेड़िये ने फुसफुसाकर कहा है प्रवक्ता से। वैसे भेड़िये को बोलना नहीं पड़ता। उनके प्रवक्ता होते हैं। भेड़िये, बस बयान जारी करते हैं। तौलकर कहना पड़ती हैं बातें। भेड़ों को पुटियाना कौन-सा आसान, खासकर तब, जबकि आपके पैने दाँत एकदम सामने हों और पैने पंजे छुपाये न छुपते हों। दाँत में दबे तिनके की आड़ में अपना भेड़ियापन छुपाना कितना कठिन, यह बात आप तब तक नहीं समझ सकते कि जब तक आप स्वयं ही भेड़िया न हों। यदि आप भेड़ हैं, तब आप भेड़िये के दर्द को नहीं समझ सकते। और भेड़ का दर्द? देखिए भेड़ तो पैदा ही दर्द सहने के लिए हुई है। नियति उसकी।

''क्यों बदल गये हैं भेड़ियाधिपति?'' भेड़ें पूछे जा रही हैं।

कुछ तो बताना होगा। क्या बताएँ? कैसे बताएँ कि सच तो यह है कि बुढ़ा गये हैं भेड़ियाराज। कि अब तेज दौड़ने या कूदने में घुटने साथ नहीं देते और हाँफ जाया करता है भेड़िया। दौड़ता है, पर हाथ से निकल जाती हैं भेड़ें। चार का पीछा करो तब कहीं जाकर एक पकड़ में आती है। सच कदाचित यह भी है कि नयी पीढ़ी की भेड़ें आजकल ज्यादा ही चौकन्नी हैं। भागती भी तेज हैं। समझदार हो गयी हैं भेड़ें। मिलजुल रहती हैं और एक-दूजे को सतर्क करती हैं। भेड़-चाल छोड़ रही हैं भेड़ें। और यह सब भेड़िये के लिए ठीक बात नहीं। सो भेड़िया जुगत में है कि भेड़ें खुद आ जाया करें, उसके निकट। तब न झपटने की झंझट, न दौड़ने की आवश्यकता। अब भेड़िया सिखाना चाहता है भेड़ों को एक नयी कर्तव्य-संहिता कि जिसे सीखकर वे भेड़िये के पेट को भरने में ही अपने जीवन की सार्थकता खोजा करें!

''भेड़िया महाराज का हृदय परिवर्तन हो गया है। वे अब घास खाया करेंगे।'' बता रहा है प्रवक्ता।

''क्या वे अब भेड़ों को नहीं खाया करेंगे?'' आश्चर्यचकित हैं भेड़ें। हैरान है बकरियाँ।

खरगोश ने कहा कि इस हरामी का भरोसा न करना—और भाग गया खरगोश।

प्रवक्ता ने कहा कि सफेद झूठ कह रहा है खरगोश। सच कह रहा होता, तो ऐसे भागता नहीं। वैसे, थोड़ी देर भी रुकता, तो बताते हम स्साले को।

"पर हम कैसे भरोसा करें?" भेड़ों का प्रश्न अपनी जगह जायज़।

"भरोसे के सिवाय अन्य कोई चारा भी नहीं। अब समय आ गया है कि भेड़ों और भेड़ियों के बीच की यह खाई पाटी जाए। दूरियां कम हों। भाईचारा बढ़े। समझें वे एक-दूसरे को। भेड़ों को भेड़िये के करीब आना होगा। खुद पास आकर देखना होगा कि कैसे चाव से खाते हैं भेड़ियाराज, हरी घास। भेड़ें चाहे तो फेरकर उँगलियाँ महसूस कर सकती हैं, पैने दाँतों की कोमलता को। वे अपनी कोमल गर्दन भेड़िये के मुँह में रखकर स्वयं परीक्षा कर सकती हैं; वे हैरान हो जाएँगी कि जब भेड़ियाराज प्यार से गर्दन पर जीभ फिराकर छोड़ देंगे।...सभी भेड़ों से निवेदन है कि—कभी भी, अकेले में ऐसा करके देख लें।...करें।...खुद तय करें।..."

प्रवक्ता अपील कर रहे हैं।

भेड़िया प्रतीक्षारत है।

भेड़ें असमंजस में हैं कि क्या करें?

•

उधर जंगल में जब यह भेड़िया-कथा घट रही थी, इधर देश में तभी निम्नलिखित घटनाएँ हुईं :

—राजनीतिज्ञों ने कहा कि बुद्धिजीवियों को राजनीति में आना चाहिए।

—धार्मिक संगठनों के आकाओं ने कहा कि उनका धर्म और उनका सम्प्रदाय, समस्त सम्प्रदायों के सदस्यों को अपना भाई-बहिन मानता है, और उनके रहते हर कोई सुरक्षित महसूस कर सकता है।

—पुलिस ने सद्भावना सप्ताह मनाया।

—अफसरों ने एक सेमीनार में प्रतिज्ञा ली कि वे जनता के प्रति और संवेदनशील बनेंगे।

वैसे, इन घटनाओं का भेड़िये की कहानी से कतई कोई सम्बन्ध नहीं है क्योंकि हम मानते हैं कि भेड़िये बस जंगल में ही होते हैं।

राहत की भँवर

बाढ़ के पानी में डूबते-उतराते आदमी के पास, सरकार अन्ततः पहुँच ही गयी।

सरकार का इरादा मुआवजा बाँटने का।

अफसरों का अमला, क्लर्कों का हुजूम, कलम के चप्पू और फाइलों की नाव। साथ में कुछ सिपाही भी। सरकार हमेशा 'लॉ एण्ड ऑर्डर' का इन्तज़ाम करके चलती है। पानी में डुबकियाँ खाता आम आदमी तक बहुत भरोसे का नहीं।

''कितना नुक्सान हुआ रे तेरा?'' अफसर ने अधनंगे आदमी से पूछा।

''लुट गये सरकार...'' आदमी बिलखने लगा।

''अबे, बोल तो ऐसे रहा है, कि मानो लखपति रहा हो! फटी धोती में क्या तो लुटना और क्या सँवरना।...सही-सही बता हजूर को।'' क्लर्क ने फटकारा।

''बहुत झूठ-झाठ बोला तो कहीं से भी लाठी डालूँ पर निकालूँगा कहाँ से, यह कोई बता न सकेगा'' सिपाही लाठी द्वारा सत्य के प्रयोग करता रहता है।

''झुपड़िया बह गयी अन्नदाता...'' आदमी की आँखों में पानी तैर रहा है, जिसे सरकार ने बाढ़ का पानी माना।

''दो बाँस दिला दो भई इसे...'' अफसर ने कहा।

''...दो बाँसों में क्या बनेगा सरकार?'' रिरियाआ वह।

''अबे, चार बाँस में अरथी बन जाती है, तो दो में तेरी झोंपड़ी नहीं बनेगी क्या?''

''अँगूठा लगा रे कागज पे...''

''क्या दर्ज है कागजन पे मालिक?''

''खुद पढ़ ले...''

''पढ़े-लिखे होते तो...''

''....तो क्या आसमान में झुपड़िया डालते?''

''..........''

''और क्या-क्या गया?''

"दो बकरियाँ बह गयीं हजूर...अलमुनिया के भाँड़े-बर्तन...और कथरी भी..."

"अबे पूरी प्रापर्टी गिनाएगा क्या?...क्यों भई, इसका मुआवजा कैसे बनेगा?' अफसर ने क्लर्क से पूछा है।

"फॉर्म भरवाना पड़ेगा सर...क्योंकि बकरियों का तो ऑडिट केस बन जाएगा, सर...नकद भुगतान का पेपर वर्क बहुत होता है सर...तहसील बुला लें इसे?"

"कैसे आएगा यह?"

"सर, अब ये जैसे भी आए, वो तो ये जाने।...साथ में दो गवाह भी चाहिए।"

"भाई, तुम तैरते हुए तहसील आ जाओ।...और दो ऐसे गवाह पकड़ो, जो तैरना जानते हों।"

"गवाही देने को तो कोई राजी न होगा सरकार...कोरट-कचहरी का मामला।"

"कोर्ट-कचहरी का क्या डर, कौन-सा तुमने कोई खून किया है।" अफसर समझा रहा है। कि सिपाही ने अपनी रुचि की बात सुनकर गीले बेंत को आदमी की गीली पीठ पर कोंचते हुए पूछा—"क्यों रे, ठण्ड से काँप रहा है या कि कहीं एकाध का गला मसक के पानी में तो नहीं बहा दिया? बड़ी लाशें मिली हैं पानी में..."

आदमी वास्तव में काँपने लगा।

"हजूर..." उसने अफसर की आरती उतारी।

"इसकी हेल्प करो भाई..., यहीं कैश नहीं दे सकते क्या?" अफसर ने अर्थपूर्ण ढंग से पूछा है।

"नियम विरुद्ध कहाएगा सर।...पर आप स्पेशल केस कर देंगे, तो दे देते हैं।" क्लर्क ने फाइल से कोरे फार्म निकालकर कुछ लिखना शुरू किया।

"रसीदी टिकिट है तेरे पास?" उसने आदमी से दरयाफ्त किया।

"हमारे पास कौनों टिकिट नहीं सरकार..."

"हमेशा रसीदी टिकिट रखा करो अपने पास। बाढ़, सूखा, भूकम्प, झोंपड़ी में आग—तुम स्साले चाहे जब तो मुआवजे की आस लगाये सरकार के सामने खड़े हो जाते हो।...दो-तीन टिकिट लँगोटी में छुपा के चला करो।..." फॉर्म भरता हुआ क्लर्क उसे समझा रहा है।

आदमी चुप है। आसमान काला है। उजाला है, पर अँधेरा-सा है। चारों तरफ़ पानी। हरहराहट। और बेआवाज़ छटपटाहट। हवा बन्द है। साँस फिलहाल चल रही है।

"यहाँ अँगूठा लगा रे...अबे, ये वाला नहीं, वो वाला...शाबास...ये पकड़ पाँच सौ रुपये।" क्लर्क ने पैसे अफसर को दिये। बादशाह ने रियाया को बक्शीस-सी दी या भीख-सी। जो कह लें! अदा वही थी।

आदमी ने काँपते हाथों से पैसे लिये, और वे ही हाथ प्रणाम की मुद्रा में बने रहे। देर तक।

•

क्लर्क ने रसीदी टिकिट पर अँगूठा लगवाकर फॉर्म को फाइल में धर लिया।

पाँच हजार रुपये की रसीदवाला फॉर्म सँभालकर रखना होगा। आजकल ऑडिटवाले हरामी हो गये हैं और राहत कार्यों में भी फालतू प्रश्न उठाते हैं स्साले!

महानता के क्षेत्र में मेरे प्रयोग

भारत में बड़ी तादाद में महापुरुष हुए हैं। महापुरुषों का एक भभ्भड़-सा मचा हुआ है यहाँ सदियों से। यहाँ की मिट्टी ही कुछ ऐसी है कि महापुरुषों को जड़ पकड़ते देर नहीं लगती। गिनती करो तो आदिकाल से आज तक महापुरुषों का एक विराट जंगल इस भूमि पर उग चुका है। पर इधर तीसेक वर्षों से स्थिति कुछ बिगड़ गयी है। अब वह पहलेवाली बात नहीं रही। एक जमाना था कि पता ही नहीं रहता था और सामनेवाला शख्स महापुरुष में बदल जाता था। लोगों को छायादार वृक्षों के नीचे महापुरुष में तब्दील होते पाया जा सकता था। पर जैसा कि मैंने ऊपर दु:ख प्रकट किया, अब वह बात नहीं रही। तब शायद मैं सातवीं कक्षा का ग्रामीण विद्यार्थी हुआ करता था कि जब मैं इस बात को लेकर पहली बार दुखी हुआ। तभी मैंने यह विचारा तथा पाया कि गाँधीजी तथा नेहरूजी के बाद देश में महापुरुषों की यकायक कमी आ गयी है। भारतीय इतिहास की मण्डी में महापुरुषों की आवक में एकदम गिरावट आ गयी थी, जबकि माँग में उछाल पूर्ववत कायम थी। मैं चिन्तित हुआ। मैंने यह बात चौपड़ खेलते हुए राधागोविन्द को बताई तो वह भी चिंतित हुआ। हम दो चिन्तितों ने तय किया कि हम देश को यूँ मँझधार में नहीं छोड़ेंगे। हमने तय किया कि हम महापुरुष बनेंगे। तय करने भर की देर थी कि हम शुरू हो गये। हमने महान बनने के लिए प्रयोग शुरू कर दिये। राधागोविन्द तो खैर शीघ्र ही ऊब गया क्योंकि महापुरुष बनने की झिकझिक में उसे जुआ खेलने का समय नहीं मिलता था और फिर शनै:-शनै: उस पर यह रहस्य भी खुल गया था कि एक बार महापुरुष बन जाने के बाद वह गाँजा इत्यादि नहीं पी सकेगा। उसे महापुरुषों का यह मजाक पसन्द नहीं आया। भई, महापुरुष बन गये तो क्या जुआ, चोरी-चकारी, गाँजा आदि भी छोड़ दोगे? फिर तो महापुरुष का जीवन रसहीन हो जाएगा, प्यारे! ऐसा सोचकर राधागोविन्द ने महापुरुष बनने का विचार त्याग दिया। मैं अकेला ही महानता के क्षेत्र में प्रयत्न करता रहा।

दरअसल, हम लोगों को महापुरुषाई के लिए उकसाने में हमारे अध्यापक श्री जीवनलालजी साहू का बड़ा हाथ था। बाद के दिनों में तो वे इस प्रश्न को लेकर लात भी चलाने लगे थे। वे दिन-रात इस चिन्ता में दुबले होते जा रहे थे कि हम छात्रों में से ही उनको, गाँधी तथा गौतम तैयार करके देश को देने हैं। शायद हेड मास्साब ने एकाध दिन डपटकर जीवनलालजी को कहा भी था कि इन दिनों आप महापुरुष तैयार करने में कोई रुचि नहीं ले रहे हैं। उन दिनों देश नया-नया स्वतन्त्र हुआ था और प्रत्येक हेडमास्टर दो-तीन प्रतिवर्ष की रेट से महापुरुष तैयार करने के लिए कटिबद्ध था। साहूजी तो स्वयं ही इस विषय में बड़े चिन्तित चल रहे थे, परन्तु हेडमास्टर की फटकार के बाद तो वे एकदम चिन्ता की मूर्ति बने विराजे रहते। दो-चार प्रश्न टंकी तथा नल के कराने के बाद वे अपनी यही चिन्ता कक्षा पर स्पष्ट करते हुए करुणापूर्वक कहते कि तुम लोग क्यों नहीं गौतम और गाँधी बनते? एक दिन तो वे बिफर पड़े कि क्यों नहीं तुम लोग गौतम-गाँधी बनते हो, क्या मेरी नौकरी छुड़वाओगे, कमीनो? उस दिन उन्होंने सामनेवाली पंक्ति के कुछ भावी गौतमों के सिर भी फोड़ दिये थे। अपनी तरफ से वे पूरा प्रयास कर रहे थे, परन्तु हमारी कक्षा में कच्चा माल ही ऐसा भरा हुआ था कि उससे महापुरुष का नकली मॉडल भी तैयार नहीं हो सकता था। जीवनलालजी स्वयं तो खादी पहनते, धूम्रपान के विरुद्ध रहते, एक नन्ही-सी दाढ़ी रखते, टूटी साइकिल पर चलते तथा टायर की चप्पलें पहनते अर्थात् वे हमारे समक्ष सादा जीवन तथा सद्‌गुणों का सम्पूर्ण विज्ञापन कार्यक्रम प्रस्तुत करते, परन्तु हम कृतघ्न ही रुचि न लेते। हमें उनके लिए दुःख भी होता, पर हम मजबूर थे। वे हम लोगों से जब पूरी तरह निराश हो चुके थे, उन्हीं दिनों में मैंने उन पर अपनी यह इच्छा जाहिर की कि मैं महान बनना चाहता हूँ, तो वे विकट प्रसन्न हुए और उन्होंने मुझे अपने घर पर बुलाया। वे रोज मुझे ऊँची-ऊँची बातें समझाते तथा मोटी-मोटी किताबें पढ़ने को देते। धीरे-धीरे हमारे सम्बन्ध अच्छे होते गये। परन्तु एक दिन उन्होंने सम्बन्ध कुछ अधिक ही प्रगाढ़ तथा गहरे बनाने की चेष्टा मेरे साथ की, तो मैं भाग आया। महानता का मेरा प्रथम प्रयोग उनके इस आत्मीय प्रस्ताव के कारण असफल हो गया। जीवनलालजी स्वयं बाद में गाँव की एक लड़की को ले भागे, जिसके कारण महानता का यह अध्याय पूरी तरह वहीं समाप्त हो गया। महानता के कुछ वर्ष जीवनलालजी ने बाद में जिला जेल में दरी बुनते हुए काटे, परन्तु मैं इधर महान बनने के अपने पावन प्रयासों में रत रहा।

एक दिन मैंने पिताजी से बात की।

पिताजी अपनी जवानी के दिनों में गाँधीजी पर एक कविता लिखकर पेटी में छिपा चुके थे, इसीलिए महानता के विषय में आधिकारिक राय देने का हक

रखते थे। मेरी बातें सुनकर वे पहले तो यही बोले कि तुम महान नहीं बन सकते क्योंकि हम नहीं बन पाये। हमारे देश में बाप के सामने बेटा महान बनेगा तो उसके हड्डे तोड़ दिये जाएँगे। परन्तु आगे सान्त्वना देते हुए वे बोले कि खैर, प्रयत्न करने में कोई हरज नहीं है, बशर्ते कि पढ़ाई का नुकसान न हो। उन्होंने महानता का एक टाइम टेबल बनाकर मुझे दिया जिसके अनुसार मैं सुबह दो घण्टे तथा शाम को एक घण्टे महान बनने की चेष्टा करने लगा। इन घण्टों में महापुरुष बनने का उनका फार्मूला आम गैस पेपरों की भाँति सरल था। वे प्राचीन भारतीय संस्कृति के घोर कायल थे। सुबह चार बजे उठना, खाना बिना मिर्ची-मसाले का खाना, आँखें त्रिफला से धोना, गायत्री मन्त्र का जाप करना, कच्चे आँवले चबाना, सुबह-सुबह ठण्डे पानी से नहाना आदि कुछ ऐसी बुनियादी बातें इस फार्मूले में थीं कि जिनसे अगर शुरू हुआ जाए तो कुछ ही वर्षों में आदमी के महापुरुष बन जाने की सम्भावना रहती थी। इसमें एक फायदा लगे हाथों यह भी था कि त्रिफला के कारण नजर तेज तथा पैनी हो जाती थी जो महापुरुष बनने पर काम आती थी। इस नायाब फार्मूले को सफलता की कुँजी बताते हुए पिताजी ने मुझे समझाया कि सात्विक, बेस्वाद भोजन के कारण आदमी का मन सांसारिक बदमाशियों से इतना ऊपर उठ जाता है, जहाँ अच्छे विचार मन में आने, या फिर आत्महत्या के सिवाय कोई और रास्ता आदमी के सामने रह भी नहीं जाता। चूँकि आत्महत्या थोड़ा खतरनाक काम होता है और इसके लिए रेल की पटरी पर लेटना पड़ता है जो कि और भी कठिन कार्य है क्योंकि रेल अपने गाँव में अभी तक पहुँची नहीं है, अतः सिवाय अच्छे, सुन्दर विचार मन में लाने के तुम और कुछ नहीं कर पाओगे। इधर अच्छे विचार मन में आये, उधर आदमी महान हुआ। मैं कायल हो गया इस सरल तरकीब का जिसके जरिये घूरे से सोना बनाया जा सकता था। मैं महान बनने के कार्य में मजदूरों की-सी मेहनत करने लगा। मैं रोज सुबह चार बजे उठ जाता और उम्दा विचारों की प्रतीक्षा में रजाई ओढ़कर पड़ा रहता। परन्तु मात्र दो विचार ही बार-बार मन में आते रहते। एक तो यह कि रजाई ओढ़कर पुनः सो जाऊँ तथा द्वितीय यह कि अगर ठण्डे पानी से इसी तरह नहाते रहना पड़ा तो मैं मर जाऊँगा। मैं नहीं चाहता था कि एक महापुरुष की अकालमृत्यु यूँ बचपन में ठण्डे पानी से हो जाए। मैं नहीं चाहता था कि मेरी जीवनी बाद के वर्षों में स्कूली किताबों में इस तरह लिखी जाए कि वे पैदा हुए और महापुरुष बनने से पूर्व ही ठण्डे पानी से नहाकर बाल्टी के पास मृत पाये गये। मैंने बड़े प्रयत्न किये कि कोई दूसरा विचार भी इस पापी मन में आये, परन्तु मैं सफल नहीं हुआ। रोज सुबह मैं यही दो विचार लिये उठता। इन विचारों के बल पर तो कोई महापुरुष बन नहीं सकता था; मैं भी नहीं बना। मैंने दस-पन्द्रह दिनों

की तपस्या के बाद महानता का यह कण्टकाकीर्ण पथ त्याग दिया और एक अत्यन्त मुफीद तथा सादी विधि पर कार्य करने लगा।

इस विधि द्वारा महान बनने हेतु मात्र कुछ कोरे कागज तथा मोटी निब का एक पेन चाहिए था। दोनों वस्तुएँ मेरे पास थीं। यह विधि मैंने इतिहास के शिक्षक श्री कुंजीलालजी से सीखी थी। कुंजीलालजी ने इतिहास में सैंकड़ों महापुरुषों का जीवन-चरित्र पढ़ा था, परन्तु उनकी यह विधि उस ज्ञान से नितान्त भिन्न तथा 'स्वयं करके देखो' सीरीज के प्रयोगों-सी घरेलू थी। उन्होंने अपने घर में, यहाँ-वहाँ महापुरुषों द्वारा कहे गये आप्तवाक्य लिखकर टाँग रखे थे। उनसे वे प्रेरणा ग्रहण करते रहते थे। मैंने भी सफेद कागज पर, मोटे अक्षरों में कुछ ऐसे वाक्य उतार डाले और घर में समस्त सम्भव स्थानों पर लटका दिये। मैं यहाँ-वहाँ से आता तो इन पर नजर पड़ती और मैं तड़ से प्रेरणा ग्रहण कर डालता। किस्तों में प्रेरणा ग्रहण समारोह चल रहा था। फिर मैंने बचे हुए स्थानों पर महान विभूतियों की तस्वीरें टाँग दीं। अब स्थिति यह हो गयी कि घर में झाड़ू टाँगने के लिए भी जगह नहीं बची। इतना करने के पश्चात मैं महानता की तरफ से पूर्ण निश्चिन्त होकर दोस्तों के साथ खेलने निकल गया। मैं लगा रहा। मैं महानता की प्रतीक्षा करता रहा। मुझे उक्तियाँ रट गयीं, परन्तु कुछ नहीं हुआ। मेरा बाल बाँका भी नहीं हुआ। अलबत्ता, कागज लटके-लटके फट चले तथा तस्वीरें कीलों पर ढीली होती गयीं। फिर एक दिन सुभाषचन्द्र बोस की तस्वीर ढीली होकर पिताजी के सिर पर सुबह चार बजे तब गिर पड़ी जब वे ठण्डे पानी से नहाकर बिना बत्ती जलाये बरामदे से गुजर रहे थे। वे क्रोधित हो गये, जबकि उनके ठीक सिर के ऊपर फटा कागज फड़फड़ाकर चीख रहा था कि क्रोध पाप का मूल है। उन्होंने सारी महान् विभूतियों की माँ-बहन को याद करते हुए नितान्त मौलिक गालियाँ दीं और सुबह पाँच बजे तक महानता की सारी झाँकी घर की दीवारों से उखाड़ डाली। इस तरह पिताजी की अदूरदर्शिता के कारण मैं यहाँ भी महान बनते-बनते चूक गया।

अन्ततः महापुरुष बनने के लिए मैं साहित्य में घुसा।

मैंने साहित्य में महापुरुषों की पूरी रेवड़ पायी। साहित्य में जो जहाँ खड़ा था, महान था। साहित्यकारों के हजारों खेमे थे और हर खेमे को उठाये खम्बे तक महानता ओढ़े खड़े थे। हर शख्स यहाँ महान रचना को जन्म दे रहा था। जच्चा तथा बच्चा दोनों, महान चल रहे थे साहित्य के इस प्रसूतिगृह में। यहाँ कवि, महान तुकों द्वारा महानतम गीतों को प्रसूत कर रहा था। कहानीकार, घटिया आम आदमी पर महान कहानियाँ जन रहे थे। आम आदमी जितना घटिया होता,

उस पर उतनी ही महान रचना खड़ी कर दी जाती। चारों तरफ महानता का अनवरत हास्य नाटक जारी था। हिन्दी साहित्य के चोबदार भी चक्रवर्ती सम्राटों-से घूमते फिर रहे थे। एक चोबदार दूसरे चोबदार के नीचे थीसिस लिखता तथा शेष चार चोबदारों को महान साहित्यकार घोषित कर डालता। शोधकार्य मुण्डन संस्कार-सा हो गया था। साहित्य में महापुरुषों की हूल गदागद चल रही थी।

मैं यहाँ रुक गया।

महापुरुषों से गँधाते हिन्दी साहित्य के इस पेशाबघर की दीवारों पर मुझे चारों तरफ महापुरुषाई भरे आख्यान दीवारों पर नजर आए, जिससे महापुरुषों के विषय में मेरे सारे सपने भंग हो गये। मैंने महान साहित्यकारों की टुच्चई का नंगा रूप यहाँ देखा। मैं साहित्य में रुक अवश्य गया हूँ—क्योंकि सारे देश में, हर क्षेत्र में यही सब चल रहा है। मैं कहीं भी जाता, मेरे सपने यूँ ही लतियाये जाते। महापुरुषों के विषय में मेरे सारे सपने भंग हो चुके थे। मैंने महापुरुष बनने के अपने सारे प्रयोग बन्द कर डाले हैं आजकल। अगर ऐसे-ऐसे लोग महान घोषित हो रहे हैं, तो मैं सड़कछाप क्या बुरा? जब मैं साहित्य रच रहा हूँ, तब मेरे समझदार मित्र लिखना बन्द करके भी महान बने जा रहे हैं। मैं महानता को अब जाकर समझा। ये कब समझेंगे?

मेरे गाँव के प्रेरणास्रोत

जीवन में आगे बढ़ना है, तो मनुष्य को सही समय पर, सही प्रेरणास्रोत मिलने आवश्यक है। हमारा यह सौभाग्य ही रहा कि हमें तो बचपन से ही खूब सारे प्रेरणास्रोत मिले। चारों तरफ मानो झरने फूटे हुए। जैसी प्रेरणा लेनी चाहो, वैसा स्रोत चुन लो। हमारे गाँव में हर तरह की प्रेरणा देनेवाले मौजूद थे। बाहर गाँव जाने की जरूरत नहीं पड़ती थी। बल्कि चुनना पड़ता था। जिससे न लो वही बुरा मान जाता था और ठुकाई भी कर सकता था कि हमें क्या फालतू फण्ड का समझ लिया है कि हम स्साले प्रेरणा देने के लिए घूम रहे हैं और तुम्हें लेने की फुर्सत नहीं! प्रेरणा देनेवाले एक साथ ही इतने सदाशय तथा दृढ़निश्चयी थे कि उन्हें सन्देह भी हो जाए कि आप प्रेरणा लेने की सोच रहे हो, तो वे दरियाफ्त करते सीधे आपके घर ही पहुँच जाते। आवश्यकता पड़े, तो वे जबरन भी देने की कोशिश कर सकते थे। दरअसल, प्रेरणा लेनेवाले कम थे और देनेवाले अधिक। प्रेरणास्रोत, सुबह नींद टूटते ही प्रेरणा देने के लिए बेचैन होकर गाँव की गलियों में मँडराने लगते। गाँव छोटा सा था। और गलियाँ गिनी-चुनी। एक-एक गली में पाँच-पाँच मँडराते। लेनेवाले बचे-बचे फिरते। पर कब तक? वे घर पहुँच जाते। पूछते कि ज्ञानू कहाँ हैं? हम तीन दिनों से घूम रहे हैं कि मिल जाए तो प्रेरणा दें और खत्म करें मामला, पर न जाने कैसा लापरवाह लड़का है! कहकर जाते वे कि लौटे तो ध्यान से बताना कि तेजपाल आये थे और पूछ रहे थे कि सरऊ, कुएँ में जम्प मारना सीखना है कि नहीं?

तेजपाल चच्चा कुएँ में कूदने की प्रेरणा देते थे। वे कहते कि वैसे आदमी चाहे तो तालाब या नदी में भी कूदकर, कूदने का अपना शौक पूरा कर सकता है, पर कुएँ में कूदने की बात ही कुछ और है। नदी और तालाब में तो मेंढक भी तैरते मिल जाते हैं। मैंने कहा कि मेंढक तो कुएँ में भी दिख जाते हैं। वे फटकार लगाकर बोले कि कभी सोचा है कि जम्प मारकर ही तो मेंढक कुएँ

में पहुँचा होगा। फिर? जब वो कुएँ में जम्प मार सकता है, तो तुम क्या मेंढक से भी गये-गुज़रे हो? उनका विश्वास था कि आदमी ढंग से लगा रहे, तो कुएँ में कूदने को एक कैरियर के तौर पर भी विकसित कर सकता है। लोगों के कुएँ में गिर गये बरतन निकालने से लेकर उन्हीं लोगों की लाश निकालने तक आप काम आ सकते हैं। कुएँ में कूदते हुए किस प्रकार सिर को कुएँ की दीवार से बचाना, कूदने पर पानी को नाक तथा मुँह में घुसने से रोकना और बुड़की मारने के बाद कुएँ की दीवार के पत्थरों-गड्ढों पर पाँव धरते हुए, बिना मरे, कैसे वापस ऊपर आ जाना—ये सारी ट्रिक्स सिखाने के लिए वे कुएँ में भटकती आत्मा से बेचैन घूमा करते। वे सिखाते कि कभी भी बिना कुएँ को समझे ही कुएँ में कूदने की नादानी मत कर बैठना, वरना पातालफोड़ कुआँ हुआ तो फिर अगली नादानी के लिए वापस न लौटोगे। वे सिखाते कि आदमी को महीनेभर तक तो कुएँ की जगत पर, अन्दर की ओर टाँगें लटकाये रोज घण्टाभर बैठना चाहिए। इससे भय खत्म होगा। नित्य दो इंच अन्दर को खिसककर बैठो। आखिरी कुछ दिन तो नितम्ब के मात्र दो इंच एरिया को किनारे धर के, शेष हिस्सा लटकाये हुए बैठने की प्रेक्टिस करनी सीखो। फिर एक दिन उस दो इंच का भी मोह त्यागकर, सीधे कुएँ में। वे एहतियातन यह सलाह भी देते कि कूदने से पहले यह भी देख लेना ठीक रहेगा कि कुएँ में पानी भी है अथवा नहीं? वे यह चेतावनी भी देते कि कूदते हुए मुँह बन्द रखना, अन्यथा मुँह में काई या फिर वो मेंढक भी घुस सकता है जो कि आपसे पहले ही कुएँ में जम्प मार चुका है। पानी की सतह के नीचे की कुए की दीवार में बनी सुरंगों में घुसने के खतरे तथा तली में पड़े नुकीले पत्थर से सिर फूटने की सम्भावनाओं पर भी वे चर्चा करते। वास्तव में वे हर बच्चे के लिए प्रेरणास्रोत थे। अलबत्ता यदि कोई सीखने को मना करे तो वे उसे कुएँ में धक्का तक दे सकते थे।

ऐसे ही प्रतिबद्ध किस्म के प्रेरणास्रोत श्री रामबाबूजी थे, जो यदि जेल में न हों, या चोरी के सिलसिले में प्रवास पर न हों, तो चोरी सिखाने के लिए प्रतिबद्ध रहते थे। किसी भी फालतू घूमते आदमी को पकड़कर वे चोरी के फायदे तथा तरीके बताने लगते। वे मुझसे कहा करते कि ज्ञानू, तुम बेकार ही स्कूल में समय नष्ट कर रहे हो। वे मुझे समझाते कि तुम जैसे दुबले तथा मरियल आदमी का जो पतली-सी सेंध से भी अन्दर आ-जा सकता है, उसका भविष्य चोरी में ही है। रामबाबूजी सेंध-विशेषज्ञ थे। वे दीवार को बाहर से ही खटखटाकर बता सकते थे कि मामला सेंध लायक है अथवा नहीं? वे मुझे बताते कि सेंध लगाते हमेशा सिर के साथ एकाध हाथ भी अवश्य अन्दर डालना चाहिए। वे बताते कि

एक बार उन्होंने गलती से केवल सिर भर अन्दर घुसेड़ दिया था, तो हरामी मकान मालिक ने गाल पर जोरदार लप्पड़ मार दिया था, जबकि हाथ अन्दर न होने के कारण वे निहत्थे थे और गाल न बचा पाये थे। वे आज तक उस मकान मालिक को लानतें भेजते हैं कि जो सेंध खोदने की आवाज सुनकर भी, मात्र झापड़ मारने की गलत इच्छा के वशीभूत होकर शान्त बैठा उनके मुँह के अन्दर आने की प्रतीक्षा में बैठा रहा, जबकि एक शरीफ मकान मालिक से आशा की जाती है कि वह ऐसी स्थिति में हल्ला करेगा। सेंध खुदवाकर मेहनत भी फालतू में करा डाली और मार भी रहे हैं—यही इन्सानियत है आपकी? वे समझाते कि यदि दीवार मोटी लगे, तब भी आप सेंध लगाकर ही चोरी करोगे, किसी ने भी ऐसी बाप की कसम आपको नहीं खिलाई है; ऐसे में कमन्द डालना ही बेहतर होगा। वे कमन्द को किस प्रकार छत पर फँसाकर घर में घुसना चाहिए, यह भी बताते। गाँठोंवाली रस्सी के सिरे पर तीन हुकोंवाला एक समुद्री लंगर-सा फिंकवाने की प्रैक्टिस कराया करते, वे। मैंने फेंकी, तो अटकी नहीं, बल्कि लौटकर उनके सिर पर ही गिरते-गिरते बची। उन्होंने फटकारा कि यदि ऐसे ही फेंकना है तो चोरी करते टाइम डिटोल, पट्टी, रुई तथा स्ट्रेचर आदि भी साथ ही ले जाना पड़ेगा। वे यह भी बताते कि सेंध या कमन्द के पूर्व घर का दरवाजा ही धकेलकर देख लेना चाहिए—कई मूर्ख दरवाजा बन्द करना भूल जाते हैं और ऐसे में सेंध लगाना हमारी मूर्खता कहाएगी! बाद के वर्षों में रामबाबूजी प्रेरणा देने को तरस गये क्योंकि गाँव में डकैती का फैशन आ गया था, जहाँ तमंचा अड़ाने के मुकाबले सेंध या कमन्द को दकियानूसी माना जाने लगा था। रामबाबूजी बाद के दिनों में तो ऐसे खिसियाये और शर्मिन्दा आदमी की भाँति घूमा करते मानो जो अपने जमाने की चौड़े पाँयचेवाली पतलून पहिनकर आजकल की बरमुड्डा-पीढ़ी के बीच आ गया हो!

इनके अलावा अन्य विद्याओं के प्रेरणास्रोत भी अनेकानेक थे।

नाटक में औरत का पार्ट सिखाने, वशीकरण-मन्त्र की ट्रेनिंग देने, महुआ बीनकर उसकी शराब खींचने, भूतपिशाचों को बस में करने, मसान जगाने, कुण्डलिनी साधने, मूठ मारने, खजाना खोजने आदि की प्रेरणा देनेवाले भी गाँव में थे। समझ नहीं आता था कि आदमी किस दिशा में जाए? किससे सीखे और किसे नाराज करे? इसी असमंजस में मुझे गाँव छोड़कर अन्ततः डॉक्टर बनना पड़ा। गाँव में रुक गया होता तो मैं न जाने क्या-क्या बन सकता था। बन नहीं पाया। शायद टाइम ही नहीं मिल पाया मुझे, अन्यथा प्रेरणास्रोत तो इतने थे कि क्या कहें!

थोड़ा सेक्यूलर हो लिया जाए!

वे सेक्यूलर हैं। सेक्यूलर होने का मतलब नहीं जानते, पर हैं। उन्हें बस इतना पता है कि यह काम की चीज है। सो हैं। पूछो तो आँख मारकर बताते हैं कि यार, यह जो भी चीज होती हो, पर हम यहीं हैं क्योंकि आजकल यही होने में समझदारी है।

सो वे सेक्यूलर हैं।

वे बेईमान हैं, यह सत्य है। उनका नाम पचासों घोटालों में है, यह भी सर्वविदित है। परन्तु कोई उनका बाल भी टेढ़ा नहीं कर सकता और वे भारतीय राजनीति में आदरणीय स्थान के जबरिया हकदार हैं क्योंकि वे सेक्यूलर भी तो हैं न!

हमारे देश में यह बड़ा कारगर तथा चमत्कारी तमगा है। लगा लो, फिर देखो। मानो किसी चमत्कारी बाबा का मन्त्रबद्ध ताबीज हो। आप एक बार वैसा सेक्यूलर होकर तो देखो, जैसाकि इस देश में हुआ जाता है। फिर बताना। गर्व की एक बेवजह-सी अबूझी और अजीब अनुभूति बनी रहती है दिन-भर। सेक्यूलर हो जाओ तो दिन भर बदन चुनचुन करता रहता है और एक मस्तमौला भाव से भरे रहते हैं आप। 'भाड़ में जाओ' टाइप पर्सनॉल्टी बन जाती है। अब कोई कुछ भी जायज प्रश्न पूछे, आरोप लगाये, बदमाशी करते हुए रंगे हाथों पकड़ ही ले—आपके सेक्यूलर रहते कोई आपका ठेंगा भी नहीं बिगाड़ सकता। आपने कवच धार लिया है। आप सुरक्षित बंकर में बैठ गये हैं। अब आप अमृत की बॉटली लिये हैं। आप सुबह से शाम तक हरामखोरी करें, गुण्डों के साथ घरोबा करें, हिस्ट्रीशीटरों को पालें, माफिया सरगनाओं के साथ गलबहियाँ करें और दिन-रात अनैतिक जोड़तोड़ में मुब्तिला रहें—बस, बीच-बीच में थोड़ा-सा टाइम खुद को सेक्यूलर बताने के लिए निकालते रहें। पन्द्रह-बीस मिनट भी निकाल सकें, तो काफी है। सुबह ग्यारह से सवा ग्यारह कर लें और शाम यही कोई छह बजे के आसपास। इतना पर्याप्त है। आपके धन्धे में वैसे भी धर्म से ज्यादा अहमियत

आदमी की उपयोगिता की है। आपने कभी भी यह प्रश्न नहीं किया कि शराब पहुँचानेवाला किस धर्म का था, या कि रातवाली लड़की की जात क्या थी?

•

वे मिल गये उस दिन।

कहने लगे कि तुम भी हमारी तरह सेक्यूलर क्यों नहीं हो जाते?

मैंने उन्हें बताया कि मैं पहले ही धर्मनिरपेक्ष व्यक्ति हूँ, गोकि आपकी तरह का सेक्यूलर होना आजतक सीख नहीं पाया! पर मैं पहले ही सेक्यूलर हूँ। वे कहने लगे कि थोड़ा-सा और हो लो न! उन्होंने बताया कि एक प्रकार से देखें तो सेक्यूलर होने में यही तो मजा है कि जितना हो सको, उतना कम है। हमेशा गुंजाइश बनी रहती है कि आप औरों से ज्यादा सेक्यूलर बनकर बता सकें। वे बताने लगे कि यार, हम तो हमेशा दूसरों से ज्यादा सेक्यूलर होकर चलते हैं। तू इत्ता तो हम इत्ते। कोई स्साला हमसे ज्यादा होकर बता दे तो हम उसकी माँ के साथ वो करके दिखाएँ कि वो सेक्यूलर होना भूल जाए। इसीलिए हम तो रोज थोड़ा-थोड़ा होते ही रहते हैं—वे बताने लगे। सण्डे से शुरू करते हैं, तो शनीचर तक हुए चले जाते हैं। सण्डे को नहीं होते। यार थक जाते हैं, होते-होते। फिर, सण्डे कौन खराब करे। उनकी बातें सुनकर मैं चकित हो गया। मैंने निवेदन किया कि सा'ब, आदमी एक बार सेक्यूलर है, तो फिर है—यह रोज-रोज सेक्यूलर होना कुछ समझ नहीं आ रहा। वे बोले कि आपको समझ में आएगा भी नहीं क्योंकि हमारी तरह का सेक्यूलर होना बड़ी कठिन विद्या है। राजनीति में आप चौबीसों घण्टे सेक्यूलर होकर नहीं चला करते। दिन भर में दस बार हमें साम्प्रदायिक भी होना होता है और बीस बार सेक्यूलर भी। आसान काम समझे हो क्या? साम्प्रदायिक होते हुए भी सेक्यूलर रहना कोई हँसी-ठट्ठा जाने बैठे हो क्या? "तो आप खुलकर वैसे क्यों नहीं रहते, कि जैसे हो?", मैंने पूछा। "पागल हुए हो क्या? भैय्या, इस देश की राजनीति में रहना है तो सेक्यूलर शब्द को रामपुरी चक्कू की तरह लहराना सीखना ही होगा।" वे बताने लगे कि हम तो सेक्यूलर शब्द को हैंड-ग्रेनेड-सा हाथ में लेकर चलते हैं। मैंने बरजा कि देखिएगा कि जिस तरह से इस ग्रेनेड को आप यहाँ-वहाँ उछालते-लोकते हो, यह कहीं आपके हाथ में ही न फट जाए! वे बोले कि राजनीति में तो अब हर शब्द ऐसा फुस्सा बम हो गया है कि फट भी जाए, तो खास फर्क पड़ता नहीं। अब तो समाजवाद, नैतिकता, धर्मनिरपेक्षता, प्रतिबद्धता, लोकतन्त्र, समानता, स्वतन्त्रता, न्याय और समरसता आदि शब्द लोकतन्त्र के सर्कस के वे लोकप्रिय आयटम हैं कि जिन्हें राजनीति के जोकर देश के मंच पर दिखाते ही रहते हैं। उन्होंने बताया कि यदि जनता इसी में प्रसन्न होती है कि हम सेक्यूलर हों, तो

ऐसा सेक्यूलर होने में हमारे बाप का जाता भी क्या है?

सो वे सेक्यूलर होते रहते हैं।

सेक्यूलर होने, दिखने, बनने के उनके अपने तरीके हैं।

वे मुशायरों की सदारत करते हैं क्योंकि उन्हें अभी तक यह भ्रम रहा आता है कि शायरी बस मुसलमान करते हैं और उर्दू बस मुस्लिमों की भाषा है। वे हजयात्रा पर निकल रहे हाजियों को मालाएँ पहिनाते हैं और कुम्भ मेले में साधुओं के चरणों में बैठते हैं। वे ईदमिलन करते हैं, रोज़ा अफ्तार की पार्टियाँ देते हैं और भागवत भी बिठाते हैं। वे वक़्फ़ बोर्ड के मेम्बरान के वलीमा में चले जाते हैं। वे अस्सलावालेकुम बोल लेते हैं और उन्हें संस्कृत के श्लोक भी रटे हुए हैं—जहाँ जो वापरना हो, निकाल लेते हैं। वे ईद के मौक़े पर कुर्ते के साथ जालीदार गोल टोपी लगाकर गले मिलते देखे जा सकते हैं और गेरुवे धज में भी मिल सकते हैं। वे मस्जिद के इमाम को सीधे नाम से जानते हैं। वे रामलीला में मुख्य अतिथि बनकर रामलला के चरणों में बैठ जाते हैं। वे धर्म ध्वजा की अपनी पार्टी ध्वज में ऐसी बारीक सिलाई करते हैं कि पता करना कठिन कि कहाँ से कौन-सा झण्डा शुरू होता है। दंगा हो, तो वे आग बुझ जाने के बाद पहुँचनेवाले पहले शख्स होते हैं और बयान घर से लिखकर लाते हैं, ताकि लपटों की आँच खत्म होने से पहिले जारी किया जा सके। उस बार चर्च पर हमला हुआ, तो वे इतनी जल्दी वहाँ पहुँच गये थे कि कुछ लोग उनको ही चर्च में आग लगानेवाला समझते रहे। वे सेक्यूलर होने का कोई भी अवसर नहीं चूकते। न मिले, तो बनाते हैं वे अवसर। पिछले दंगों में जो उनका नाम आया, वह इसी कारण आया था। दंगे न करवाये जाएँ, तो फिर सेक्यूलर होने के अवसर कहाँ से बनेंगे? सेक्यूलर होने और दिखने की मजबूरी में दंगे बन्द नहीं करा पाते वे।

सेक्यूलर होए बिना नहीं रहा जाता उनसे।

राजनीति में टिकना है, तो दिखना ही पड़ेगा सेक्यूलर, जो न जाने किस तरह की अजीब शै है कि समझ नहीं आती, पर होती है। सब जानते हैं इसकी औकात और असलीयत, पर कहे कौन? जो राजा को नंगा कह दे, या कहें कि नंगे को नंगा कह दे, वही साम्प्रदायिक।

•

अभी उस दिन उनके घर पहुँचा, तो वे दोपहर के भोजन के बाद लेटे हुए आराम करते मिले। मैंने पूछ लिया कि और क्या चल रहा है सर? वे बोले कि देख नहीं रहे कि पड़े-पड़े सेक्यूलर हो रहा हूँ। मेरे आश्चर्यचकित भावों को देखकर वे पूछने लगे कि यह कहाँ लिखा है कि आदमी लेटे-लेटे सेक्यूलर नहीं हो सकता? आदमी अगर समझदार हो और सेक्यूलर होने के फायदे समझता

हो, तो वह कहीं भी, किसी भी पोजीशन में, कुछ भी करते हुए सेक्यूलर हो सकता है। बताने लगे कि हम तो बाथरूम में भी हो लेते हैं गोकि इस चक्कर में हमारा सेक्यूलेरिज्म थोड़ा गीला हो जाता है। आप लेटे-लेटे किस विधि-से सेक्यूलर हो रहे हैं? वे बोले कि लेटे-लेटे भी हमारे दिमाग में स्कीम चल रही है कि मुसलमान वोटों को कैसे साधें और हिन्दू वोटों को किस भाँति झटकें? हमारे लिये हिन्दू भी वोट है और मुसलमान भी। हमें दोनों को बेवकूफ बनाना है और यही हमारे कने सेक्यूलेरिज़्म है।

मैं समझ गया सेक्यूलर होने के उनके मतलब।

सेक्यूलर होना उनके लिए एक हथियार भी है, ढाल भी और आड़ भी। यह तिकड़म भी है और वैचारिक बदमाशी भी। यह षड्यन्त्र-सा कुछ है और पर्दाफाश भी। यह छापामार कार्यवाही भी है, गोपनीय गतिविधि भी और खुला खेल फरुक्काबादी भी। सेक्यूलर कहाकर आप अपनी घनघोर साम्प्रदायिकता को ढक सकते हैं। सेक्यूलेरिज्म एक छींटदार, बेलबूटेदार चादर है, जो आपके हर अपराध को ढाँक सकती है। इसे ओढ़कर आप बेखटके सो सकते हैं, लपेटकर नंगापन ढक सकते हैं, लटकाकर आड़ बना सकते हैं जहाँ छुपकर आप वो कर सकते हैं जो खुले में करने में आप अभी भी शरमाते हैं। भारतीय राजनीति में सेक्यूलर होना आज सबसे बड़ा विचार, बदमाशी, षड्यन्त्र, कमीनापन, ट्रिक, हथियार, बचाव, चोररास्ता और मज़ाक एक साथ है।

जब-जब मैं उनको देखता हूँ, सेक्यूलर शब्द मुझे अश्लील-सा लगने लगता है।

प्रेम प्रकटन निर्देशिका

मानव जीवन की प्रमुख समस्याओं में से एक यह है कि किस प्रकार लड़की पर प्रेम जाहिर किया जाए। जिन्होंने प्रेम किये हैं वे इस समस्या से गम्भीरता से परिचित हैं। जो प्रेम में जूते, लात, घूँसे खा चुके हैं, वे प्रेम प्रकट करने की शाश्वत समस्या को खूब जानते हैं। लड़की पर प्रेम प्रकट करना इतना आसान कार्य नहीं है, जितना वह पहली नजर में प्रतीत होता है। लड़की के सामने पहुँचकर बहुत से लोगों की तो घिग्घी जैसी बँध जाती है और वे गले से घेंघे की ऐसी आवाजें निकालने लगते हैं, मानो उनका गला घोंटा जा रहा हो। अन्य कुछ लोग लड़की के समक्ष कीड़े की तरह टेढ़े-मेढ़े होते रहते हैं, पर अपने दिल की बात उससे नहीं कह पाते। हर व्यक्ति अलग-अलग तरीके से इस कठिन कार्य को अंजाम देने की कोशिश करता है। मेरे एक मित्र थे। वे विकट किस्म के प्रेमी थे। वे कन्या के सामने पहले घिघियाते थे और प्रेम-निवेदन के अन्त तक रिरियाने लगते थे कि दया करो! इस मामले में वे शर्मो-हया के कायल नहीं थे और लड़की के पैर छूने तक को तैयार रहते थे। प्रेम को जो नीचाइयाँ उन्होंने दीं, वे प्रत्येक के वश की बात नहीं। एक और सज्जन थे, जो हर लड़की के सामने रोने लगते थे कि मेरे को टी.बी. हो गयी है, दमा पहले से ही है और खूनी-पेचिश तथा भगन्दर का पुराना शिकार हूँ—इस प्रकार वे यह बताते थे कि उनके प्रेम के केस पर सहानुभूतिपूर्वक विचार किया जाए तथा मेडिकल ग्राउण्ड पर उन्हें तरजीह दी जाए। एक और थे कि जो लड़की के सामने पहुँचते, दो-चार फूहड़ मज़ाक सुनाते और अपनी तरफ से मान लेते कि लड़की समझ गयी होगी कि उनके पापी मन में क्या छिपा है? इतना खुला बताने पर भी यदि वह न समझ पाती तो वे स्वयं ऐसी नादान लड़की से प्यार करना गलत मानते थे, कि जो फूहड़ तथा अश्लील इशारों से भरपूर चुटकुले न समझ पाती हो। हाँ, यदि लड़की उनकी मजाक पर हँस देती थी, तो वे गम्भीरतापूर्वक पीछे लग लेते थे और जूते खाकर ही फिर मैदान से हटते थे। एक और थे, जो हर लड़की को दीदी कहते थे और

भाई-बहन के पवित्र प्यार की बदनामी करनेवाले को छुरा मारने को तत्पर रहते थे। आजकल वे जेल में हैं। एक और थे, जो प्रेम में शॉर्ट-कट के आदी थे तथा ताका-झाँकी, मान-मनौअल, प्यार-मनुहार, जुदाई-मिलन आदि के घालमेल से भरे प्रेम के राजपथ को छोड़कर सीधी कार्यवाही की पगडण्डी में विश्वास रखते थे। उनको जिस लड़की पर भी प्यार आता था (और उनको लगभग सभी पर आता था), उसके सामने वे प्रथम अवसर मिलते ही विवाह का प्रस्ताव रख देते थे। प्रेम का हश्र भी अन्ततः यही होना है—वे यह जानते थे। एक और मित्र थे जो घण्टों लड़की के पास बैठते थे, मौसम की बात करते थे, फिर चुप होकर उसे ताकते रहते थे, पुनः मौसम पर कोई राय देते, फिर चुप होकर उसे ताकते रहते थे, पुनःमौसम पर आखिरी बयान जारी करके वहाँ से उठकर घर आ जाते तथा बिस्तर में गर्म आहें भरते पड़े रहते। लगातार गर्म आहों की चपेट में रहने के कारण अन्त में उनको लू लग गयी और वे मर गये।

मेरे स्वयं के अनुभव इस क्षेत्र में कोई कम दर्दनाक नहीं हैं। एक जमाने में बड़े प्रेम किये मैंने। बन्धुआ मजदूर-सा लगा था मैं प्रेम में। स्थिति यह हो गयी थी कि शहर की सभी लड़कियों से मेरा प्रेम चल रहा था और वे जानती भी नहीं थीं। मुझे हर लड़की पर सन्देह होता था कि यह भी मुझसे प्यार करती है, परन्तु जमाने तथा जालिम समाज के भय के कारण कहने से डर रही है। पर मेरी हिम्मत यह पूछने या बताने की कभी भी न पड़ी। लड़की पर अपना विकट प्रेम किस प्रकार जाहिर किया जाए, यह उन दिनों भी राष्ट्र के युवकों की घनघोर समस्याओं में से एक थी। प्रेम प्रकट करने के विषय में मुझे तो तब किसी ने मार्गदर्शन नहीं दिया, पर मैं नहीं चाहता कि इस मार्गदर्शन के अभाव में आपकी भी वही फजीहत हो, जो महबूब की गली में मेरी हुई और खूब हुई। अगर आपको प्रेम हो रहा है या प्रायः होता ही रहता है या कि आपका प्रेम बिगड़े जुकाम की भाँति लाइलाज है, पर आप भी उसी शाश्वत समस्या में उलझे हैं कि इस उद्दाम (या जैसा भी है, वैसे) प्रेम को सामनेवाली पार्टी पर बिना पिटे किस प्रकार प्रकट कर दें, तो मेरा यह लेख आपके लिए है। प्रेम को किस प्रकार सुरक्षित तरीके से लड़की पर प्रकट किया जाए, यही मेरे प्रस्तुत लेख का विषय है।

•

मान लीजिए कि आपको किसी से प्रेम हो गया है।

प्रेम के विषय में आम अफवाह यह रही आती है कि प्रेम किया नहीं जाता, हो जाता है। समाज में प्रेम के विषय में यह गलत धारणा, उर्दू शायरी तथा हिन्दी

की प्रेमकथाएँ पढ़-पढ़कर पैदा हुई है। एक उम्र होती है, जब आदमी यह शाश्वत साहित्य पढ़ना शुरू करता है तथा साहित्य द्वारा दिलाये गये गलत भरोसे पर बैठा आशा करता रहता है कि एक दिन उसका भी प्रेम अपने आप कहीं-न-कहीं, किसी-न-किसी से हो ही जाएगा। परन्तु धीरे-धीरे वह पाता है कि प्रेम नहीं हो पा रहा। प्रेम ऑटोमेटिक नहीं। प्रेम यूँ ही अपने आप नहीं हो जाता। आप शायरी तथा प्रेम कविता के बूते बैठे रह जाते हैं और प्रेम होता नहीं। आप टापते रह जाते हैं और देखते हैं कि कम पढ़ने-लिखनेवाले लोग, जो साहित्य के झाँसे में नहीं आए थे, आपके आसपास ही धड़ाधड़ प्यार कर रहे हैं। लड़कियाँ हैं कि उठती जा रही हैं। प्रौढ़ाएँ तक जब आपके पास नहीं फटकतीं, तब जाकर आपको आत्मज्ञान प्राप्त होता है कि प्रेम अपने आप नहीं होता; प्रेम करना पड़ता है और इसके लिए बाकायदा मेहनत लगती है। प्रेम भी एक निश्चित योजना बनाकर पूरा किया जानेवाला प्रोजेक्ट है। इसमें भी योजना, समय, पूँजी, विवेक, जोखिम तथा उतार-चढ़ाव झेलने की हिम्मत लगती है। जो इन वास्तविकताओं से परे रहकर प्रेम को विशुद्ध प्लेटोनिक-प्रेम के रूप में ही करने की जिद करते हैं, वे सिवाय प्रेमिका के पिता से पिटने अथवा महबूब की गली के कुत्तों द्वारा खदेड़े जाने के और कुछ नहीं कर पाते।

परन्तु हमें पूरा विश्वास है कि आप शुरू में ही सँभल गये हैं। शायरी, कविता या रोमानी कथाओं को धता बताकर आप प्रेम में उसी तरह जुटे हैं, जिस तरह पाँच दिन लगातार साइकिल चलाने का करतब दिखानेवाला दिन-रात मेहनत से साइकिल चलाने में जुटा रहता है। तो फिर बात वहीं से शुरू करें कि आपको प्यार हो गया है। सुविधा के लिए हम मानकर चलें कि आपको एक साथ दो-तीन जगह प्यार हो गया है, पर आप किसी से भी कह पाने की हिम्मत नहीं जुटा पा रहे हैं। मुहल्ले-मुहल्ले भागते हैं तथा सड़क के इस पार और उस पार के बम्बे का पानी पी चुके हैं, परन्तु भावी प्रेमिकाओं से मन की बात कह नहीं पा रहे। कहना चाहते हैं, परन्तु डरते हैं कि मना कर देगी। बल्कि सही बात तो यह है कि आप मना कर दिये जाने से भी नहीं डरते; वह मना कर देगी तो अपुन दूसरी से निवेदन कर लेंगे—यह सिद्धान्त है आपका तो, परन्तु प्रेम में मार-पिटाई आदि से डरते हैं आप। कुटाई पसन्द नहीं आपको। शान्ति-पसन्द व्यक्ति हैं आप। शान्ति के पुजारी टाइप। श्रृंगार रस के बाद शान्ति रस ही आपके व्यक्तित्व में प्रमुख है। इन्हीं सब कठिनाइयों के चलते आप अपने ठाठें मारते पवित्र प्रेम को प्रकट नहीं कर पा रहे। कह नहीं पा रहे।

अब क्या करें?

प्रेम की काँटोंभरी राह पर अगला कदम क्या हो तथा कैसे हो?

हम बताते हैं। हम स्वयं कभी हिम्मत नहीं कर पाये, परन्तु बता सकते हैं क्योंकि थ्योरी में हम हमेशा अव्वल रहे, चाहे प्रेक्टिकल में मारे जाते रहे हों। आपका अगला कदम इस बात पर निर्भर करेगा कि आप गाँव के वासी हैं या शहर के? गाँव या छोटे कस्बों में प्रेम प्रकट करने के तरीके शहर से भिन्न हैं। हमारे गाँव में प्रेम प्रकट करने के परम्परागत तरीके रहे हैं तथा वे तरीके आज भी सफलतापूर्वक अपनाये जा रहे हैं। आप भी उनका सहारा लीजिए। लड़की के घर के सामने से काला चश्मा पहनकर तथा गले में लाल या रंग-बिरंगे छापेवाला रूमाल बाँधकर बार-बार निकलना इनमें से एक समयसिद्ध तरकीब है। यह उतना ही पुराना तरीका है, जितना कि स्वयं काला चश्मा। गाँवों में प्रेम प्रकट करने का यह तरीका खासा लोकप्रिय है। इस तरीके से लड़की तक आपके हृदय की बात पहुँच जाती है, परन्तु परेशानी इस विधि में यह है कि लड़की का पिता भी आपके हृदय की बात समझ जाता है क्योंकि यह तरीका उसके जमाने से लोकप्रिय चल रहा है तथा वह भी अपने जमाने में काला चश्मा और लाल रूमाल लगाकर गली-गली भाग चुका है। सो इस विधि में भय है कि इधर तो आप कुत्ते की भाँति गली में यहाँ से वहाँ घूम रहे हैं कि विमला आपका लाल रूमाल अटारी से देख ले तो आपको चैन मिले, कि तभी पीछे से विमला के पिताजी इसी लाल रूमाल से आपका गला घोंटने का प्रयत्न करने लगें। यूँ भी पिता लोग आजकल इतने दबे पाँव आकर ऐसा छापामारी हमला करते हैं कि जिसे कहते हैं 'हतप्रभ', वह हो जाना पड़ता है। और फिर ये पिता लोग आजकल मारते भी बहुत बुरा हैं। आपको तो खैर पता ही है। कमला के केस में कैसा पिटे थे, आप? तभी तो उसे छोड़कर आप विमला के चक्कर में आये हैं। यहाँ भी पिटे, तो मतलब क्या निकला? सो यह तरीका है तो सटीक, पर जोखिमवाला है।

चलिए, दूसरा तरीका बताते हैं, जो गाँव में पुन: बड़ा लोकप्रिय है। इस तरीके में करना यह होता है कि लड़की को देखकर 'तेरे प्यार का आसरा चाहता हूँ' अथवा 'मेरा मन डोले, तेरा तन डोले' जैसा कोई गीत अपनी भोंड़ी आवाज में जोर-जोर से गाना तथा इसकी धुन पर कमर को इतना मटकाना होता है कि लड़की का ध्यान इस ऊलजलूल हरकत की तरफ खिंचे। यह कार्य अकेले ही अथवा दो-तीन मित्रों के गुट की सहायता से किया जा सकता है। यदि गाते न बने तो मात्र सीटी ही मार दीजिए। गालों को फुग्गे-सा फुलाइए और होंठों के बीच से हवा निकालिए। ये दोनों तरीके प्रेम में गले के प्रयोग से ताल्लुक रखते हैं। पर याद रखें कि गायें या सीटी मारें—जो भी करें, पर करते ही भाग निकलें। भागने पर विशेष जोर देना चाहूँगा क्योंकि सीटी की आवाज तेज होती है, जो लड़की से आगे वहाँ तक भी जा सकती है, जहाँ उसके भाई इत्यादि दण्ड-बैठक, पटेबाजी

इत्यादि का अभ्यास कर रहे हैं। मुश्किल यह है कि गाँवों में कसरत का फैशन अभी भी जोरों पर है। सो आप तो उस गली से रेल की भाँति निकल भागिए। अब अगले दिन ही आइएगा। यदि अगले दिन विमला (या लक्ष्मी, या शान्ति, जो भी इस गली में रहती हो) पुनः दिखाई दे, तो पुनः सीटी मारिए। अबकी बार भागिए मत। थोड़ी देर रुककर देखिए। अगर अगले पाँच मिनटों में आपके गाल पर थप्पड़ या पिछवाड़े पर लात न पड़े, तो समझ लीजिए कि विमला तक आपका प्रेम सन्देश पहुँच गया है तथा प्यार विचाराधीन है। खुश हो जाइए और जाकर गरमागरम जलेबियाँ खाइए अथवा गाँजा पीजिए, मेरा तात्पर्य है कि खुशी मनाने का आपका जो भी तरीका हो, वैसा करिए।

यदि प्रेम-प्रदर्शन का यह तरीका भी आपको पसन्द न आया हो, तो गाँव में सबसे अधिक अपनाया जानेवाला तरीका प्रयोग में लाइए। इसमें कठिनाई यह है कि यह लगभग बलात्कार की सीमा में आता है और आपको कोर्ट-कचहरी के बम्बे का पानी पिलवा सकता है। अगर आप जेल जाने से न डरते हों, पुलिस के जूते सिर पर खाने को सदैव तत्पर हों तथा घटना-स्थल से तिड़ी होने के पुराने अनुभवी हों, तो यह विधि आपके लिए है। इसके लिए करना यह होगा कि विमला के आँगन की दीवार फाँद जाइए, या 'आँगन के पार द्वार' से विमला के घर में घुस जाइए, या फिर खेत की मेंड़ के पीछे छुप जाइए या गाँव में रामलीला वगैरह हो रही हो तो अँधेरे का लाभ उठाइए; तात्पर्य कुल यह कि नायिका को अकेले में पकड़ लीजिए और अपने हृदय को उसके सामने प्रस्तुत करके बात साफ-साफ बता डालिए। परन्तु बात शीघ्र तथा संक्षिप्त में कह डालिए क्योंकि विमला के पिताजी कभी भी आ सकते हैं या विमला (या पार्वती या धन्नो) कभी भी चिल्लाकर सबको इकट्ठा कर सकती है। समय कम है। काम की बात करिए और बात कहते-कहते भागने के लिए भी तैयार रहिए। मैं तो यही सलाह दूँगा कि विमला से बातें करते हुए एक ही स्थान पर कदमताल करते हुए जम्प करते रहिए ताकि यदि यकायक भागना पड़ जाए, तो स्टार्ट लेने में देर न लगे। बल्कि अब विमला जो भी कहे, करे, आप निकल ही लीजिए। देर हो चुकी है तथा कोई भी, कभी भी आ सकता है। बकटुक भाग चलिए। मैं तो हर प्रेमी को सलाह दूँगा कि वह ऊँची कूद की प्रेक्टिस भी करता रहे जो ऐसे मौके पर काम आ सकती है—दीवार कूदी और ये गये। अब दो महीने तक गाँव में नज़र मत आइए—हड्डी तोड़ देंगे विमला के बापू। गाँव में जितने लँगड़े-लूले नौजवान घूमते हैं, उनमें से बहुत से विमला के बापू द्वारा प्रायोजित किये गये हैं।

एक और तरीका है, जो प्रायः तो आपके दुश्मनों द्वारा आपको बदनाम करने के लिए किया जाता है, परन्तु आप भी समझदारी से प्रयोग करें, तो प्रेम में मुफीद

साबित हो सकता है। इसके लिए एक डिब्बे में काला रंग तथा एक मोटी-सी कूची चाहिए। रात के अँधेरे में, कस्बे में यहाँ-वहाँ दीवारों पर मोटे अक्षरों में यह सूचना लिख डालिए कि विमला का फलाने से (यानी कि आप से) चक्कर चल रहा है। वाक्य तथा सूचना का अश्लील होना आवश्यक है, वरना कोई पढ़ेगा नहीं और पढ़ेगा भी तो विमला या उसके बापू तक बताएगा नहीं। वैसे इस विधि का प्रयोग करने में बदनामी आपकी भी होगी, पर इस बात की परवाह आपको वैसे भी नहीं है। प्रेम प्रकट करने का यह तरीका कस्बों में कसकर प्रयोग किया जाता है। आमतौर पर इसका अन्त फौजदारी में होता है, परन्तु कभी-कभी इसका असर अनुकूल होते हुए भी देखा गया है। दरअसल प्रेम में आप कुछ भी नहीं कह सकते कि कौन-सी अदा या ट्रिक कब काम कर जाए। यदि रात में अँधेरे में भय लगता हो, तो दीवारों पर लिखने की बजाय विमला के पिता के नाम एक गुमनाम पत्र लिख मारें कि आपकी लड़की का मोतीलाल (या जो भी आपका नाम हो) से कुछ चक्कर चल रहा है। गुमनाम पत्रों का भी प्रेम में सम्मानीय स्थान है। पिट दोनों तरीके में सकते हैं, पर प्रेम में पिटने से कब तक डरेंगे आप? प्रेम तो जाफना शहर की तरह है, जहाँ कदम-कदम पर बारूदी सुरंगें फटने का डर बना रहता है।

इनके अलावा भी प्रेम प्रकट करने के ढेर से तरीके हैं, जो समय, परिस्थिति तथा अपनी कूवत देखकर प्रयोग में लाये जा सकते हैं। रंगीन कागज पर प्रेम-पत्र लिखना, छिपकर लड़की को कंकड़ मारना, कुत्ते के खून से लिखे हुए पत्र को अपने खून से लिखा प्रेम-पत्र बताना, आँख मारना, लड़की को देखकर तेज-तेज श्वास लेकर आहें भरना, लड़की के छोटे भाई को जलेबी खिलाना, लड़की के पिताजी को पापाजी बोलना, कक्षा में लड़की के ठीक पीछे बैठकर बकरे की आवाज में बोलना, लड़की की डेस्क पर अपना नाम लिखना, लड़की को देखकर कंघी करना, लड़की को नोट्स देते हुए उसकी उँगलियों को छूकर निहाल होना, लड़की की साइकिल की हवा निकाल देना या उसकी साइकिल के पीछे अपनी साइकिल दौड़ाना, गर्ल्स हॉस्टल के सामने से बार-बार निकलना तथा निकलते समय छाती फुलाकर कड़क जवान दिखने का यत्न करना, लड़की से मिलने जाते समय इत्र-फुलैल लगाना तथा बालों में चिरैया जैसा फुग्गा बनाना, लड़की के घर सब्जी पहुँचाना, लड़की को पास देखकर दोस्तों के बीच बेवजह जोर-जोर से हँसना तथा साथ ही पलटकर यह भी देखना कि जालिम पर क्या असर हो रहा है, लड़की को हमेशा तिरछी निगाहों से देखना (चाहे इस चक्कर में भेंगा ही क्यों न हो जाना पड़े), लड़की को गोलगप्पे खिलाना, 'हें हें हें हें' करना, दाँत निपोरना, लाल टीशर्ट पहनना, लड़की को ऐसा उपन्यास देना जो अश्लीलता

के आरोप में जब्त हो चुका हो, आदि-आदि।

तरीके इतने हैं कि आश्चर्य होता है। दिल करता है कि स्वेट मार्डेन की भाँति एक किताब लिखी जाए, जिसका शीर्षक हो 'प्रेम प्रकट करने के सौ सरल उपाय' अथवा 'बिना पिटे प्रेमप्रदर्शन' या 'प्रेमप्रदर्शन में पिता से बचाव तथा अन्य समस्याएँ' या ऐसा ही कुछ। ऐसी किताबों की यूँ भी बड़ी खपत है। आदमी सफल हो न हो, पर किताब चल निकलती है। जब तक यह किताब बाजार में आती है, तब तक इस लेख के जरिये यह सूचना देना चाहूँगा कि यह लेख उसी किताब का प्रथम अध्याय मात्र है। आगे के अध्याय और भी सनसनीखेज होंगे। तीस रुपये तैयार रखें। एक लड़की भी तैयार रखें, जिस पर आप यह किताब आजमाएँगे। किताब तो खैर प्रेमप्रदर्शन में आपकी रक्षा करेगी ही; पर मेरी ईश्वर से यह प्रार्थना भी रहेगी कि वह भी आपकी रक्षा करे।

बिजली कटौती में प्रेम, शिक्षा, सट्टा इत्यादि

बिजली की समस्या चल रही है हमारी तरफ।

पर इसके चलते जो एकदम अलग किस्म की समस्याएँ हो चली हैं, उनकी ओर आपका ध्यान खींचना ही मेरे इस लेख का उद्देश्य है।

उदाहरणार्थ, बिजली द्वारा गुप्तरोगों का जो खुला इलाज हुआ करता था, उसकी गुणवत्ता पर असर आया है। ग्राहक शिकायत करना चाहता है, पर मामला गुप्त-सा है, सो न तो खुलकर कह पाता है, न उपभोक्ता-फोरम वग़ैरह में जा पाता है। इलाज करनेवाले मुछाड़िया विशेषज्ञ ग्राहक के समक्ष मजबूरी बताते हैं कि एक तो करण्ट ही टूट-टूट कर आ रहा था, फिर वोल्टेज भी इतना ऊपर-नीचे हुआ करता है आजकल, और फिर आपने देखा ही था कि बीच में तीन बार तो बिजली ही चली गयी थी। अब गुप्त रोग विशेषज्ञ खुद का बिजली-प्लाण्ट तो स्थापित करने से रहे! वे बेचारे तो सरकार पर निर्भर हैं। इधर सरकार का रुख यह है कि जब हम बहुत आवश्यक कामों के लिए तो बिजली मुहैया करा नहीं पा रहे, तो उन कार्यों के लिए क्यों परेशान हों जिनको आप चाहे जितना आवश्यक समझा करते हों, पर सरकार नहीं मानती।

और सुनिए। बिजली कटौती की बात आयी तो भाइयों ने इस बिना पर 'महबूब की गली' की बिजली गुल कर दी कि वहाँ तो लाइट रहती है क्योंकि प्रेमी ने शायर की उड़ाई बात कहीं कह दी थी कि मेरे महबूब का चेहरा चाँद जैसा है। देखिए, शायर तो कहते ही रहते हैं कि चाँदनी रात में वो बेनक़ाब आ गये, चाँद की चाँद से गुफ्तगू हो गयी या इसी टाइप की अललटप्पू बातें। बिजलीवाले ऐसी बातों पर भरोसा करेंगे, तो कैसे चलेगा? प्रेमी तो न जाने क्या-क्या कहते हैं सा'ब। प्रेम में कहनी पड़ती हैं! अब इसके आधार पर आप बिजली काट देंगे तो कैसे चलेगा? महबूब किसी सीमा तक चाँद हो भी सकता है, या लग भी सकता है क्योंकि हर प्रेम में कुछ दिनों का ऐसा शुक्लपक्ष आता ही है कि जब टेड़ा मुँह भी चाँद लगने लगता है, परन्तु इससे यह उम्मीद करना कि

महबूब की गली में रोशनी का इन्तजाम पूरा पड़ जाएगा, यह कहाँ तक जायज है? काव्य के सिद्धान्तों को विज्ञान में घुसेड़ेंगे, तो कैसे होगा? माना कि प्रेमिका को देखकर प्रेमी के सँकरे से अन्तर्जगत में उजाला-सा छा जाता है, परन्तु वह इतने वॉट का नहीं होता कि प्रेमी को वो नाली दिख सके कि जिसमें कल अँधेरे के कारण महबूब की गली में न केवल उसका पैर आ गया, बल्कि गिर पड़ने के कारण थोड़ा-सा मुँह भी आते-आते बचा। महबूब की गली में अँधेरा चल रहा है। बिजली रहती नहीं। वह बेचारा कई रातों से उस तरफ नहीं निकला है। अँधेरे में कुत्ते अलग अतिरिक्त रूप से उत्तेजित चल रहे हैं। पीछे लग लेते हैं।

फिर विद्यार्थी अलग परेशान हैं। हम पढ़ाकू बच्चों की बात नहीं कर रहे—वे तो बिजली रहते भी परेशान रहते हैं। तासीर है उनकी। पर कभी आपने उनकी सोची कि जो साल भर पढ़ते नहीं हैं? वे कितने परेशान हैं बिजली कटौती से? परीक्षाएँ पास हैं और नकल की चिटें ही तैयार नहीं कर पा रहा बेचारा बच्चा! आपको भ्रम है कि नकल करना कोई सरल काम है। पर ऐसा है नहीं। यह काम भी मेहनत तथा बिजली माँगता है। रात-रात भर बैठकर बनानी पड़ती है नकल की पुर्जियाँ, पर बिजली न होने से काम में बाधा आ रही है। पेपर लीक हो चुका है, पर फोटोकॉपी मशीन नहीं चल पा रही कि पेपर की प्रतिलिपि मिल पाती। हाथ से उतारने में टाइम खोटी हो रहा है। कब तो पेपर उतारेंगे और कब इनके उत्तरों की चिटें तैयार हो पाएँगी? बिजली के न रहते कैसे क्या करेंगे विद्यार्थी? जिनके पास कापियाँ गयी हैं जँचने के लिए, उनका पता लिये उनकी ही गली में भटक रहे हैं, परन्तु लाइट है नहीं और अँधेरे में मकान नहीं मिल पा रहा। मिल जाए तो उनके साढू भाई का पत्र पकड़ाकर कुछ सेटिंग बिठाएँ। आप तो बिजली काटकर बैठ जाते हैं, परन्तु शिक्षाजगत पर इसका कितना गलत असर पड़ रहा है, यह भी सोचा है कभी? देश फालतू में पिछड़ रहा है। बिजली आये, तो नकल चले, सिफारिश का रास्ता दिखे; देश आगे बढ़े।

और चोरों की सोची है कभी? कित्ते परेशान हैं बेचारे। शुरू में हम भी उनकी परेशानी नहीं समझ सके थे। उल्टे, हमने तो कहा कि यार, आप लोगन को तो प्रसन्न होना चाहिए। अँधेरे में खूब चोरियाँ करो। चोर ने बताया कि दो तरह की परेशानियाँ हो रही हैं बिजली-कटौती से। एक तो यह कि पब्लिक सो नहीं पाती। पंखा चलता नहीं। गर्मी मची रहती है। जगे रहते हैं लोग। या जरा से खटके में ही यह सोचकर उठ जाते हैं बिजली आ गयी है—पानी भरने के लिए उठ बैठते हैं स्साले। अब ऐसी स्थितियों में डाका तो डाला जा सकता है, परन्तु ऐसे में कोई शरीफ आदमी चोरी करे भी तो कैसे करे, सो बताया जाए। फिर

दूसरी बात यह भी तो है सा'ब कि हम चोरों को भी तो चोरी पर निकलने से पहले एक अच्छी-सी नींद निकालनी ज़रूरी है। फ्रेश न होंगे, तो चोरी क्या खाक कर पाएँगे? पर बिजली के चक्कर में हम खुद नहीं सो पाते आजकल। हाड़-हाड़ टूटता है साहब। चोरी को निकलो, तो झपकी आती रहती है। चोरी करते टाइम एकाध बार तो झपकी में सामान ही हाथ से टपक गया और हम खुद गृहस्वामी की खटिया पर गिरते-गिरते बचे। ऐसे नहीं हुआ करतीं चोरियाँ। सरकार हमारे पेट पर लात मार रही है। सरकार को समझना चाहिए जनाब कि जब हम कमाएँगे, तब न थाने में उनका हिस्सा पहुँचा सकेंगे। अब पुलिसवाले फटकारते हैं कि क्या कर रहे हो आजकल? हम क्या कहें? हमने तो अर्ज करी थानेदार साहब से कि सरकार, बिजली का प्रॉब्लम तो ठीक कराओ। बोलने लगे कि क्या स्साला बिजली डिपार्टमेण्ट हमारे अण्डर में है? बताइए! चोर की दुतरफा परेशानी। मन तो करता है कि लात मारें इस धन्धे को और बाँस का पंखा या बर्फ का गोला बेचने लगें। सच्ची!

चलिए, ये बातें तो फिर भी समझ आती हैं। पर यह सुनिए।

उस दिन तो हद हो गयी। उस दिन सट्टेवाले मुख्तार भाई मिल गये। कहने लगे कि साहब, हम तो इस बिजली कटौती से हलकान हैं। धन्धे पर लात पड़ रही है जनाब। मैंने कहा कि यार, बिजली की कटौती का सट्टे से क्या सम्बन्ध? वे बोले कि कैसी बातें करते हैं श्रीमान? इसी बात पर हम करोड़ों का सट्टा खिलवाते हैं कि बिजली आठ घण्टे में आ जाएगी कि नहीं? इधर सरकार बदमाशी कर रही है सा'ब। कई बार जल्दी आ गयी बिजली। बिजली की पोजीशन में सुधार हुआ तो करोड़ों का फटका लग जाएगा अपने धन्धे को।

वैसे एक प्वाइण्ट यह भी है। देश में सट्टे के भविष्य का ख्याल भी सरकार को रखना ही होगा। क्या कहते हैं आप?

...बदलकर देखें क्या?

बीड़ी का बण्डल थमाकर और चिल्लर पैसे लौटाते हुए पानवाले चौरसियाजी ने भुमानीदीन से मानो यूँ ही पूछ लिया कि 'भैया, क्या हो रहा है, सी.एम. सा'ब का? रहेंगे कि निबटनेवाले हैं?'

भुमानीदीन ने पहले बीड़ी सुलगाने में, फिर इस गहन प्रश्न का समुचित उथला उत्तर देने में समय लिया। बीड़ी सुलगने में टाइम लेती है और यह प्रश्न अपनी तरफ इतनी बार, इतनी तरह से उठता रहता है कि हर बार नये सिरे से, कुछ नया बोलने में भी समय चाहिए। कुछ देर सोचकर और दो सुट्टों का धुआँ एक साथ हवा में फेंककर भुमानीदीन बोले, 'चलाचली की बेला समझिए।' भुमानीदीन मन्त्रालय में चपरासी हैं और सी.एम. के भविष्य पर टिप्पणी करने के सक्षम अधिकारी हैं। मन्त्रालय में चपरासी की हैसियत को कम करके आँकना नादानी कहाएगी। चौरसियाजी नादान नहीं।

हमारे प्रदेश में एक सतत यक्ष-प्रश्न है, जो जनता को साल भर व्यस्त रखता है। सालों से प्रश्न की एक मथानी है, जो हमारी सारी समस्याओं को मथती रहती है कि सी.एम. जानेवाले हैं कि टिकेंगे? इस प्रदेश की समस्या सड़क, बिजली, पानी, विकास, भूख या रोज़गार नहीं है। हमारी चिन्ता और चिन्तन के केन्द्र में मूल समस्या यह है कि वे रुकेंगे या उखड़ जाएँगे? पहले यह निबटे, तब दूसरी समस्याएँ निबटें! यहाँ कोई भी, किसी से भी मिले, तो घूम-फिरकर बात इसी परम-प्रश्न पर टूटती है कि क्यों साहब, क्या कहते हैं आप? ये रुकनेवाले हैं कि निकलनेवाले हैं? बतानेवाला भी बाकायदा गम्भीरता से विश्लेषण करता है और बता भी देता है। वो कुछ भी बता सकता है। कह दे कि सा'ब, सब उड़ी-उड़ाई बातें हैं। या कह दे कि पन्द्रह तारीख के बाद पक्का जान लो बॉस! हाईकमान ने सिंह साहब को इशारा कर रखा है, वैसे वे भी लगी हैं और इनकी भी जुगाड़ कम न समझी जाए—और हो सकता है कि सबकी खींचतान ये बने रह जाएँ।...बातें, और बातें। अनुमान। अफवाहें। हर एक की दिल्ली तक पकड़ है और मामले

की नब्ज पर इतनों के हाथ हैं कि नब्ज़ टटोलने की जगह नहीं बची!

बीड़ी पीते भुमानीदीन वहीं खड़े हो गये हैं। देख रहे हैं बाज़ार की हलचल। रात उतर रही है। बत्तियाँ जल गयीं हैं। गाहक आ-जा रहे हैं। पान की दुकान पर। कालेज के लड़के। बाबू। व्यापारी।

और सभी से चौरसियाजी का एक ही प्रश्न कि 'क्या कहते हैं आप—जाएँगे, कि रुकेंगे?'

उत्तर में कुछ तो हँसकर रह गये। कुछ मुँह बिचकाकर, कि क्या तो बताएँ यार, स्साला रोज का टण्टा। न काम करते हैं, न करने देते हैं। एक बताने लगे कि मित्र, इसी चक्कर में हमारी फाइल नहीं बढ़ पा रही। मन्त्रीजी के दस्तखत होने थे, पर वे भगे-भगे फिर रहे हैं। वे खुद पता कर रहे हैं कि सी.एम. गये तो उनकी पोजीशन का क्या बनेगा? अपनी फाइल का भरोसा नहीं, आपकी फाइल कहाँ से बढ़ाएँ? अफसर नयी जुगाड़ों में व्यस्त। नयी सेटिंग तैयार करनी होगी। सी.एम. का तय हो जाए, तो विकास की बात हो।

लड़कों ने कहा कि यार, नया कोई भी सी.एम. आए, हमें तो उसका पुतला जलाना है—एक पुतला पिछली दफा एक्स्ट्रा बन गया था और फालतू पड़ा है।

''कोई भी बने यार, हमें क्या? क्यों सा'ब?'' एक ने कहा।

एक साहब को सख्त ऐतराज़ था। बोले, ''ऐसे-कैसे हटा दोगे? बाप का राज बना रखा है क्या? बढ़िया काम कर रहे हैं। खुद देख लो। सड़कें देखो, बिजली देखो...''

दो-तीन गुट बन गये। बहस की आदर्श स्थिति। वे तो जब हटेंगे, तब हटेंगे, अभी तो यहाँ जूते चलने की नौबत है। बहस का स्तर और जूतमपैजार का वही जज़्बा, जो हाईकमान में तब बनता होगा कि जब सी.एम. हटाने का मुद्दा उठता होगा। ''ऐसे कैसे हटा देंगे आप?...और ये हटे तो हमारा नम्बर याद रखना जनाब! हर बार टरका देते हैं। महासचिव और अध्यक्ष-पध्यक्ष बहुत बन लिये हम। अब ऐसा कहकर बेवकूफ बनाने से काम नहीं चलेगा कि ये फलाने के आदमी। कहो तो हम फलाने से भी कहलवा देंगे और ढिकाने से भी।''

चौरसिया बहस सुनने और पान बनाने में मग्न। बहस को समुचित दिशा देने के लिए अचानक उन्हें पास ही बीड़ी पीते भुमानीदीन दिखे। बोले, ''इनकी सुनो जनाब...ये सही-सही बता सकते हैं।''

''ये कौन साहब?'' एक ने पूछा।

''मन्त्रालय में प्यून हैं। सी.एम. के चेम्बर के बाहर स्टूल लगाकर बैठते हैं, पर अन्दर की खबर रखते हैं।'' बताया गया। भुमानीदीन अचानक चर्चा के केन्द्र में आ गये। जिस बीड़ी के बारे में वे तय नहीं कर पा रहे थे कि यहीं सुलगाकर

साइकिल पर बैठकर पी जाएगी अथवा क्वार्टर पर पहुँचकर सुलगाना उचित होगा, उसे बण्डल के हाईकमान को सौंपकर वे बताने लगे। उन्होंने पब्लिक को बताया कि वे लग तो चिन्तित रहे थे, गोकि उनकी शक्ल ही चिन्तित जैसी है और उनके वो जो खासमखास बना करते हैं न, वे जब कमरा से निकले तो मूँ पे हवाईयाँ उड़ रही थीं उनके। सी.एम. गये तो कोई इन्हें टके गज न पूछे।...देर तक भुमानीदीन बोलते रहे और लोग सुनते रहे। बात उन्होंने यह कहते हुए बन्द की कि वैसे साहब की पोजीशन भी स्ट्रांग है और वे टिके रह जाएँ तो अचम्भा न कीजिएगा।

●

देर रात तक यह बात पूरे प्रदेश में फैल गयी कि अत्यन्त अन्तरंग तथा विश्वसनीय सूत्र से पता चला है कि सी.एम. जानेवाले हैं, गोकि टिक भी सकते हैं। कुछ ने कहा कि हम तो पहले ही कह रहे थे, तो कुछ ने कहा कि रोज यही सुन-सुनकर कान पक गये स्साले!

इधर, देर रात को ही, इस अन्तरंग तथा विश्वसनीय सूत्र ने सोने से पूर्व की आखिरी बीड़ी खींचते हुए सोचा कि यार, बीड़ी में वो मजा नहीं आ रहा इन दिनों। 'बीड़ी का ब्राण्ड बदल के देखें क्या?'—यह सोचते सो गया वो।

गीदड़ हँस रहा है

घाट बनकर तैयार है।

बस, उद्घाटन होना है।

उद्घाटन हुआ कि इस घाट पर शेर और बकरी साथ-साथ पानी पिया करेंगे।

जंगल की सरकार 'भयमुक्त जंगल' का वायदा करके सत्ता में आयी है। सरकार चाहती है कि बकरियाँ भयमुक्त हों। इससे यह तात्पर्य कतई न लिया जाए कि सरकार शेरों के खिलाफ है। सरकार मानती है कि जंगल शेरों से है। बल्कि सरकार ही शेरों से है। शेरों की ही सरकार समझिए। जंगल शेर का। परन्तु बकरियाँ भी निरापद महसूस करें, ऐसी इच्छा है सरकार की। सो बताया गया है कि शेरों के अधिकारों की रक्षा करते हुए बकरियों की सुरक्षा सुनिश्चित की जाएगी। सरकार ने पोस्टर निकाले हैं। कानून बना रही है सरकार। बकरी खानेवालों के विरुद्ध सख्त कार्यवाही की चेतावनियाँ देती रहती है सरकार।...फिर भी, न जाने क्यों, डरा करती है बकरियाँ। सरकार-विरोधी तत्त्व अफवाहें फैलाते हैं। बताते रहते हैं शेर द्वारा मारी गयीं बकरियों के झूठे-सच्चे आँकड़े। सरकार चाहती है कि बकरियाँ अफवाहों के झाँसे में न आएँ। जो बकरियाँ अचानक गायब हुई हैं, वे, हो सकता है कि अपनी मर्जी से जंगल ही छोड़ गयीं हों, या जंगल में ही इधर-उधर हो गयीं हों। सरकार का विश्वास है कि शेर सही कहते हैं कि उन्होंने बकरी खाना छोड़ दिया है। कुछ अपराधी प्रवृत्ति के शेर हैं तो उन्हें सरकार ने सख्त चेतावनी दे रखी है कि बकरी के विरुद्ध किसी भी किस्म की हिंसा को बरदाश्त नहीं किया जाएगा।

बकरियों में इतना विश्वास उत्पन्न हो कि वे शेर के निकट जाने में न डरें, इसी पुनीत और अजीब-से उद्देश्य से शेरों की सरकार ने यह घाट बनाया है कि जिसकी जंगल भर में चर्चा है। तरह-तरह की बातें। भाँति-भाँति की भ्रान्तियाँ। पर कुल जमा असर यह है कि जंगलराज की छवि अन्य जंगलों के बीच सुधरी है तथा बाहर की बकरियाँ इधर की बकरियों से पुछवा रही हैं कि क्या वास्तव

में ऐसे अनोखे दिन आ गये हैं तुम्हारे जंगल में? बकरियाँ बता नहीं पातीं और शेर मुस्कुराकर रह जाते हैं!

सो, उद्‌घाटन की प्रतीक्षा है घाट को।

उद्‌घाटन के लिए शेर, और कम से कम एक बकरी की आवश्यकता तो है कि जो समारोहपूर्वक, मीडिया के समक्ष, एक साथ, एक घाट पर पानी पीकर इस सहकारी-घाट का उद्‌घाटन करें।

शेर तो दसों तैयार हैं।

बकरी नहीं मिल रही।

एक बकरी तक नहीं मिल पा रही। जिस बकरी से भी पूछो, वही यहाँ-वहाँ के बहाने बनाकर ग़ायब। सरकार बकरी खोज रही है।

कि अन्ततः एक मिली :

"बहिन, आपको इस घाट का उद्‌घाटन करना है!"

"पर वहाँ तो शेर भी होगा न? पानी पीने वह भी रहेगा?" बकरी भयभीत है। बकरियाँ होती ही हैं।

"वो अपना पिएगा, आप अपना पीना...बस...!" सरकार ने समझाया।

"परन्तु बिना कुछ खाये, शेर, क्यों पानी पिएगा? मान लो कि पानी पीने से पहले वह मुझे खाने की इच्छा प्रकट करे, तो?"

"सरकार की सख्त हिदायत है कि शेर की ऐसी असामाजिक कोशिशों से सख्ती से निबटा जाएगा! शेर की हिम्मत नहीं। वो आपकी ओर आँख उठाकर भी नहीं देखेगा।"

"मान लो कि आँखें नीची करे-करे ही चबा जाए, तो?"

"देखो बहिन सब पुलिस के सख्त पहरे में रहेगा, और पहरे में ही रहा करेगा यह घाट।"

"तब तो शेर के अलावा पुलिस का डर भी रहेगा महाराज। पानी हलक के नीचे नहीं उतरेगा।"

"बकरियाँ निरर्थक ही डरती हैं।...तुम घबराओ मत। उद्‌घाटन समारोह में स्वयं जंगल के राजा उपस्थित रहेंगे।"

"पर वे भी तो शेर ही हैं।"

"पर वे राजा के कर्तव्य से बँधे शेर हैं। बकरियों के प्रति उनकी उदारता, प्रेम और न्यायप्रियता के किस्से तुमने सुने ही होंगे—हमारे जंगलराज के प्रचार-विभाग की कोयलें जंगल-जंगल गाती फिरती हैं।"

"क्षमा कर दें हजूर...जाना है हमें। घर में छोटे-छोटे मैमने प्रतीक्षा कर रहे होंगे। मैं चलूँ?"

''मैंमनों को साथ में लाओ न! इस घाट का पानी पीकर वे स्वस्थ और मुलायम होंगे। सच। इस घाट जैसा मीठा पानी जंगल में और किसी घाट का न होगा।...बल्कि, जो मैमने इस घाट पर आया करेंगे, जंगल की सरकार उनके लिए वजीफे के इन्तजाम की सोच रही है।''

बकरी मना करती रही। परन्तु अन्ततः पुटिया ही लिया गया उसे। मान गयी बकरी। बस, बातें ठीकठाक करना जानते हों आप—बकरियाँ मान ही जाती हैं।

•

उद्घाटन बढ़िया रहा। कवरेज जबरदस्त रहा साहब। दुनियाभर के जंगलों के प्रतिनिधि, मीडिया, शेर, चीते आदि। जंगल के राजा की तारीफों के पुल बाँधे गये। शेर की प्रजावत्सलता पर अग्रलेख। शेर के बकरी-प्रेम पर विशेष बातचीत। विज्ञापन, बड़े-बड़े। घोषणा हुई कि ऐसे अनेक घाट जंगल में जगह-जगह बनाये जाएँगे।

समारोह खत्म होने के बाद की बात है कि जब उजाला सिमटा और उतरने लगा जंगल में वह अँधेरा कि जो जंगल को जंगल बनाता है। पेड़ों के बीच धुँधलका-सा उतर आया। आसमान काला होने लगा। चिड़ियाँ छुप गयीं घोसलों में। जंगल में रात उतरने गयी। जंगल का कानून विचरने लगा सब तरफ। ऐसे अँधियारे में वह घाट भी दिखाई नहीं दे रहा कि जिसका दिनभर इतना हल्ला रहा।

घाट से वापस लौटती राजा शेर की सवारी। चल पड़ी थी बकरी चर्चा।

''और वो बकरी कौन थी, जो अपने मुलायम मैमनों के साथ उद्घाटन को आयी थी?'' शेर ने धीरे से गीदड़ से पूछा।

गीदड़ ने मुस्कुराकर जवाब दिया, ''रात हो जाने की प्रतीक्षा तो करें सरकार। मसाला लगाकर धरवा दिया है माँद में। बकरी मुलायम तो थी। स्वादिष्ट भी होगी—यह खुद जान लीजिएगा।''

शेर हँसने लगा।

गीदड़ हँसते नहीं। गीदड़ मुस्का भर दिया।

शेर हँसकर बोला..., ''तुम भी यार क्या-क्या स्कीमें निकालते हो गीदड़ मियाँ, वरना तो ये बकरियाँ आजकल बहुत बदमाश हो चुकी हैं।...''

अँधेरा इतना हो गया है कि पता नहीं चल रहा। पर शायद गीदड़ भी हँस रहा है।

हिन्दी के बहाने साहब-सम्मान

बड़ा, हॉलनुमा कमरा। मोटा कालीन। तीन-चार टेलीफोन धरे हैं बड़ी-सी टेबल पर। वातानुकूलित हवा। धँसी-धँसी-सी कुर्सियाँ। सोफा। पेटिंग। एक चार्ट। शालीन, भयावह-सा सन्नाटा। बस, घड़ी की टिकटिक।

और यहीं चाय पी रहा है हिन्दी का लेखक।

अब, हिन्दी का लेखक इस शानदार कमरे में कैसे, यह प्रश्न। बताते हैं। वैसे खुद देख लें। सामने की शानदार, सिंहासननुमा कुर्सी पर बिराजे हैं साहब। इस सरकारी दफ्तर के माईबाप।

दरअस्ल, आज से हिन्दी-डे सेलीब्रेशन्स स्टार्ट हो रहे हैं। और पूरी फोर्टनाईट चलने हैं। उसी का आज इनऑगरेशन है। हिन्दी के ये लेखक, क्या तो अच्छा-सा नाम है इनका, ये ही करनेवाले हैं। इसी के चलते ये ससम्मान यहाँ बैठकर साहब के साथ चाय पी रहे हैं, वरना इनको इसी दफ्तर में कोई टके गज न पूछे। अभी क्रॉउड इकट्ठी नहीं हो पायी है। तब तक लेखक को बड़े साहब के साथ बिठा दिया गया है। हिन्दी अधिकारी बिठा गया है और लोगों के हाथ-पाँव जोड़ता दफ्तर के कमरे-कमरे घूम रहा है कि यार चले चलो, चीफ-गेस्ट आ चुके हैं और डायरेक्टर सा'ब चाहते हैं कि फंक्शन टाइमली शुरू हो जाए, ताकि वे पाँच बजे एयरपोर्ट पर दिल्ली से पधार रहे और भी बड़ेवाले साहब को रिसीव कर सकें। 'मेरे तो एकदम ही दिमाग से निकल गया था, यू नो, कि आज ये हिन्दी-डे का चक्कर है, ऐनी हाऊ, डू इट फास्ट...' साहब ने लेखक के सामने ही हिन्दी अधिकारी को सब कुछ क्विकली तथा टाइमली अरेंज करने को कहा है क्योंकि वे इतना इंपोर्टेन्ट फंक्शन मिस भी नहीं करना चाहते। फिलहाल चाय सुड़कते लेखक को वे बता रहे हैं कि उनका दफ्तर हिन्दी स्लोगन प्रतियोगिता, डिबेट, पोस्टर निबन्ध कम्पीटीशन कराके हिन्दी में वर्क करने को इनकरेज तो करता ही है, इस इयर से हंड्रेड परसेण्ट हिन्दी वर्क करनेवालों को एवार्ड भी करने का प्लान है। 'ऑफ्टर ऑल, हिन्दी इज ऑवर नेशनल लेंगुएज...'। लेखक

क्या कहे? चाय उनकी, चेम्बर उनका, मेजबानी उनकी। 'हें-हें' ही की जा सकती है। सो वो कर ही रहा है।

"मे आई कम इन सर?" दो-तीन छोटे-मँझोले अफसरों का ग्रुप लेकर हिन्दी अधिकारी आया है। 'शुड वी मूव?' अफसर ने पूछा है।

चल पड़े सब। 'प्लीज...' कहकर साहब ने लेखक को आगे किया। वो आज हिन्दी के सम्मान के मूड में हैं। कहिए कि ठाने हैं। लेखक, बड़े साहब, छोटे अफसर और छुटभैय्यों की भीड़ कॉरीडोर में जा रही है। कॉरीडोर में खुल रहे कमरों में अभी तक बैठे, सुस्ताते, गपियाते लोगों को हिन्दी अधिकारी इशारा कर रहा है, जिसके प्रतिउत्तर में वे या तो आँख मारकर मुस्का रहे हैं या फिर इशारों में बता रहे हैं कि चलो, चलो, हम सिगरेट खेंच के आते हैं।..."कोई कोओपरेट नहीं करता..." पीछे आता हिन्दी अधिकारी बड़बड़ा रहा है।..."हम ही अकेले लगे रहते हैं..." कहा उसने। कोई नहीं सुन रहा। तेरी सुनें कि डायरेक्टर सा'ब की। वे कुछ कह रहे हैं। सभी सुन रहे हैं साहब की।

लेखक, सम्मान के तनावपूर्ण साये तले किसी हॉल की तरफ ले जाया जा रहा है।

हॉल में यहाँ-वहाँ छितरे कुछ लोग। बहुत-सी कुर्सियाँ। प्राय: खाली। एकाध ने हॉल में आवाज़ कसी है—लगे रहो गुप्ताजी। वे लगे ही हैं। बड़े सा'ब के पीछे चलने का मौका कौन गँवाएगा भला। हें हें।

सर, मैंने भी एक पोयम लिखी है। बता रहे हैं गुप्ताजी। सुनाएँगे आज। कविता में बताया गया है कि कैसे डायरेक्टर सा'ब के कुशल नेतृत्व में हिन्दी आगे बढ़ रही है।...'यार, हमारा नम्बर किसके बाद लगाया है?' पूछ रहे हैं गुप्ताजी हिन्दी अधिकारी से।

बैठ गये सब। गुलदस्ते। पुष्पहार। माँ सरस्वती। फोटो। वीडियो। तालियाँ। हें हें। प्लीज प्लीज। थैंक्यू सर। ऑब्लाज्ड।...वही शुरू की सारी औपचारिकताएँ।

अब हिन्दी अधिकारी स्वागत भाषण दे रहा है।

वह बता रहा है कि डायरेक्टर साहब ने इस दफ्तर में हिन्दी के लिए जो किया है, वो ऐतिहासिक है। हिन्दी में कितने पत्र, कितने फैक्स, क्या-क्या—आँकड़े पेश कर रहा है वह। हिन्दी कितनी समृद्ध भाषा है, इससे शुरू होकर वह इस बात पर आया है कि बड़े साहब कितने विशाल हृदय, कृपालु तथा दयावान हैं कि हिन्दी के लिए कुछ भी करने को तत्पर रहते हैं। वह अब बड़े साहब पर केन्द्रित हो गया है। पता नहीं चल रहा कि वह हिन्दी के सम्मान पर बोलने चला है, या कि यह डायरेक्टर साहब का सम्मान समारोह है। हिन्दी अधिकारी जानता है कि प्रमोशन-पोस्टिंग साहब के हाथ है, न कि हिन्दी-फिन्दी के।

अभी कई वक्ता शेष हैं। गुप्ताजी की कविता तो होनी ही है। सभी हिन्दी की महत्ता के बहाने अपने बड़े साहब के बारे में बताएँगे कि वे न होते तो इस दफ्तर का आमतौर पर और हिन्दी का विशेषतौर पर न जाने क्या होता। वो अनाथ भी हो जाती और विधवा भी। साहब करवा चौथ करती पतिव्रता के गर्वीले पति की भाँति बैठे हैं। पूजा चल रही है उनकी।

और हिन्दी लेखक?

भाई साहब, उनको भी बोलने को मिलेगा। ऑफ्टर ऑल, वो आज चीफ-गेस्ट हैं!

सावधान! ये महात्मा गाँधी मार्ग है

दो अक्तूबर को गुजरे यही कोई दस-बारह दिन हुए होंगे।

स्वर्ग से, गाँधी जयन्ती के टीमटाम को एक बार फिर से गाँधीजी ने भी देखा, कस्तूरबा ने भी।

गाँधीजी को इन सबसे कोई विशेष अन्तर कभी नहीं पड़ता था। न ही अब पड़ा। परन्तु बा सदैव की भाँति अभिभूत हुईं। औरत जात साहब। बड़ी तेजी से इमोशनल होने वाली। इस बार कुछ ज्यादा ही हुईं। कहने लगी गाँधीजी से कि "देखिए तो कि देशवाले भी, और राज करने वाले भी, दोनों ही आपको कितना याद किया करते हैं। दो अक्टूबर को तो...। देखा था न आपने? राजघाट पर वो कौन तो थे कि जो आपको याद कर-करके रूआँसे हो गये थे, और वो भी तो थे न जो अपने बाप की कसम खाकर कह रहे थे कि हम गाँधीजी की राह पर चलेंगे और उनके सपनों को साकार करके ही मानेंगे। देखा था न? सब आपकी राह पर चलने को तड़प रहे थे। सच्ची। हमें बहुत अच्छा लगा। सब बेताब हैं कि आपकी राह भर पता चल जाए तो अटैची बाँधकर उसपर निकल पड़ें। हर कोई। सब चाहते हैं और सबने इसी दो अक्टूबर को कहा भी न कि यदि आज गाँधीजी होते तो...। सबने। प्रधानमन्त्री, मन्त्री, नेता, अफसर, अखबार, टीवी। सब कहते रहे कि आज यदि गाँधीजी होते तो...। कैसा तड़प रहे थे आपके लिए, सो आपने देखा ही।"

गाँधीजी क्या तो कहते? सुनते रहे। चुपचाप। मन्द-मन्द मुस्काते।

गाँधीजी जानते हैं सबकी असलियत। वे अँग्रेजों से निबट चुके थे और कांग्रेस को करीब से देख चुके हैं। वे नाटक तथा यथार्थ के बीच की मोटी रेखा को देखने में वैसे भी प्रवीण रहे हैं। परन्तु बा को कौन समझाए? औरत जात! तुरन्त भरोसा करने वाली। किसी ने दो आँसू ढलकाये, दो मीठी बातें कहीं, कहा कि हम याद में तड़पते हैं, बोले कि तुम्हारे बिना जी न सकेंगे—बस्स, मान जाती है साब। सो, बा को भरोसा हो रहा है। वे मीठी बातों में आ रही हैं। गाँधीजी ने वैसे समझाने की कोशिश भी की, कि वे जैसा भी कर रहे हैं, करने दो, अपने को अब इससे क्या? नाम लेते हैं, अच्छी बात है। पर बा तो अभिभूत और न केवल अभिभूत, वे तो और

भी कुछ ठाने बैठी हैं।

बा कहती रहीं गाँधीजी से कि ये सब तो आपके मार्ग पर चलने को बेचैन और तत्पर बैठे हैं—पर बेचारों को मार्ग दिखानेवाला मिल नहीं रहा। बार-बार दो अक्टूबर को वो कहते भी रहते हैं कि हाय, गाँधीजी होते तो हमें राह दिखाते। बा ने गाँधीजी से आग्रह किया कि न हो तो आप एक बार चले ही क्यों नहीं जाते, चाहे एकाध दिन के लिए ही हो आएँ? जाएँ और जाकर उन्हें राह दिखाकर लौट आएँ। जाइए न। देखा तो था कि कैसे बिलख-बिलख कर कह रहे थे फलानेजी कि हमें गाँधीजी के दिखाए रास्ते पर चलना है। आप राह दिखा गये थे, पर वो भूल गये हैं या शायद कन्फ्यूज्ड हैं कि ये वाली बताई थी कि वो वाली? आप एक बार जाकर ठीक से बता आओ तो फिर वे बेचारे चल पड़ें।

गाँधीजी क्या तो कहें? पत्नी से तो देखिए महापुरुष भी हारे हैं क्योंकि हर महापुरुष भी अन्ततः पति भी होता है।

गाँधीजी ने तय किया कि एक दफे हो ही आते हैं। नहीं तो यह हर दो अक्टूबर पर परेशान किया करेंगी। एक दिन जरूर खराब होगा, पर एक टण्टा हमेशा को खत्म तो होगा। और सीधे प्रधानमन्त्री या किसी सीनियर मन्त्री से मिलकर फिर से यह बताने में वैसे कोई बुराई भी नहीं है कि हम किस राह पर चलने के आकांक्षी थे। वो समझ लेगा तो सारे देश को साथ लेकर चल निकलेगा।

सो गाँधीजी निकले स्वर्ग से और एक दिन के लिए आ गये अपनी पुरानी कर्मभूमि पर।

•

भव्य दफ्तर मन्त्री का।

जलवा। झँका-मँका। तामझाम। वैभव। पुलिस। प्रहरी। जेड सिक्योरिटी। रेत की बोरियों की आड़ से झाँकती मशीनगनें। लम्बी सी-ड्राइव। मेटल डिटेक्टर। चौकस निगाहें। कुत्ते। आदमी। संगीनें। कारें। कांटेदार बाड़। और मन्त्री, इन सात परदों के पीछे।

सुरक्षा प्रहरियों ने रोका कि 'बाबा, जाते कहाँ हो? मिलने का टाइम दिया है कि ऐसेई?' पर टाइम लेकर चले थे गाँधीजी।

लाठी धरा ली बाहर ही क्योंकि यह तो 'सिक्योरिटी रिस्क' कहाई। नजरें खड़ाऊँ पर। यार ये भी खासी मजबूत ठहरी। मार दें हल्के से भी, तो मन्त्रीजी की खुपड़िया खुल जाए।... खड़ाऊँ उतार दें बाबा। लौटोगे तो ले लें। कोई न उठाएगा। खड़ाऊँ कौन चुराएगा? चोर ले न जाएँगे और साधु पहनते हैं बढ़िया जूते आजकल। और ये कमर पर क्या अजीब गोल-गोल चीज बाँधे हो बाबा? कहीं रिमोट-फिमोट तो नहीं? या टाइम बम्ब? संतरी ने ले जाकर इंस्पेक्टर को दिखाई कि साब, ये बड़ी सस्पीसियस-सी चीज लग रही है हमें तो। उतरवा लो यार। साहब भी न जाने

किन-किन को टाइम दे दिया करते हैं। वैसे शेष परेशानी कोई आयी नहीं सिक्योरिटी वालों को। गाँधीजी अधनंगे-सन्त। धोती डाले। उघारे बदन। फटाफट चेकिंग निपट गयी।

लम्बे गलियारों से गुजरकर गाँधीजी पहुँच गये मन्त्री के चेम्बर के पास।

मन्त्रीजी व्यस्त थे, जो वे होते ही हैं। सेक्रेटरी ने कहा कि वेट करना होगा आपको। वैसे क्या बता दूँ उनको? कौन? कहाँ से?

कहिए कि मोहनदास करमचन्द गाँधी मिलना चाहते हैं। कहा गाँधीजी ने।

'एम.के.गाँधी' की पर्ची बनाकर अर्दली ले गया है अन्दर।

इन्टरकॉम से भी बतियाया है सेक्रेटरी ने कि कोई गाँधी साहब आए हुए हैं। बैठिए। बुलवाएँगे अभी। कहा सेक्रेटरी ने। गाँधीजी खड़े ही रहे और देखते रहे दफ्तर की भव्यता। मोटा कालीन। चमचमाती दीवारें। सन्नाटा। ठण्डक। गदीले सोफे। दुनिया से कटी हुई दुनिया, भारतीय सत्तातन्त्र की। इतने डर और इतने वैभव से तो वॉयसराय के दफ्तर भी सने नहीं रहते थे।

●

मन्त्री के चमचे ने चिट पढ़ी।

"कोई एम.के. गाँधी आये हैं। ये वोई गाँधी तो नहीं मालिक, जो भूमि-आवंटन के लिए चक्कर लगा रहा है? फाइवस्टार होटल खड़ा करना चाहता है जो? आए तो रगड़ दीजिएगा। डील करने को तैयार नहीं और..." चमचे ने कहा।

"यार, वो तो डी.के. गाँधी है। कल बंगले पर आकर कर गया है डील वो तो। ये गाँधीजी पता नहीं कौन है? कल से दस बार इस-उस के फोन आ चुके कि मिल लो, सो टाइम दे दिया है मिलने को। हम खुद इस गाँधी को न तो जानते हैं, न ही पहिचानते हैं।"

तभी एक कार्यकर्तानुमा शख्स बाहर से अन्दर आया और यहाँ की बातें सुनकर बोला कि आप उसकी बातें ही कर रहे हैं जो बाहर खड़ा है। हमें तो ये वोई गाँधीजी लगते हैं कि जिनकी तस्वीर खुद हमने दो अक्तूबर को वहाँ लटकाई थी, जहाँ तीन मिनट को आपने चरखा चलाने की कोशिश की थी और चरखे के साथ फोटू खिंचाते हुए कहा था कि...।"

मन्त्री ने हँसकर कहा कि, "मूर्ख, तुझे इतना भी नहीं पता कि गाँधीजी इस देश में दो अक्टूबर के दो अक्टूबर ही आ सकते हैं।"

"पर लग तो एकदम वोई रहे हैं। फोटू से मिलान करके देख लो। एकदम।"

"यार तुम भ्रम न पैदा करो। कुछ भी कह देते हो। गाँधीजी यहाँ कहाँ से आएँगे? मर मरा गये वो..."

"आप तो उसे बुला लीजिए सर। खुद देख लीजिएगा," चमचे ने कहा। और सही ही कहा साहब।

पर मन्त्री सोच में पड़ गया था। क्या किया जाए? सोच रहा है वह। ''तुम खुद झाँक कर देखो तो...'' उसने कहा।

चमचे ने झाँका। पर्दा तनिक खिसकाकर जालीदार झरोखे से।

घबराकर लौटा वो। ''लगते तो गाँधीजी ही हैं। अपुन ने 'मालिक' पेले तो कभी देखा नई है गाँधी को। पर फोटो वाले ही दिख रहे हैं। एकदम। सेम टू सेम। वोई गंज, वोई धोती, वोई गोल गोल चश्मा। बस लाठी नहीं है,'' बोला वो।

एक पुलिस अधिकारी बैठे थे वहीं। ट्रान्सफर-पोस्टिंग के चक्कर में बैठना पड़ता है। बोले, ''यार गाँधीजी को मरे हो गये हैं पचास साल से भी ऊपर। वो क्या स्वर्ग से आ जाएँगे? कमाल है।''

''गाँधीजी का ऐसा है इस देश में कि वे तो मरकर भी जिन्दा चल रहे हैं। चक्कर ही यह है कि इस देश में गाँधी को जिन्दा ही समझो,'' चमचे ने कहा।

''यार तुम यह मरे-जिन्दे की बात मत करो। तुम्हें पता है कि भूतप्रेतों से हमें बड़ा डर लगता है।'' मन्त्री ने फटकारा।

पुलिस अफसर ने कहा कि ''सर वो कोई इम्पोस्टर लगता है...बहुरूपिया। धोखेबाज। आप कहें तो अभी सिक्योरिटी को कॉल करके स्साले को अन्दर कर दें और बढ़िया ठुकाई लगवाकर असलियत टपकवा लें?''

मन्त्री ने हाथ उठाकर रोका सबको।

फिर सोचता रहा मन्त्री देर तक।

मान लो कि गाँधीजी ही हों? तब?

हो सकता है कि हों ही। गाँधीजी मर नहीं सकते। कौन तो कहता था कि वे मरकर भी अमर हैं। तब? मान लो कि वही मिलने आये हों?। तरीके तथा टेक्ट से इस्तेमाल करें तो यह घटना बहुत बड़ी बन सकती है। चार माह बाद ही चुनाव। गाँधीजी स्वयं उससे मिलने आए, मतलब आशीर्वाद है गाँधीजी का उस पर। और क्या चाहिए इस देश में चुनाव जीतने को। टीवी, अखबार, पोस्टर, पम्फ्लेट। सबमें बस वो और गाँधीजी! (ऑफ-कोर्स, वो पहले!) बड़ा हल्ला खड़ा किया जा सकता है। गाँधीजी का क्या है। पटा लिया जाएगा उन्हें। एक बकरी, शहद, चरखा, उपवास। मैनेज किया जा सकता है।

मजा आ जाएगा।

सोचता रहा मन्त्री।

पर सोचते-सोचते भयभीत भी होता चला गया वो।

गाँधीजी के बारे में बड़ा सुना है। थे वे बड़े जिद्दी किस्म के। और अड़ियल। अड़ जाएँ तो हटते नहीं थे। बैठ जाते थे अनशन पर। सत्य ही बोलते थे और सत्य के साथ ही रहते थे। अब मान लो कि हम पटाएँ उन्हें और वे इस बात पर ही लग लें कि सत्य ही बोलो। मर गये न तब हम? कहें कि हिंसा मत होने दो, तब हम

पुलिस का क्या करेंगे? अड़ जाएँ कि हर स्कीम का लाभ देश के अन्तिम आदमी तक पहुँचाओ, तो स्साला हमें उसमें से कितना मिल पाएगा? कहने लगे कि शराबबन्दी करो, तो शराब लॉबी से मिलने वाले फण्ड का क्या बनेगा?

नहीं प्यारे, गाँधीजी को साथ लेने की कोशिश करना ठीक नहीं।

गाँधीजी अन्ततः महँगा सौदा साबित होंगे आज की राजनीति में। पर स्थिति से टेक्टफुली निबटना होगा।

सेक्रेटरी ने इसी बीच इंटरकॉम पर बताया है कि मिस्टर एम.के. गाँधी जल्दी मिलने पर जोर दे रहे हैं और कह रहे हैं कि उनके पास आज शाम तक का ही समय है। फिर वे न आ पाएँगे। मिल सकें तो मिल लें।

इसका तात्पर्य यह कि यदि कैसे तो भी इसे शाम तक टाल दें, तो काम बन जाएगा।

•

और टेक्टफुली टाल भी दिया उन्होंने गाँधी को।

सेक्रेटरी ने गाँधीजी से क्षमा माँगते हुए बताया कि मन्त्रीजी को अचानक ही बहुत अर्जेण्ट काम से निकलना पड़ा है और अब वे देर रात तक ही लौट पाएँगे। आप बैठेंगे या निकल जाएँगे? कोई मैसेज वगैरह देना हो तो देते जाएँ। चाय-वाय या कोल्डड्रिंक?

गाँधीजी मुस्कुराने लगे।

मैसेज तो वे पहले ही इतने छोड़ गये हैं, परन्तु सत्ता को अर्जेण्ट कामों से फुर्सत मिले तब न!

•

गाँधीजी निकल आए।

ये बा भी! बस । कहाँ-कहाँ फँसवा देती हैं।

शाम हो रही है। सड़क पर चहलपहल बढ़ गयी है।

गाँधी ने सड़क पर लगे बोर्ड को कदाचित् देखा ही नहीं। बोर्ड देखते तो पाते कि यह सड़क 'महात्मा गाँधी रोड' कहाती है। देखें तो सारे देश में इतनी सड़कों का नाम महात्मा गाँधी मार्ग है कि एक लिहाज से सारा देश महात्मा गाँधी के मार्ग पर ही चल रहा है।

महात्मा गाँधी मार्ग पर गाड़ियों की आवाजाही बहुत है। गाँधीजी से हमारा निवेदन है कि बच-बचाकर चलें। इस देश में महात्मा गाँधी मार्गों पर ही गाँधी को सबसे ज्यादा खतरा रहता है।

संकल्प कथा

अभी मेरा जन्मदिन निकला।

हमारे परिवार में, जन्मदिन पर कोई न कोई संकल्प लेने का एक अच्छा रिवाज़ चला आ रहा है। वैसे, दूसरी अच्छी बात हमारे परिवार में यह भी है कि यहाँ संकल्प लेने पर जितना ज़ोर है, उसे निभाने पर धेले भर का नहीं। निभाओ, चाहे भाड़ में जाओ। यार, किसके पास टाइम है कि यह सब देखता फिरे? हमारे पिताजी तो संकल्प लेने और लिवाने में सिद्धहस्त से व्यक्ति थे। वे अपने जन्मदिन के अलावा दीपावली, गुड़ी-पड़वा, होली तथा हम बच्चों के जन्मदिन पर भी स्वयं कुछ संकल्प अवश्य लेते थे। कालान्तर में तो वे संकल्प लेने के ऐसे विकट शौकीन-से हो गये थे कि गाँधी जयन्ती, डोल ग्यारस, अक्षय तृतीया से लगाकर गुरु घासीदास जयन्ती तक पर एकाध संकल्प लेने लग गये थे। संकल्पों का भभ्भड़-सा मचा था उनके मन में। वे कहा करते कि मानव जीवन छोटा-सा है और संकल्प इत्ते पड़े हैं लेने को। एक लो, तो दूजा छूटा जाता है। सो वे लेते रहते थे। कुछ दिनों तक एक को निभाते, कि दूसरा याद आ जाता। तब वे दूसरा निभाने में लग जाते, और इस चक्कर में पहले के लिए टाइम न निकाल पाते। कभी कोई याद दिला दे कि वो वाला तो निभा नहीं रहे आप, तो वे गुस्सा हो जाते कि एक आदमी स्साला क्या-क्या तो निभाये? ''ले लेते हैं, यही क्या कम है? बड़ी मुश्किल से शाम को पाँच से सात का टाइम मिलता है कि जब आदमी संकल्प लेने और निभाने के लिए तनिक फ्री होता है। उत्ते से टाइम में आदमी क्या-क्या तो ले और क्या-क्या निभाए? जित्ता हो जाता है, करते हैं!...और तुम्हें भोत लगता है, तो तुम निभाओ न! हम लेते हैं, तुम निभाया करो। तुम स्साले, बस बैठे-बैठे क्या यही देखते रहते हो कि कौन निभा रहा है और कौन नहीं? यही संकल्प ले रखा है क्या? क्यों? तो हम अगला संकल्प यही लेते हैं कि आगे से या तो हमारा हर संकल्प तुम निभाओगे, या फिर चुप रहोगे, और जो चुप न रहे तो हमारा संकल्प है कि हम तुम्हारी माँ तथा भेन के साथ वह करेंगे

कि जिसका संकल्प लेना भी अश्लीलता के दायरे में आता है।''

मैं अपने पिता जैसा दृढ़ संकल्पवान तो खैर नहीं निकला, परन्तु अपने हर जन्मदिन पर एक संकल्प अवश्य लेता रहा। उनको निभा ले जाता तो महापुरुष हो गया होता। मैंने तो ऐसे बढ़िया-बढ़िया संकल्प ले रखे थे कि हरेक में से थोड़ा-थोड़ा भी निभा पाता, तो महापुरुष न सही, कोई छोटा-मोटा सद्‌गुरु-टाइप ही कुछ बन गया होता। पर साहब, अपुन से यह खेल सधा ही नहीं। लेने को ले तो लेते हैं, पर लेते ही ढीले भी पड़ जाते हैं। आज संकल्प लेते हैं और आज ही ठान लेते हैं कि यार आज से ही कौन झंझट में पड़े—अपुन तो कल से इस पर अमल करेंगे। पचड़ेवाला काम। देखिए, संकल्प लेने में कोई बात नहीं, परन्तु यदि हर संकल्प को निभाने में लग गये, तब तो यार जिन्दगी ही खराब हो जाएगी भैय्या! इसी में थोड़े ही लगे रहना है।

उदाहरण देता हैं।

मैंने अपने सत्रहवें जन्मदिन पर संकल्प लिया कि मैं झूठ नहीं बोला करूँगा। वास्तव में यह काम मैंने गाँधीजी के झाँसे में आकर लिया था। उनकी जीवनी तभी ताजा-ताजा पढ़ी थी, और एक अजीब तरह का जोश तब रगों में दौड़ा करता था जोकि नौजवानी के दिनों में दौड़ता ही है। परन्तु सत्य का मेरा पहला ही प्रयोग फेल हो गया। कोई उधार वसूल करने घर पहुँचा था और मैंने सत्य के झोंक में सच-सच बता दिया कि वैसे पिताजी ने कहलवाया है कि वे घर पर नहीं हैं, परन्तु सच यह है कि वे उधर, उस कमरे में, खटिया पर बैठे बीड़ी पी रहे हैं। पिताजी ने लगभग उन्हीं दिनों एक संकल्प यह ले रखा था कि वे किसी का उधार नहीं चुकाएँगे। वे इसे निभा भी रहे थे। उनका दूसरा संकल्प था कि वे गालियाँ नहीं देंगे। इसे भी वे निभा-जैसा रहे थे। हम दोनों के संकल्प उस दिन टकरा गये। अपने दूसरे संकल्प को त्याग, पिताजी ने उस दिन ऐसी जबरदस्त मौलिक मुझे गालियाँ सुनाईं कि मेरे अलावा वे सज्जन तक प्रशंसा तथा चमत्कार के भाव से भर गये, जो उधार वसूलने खटिया तक पहुँच गये थे। पिताजी ने मुझे बताया कि मैं कितना कमीना, हरामी इत्यादि हूँ। मैंने मिमियाते हुए, गाँधीजी का नाम लेते हुए सत्य के पक्ष में कुछ कहने की कोशिश की, तो उन्होंने यह बताया कि गाँधीजी तथा उनके पूरे खानदान के साथ वे क्या-क्या करने की ख्वाइश और संकल्प रखते हैं। उन्होंने मुझे यह लानत भी भेजी कि मैं राष्ट्रपिता के चक्कर में अपने उस पिता को भूल गया हूँ कि जो दो लप्पड़ में सारा राष्ट्रवाद निकाल सकता है। इसके बाद उन्होंने अपने पहले संकल्प को याद करते हुए उधार वसूलने आये सज्जन को यह संकल्प दोहराया कि वे ऐसे कुत्तों, हरामियों का उधार तो वे कभी भी नहीं चुकानेवाले, जो उनकी बात पर भरोसा न करके, लौण्डों की

बातों में आकर उन्हें देखने खटिया तक दौड़े चले आते हैं मानो कि खटिया में स्साली कोई टकसाल फिट हो। उन्होंने मुझे समझाया भी कि वैसे सत्य बोलना बड़ी बढ़िया बात है, परन्तु यदि सत्य बोलने पर जूते लगने का चांस बन रहा हो, तब उनकी राय में आदमी को सत्य तथा जूते, दोनों से बचना चाहिए।

ऐसे ही अभी पिछले जन्मदिन पर मैंने नित्य एक गरीब की मदद का संकल्प लिया। बढ़िया संकल्प रहा साहब, पर झंझट यह रही कि यार किसे तो गरीब माना जाए और क्या ऐसा करो कि जिसे मदद कहा जा सके? मान लो कि अठन्नी देने को मदद माना जाएगा, तो फिर चवन्नी देने को क्या लूटना कहा जाएगा? फटे वस्त्रवाले को गरीब मानोगे या कि जब तक वह पूरा नंगा न हो जाए, उसे गरीब न माना जाएगा? क्या फटी चड्डी में घूमते आदमी पर तब तक कड़ी नजर रखनी होगी कि जब तक उसकी चड्डी तार-तार न हो जाए? बहुत-सी तकनीकी अड़चनें आयीं इस संकल्प को निभाने में। कन्फ्यूजन इतना रहा कि संकल्प लेने के बावजूद मैं गरीबों के लिए कुछ न कर सका। एकदम सरकार वाला हाल रहा।

ऐसे ही बहुत से संकल्प रहे मेरे।

एक जन्मदिन पर मैंने संकल्प लिया कि मैं कभी रिश्वत नहीं लूँगा। मेरा काम ही ऐसा था कि उसमें कोई वैसे भी एक धेले की रिश्वत की पेशकश ही नहीं करता था। संकल्प निभाना आसान था। बल्कि यह संकल्प तो मैंने ईश्वर को झाँसा देने के लिए लिया था कि शायद ईश्वर मेरे संकल्प की परीक्षा लेने के लिए किसी को रिश्वत लेकर भेजे, तो मैं कम से कम एक बार तो ले लूँ। ऐसे ही एक बार मैंने संकल्प लिया कि महीनेभर में एक करोड़ बार ईश्वर का नाम लूँगा। सौ के बाद ही कन्फ्यूजन हो गया और ढाई सौ के बाद तो हिसाब धरना कठिन हो गया। भगवान का नाम लें तो गिनती रह जाए और गिनती याद रखें, तो भगवान! ऐसे ही मैंने गरीबी हटाने, गुलाब जामुन न खाने (खासकर चुराकर न खाने), लोकतन्त्र को मजबूत करने, फासिस्ट ताकतों को नेस्तानबूद करने आदि के जाने-माने संकल्प भी समय-समय पर लिये। संकल्प लेने छोड़े नहीं हैं मैंने। जैसे कि इस बार के जन्मदिन पर संकल्प किया है कि...। छोड़िए भी। आप कहेंगे कि होना जाना कुछ है नहीं, तो बताकर क्या मिलना? यह भी सही कहा आपने।

दलित विमर्श की पंगत

कल वे रेलवे स्टेशन पर फिर मिल गये।

वे हमारे शहर के नहीं हैं, परन्तु फिर भी वे अक्सर ही हमारे रेलवे स्टेशन पर दिख जाते हैं। ऐसा क्यों? क्या वे किसी कम्पनी के एजेण्ट, मंच के कवि, जेबकट या रेलवे के कर्मचारी हैं?...नहीं, नहीं। वे ऐसे किसी धन्धे में नहीं। उनका धन्धा एकदम अलग है। वे 'चिन्ता' में 'डील' करते हैं, वे 'विमर्श' के थोक व्यापारी हैं, वे 'फतवों' के आढ़तिये हैं और साहित्य में जो भी 'वाद' चल रहा हो, उसी की 'ऑल इण्डिया एजेंसी' डालनेवाले पुराने 'कमीशन एजेण्ट' हैं। वे 'ऑल इण्डिया टाइप' व्यक्तित्व हैं। वे शहर-शहर डोलते हैं, सो प्रायः हमारे इधर भी दीख जाते हैं। हिन्दी साहित्य में जो भी सम्भावनापूर्ण आन्दोलन दिखे, वे उसे हथिया लेते हैं और फिर साल दो साल उसी की खाते हैं तथा उसी की पीते हैं (ब्राण्ड के विषय में उदारमना हैं। जैसी, जहाँ आयोजक या चेले जुगाड़ कर सकें, वैसी खुशी-खुशी पी लेते हैं।) वे हर अच्छे विचार को अन्ततः व्यापार में बदलने में सिद्धहस्त हैं। हर आन्दोलन अन्ततः उनके कैरियर को आगे बढ़ाने में सहायक सिद्ध हुआ है और हर क्रान्तिकारी विमर्श अन्ततः उनके निकट षड्यन्त्र तथा जुगाड़ का एक और जरिया बन जाता है। वे वक्तव्यों की खाते हैं, सिद्धान्तों की पीते हैं। साहित्य में हर विचार, हर आन्दोलन, हर सोच, हर वाद अन्ततः उनकी पत्तल या थाली में धरा एक आइटम या नग है। वे साहित्य को एक विराट पंगत मानते हैं। हर शहर से बुलौआ है। ये जीमने पहुँच भी रहे हैं। हर शहर एक स्वादिष्ट सम्भावना है।

सो ऐसे वे। भव्य। दिव्य। चमत्कारी। नौटंकी सम्राट। एक साथ।

वे मिल गये, तो बातचीत होनी ही थी। और अपना तो यह है ही कि ज्ञान प्राप्ति का कोई भी अवसर छोड़ते नहीं।

"और महाराज, आजकल क्या चल रहा है?" मैंने मूर्खतापूर्ण प्रश्न किया। मूर्खतापूर्ण क्यों? क्योंकि मैं उन मूर्खों में से हूँ जो हिन्दी लेखक होते हुए भी

इस बात का पता नहीं रखता कि आजकल हिन्दी साहित्य में क्या चल रहा है, हवा किधर की बह रही है, मुकुट किसके सर पर धरा है और खड्ग किनके हाथों में है?

हाथ की अटैची चेले को थमाते हुए वे आँख दबाकर बोले, "प्यारे, आजकल तो दलित विमर्श से ही फुर्सत नहीं है।"

मैं आश्चर्यचकित हो प्लेटफार्म से गिरकर रेल के पहिये के नीचे आते बचा।

मैंने पूछा, "आप कब से दलित विमर्श करने लगे? आप तो इधर स्त्री-विमर्श के 'होल टाइमर' थे न?...'

"मित्र, वह तो चल ही रहा है। स्त्री-विमर्श का तो ऐसा है प्यारे कि वह तो हमारी पहिचान है, हमारी कम्पनी का 'फ्लेगशिप' है। पर 'मार्केट' देखकर 'डाईवर्सीफाई' करना पड़ता है, अन्यथा बाजार में हमारा कोई नामलेवा न रहेगा। माना कि स्त्री-विमर्श का मार्केट कभी डूबता नहीं, परन्तु आजकल बाजार में यह दलितवाला नया 'प्राडक्ट' ऐसा चला है कि यदि हम दलित विमर्श को न पकड़ते तो साहित्य की मण्डी में कोई हमारी अटैची को ढोनेवाला न मिलता। हमारी एजेंसी का नाम मिट जाता...।"

हम वार्तालाप करते बाहर को चले।

•

सुन तो मैंने भी रखा था, परन्तु बात इस हद तक बढ़ चुकी है, इसका अनुमान नहीं था। हम अभी स्त्री-विमर्श आदि की तिकड़मों को ही पूरी तरह नहीं समझ पाये थे कि यह नया खेल शुरू हो गया था।...और वे यदि इसमें थे, तो खेल सम्भावनापूर्ण होना ही था।

मैंने इससे पूर्व अपने कुछ मित्रों से चर्चा भी की थी। एक ने बताया भी था कि आजकल अपनी तरफ दलित लेखन पर चर्चा के दिन चल रहे हैं और इस सन्दर्भ में कब साहित्यिक विमर्श मारपीट में बदल जाए, यह कहा नहीं जा सकता। उसने यह भी बताया था कि दलित लेखन को लेकर हिन्दी साहित्य के भरतारों में खासी रार मची हुई है। और स्थिति पठनीय से अधिक दर्शनीय हुई जाती है।...मैं तब भी आश्चर्यचकित हुआ था कि ये सब कब से दलितों के लिए चिन्तित होने लगे? इतने वर्षों तक नयी कहानी, अकविता, समान्तर कहानी, अचेतन कहानी, सचेतन कहानी, उत्तर आधुनिकता, कहानी की मृत्यु, कविता की तेरहवीं, विचारों का उठावना इत्यादि महत्त्वपूर्ण विमर्शों में आपादमस्तक डूबे रहनेवाले फरमावरदार अचानक ही दलितों की चिन्ता में क्योंकर पड़ गये, यह मेरे लिए चिन्ता तथा चिन्तन का विषय हो गया। चक्कर क्या है? मित्र ने तब बताया था कि चिन्ता

में मुब्तिला रहने के शौकीन आजकल दलित लेखन को लेकर चिन्ता में व्यस्त हैं।

इधर 'हंस', 'उत्तर प्रदेश', इत्यादि के अंकों को पढ़कर मेरे ज्ञानचक्षु और खुले। ज्ञानचक्षुओं का आपको ज्ञात है ही। एक बार खुलें, तो मूँदना कठिन। न जाने क्या-क्या दिखने लगता है। मैंने देखा और समझने का प्रयास किया कि अचानक जो ये महाजन दलित विमर्श को लेकर उत्साहित हुए हैं और हुए ही जाते हैं सो इसके पीछे असली किस्सा क्या है? क्या ये वास्तव में दलितों अथवा दलित-लेखकों के सरोकारों को लेकर सद्भावना रखते हैं या उनकी चिन्ता में हैं? या कदाचित् समस्त मामला ही ऐसा सम्भावनापूर्ण तथा मलाईदार प्रतीत हो रहा है कि समझदार खुर्राट बिल्लियाँ छीके के आसपास यों मँडराने लगी हैं कि मानो इनका जन्म ही दलित-लेखन के इस छींके के नीचे हुआ हो। ये जो हिन्दी के अखाड़ेबाज, पटेबाज, नारीजीवी, गोष्ठीबाज, तिकड़मप्रवीण बड़भैय्ये तथा उनके छुटभैय्ये हैं, आप इनके विरुद्ध चाहे लाख बातें कह लें परन्तु मुझे तो इनकी इस प्रतिभा पर गर्व तथा आश्चर्य एक साथ होता है कि माल अभी पूरा तैयार भी नहीं होने पाता है कि मालिक लोग सूँघ लेते हैं कि कहाँ, किस दिशा में सम्भावनापूर्ण पक रहा है? एक तो ऐसी घ्राणशक्ति, फिर निरन्तर सूँघते रहने की मशक्कत और फिर ऐसे परिश्रमी तथा उत्साही कि इधर सूँघा कि उधर लपके! सूँघते हुए लपके और विमर्श इनके कब्जे में। मैं तो आजकल ऐसा सतर्क हो चला हूँ कि इधर इनको लपकते पाता हूँ कि जान जाता हूँ कि किस दिशा में विमर्श चल रहा है।

वे स्टेशन से बाहर निकलते हुए छींके। या शायद गहरा सूँघ लिया, तो छींक आ गयी।

''जुखाम हो गया कदाचित्?'', मैंने औपचारिकतावश कहा।

''मौसम ही ऐसा है...'' वे बोले।

''फिर ज्यादा इधर-उधर सूँघो, तो भी ऐसा...'' मैंने कहा, जो जाहिर है कि उन्होंने सुना नहीं। उनकी यही बात उन्हें बल देती है कि वे सुनते नहीं; बस, बोलते हैं।

वे बोले, ''...मौसम ही ऐसा है और जाना सब तरफ पड़ता है। अभी लखनऊ में 'दलित कहानी में दलित चेतना तथा उसके निमित्त दलित लेखकों के बीच इस रणनीति पर विचार कि सवर्ण लेखकों की चड्डी कैसे उतारी जाए...'— इस महत्त्वपूर्ण तथा जलते हुए विषय पर चर्चा थी।...नहीं यार, ऐसा भी जलता विषय नहीं था कि चड्डी ही जल जाए। बदमाशी की बातें मत करो। सुनो।...सो दो दिन तो लखनऊ में लग गये। वहाँ थी खूब सर्दी।...फिर आरावाले बहुत दिनों से पीछे थे कि साहब, पूरे हिन्दोस्तान में हो गया और हमीं पीछे हो रहे हैं—

यहाँ भी दलितवाला खेला एक बार लग जाता, तो हम भी साहित्य में सिर उठाकर चलने लायक हो जाते। सो 'दलित लेखन और पाजी सवर्ण' की गोष्ठी वहाँ कराई और हम बाकायदा वहाँ तक भगे-भगे गये।...नईं भाई, भगे-भगे का तात्पर्य सड़क से भागते हुए जाने का नहीं है। गये तो हम एसी कोच से। तुम आज गम्भीर विमर्श के मूड में नहीं हो, जबकि दलित विमर्श क्या, ऐसा कोई भी विमर्श बड़ी गम्भीरता माँगता है। मनहूसियत की हद तक गम्भीर होना पड़ता है भैय्या। ठठ्ठा नहीं है।...

सो उधर आरा गये। वहाँ ऐसी गर्मी कि क्या कहें।...फिर वहाँ से रायपुर जाना पड़ गया। उधर का आपको पता ही है कि 'सबसे बढ़िया छत्तीसगढ़िया...'। यही सोचकर हम गये थे कि वहाँ वे सबसे बढ़ियावाली पिलवाएँगे। पर साहब...ऐसी ही कोई लोकल ब्राण्ड पिलवा दी। पानी अलग बरस रहा था वहाँ। इसी चक्कर में सर्द-गर्म हो गया और जुखाम पकड़ लिये..."

"दारू का स्तर ठीक रखते नहीं और दलित लेखन का स्तर बढ़ाना चाहते हैं, बताइए..." अटैची ढोते चेले ने गुरुजी की दिशा में अर्थमय स्मित के साथ देखते हुए कहा और इस प्रकार यह प्रकट किया कि यहाँ आपको ऐसी कोई शिकायत नहीं होगी क्योंकि हमारे इधर विमर्श तथा चिन्तन का स्तर चाहे जैसा रहे, परन्तु दारू के स्तर के विषय में हमारी हिन्दी साहित्य में एक साख है और राष्ट्रीय स्तर पर बाकायदा पहिचान है।

हम तीनों बाहर की तरफ निकले तो टिकिट चेकर ने टिकिट माँग लिया। "शक्ल से क्या हम बिना टिकिट दीखते हैं, भैय्या?" उन्होंने हँसते हुए टिकिट दिखाया। टिकिट चेकर ने अब जाकर उनकी शक्ल पर ध्यान दिया। "आपका तो रोज ही इधर आना-जाना रहता है...देख नहीं पाया था, क्षमा कीजिएगा..."—उसने कहा। वे हँसते हुए बाहर आ गये।

"आपको तो सभी जानते हैं..." चेले ने हें हें की।

"लापता तथा गुमशुदा की तलाश से ज्यादा फोटो तो आपके छपते हैं..." हमने भी माना।

"पिछले माह जब आप आये थे उस व्याख्यानमाला में, जिसका नाम भला सा था और अभी-अभी विस्मृत हुआ है—उसकी तो हमने रंगीन फोटो निकलवाई थी अखबारों में...कटिंग भी भेजी थी आपको...?" चेले ने कहा।

"अपने कविता संग्रह के साथ?"

"जी हाँ..."

"अच्छा लिखते हो..."

"आपकी कृपा बनी रहे..."